선박건조·금융법 연구 I

편집대표 김 인 현

法 文 社

서 문

우리나라의 선박건조량은 20여 년 동안 세계 1위를 차지하였다. 그런데 선박건조나 선박금융 등에 대한 법률의 수준은 과연 얼마나 될까? 그 수준은 대단히 낮다고 할 수 있다. 선박건조계약이 영국법을 준거법으로 하며 영국런던해사중재를 분쟁수단으로 하고 있기 때문에, 우리나라에서 선박이 대다수 건조되면서도 정작 우리나라 법학자나 법률가들은 그 내용을 잘 모르는 불균형 상태가 오랫동안 지속되어 왔다. 필자는 2006년 한국해법학회에서 해사표준계약서를 작성하는 작업을 하면서 이러한 상황을 인식하게 되었다. 그 후 필자에게 선박건조법과 선박금융법의 발전은 해상법학자로서 큰 학문적 과제가 되었다.

2010년 고려대 일반대학원에서 선박건조계약법 과목을 개설하였다. 2011년 선박건조법 수업을 마치고 뜻있는 제자들과 업계 관심자 등과 함께 약 20명 규모의 선박건조법 연구회를 만들어 활동하기 시작하였다. 첫 발표회는 2012. 1. 12. 열렸는데 삼성화재의 김지선 차장이 선박건조보험에 대하여 발표하였다. 이후 이 연구회는 2016. 6. 17.까지 18회의 연구회를 개최하였다. 그 사이에 선박금융법의 중요성도 깨닫게 되어 연구회의 명칭을 선박건조·금융법연구회로 개칭하였다.

연구회에는 통상 20명에서 25명 정도의 전문가 혹은 초학자들이 찾아왔다. 연구회 활동을 하며 연구회의 발표자료는 좋은 내용이 많은데 더 많은 사람들이 참석하지 못하는 아쉬움이 항상 함께하였다. 이에 발표 내용을 책으로 묶어 내어 많은 사람들이 지식을 공유하는 것이 조선 산업의 발전을 위하여도 긴요하다는 생각에 이르게 되었다. 그래서 발표자들에게 원고를 청탁하여 10편이 모였다. 제1장과 제2장으로 나누어 제1장에서는 선박금융법을 제2장에서는 선박건조계약법에 대한 내용을 넣었다. 경우에 따라서는 이미 학회지에 게재가 된 것도 있다. 9명의 전문가의 선박건조법 및 선박금융법 관련 논문이기 때문에 연구와 실무에 큰 도움이 될 것으로 믿는다.

아무쪼록 이 책이 우리나라 선박건조법 및 선박금융법의 발선에 일익을 담당하길 빈다. 이 책이 나오기까지 출간을 허락하여주신 법문사의 배효선 사장님, 출간책임자인 배은영님, 고려대 해상법연구센터의 강영기 연구교수님께 감사드린다.

2016. 8. 15.

편집대표

선박건조 · 금융법 연구회 회장

고려대학교 교수 김 인 현

차 례

제1부 선박금융편

제2부 선박건조편

제 1 부

선박금융편

제 1 장

해운기업의 자금조달과 국내 선박금융의 발전방안*

현용석 한국산업은행 서초지점 부지점장

최근 국내 해운 및 조선업은 세계 경기침체 속에 상당한 어려움에 처해 있다. 2006년을 전후하여 주요 원자재 물동량의 지속적인 증가에 힘입어 초호황을 이어갔던 세계 해운시장이 2008년 금융위기 이후 급격히 냉각되었다. 그동안 우리나라 해운업은 선박투자 및 선박금융과 균형 있게 발전되지 못하고 선박운항사업을 중심으로 발달해 왔다. 이러한 발전전략은 호황기에는 적절할 수 있으나 불황기에는 큰 어려움을 겪을 수 있다. 해운과 조선업은 규모가 크기 때문에 필연적으로 금융이 수반되어야 하며, 선박금융의 활성화 문제는 해운 및 조선업의 발전에 큰 영향을 미치게 된다.

국내에도 선박투자회사법에 의한 펀드투자, 한국해양보증의 출범 등 제도적 기반이 마련되어 가고 있다. 그러나 해운업계가 요청하는 규모의 선박금융에는 미치지 못하는 실정이다. 본고에서는 해운사가 현재 시점에서 활용 가능한 자금조달 방법을 살펴본 후, 국내외 선박금융의 변화된 환경하에서 국내 선박금융이 직면하고 있는 문제점을 살펴보고 이를 극복하기 위한 방안을 검토하여 보기로 한다.

---

* 본 논문은 제9회 선박건조 · 금융법 연구회(2013. 6. 21)에서 발표된 것이다.

Ⅰ. 선박금융의 개요

1) 선박금융의 개념

선박금융은 금융기관이 신조선을 건조하거나 중고선을 매입·개조·수리하고자 하는 해운사를 위하여 신규자금 및 재금융(Refinancing)자금을 제공하는 것을 의미한다. 광의로 선박구매자금 이외에 조선사의 선박건조금융 등 선박과 관련된 금융서비스를 포함할 수도 있으나 본고에서는 선박구매자금을 대상으로 논의코자 한다.

본래 선박금융은 선박 자체의 자산가치 및 선박으로부터의 미래 수익을 담보로 이루어지는 대표적인 자산담보 형태의 금융으로서 채무자의 신용 및 일반자산을 기반으로 채권회수를 도모하는 기업금융과는 달리 특정 선박을 운용하여 발생하는 수익(용선료)을 재원으로 대출원리금을 회수하는 금융구조이다.

통상 선박금융은 세제혜택 및 담보선박 처분의 용이함 등을 목적으로 조세피난처에 설립되는 SPC(Special Purpose Company)를 통해 이루어지며, 선박용선회사, 명목상의 선주 겸 차주(SPC), 은행, 조선소 등의 참여사로 구성된다. 한편, 대출자는 차주사 또는 용선주(Charterer)의 일반재산으로부터 채권회수를 하는 것이 아니라 소유 또는 나용선한 선박을 운용하여 발생한 수익으로부터 대출 원리금을 회수할 것을 근간으로 한다.

2) 선박금융 참여기관

선박금융에 참여하는 기관은 아래와 같이 다양하다.

- 해외 선박금융 은행: BNPP, DVB, ABN Amro, ING, DnB Nor 등
- 정책금융기관: 한국수출입은행, 무역보험공사
- 상업금융기관: 산업은행, 국민은행 등 일반 은행
- 리스금융회사: 산은캐피탈, 신한캐피탈 등
- 기관투자가: 보험사, 연기금, 공제회 등
- 조선소: Seller's Credit
- 선박운용회사: KOMARF, KSF 등
- 자산운용회사: KB Asset, kdb Asset 등
- 선박금융 브로커: Clarkson, Fernley 등

– 기타 서비스 기관: 법무법인, 선급, 보험회사, 감정기관, 회계법인 등

3) 세계 선박금융 취급기관의 대출규모

(1) 세계 주요은행의 선박금융 취급규모

- 세계 선박금융은 유럽계의 은행이 주도하고 있다. 특히 노르웨이, 스위스, 스웨덴, 영국, 독일, 프랑스 등의 은행이 주류를 이루고 있다.
- 중국은 Bank of China U$185억, China Exim U$158억, ICBC U$35억 수준을 보이고 있다.
- 일본계의 은행은 Mizhho, BTMU, SMBC 은행이 각자 U$95~145억 수준의 선박금융 대출액을 보유하고 있다.
- 한국계의 은행은 한국수출입은행 U$189억, 산업은행 U$65억의 선박금융 대출액을 보유하고 있다.

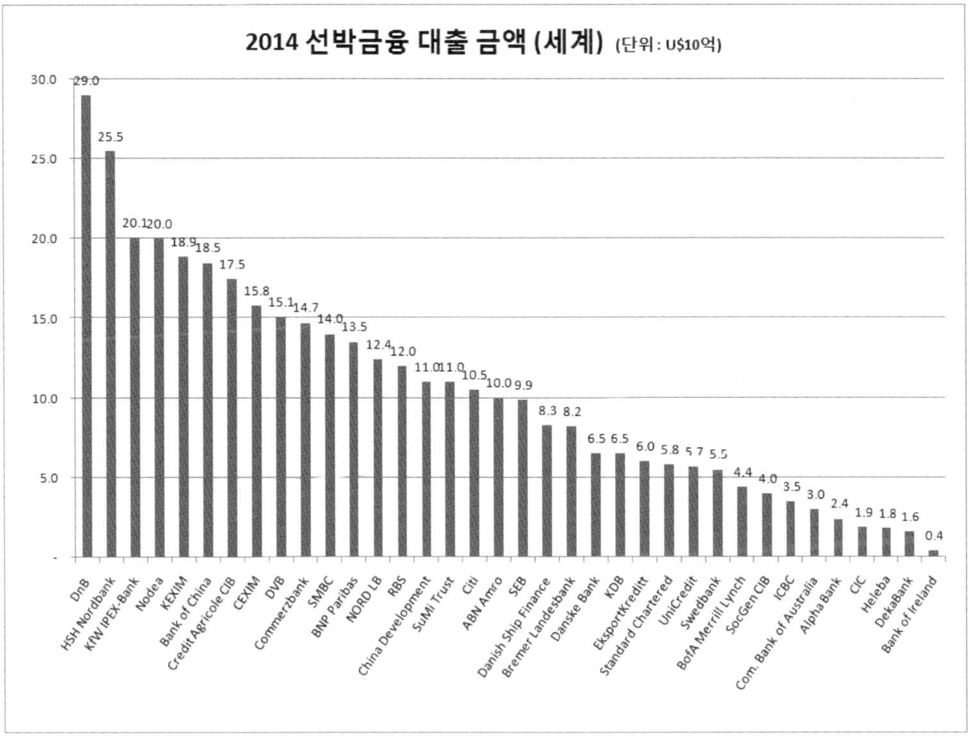

출처: Marine Money 2015. 5월호.

(2) 세계 주요은행의 선박금융 주선순위

유럽계 은행과 일본계 및 미국 은행들이 선박금융 대출 주선을 주도하고 있음을 알 수 있다.

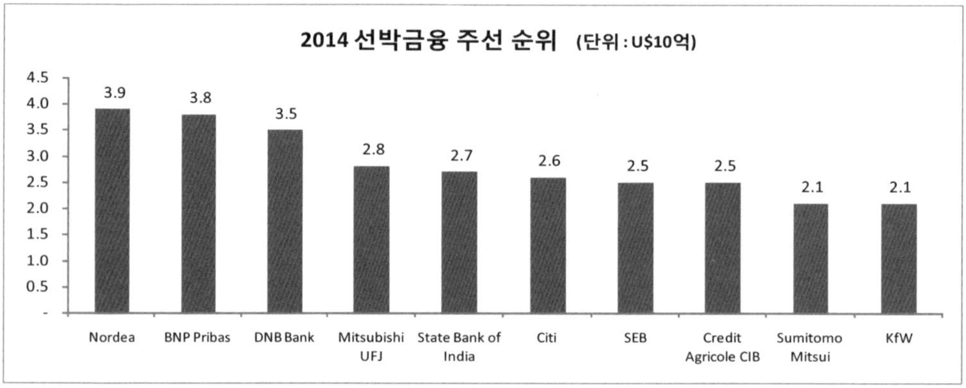

출처: Marine Money 2015. 5월호.

Ⅱ. 선박금융의 특징

선박금융은 선박을 담보로 이루어지는 자산담보부 대출과 프로젝트 파이낸스의 성격을 지니며 국제금융거래 성격을 지닌 대규모 장기 자본거래이다.

1) 대출금 규모의 거대화

국제운송에 사용되는 대부분의 선박은 수천만 불 이상이며, LNG수송선의 경우 2억 불 이상, 초대형 유조선(VLCC)의 경우 척당 1억 불 이상의 금융이 필요하다. 또한 여러 척이 동시에 금융 주선되는 경우가 많으므로 총 금융금액이 증가하게 된다.

2) 금융기간의 장기화

선박가치 및 선박운용 수익(용선료)이 대출 원리금의 상환재원이므로 선박의 사용연수 및 수익창출능력 등을 고려하여 10년 이상의 장기금융을 실시하는 것이 일반적이다. 신조선의 경우 2~3년의 선박건조기간을 포함하여 통상 10년 이상의 대출기간이 가능하지만, 최근 들어 대출 단기화가 선호되어 5~6년의 Put Option이 부가되는 경우가 많다.

3) 선박별로 독립된 소유구조를 통한 금융

통상 조세피난처에 설립되는 차주(SPC)를 통해 금융이 이루어지며, 담보선박매각의 용이성 등의 이유로 1사1척을 원칙으로 한다. 대출은행은 SPC와 체결되는 금융계약을 통해 SPC를 지배하게 된다.

4) 용선계약의 종류에 따른 금융조건이 다양

소유권취득조건부 나용선 계약(BBCHP, Bareboat Charter Hire Purchase), 단순나용선(BBC, Bareboat Charter), 정기용선(TC) 등 선박의 용선구조에 따라 금융비율, 상환조건, 이자율 등 금융조건이 다르다. 선박이 우량 화주와 장기화물운송계약(COA, CVC 등)을 체결하여 안정적인 운항수입이 예상되는 경우에는 보다 완화된 조건의 금융이 가능하다.

5) 선수금환급보증서를 통한 선박건조위험 방지

선박건조사의 건조능력이 상실되거나 선박인도가 특정기일 이상 지연되는 경우 채권단은 선수금환급보증서(Refund Guarantee) 발급은행으로부터 기 인출된 원금과 이자를 환급받게 된다.

6) 계약의 복잡성

해외에 등록되는 명목상 선주(SPC), 용선사, 대출권자, 담보권자, 화주 등 다수의 이해당사자와 거래의 복잡성으로 인해 상대적으로 계약구조가 복잡하다. 선박담보 및 해상보험 등 명목상 선주의 권리를 대출권자 앞으로 양도하는 계약 등 다수의 부속계약에 대한 이해 및 관리가 필요하다.

7) 리스거래의 활용

파나마, 마샬아일랜드에 설립되는 차주(SPC)는 설비(선박)를 구매하여 임차인인 해운사 앞으로 설비를 임대하는 리스계약의 구조를 이용하여 금융이 이루어진다. 리스설비의 소유권이 SPC에 있기 때문에 임차인인 해운사의 파산위험이나 임차인 소재 국가의 신용위험 등으로부터 분리되는 장점을 활용할 수 있다.

Ⅲ. 해운사에서 활용가능한 선박금융의 종류

1. 자금조달방법에 따른 선박금융의 유형

선박금융의 대상이 되는 선박확보자금에는 건조자금과 신조선 및 중고선 매입자금은 물론 용선료가 포함되며, 이러한 자금의 확보방법으로는 주식과 사채의 발행, 국내외 금융기관으로부터의 차입은 물론 정부보증 또는 보조금과 같은 다양한 방식이 존재한다. 자금조달방법에 따라 선박금융의 유형은 아래와 같이 나누어 볼 수 있다.

〈선박금융의 자금조달방법〉

자금조달의 방법 (Finance Category)	자금조달 유형 (Type of Finance)	전형적인 특징
주식 (Equity)	소유주 주식 (Owner Equity)	사업주 이익잉여금을 통해 제공되는 자금조달
	펀드 또는 사모를 통한 조달 (Ship Fund, Private Placement)	독일 KG, 노르웨이 KS 등 파트너에 의해 제공되는 펀드
		선투법, 자통법에 의한 펀드를 통한 자금조달
	공모 (Public Offering)	공개된 주식거래소에서 공모에 의해 조달된 주식 자금
메자닌 금융 (Mezzannine Finance)	부채와 자기자본의 중간 성격	CB, BW의 인수, 신주인수권, 주식전환권의 권리를 갖는 대신 무담보로 자금조달
대출 및 채권발행 (Senior Bond)	채권발행 (Bond Issue)	자본시장에서 발행한 채권
	일반은행 대출 (Commercial Bank Loan)	은행이 제공한 대출로 규모가 큰 경우 신디케이션에 의한 대주단을 구성
	조선소 신용 (Shipyard Credit)	자국조선소를 지원하기 위한 공적금융기관(ECA)에 의해 제공되는 대출금
리스 (Lease)	금융리스 (Finance Lease)	선박의 리스와 관련된 자금조달로 감가상각을 이용한 세제효과를 향유
	운영리스 (Operating Lease)	

출처: Martin Stopford, “Maritime Economics”, 2nd Edition, p.206를 국내 현실을 반영하여 수정함.

한편, 자금공여 주체, 공여형태, 자금수요의 형태 및 대주단 참여형태에 따라 아래와 같이 다양하게 선박금융의 유형을 나누어 볼 수 있다.

1) 공여주체에 따른 선박금융

- 정부공여: ECA(Export Credit Agency, 수출신용기관), 정부 주도형 Rescue 펀드, Home Credit Scheme[1] (한국, 일본 계획조선자금)
- 민간공여: 일반은행, 일본상사 금융, KG, KS 등 민간설립 펀드 등

2) 공여형태에 따른 선박금융

- 선박담보부 리스금융(Asset Finance): LTV, Senior Loan vs. Junior Loan
- 프로젝트금융: COA 현금흐름 담보
- 지분참여 및 투자에 의한 선박금융: 선박투자회사법에 의한 선박금융
- 메자닌 금융: Principal Investment, 후순위 CB, BW 등
- 유가증권 발행: 주식, 회사채, ABS 등

3) 자금수요 형태별 선박금융

- 선박건조자금: Pre-delivery Loan, Post Delivery Loan, Refund Guarantee
- 중고선 매입: 담보부 직접대출, BBCHP, 리스금융 등
- 유동성 확보: Sale & Leaseback, ABS/ABL, 유가증권 발행 등

4) 대주단 참여형태별 선박금융

- Bilateral Loan: 1대1 금융
- Club Deal: 5개 이하 소수의 금융기관이 공동으로 공여
- Syndicated Loan: 인수은행에 의한 총액인수 후 잠여은행 모집
- ECA Co-financing: 수출금융기관과 일반은행이 공동으로 참여

2. 선박자금을 공여하는 주체에 따른 선박금융의 유형

해운사는 일반적으로 은행을 통하여 선박자금을 Asset Finance형태로 조달하는

1) 자국선대 확충 목적으로 자국선주에 대하여 유리한 금융을 제공해주는 지원제도로서 신용, 보증 및 세제혜택을 부여한다.

경우가 대부분으로, 소유권취득조건부 나용선(BBCHP)을 활용한 금융리스 또는 나용선(BBC)을 활용한 운용리스의 형태를 취하는 것이 일반적이다. 중소선사의 경우 신용도 차이로 인하여 리스회사를 통하여 조달하는 경우도 있다. 선박자금을 공여하는 주체에 따라 선박금융을 나누어 보기로 한다.

1) 일반은행의 선박금융

주로 미국, 유럽, 일본 등 선진국의 대형은행들이 주축이 된 국제상업은행들과 각국의 국내은행들이 중심이 된 상업은행들이 융통성 있는 금융상품들을 많이 개발하여 적용하고 있다. 은행을 통해 선박금융을 조달하는 가장 일반화된 기법은 해운사가 선가의 일부를 자기부담하고 나머지 금액에 대하여 선순위 대출과 후순위 대출을 신디케이션(Syndication)형태로 조달하는 방식이다.

은행은 선박금융 지원방식에서 폭넓게 활용되고 있는 BBCHP방식으로 선박금융을 취급한다. 이것은 국외에 설립되는 특수목적법인(SPC)이 선박건조자금을 융자받아 선박을 건조하여 해운사에게 임대하며, 해운사는 일정기간 동안 융자금의 원리금에 준하는 용선료를 지급하고 소유권을 취득하는 계약을 말한다. 또한 국제금융시장의 금융기관들은 선박을 담보로 선박건조자금을 지원하는데 이를 BBCHP방식의 리스금융이라고 하며, 보통 신디케이션 방식으로 국내외 은행이 공동으로 참여한다.

은행이 BBCHP 선박금융을 취급 시 일반적인 업무흐름은 다음과 같다.

① 해운사와 조선소 간의 선박건조계약 체결

② 금융기관 물색(RFP) 및 금융조건 협의

③ 금융조건 확정 및 Mandate 교환

④ 해외 SPC 설립

⑤ Loan Agreement, BBCHP 등 관련계약 체결(Documentation)

⑥ 외환관리법 등에 따른 제반 인・허가 취득

⑦ 분할대출 및 선박건조 시작(Pre-delivery)

⑧ 선박인도(Delivery) 및 선박 소유권 및 저당권 등기완료

⑨ 대출금 회수 시작

2) 리스회사의 선박금융

국내 산은캐피탈, 신한캐피탈 등 제2금융권에서 선박리스를 주로 취급하고 있다. 이들 리스회사는 대부분 원화로 대출하기 때문에 수입이 원화인 국내 내항 중소형 선박이 주된 대상이 된다. 그리고 일반은행이 소유권취득 조건부 나용선(BBCHP) 거래형태를 취하는 반면에, 리스회사는 주로 단순나용선 리스계약(BBC) 형태로 취급한다. 즉, 리스회사는 주로 운용리스를 활용하는데 이는 리스회사가 리스자산의 소유권, 위험, 편익을 리스이용자에게 이전하지 않는 리스계약으로 금융리스와 달리 임대인인 리스회사가 리스자산의 유지 및 관리의무를 진다. 또한 금융리스와 달리 임대인이 리스자산의 유지 및 관리의무를 지며, 리스기간이 자산의 내용연수에 비해 짧은 단기이므로, 특정기간의 임대료 수입으로는 투하자금의 완전회수가 이루어지지 않는다. 리스회사는 리스기간 만료시 통상 반환되는 리스자산을 시장에 매각하거나 재리스하여 이익을 실현하므로 리스자산의 잔존가격은 임대인에게 중요한 수익원이 된다.

3) 선박투자회사의 선박금융

선박투자회사는 일반국민 및 기관투자가로부터 모은 자금을 자본금으로 하여 설립되며, 금융기관으로부터 차입한 자금을 합하여 선박의 임대 및 매매차익을 목적으로 1척을 소유하는 서류상의 회사이다.

독일의 KG펀드와 노르웨이의 KS펀드가 선박투자회사제도를 이용한 사례이며, 우리나라도 2003년부터 선박투자회사법에 의한 투자가 이루어지고 있다. 독일과 노르웨이는 1970년대부터 시행 중에 있는데, 이들 국가의 선박펀드의 자금조달을 보면 약 30%는 투자자로부터, 약 60~70%는 금융기관으로부터 조달하고 있다. 싱가포르의 경우는 2006년 MFI(Maritime Finance Incentive)제도 아래 PST(Pacific Shipping Trust)를 운영하고 있다.

선박투자회사를 이용한 선박금융에서는 일반국민 및 기관투자자로부터 모은 자금과 금융기관 등으로부터 차입한 자금으로 펀드를 조성하여 선박을 확보한다. 그리고 나서 해운사에게 선박을 빌려주고, 그 대선료에서 차입금과 제반 비용을 공제한 나머지를 투자자에게 배당하는 형태의 금융기법을 활용한다. 선박투자회사는 서류상의 회사이고, 실제 업무는 선박운용회사가 대행하는데, 1개의 선박운용회사가 다수의 선박투자회사를 설립, 운영하는 것이 일반적이다.

즉, 주식 발행을 통해 일반투자자 및 기관투자자로부터 조달된 자금으로 선박투자회사(SIC: Ship Investment Company) 또는 SIC의 역외 자회사를 설립하고, 차입금을 추가로 조달하여 선박을 건조 또는 매입한 후 이를 해운사에게 임대하고, 해운사로부터 받는 용선료로 차입원리금을 상환하고 나머지를 투자자에게 배당하는 형태를 취한다.

동 기법은 선박용선과 관련하여서는 기존의 BBCHP방식을 그대로 이용하고 있기 때문에 자기자본 부담분이 선박투자회사에 의해 조달된다는 점을 제외하고는 구조적인 측면에서는 BBCHP방식과 같다.

국내 일반투자자로부터는 외화조달이 불가하여 원화를 모집하여야 하므로 SPC를 해외에 설립하는 대신 국내에 주식회사 형태로 설립하고, 주식 발행을 통해 원화 선박확보자금을 모집한다.

이것은 1998년 외환위기 이후 선박 금융시장 침체기에 이를 타개하기 위한 방편으로 태동되었으며, 노르웨이 KS와 독일의 KG 선박투자 Fund 제도를 참고하여 설정되었다.

참고로 국내에는 현재 5개의 선박운용회사가 운영되고 있다.

운용회사	설립일	자본금	주요주주
한국선박금융(주)	2003.3	85억원	산업은행, 대한해운, 수협, 대우조선해양, STX
KSF선박금융(주)	2004.2	84.7억원	수출입은행, 우리은행, K1쉬핑, 장금상선 등
세계로선박금융(주)	2005.3	80억원	미래에셋증권, 삼성물산, 한진중공업, 창명해운
(주)국제선박투자운용	2005.4	50억원	개인(홍준경), 수협, 극동티엘에스, 동진산업
캠코선박운용(주)	2009.6	70억원	한국자산관리공사

4) 사모투자전문회사(PEF: Private Equity Fund)의 선박금융

사모투자전문회사(PEF)는 자본시장과 금융투자업에 관한 법률에 의해 설립되는 합자회사로서 유한책임을 지는 LP(Limited Partner)와 무한책임을 지는 1인 이상의 GP(General Partner)로 구성된다. LP의 자본금을 투자대상회사의 지분 및 실물에 직접 투자하며, 단순 대출은 형식적으로 불가하다.

실행 절차를 살펴보면 아래와 같다.

① GP와 LP는 투자자부터 투자금을 모집
② 투자금으로 PEF를 설립
③ PEF가 해외에 설립된 선박소유회사에 출자
④ 선박소유회사(SPC)는 BBC 계약 및 금융기관과 선순위 금융계약 체결
⑤ 해운사는 조선소와 건조계약 체결 후 선박소유회사에 Novation 실행 및 BBC 체결

5) 메자닌 금융(Mezzanine Financing)

메자닌은 은행과 벤처캐피탈 회사 등이 전환사채(CB)나 신주인수권부사채(BW)의 인수 또는 신주인수권, 주식전환권 등 주식관련 권리를 취득하는 대신 무담보로 자금을 제공하는 금융기법이다. 대출과 투자의 중간단계로 Loan과 Equity 사이에 존재하며, 고수익을 노리면서 어느 정도 안정성을 원하는 투자자에게 적합하다.

선박 확보시의 메자닌 금융을 보면, 해운사와 용선주(화주) 사이에 원가보상제도에 의한 장기운송계약(COA: Contract of Affreitments)이 체결되어 있는 경우에는 메자닌 금융기관에서 알선하여 타 금융기관으로부터 선가의 일정 금액부분을 선박을 담보로 금융제공을 받도록 하고, 잔여선가 중 해운사가 직접 투자한 금액을 제외한 금액에 대해서는 제2순위저당과 영업이익에 대한 우선배당을 조건으로 융자해주는 중개적 금융방식의 하나로, 대출과 출자가 혼합된 형태이다.

6) 수출지원금융기관(ECA: Export Credit Agency)의 선박금융

수출지원금융기관에는 직접 대출을 제공하는 수출입은행과 일반은행의 대출에 대하여 보험을 제공하는 보험공사가 있다. 한국수출입은행(KEXIM)이 뱅크론(Bank Loan) 또는 서플라이어즈 크레디트(Supplier's Credit)의 형태로 연불수출금융을 실시하고 있으며, 수출보험은 한국무역보험공사(K-Sure)가 관장하고 있다.

선박금융의 차원에서는 국내조선소의 선박수출을 지원하는 것이 원래의 취지였으므로 해외선사가 국내조선소에서 건조하는 선박에 대한 지원을 하였으나, 현재는 국내선사가 국내조선소에서 건조하는 선박에도 지원을 하고 있다.

OECD에 가입한 국가의 수출지원금융기관은 가이드라인으로 일정한 금리수준을

정하여 과당경쟁을 막고 있으며, 일반적으로 대출의 규모는 선가의 80%이고 상환기간은 선박인도 후 12년 이내이다.

수출보험제도는 수출기업이 물품을 수출하고 수출대금을 지급받지 못하거나, 수출금융을 제공한 금융기관이 대출금을 회수하지 못하는 손실을 보상해주는 정책보험제도로서 비상위험과 신용위험을 보장한다. 따라서 수출대금을 받지 못해서 생기는 손해에 대비하고자 수출보험에 가입하며, 이 보험을 근거로 일반은행은 선박금융을 주선한다.

Ⅳ. 해외 선박금융시장의 변화

세계 선박금융시장은 2007년 이후 해운시장 악화 및 글로벌 금융위기로 크게 위축 되었다가 2010년 하반기 잠시 회복하는 모습을 보였으나 유로존의 채무위기로 다시 위축되었다. 금융위기 이전의 슈퍼사이클(대호황기) 이후 해운업황의 급격한 침체로 선박발주량이 2007년 최고점대비 2012년 26.6% 수준으로 크게 축소되었고 이로 인해 선가 또한 현재까지 하락세가 지속되고 있다.[2)]

특히, 유로지역 채무위기는 선박금융의 약 70% 정도를 담당해 왔던 유럽계 금융기관의 선박금융을 급격하게 축소시켰으며, 이러한 금융부족을 아시아계 금융기관들이 점차 메우고 있으나 아직 규모 면에서는 부족한 상황이다.

선박금융을 제공하는 은행권의 대출이 감소하면서 선사들의 채권발행은 증가하여 과거 10% 내외였던 채권비중은 25% 수준까지 증가하였다. 아울러 고효율 선박 등에 낮은 가격으로 투자할 적기라는 분위기가 고조되어, 미국계 투자자들을 중심으로 사모펀드(PEF)에 의한 투자가 활발하게 이루어지고 있다.[3)]

1) 선박금융 Portfolio 축소

2008년 금융위기 이후 신규 프로젝트에 대한 금융지원 축소 및 은행 간 합병으로 인하여 선박금융 대출(portfolio) 구성에 변화가 생기고 있다. 특히 자국 Key Client에 집중하게 됨에 따라 신규거래처를 개발하려는 의지는 약화되고 있다.

---

2) 한국은행 부산본부, "해외사례로 본 부산의 선박금융 발전여건 점검 및 향후과제", 2014.2, p.5.
3) 한국수출입은행 해외경제연구소, "Market Intelligence", 2014.3.17, p.5.

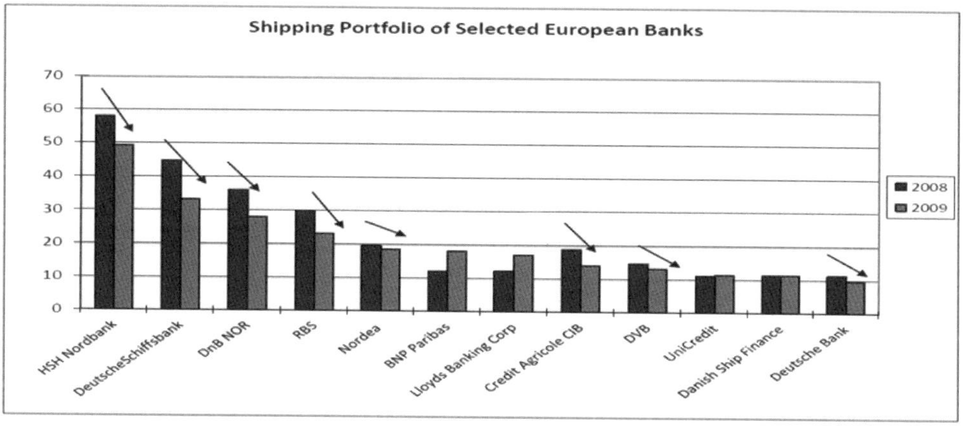

출처: Marine Money

2) 중국계 은행의 선박금융 규모 증가

독일을 중심으로 한 유럽 선박금융 위축이 지속되는 가운데 빈자리를 중국이 채워 나가기 시작하였다. 컨테이너 선박의 주된 공급자였던 독일의 선박금융(KG펀드)이 크게 위축되고 있다. 독일 2대 은행인 코메르츠방크는 2012년 해운투자 부문을 폐쇄하였고, 보유하고 있던 지분의 추가 감축에도 나설 예정이며, 세계 최대 선박금융 은행인 독일의 HSH 노르드방크는 해운부문 대손충당금을 늘리고 있는 실정이다.

중국은 국책은행을 중심으로 자국 및 해외 우량 선주들에게 적극적인 금융을 제공 중으로, 중국조선소에 발주한 외국선사에 대한 지원 등 자국의 조선업 지원을 위한 정책이 주류를 이루고 있다.

2014년 말을 기준으로 중국은 세계 선박금융 투자은행 Top30에 총 4개 은행의 이름을 올렸으며 이들 은행의 선박금융 규모는 지속적으로 증가하는 추세에 있다.

Bank of China 6위(185억불), China EXIM 8위(158억불), China Development Bank 15위(110억불), ICBC 30위(35억불) 등이 그것이다.

3) Syndication Market 축소

최근에는 선사와 금융기관 간의 신뢰 저하 및 시장실패 경험으로 선박금융 신디케이션 규모가 축소되고 있다. 일반적으로 모든 은행을 참여시키는 General Syndication 보다는 한 개 또는 소수의 은행만을 초청하는 Bilateral 또는 Club Deal 위주로 신디케이션이 구성되는데, 2008년 리먼 사태 이후 독일계가 위축되었으며 2011년 남유럽 위기로 프랑스계 금융기관의 선박금융이 위축되었다.

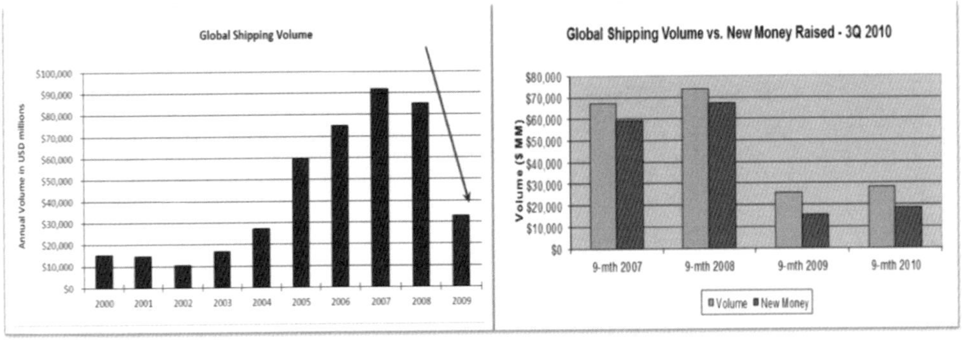

출처: Marine Money

4) 사모펀드의 등장[4)]

신디케이트론의 감소로 선박금융 시장이 경색되자 최근 선주들이 사모펀드를 대안으로 하여 새로운 자금원으로 활용하는 사례가 증가하고 있는데, JP Morgan, Oaktree와 같은 세계 굴지의 사모펀드들이 선박금융시장에 진출하였다. JP Morgan은 선박용 투자펀드로 시작한 Global Maritime Investment Fund를 통해 유력 선주들에게 선박금융을 제공하며 활발하게 투자를 진행 중이고 Oaktree는 독일의 Rickmers와 16척의 컨테이너선을 공동 발주하였으며, Blackstone은 2012년에 MR 탱커 취득에 75%의 지분투자를 실행하였다.

5) 금융조건의 강화

금융기관이 해당 프로젝트의 사업성에만 의존하는 Non Recourse Financing에 대한 저항으로 해운사에 대해 추가적인 대출 보증을 요구하게 됨에 따라 해운사의 부담이 증가하고 있다. 아울러 각 금융기관의 조달금리 상승과 해운시황 개선지연으로 인한 선박금융 Risk 확대로 이자율이 상승하고 Leverage(대출) 비율 축소, Tenor(만기) 축소, Covenant 조항 강화, 주선수수료, 융자약정 수수료(Commitment Fee) 상승 등이 이루어지고 있다.

---

4) 하나금융경영연구소, "선박금융의 새로운 트랜드 발현과 시사점", 하나산업정보 제18호, 2013.5.6. p.8.

〈선박금융 금융조건의 변화〉

구 분	유럽 금융위기 이전	유럽 금융위기 이후
이자율	Libor+1% 이하	Libor+3% 이상
만 기	10년 이상	5~7년
레버리지 비중	80% 내외	50~60%
신디케이션	활발	어려움
선가지급구조	20-20-20-20-20	10-10-10-10-60

출처: HSBC, 이재민, "최근의 선박금융 지원정책 논의에 대한 소고", 한국거래소, 2014.3월, p.11 재인용

6) 신조 선박금융에 대한 선호도 저하

금융위기 이후 건조 중인 선박에 대한 자금 인출을 회피하려는 경향이 두드러지고 있어, 인도 전(pre-delivery) 금융은 없이 인도 후(post-delivery) 금융에만 참여코자 하는 은행도 다수 등장하고 있다.

Ⅴ. 국내 선박금융시장의 변화

국내 선박금융은 한국산업은행, 한국수출입은행, 무역보험공사 등의 정책금융기관의 비중이 절대적으로 높은 편이다. 2008년 금융위기 이후 국내 정책금융기관이 높은 지원 실적을 보이는 이유는, 유럽계의 금융기관들의 대출여력 감소로 아시아국가의 ECA 금융에 대한 수요가 증가한 것이 주요 요인으로 보인다.

국내 선박 Equity에서 가장 많은 비중을 차지하는 선박투자회사 펀드는 대체로 양호한 실적을 기록하고 있으며, 2010년 이후 2014년까지 4년간 선박투자회사 펀드의 투자액은 2008년 금융위기 이전 4년간보다 112% 증가한 1조 5,455억 원 규모를 기록하고 있다.

반면, 국내 선박금융시장에서 해운사들의 회사채, PEF에 의한 자금조달 비중은 아직 미미한 수준이다. 2009년부터 2013년 8월 현재까지 국내 5대 해운사의 회사채 발행액 총 9조 7,326억 원 중 5.2%인 5천억 원 상당액만이 선박구매에 사용되어 사실상 선박금융으로서의 역할은 낮은 수준이다. PEF 또한 국내 증권사를 중심으로 노력중이나 은행의 지원 확보의 어려움, 후순위담보에 따른 채권보전 불확실성, 달러 swap 비용 등 여러 문제로 인하여 큰 성과는 없는 실정이다.[5)]

---

5) 한국수출입은행 해외경제연구소, "Market Intelligence", 2014.3.17, p.6.

1) 금융 조달비용 상승

외국계의 금융기관에 비해 가격경쟁력이 저하하였으나 최근 국가신용등급의 상승으로 가격경쟁력을 일부 회복하였다. 그러나 유럽발 금융위기 및 한반도 리스크 등으로 조달비용이 상승하고 있다.

2) 국내조선소 구조조정의 영향

조선업 구조조정 과정에서 중소형 조선소 앞 RG발급 유보 등으로 국내 신조를 대상으로 하는 선박금융의 수요는 감소하고 있으며, 조선산업 구조조정 여파로 금융권의 선박금융에 대한 관심은 저하된 상태이다. 간혹 RG를 행사한 선박을 건조완료 후에 매각하는 형태의 금융이 발생하고 있다.

한편 중국발주의 증가 및 중국계 금융기관을 통한 금융조달로 국내 금융기관을 통한 자금조달 규모는 상대적으로 축소되고 있다.

3) 새로운 선박금융 참여자 등장

저축은행은 부동산시장 침체에 따른 투자 대안분야로서 선박금융에 관심을 갖기 시작하여 참여하고 있다. 한편, 선박펀드는 2002년 5월 선박투자회사법 도입 이후 선박펀드를 중심으로 시장규모가 확대되어 오고 있다. 2014년 3월 현재 4개 민간운용사는 113개 펀드, 155척, 84,694억 원을 조성하였고 캠코선박운용은 33척 4,666억 원을 매입하였다. 그리고 국내조선사에 발주한 해외소재 해운사만 지원하던 한국수출입은행과 무역보험공사는 국내 외항선사에 대한 지원을 개시하였으며, PEF는 현대상선, 한진해운의 LNG 사업부문을 인수하였다.

Ⅵ. 국내 선박금융의 한계

1) 국내 금융기관이 원화가 아닌 외화로 대출을 취급해야 하는 근본적인 한계

국내해운사가 국내화주의 화물을 수송하기 위하여 국내조선소에 선박을 발주하여 국내금융기관들이 대출을 실행하는 경우에도 외항선사의 수입은 대부분 외화이기 때문에 외화로 대출을 지원하게 되므로 국제금융시장의 외화 유동성에 따라 선박금융도 영향을 받을 수밖에 없다. 또한 원화가 달러, 엔, 유로화와 같은 세계 기축통화가 아니고 세계 금융위기 시에도 발권력을 활용할 수 있는 원화로는 대출이 가능하다고 하더라도 외화는 국내금융기관에 의한 외화의 조달 자체가 어려워진다는 점에서 근본적인 문제가 발생한다. 게다가 선박금융은 10년 이상의 장기대출이 일반적인 형태이므로 외화조달의 어려움을 반복적으로 겪고 있는 국내금융기관이 외화 장기대출을 지원해야 한다는 점이 근본적인 부담으로 작용하고 있다.

2) 선박금융의 특수성에 대한 이해부족

선박금융은 선박 자산이 중요한 담보의 수단으로 부동산 등 다른 자산에 비하여 선가의 등락이 큰 편으로, 선박 운항에 따른 현금흐름을 분석하여 일시적인 해운업의 부침에 상관없이 장기지원이 필요한 분야이다. 그러나 일시적인 선가의 하락과 해운업의 불황에 직면하여 특정 시점에서의 선가만을 판단의 근거로 삼아 기존 금융을 회수하거나 신규 지원을 일시에 중단하는 경우도 발생하고 있다.

또한 국내 해운사들은 차입 의존도가 높아 자기자금 부담비율이 20%에도 이르지 못하고 있다. 따라서 선박의 시가가 20%만 하락하여도 해당 해운사는 선박금융을 조기 상환하거나 추가담보를 제공해야 하는 상황에 직면하게 된다. 해운사도 타인자본에 지나치게 의존하기 보다는 자기자본 투입비율을 높여야 해운경기 변동에 따른 선가하락과 이자부담을 견딜 수 있으므로 타인자본에 대부분을 의존하려는 경향을 탈피할 필요가 있다.

3) 해외 선박금융기관 중심의 금융

국내선박금융은 국내금융기관이 달러화 조달에 근본적으로 취약하여 선박 건조 및 운영이 국내에서 이루어지는데도 불구하고, 지원은 주로 외국계의 금융기관에 의해 주도되고 있다.

그런데 2009년 선박금융의 중요 이슈로서 등장한 탈세계화(De-globalization)는 국유화 지원을 받은 미국, 영국, 독일, 프랑스 등 선진국 금융기관들이 각국의 정부로부터 은행의 해외대출 활동을 줄이고 자국 내의 대출에 집중할 것으로 요청받음으로써 그동안 해외의 해운사를 대상으로 공여하던 선박금융 대출이 위축되었다.

이러한 외국계의 금융기관들의 본국 회귀나 금융 위축으로 인해 그리스, 네덜란드, 한국 등 세계적인 굴지의 해운사들로서는 금융조달원이 대폭 축소되었다. 특히 2008년 금융위기 이후 국내 금융기관의 해운사에 대한 대출이 크게 감소하고 있다.

〈국내 해운사의 자금조달 비율〉

(단위: U$백만)

	2005	2006	2007	2008	2009	2010
국내	1,319	1,481	2,460	924	513	477
국외	774	1,630	702	479	425	703
국외비율	37.0%	52.4%	22.0%	34.1%	45.3%	59.6%

출처: 국내 37개 해운사를 대상으로 조사, 한국선주협회.

4) 전문 인력 및 노하우 부족

수출금융기관을 제외하고 선박금융 전담팀을 운용하는 국내시중은행은 산업은행 등 일부 은행을 제외하고는 없는 실정이다.

또한 해외 선박전문은행의 경우 글로벌 네트워크를 통해 선종별, 업무 프로세스별, 시장조사와 관련한 매트릭스 조직(Matrix Organization)을 갖추고 전문성과 업무효율성을 구축하고 있으나, 국내금융기관의 경우 해외 지점망을 기초로 매트릭스조직을 통해 선박금융을 지원하는 금융기관은 거의 전무한 실정이다.

선박금융은 외화로 집행되는 국제금융 분야 중에서도 복잡한 구조화 절차가 필요한 특수 분야로서 국내금융기관의 국제금융 분야의 전문 인력이 원천적으로 부족한 상황에서 더욱 특수한 국제금융의 분야인 선박금융 전문인력 풀은 더욱 작을 수밖에 없다.

5) 선박평가기관, 보험 등 참여기관의 부족

선박금융은 다양한 제3의 전문기관이 참여하는 종합금융상품으로서, 특히 법무・선급・보험・감정 등 서비스 제공기관의 전문성과 경쟁력은 선박금융 선진화의 결정적인 요인이 되고 있다. 그런데 국내 법무법인, 선급 등의 전문성은 외국기관에 견주어 부족함이 없으나 보험사의 규모 및 신용도가 낮아 공동부보 및 외국계의 보험사에게 재보험을 들도록 하고 있으며, 국제적인 공신력 있는 선박감정기관이 없는 실정이다.

6) 달러화 금융 의존도 심각

통상 선박건조비용의 달러화 비중은 50% 내외임에도 불구하고 선박건조대금을 전액 달러화로 지급하고, 이를 위해 금융 역시 달러화로 조달함에 따라 조선소의 경우 잉여달러 수취에 따른 환 리스크 헤지 비용이 발생하거나 헤지를 하지 않을 경우 환율리스크에 노출되게 된다.

달러화가 만성적으로 부족한 우리나라의 경우 최근 미국발 금융위기 당시의 경험에서 알 수 있듯이 국제금융 시스템이 마비되는 경우에는 국내 금융시장도 동시에 마비되는(Synchronization) 구조적 취약성을 가지고 있다. 선박금융이 달러화로 이루어지기 때문에 외화조달 비용이 외국계의 은행들에 비하여 상대적으로 높은 국내 상업은행들은 선박금융 취급에 소극적일 수밖에 없는 실정이다.

물론, 달러금융의 기준이 되는 Libor 금리는 1% 미만인 데 비하여 국내에서 원화조달시의 기준이 되는 회사채 AA등급이나 CD금리는 그 수준이 매우 높아 원화 Financing 조달비용이 외화조달의 경우에 비하여 보다 높기 때문에 모든 선박금융을 원화로 조달하는 것에는 근본적인 한계가 있다.

7) 선 · 화주 사이의 협력 부족

선박금융의 경우 선박의 내재가치와 아울러 선박운용을 통한 장래수입이 중요한 담보역할을 하고 있어, 이들 COA계약 당사자인 대형화주들이 높은 신용도를 근거로 선박금융과 관련한 확약서 발급, 계약양도에 대한 승낙만으로도 실질차주사인 국내 선사들의 차입조건을 유리하게 하고, 외국계 은행들의 참여범위를 넓힐 수 있다. 예를 들어 가스공사의 경우, 가스도입 전용선 건조 및 이를 위한 금융조건을 유리하게 하기 위해 적극적으로 LOU를 발급, 원리금과 대체선사 물색 등을 확약함으로써 2009년 상반기 중에는 선박금융시장의 실질적인 마비 상태에도 불구하고 U$ 482백만의 재금융을 무난히 성사시킬 수 있었다. 이처럼 우량 화주는 적극적인 금융협조를 통해 COA 현금흐름이 추가적 담보효력을 인정받도록 하여 전체 금융소달 비용을 낮주는 효과를 얻을 수 있을 것이다.

8) 강력한 인센티브와 제도의 부재

우리나라는 산업은행, 수출입은행 및 자산관리공사 등을 통해 선박금융을 지원하고 있으나 중국에 비해 지원규모나 성과 면에서 상당히 미미한 수준으로 보인다. 특히 2009년 이후부터 선박펀드에 대한 세제혜택 등 투자 인센티브마저 크게 축소되어 민간 투자자들을 모집하기도 쉽지 않은 상황이다.

9) 해운산업에 대한 경기동행적인(pro-cycle) 투자로 인한 경쟁력 약화

해운산업은 국경에 따라 시장을 구분 지을 수 없는 글로벌 산업으로서 전 세계 경제 상황에 따라 호황과 불황을 반복하고 있다. 우리나라 해운업계는 호황기에 레버리지를 통해 선박투자를 확대하고, 불황기에 저가로 선박을 매각하여 유동성을 확보하는 악순환이 발생하고 있다. 이러한 상황이 발생하는 것은 해운사 자체의 의사결정에도 기인하나, 선박금융을 제공하는 금융기관이 해운업 호황기는 국제자금시장도 자금이 풍부한 경우가 대부분으로 선박금융 자금을 적극적으로 지원하는 반면 불황기에는 자금을 축소시키는 것도 이유가 크다. 따라서 일반적인 금융기관의 대출집행과 감독체계를 따를 수밖에 없는 기존 금융기관의 틀을 벗어나 경기역행적인(anti-cycle) 투자를 지원할 수 있는 기관의 등장이 필요할 것이다.

Ⅶ. 국내 선박금융의 발전과제

1) 선박금융의 지속적 확대를 위한 투자재원 다양화

해운사의 선박 건조와 매입사업 등에 대한 자금지원을 위해서는 전통적인 선박금융 지원기관인 은행권은 물론 국내외의 다양한 자금이 활용될 필요가 있을 것이다. 선박 프로젝트가 갖고 있는 현금흐름의 요소와 선박담보 등이 활용된다면 다른 분야에 대한 투자에 버금가는 수익성을 가져올 수 있으므로 다양한 투자재원의 활성화가 시급한 실정이다.

2) 연기금과 보험회사의 풍부한 자금 활용

저금리로 대체 투자처가 필요한 연기금, 보험회사의 풍부한 자금을 활용할 수 있으면 상당한 자금이 지원될 수 있을 것이다. 선박금융은 다소 복잡한 구조화 금융의 형식을 취하고 있으므로 선박금융의 안전성을 인식시킬 필요가 있으며, 선도적인 몇 건의 선박투자프로젝트의 성공을 통하여 연기금과 보험회사의 대체투자처로서의 인식을 제고 하도록 해야 한다. 추후 해운업과 선박투자에 대한 해당기관의 관련 인력이 충원되어 계속적인 투자가 이루어지도록 하는 것도 중요하다.

3) 기존 공적금융기관의 역할 강화

수출입은행, 무역보험공사, KAMCO 등이 여신규모 확대를 통하여 선박금융의 근간을 이루는 역할을 충실히 수행하도록 한다. 특히 시장 불황기 때에도 국내 해운사에 대한 대출(보증)을 증대함으로써 시장의 버팀목 역할을 할 필요가 있다.

4) 시중은행의 지속적인 선박금융 참여 유도 필요

2008년의 리먼 사태 이후 시중은행들의 외자조달이 어려워지고 기존 해운업체의 부실로 인하여 신규 선박금융 취급이 위축되어 왔다. 특히 선박금융의 특성이 은행내 해운분야에 대한 대출 확대를 가로막고 있는데, 이는 장기, 거액, 외화필요, 영어사용, 복잡한 구조, 전문 인력의 부족 등에 기인한다.

5) 선박펀드 및 Tax Lease의 활성화

개인투자가 저율과세 일몰기한 연장 등으로 선박펀드에 대한 투자환경을 개선하며 싱가포르의 MFI제도와 같이 세제 혜택 부여를 통해 국내외 해운사가 활발히 국내에 유치되도록 할 필요가 있다.

6) 민간투자 활성화를 위한 세제지원 및 제도 개선

(1) 지분형 투자 활성화

국내자본시장 활성화를 통해 기존의 대출(Debt) 위주에서 지분(Equity)형 상품으로 다양화할 필요가 있다. 또한 주식발행, 펀드, CB, BW 등 메자닌 금융이 선박금융에서 활용되는 복합금융이 활성화되어야 한다.

(2) 선박투자에 대한 세제 혜택

개인투자자 저율과세, 기관투자가에 대한 세제 인센티브 등 선박투자에 대한 혜택을 부여하도록 한다. 실제로 영국의 UK Tax Lease 등 전통적 선박금융 강국에서는 세제지원을 통해 다양한 선박금융의 기반을 마련해 오고 있다(영국, 프랑스, 독일, 노르웨이).

(3) 선박금융 특수성을 반영한 부채비율의 적용

모든 차주에게 동일한 부채비율의 잣대를 적용하는 방식보다는 대규모 차입이 필요한 선박금융의 특성을 고려하여 해운업체에는 별도로 적용할 필요가 있다.

7) 한국해양보증보험(주) 등 신설기관의 역할 강화

해운사의 선박 건조 및 매입사업 등에 채무보증을 제공하기 위하여 2014년 12월 자본금 600억 원으로 출발한 한국해양보증보험은 이후 유상증자를 통해 자본금을 늘려왔으나 2015년 말 기준으로 1,248억 원에 불과한 실정이다. 하지만 2019년까지 자본금을 5,500억 원으로 증액할 계획 아래 민간과 공공부문이 절반을 분담해 매년 1,000억 원씩 늘릴 예정이다.

한국선박금융공사 설립의 대안으로 기능을 축소하여 출발한 한국해양보증보험이 제 역할을 수행할 수 있도록 자본금이 확충되어 해운업 발전을 위한 후순위대출 보증 등의 업무가 활성화되어야 할 것이다.

또한, 기본적인 선박금융과 관련한 보증 취급 이외에 급격한 선가하락 우려로 대출모집이 곤란한 경우 선박 잔가(Residual Value)에 대한 보증을 취급하여 선박금융이 유지되도록 하는 역할을 수행할 필요가 있다.

아울러 해운업계는 호황기에 레버리지를 통해 선박투자를 확대하고, 불황기에 저가로 선박을 매각하여 유동성을 확보하는 악순환을 발생시키는 경기동행적인(pro-cycle) 투자로 인해 경쟁력이 약화되어 오고 있어 이를 극복하기 위한 선박은행(tonnage bank) 기능이 요청되고 있다. 한국해양보증보험이 향후 이를 담당하여 해운시황 침체기에 국내 해운사들의 재무적 위기를 해소하고 국적선박 규모를 유지토록 할 필요가 있다.

사실 tonnage bank는 해운시황 침체기에 국내 해운사들의 재무적 위기를 해소하고 국적선박 규모를 유지하기 위한 효과적인 방안으로 평가되며, 불황기에 해운사가 소유한 선박을 사들인 후 해운사에 재용선하고 시황이 개선된 이후 시장 또는 해운사에 재판매하는 역할을 수행하게 된다.[6)]

tonnage bank는 해운사가 보유한 선박 중 손실이 발생하는 과잉선박을 인수하

6) 백강, "국내 선박금융 현황 및 시사점", 캠코리뷰, 제1권 제3호, 2014.9. p.124.

여 관리하면서 대선, 매각 등을 전문적으로 처리하는 선박관리 구조조정 전문 조직을 의미한다. 부실자산이나 채권을 사들여 관리 · 운영하는 면에서 배드뱅크(bad bank)와 유사하지만 선박발주, 관리 및 매매업도 가능한 일종의 선주회사(tonnage provider) 역할도 수행하게 된다. 이를 통해 해운경기 사이클의 변동에 따른 기간 리스크를 흡수할 수 있게 되므로 불황기에 매입하고 호황기에 매각하는 경기역행적인 투자가 가능하게 된다.

8) 선박금융 전문인력 양성 및 금융기관 내 시스템 구축

(1) 국제금융 인력 양성 필요

국내 외항선사에 대한 대출이라도 수입 통화가 달러화로 이루어지는 경우가 대부분이라 부득이하게 달러화 대출이 수반될 수밖에 없으므로 선박금융은 국제금융의 성격을 띠고 있다. 따라서 국내금융의 국제화에 발맞춘 국제금융 인력의 양성이라는 큰 틀 안에서 국제금융에서도 특수 분야인 선박금융에 대한 인력양성이 필요하다.

따라서 국제금융에 대한 지식과 경험을 바탕으로 해운분야에 대한 지식을 쌓아나가는 형태로 인력을 양성하고, 그것을 위한 인력양성을 위한 교육 전문기관의 프로그램 확충과 개설이 수반되어야 할 것이다.

(2) 금융기관 내 시스템 구축을 위한 노력 경주

외국계의 선박금융기관과 대비하여 볼 때, 하드웨어와 소프트웨어 분야 모두에서 국내 금융기관의 취급역량이 열위에 있으므로 이를 개선하기 위한 계속적인 노력이 요구된다. 여기서 말하는 하드웨어(Hardware)에는 자본금 규모, 전문 인력, 전산시스템(Marsoft) 구비 등이 해당되고, 소프트웨어(Software)에는 이해도, 심사기법, 위험관리, 선박금융의 취급 · 심사 · 리스크 관리는 물론, 관련된 파트의 영어사용 능력 등이 해당될 것이다.

한편, 해외 유수의 금융기관처럼 해외 Network를 기초로 매트릭스 조직을 통해 선박금융을 지원하는 국내 금융기관은 전무한 실정이므로 국내금융의 국제화에 발맞추어 이러한 부분에 대한 개선이 필요한데, 2013년 2월 산업은행에서 싱가포르에 선박금융 데스크를 설치하여 본점과 글로벌 Network를 형성해 나가는 시도를 한 것은 매우 고무적인 일이다.

(3) 법무법인, 선박평가기관, 보험 등 참여기관의 확충과 전문성 확보

법무, 선급 등 일부 기관의 전문성은 외국계의 기관들과 경쟁이 가능한 수준이지만 보험, 감정 등 서비스 제공기관의 전문성과 경쟁력은 미흡한 수준이라 할 수 있으므로 이들 분야의 선박금융과 관련된 인력의 확충과 전문성의 제고가 필요하다.

9) 국내 해운 · 조선 · 금융 연계 강화

(1) 해운관련 Data Center 구축

국내거래에 관한 정보조차도 외국의 전문회사를 통해 입수하는 상황이지만, 한국은 조선업 분야 세계 제1위, 해운업 분야 6위라는 위치에 있으므로 충분한 Data 축적이 가능할 것으로 예상된다. 만일 선박가격, 용선처, 선박매입/매도자 등 각종 정보가 취합되고 유통되는 Data Center가 구축된다면 소프트웨어적인 측면에서 해운 · 조선 · 금융의 경쟁력이 배양될 수 있을 것이다.

(2) 해운 · 조선 · 금융 간 정보교환 및 협력 강화를 위한 시스템 구축 필요

해운 · 조선 · 금융 간 밀접한 관계를 갖고 공생하고 있음에도 불구하고 각 업계 내의 정보교환과 협력은 활발하나 서로의 벽을 넘는 업종 간의 정보 교류는 미흡한 실정이다. 따라서 업종 간의 협력을 통한 시너지를 발휘할 수 있는 시스템 구축이 필요한데, 해양수산부의 해운 · 금융기관 간의 협력을 통한 활성화 방안이나 한국선급의 관련업계 협력방안 등의 시도가 계기가 될 수 있을 것으로 보인다.

(3) 해운 · 조선 · 금융 간 협력을 통한 원화결제 선박금융 확대

국내 해운사가 국내 조선소에 발주한 선박금융의 경우 국내 금융기관이 자금조달을 주선하는 경우에 원화 선박금융을 시도하도록 할 필요가 있다. 이 경우 조선소가 선박 건조 대금을 외화가 아닌 원화로 받아야 원화대출이 가능해 질 수 있으므로 조선소의 협조가 필요하며, 금융기관도 해운사가 원화와 외화 간의 기준금리 차이를 극복할 수 있도록 비용 절감 요소에 대한 면밀한 설계가 필요할 것이다. 또한 국내 대형화주 중 완성제품의 판매가 국내 원화로 이루어지는 전력, 가스, 제철의 경우에 이들 화주와 장기화물계약을 맺는 선박금융에서는 일정한 부분을 원화로 금융 조달하여 달러화 금융 의존도를 낮출 필요가 있다. 만일 선박금융에 원화금융이 확대되는 경우에는 환 리스크 장벽으로 인하여 진입을 어려워하는 국내 대출기관은 물론 연기금, PEF, 펀드 등의 풍부한 투자자금을 유입시키는 촉진제 역할을 할 것으로 기대된다.

10) 해운사는 금융안정기에도 국내 금융기관과 거래관계 유지

금융위기 상황에서는 전 세계 외화자금이 긴축되어 세계 각 은행들은 자국 해운사에 대한 지원을 최우선으로 고려할 수밖에 없게 되고 국내의 해운사들 또한 국내 은행에 대해 외화대출(선박금융) 지원을 요청하게 된다. 그러나 향후에 금융시장이 회복되어 우량 해운사를 놓고 전 세계 대부분의 금융기관이 경쟁하게 되면, 해운사는 어려울 때 지원해 준 국내은행은 물론 다른 해외은행에게도 기회를 부여하여 선박금융에 대한 완전경쟁을 유도하는 경향이 있다.

그런데 이러한 경우에는 외화조달 금리가 외국 초우량은행에 비하여 항상 높을 수밖에 없는 국내은행은 금리경쟁에서 열세를 면하지 못하게 된다. 즉, 금융시장이 안정화되면 기존 국내의 우량 해운사는 기존의 대출을 조기에 상환하고 저금리인 외국계의 은행으로 대출기관을 변경하여 기존의 국내금융기관은 선박금융시장에서 축출될 가능성이 상존하게 된다.

비록 현재는 해운업의 위기상황이므로 국내 금융기관에 대해 해운업의 지원을 호소하고 있지만 향후에 해운업의 호황이 도래하면 저금리를 제공하는 외국계의 금융기관으로 이탈하게 될지도 모르는 기업을 적극적으로 지원한다는 것이 국내 금융기관의 입장에서는 어려울 수 있다. 그러므로 지금까지 해운사뿐만 아니라 금융기관도 자신이 필요할 때만 상대방을 찾는 경우가 있었다고 하더라도 상대방이 어려울 때 지원하는 상생 마인드를 형성할 필요가 있다.

따라서 해운업의 위기를 극복한 후에 해운사는 대출비용 절감이 필요하겠지만 대출의 일정 부분은 국내 금융기관과 유지함으로써 국내 선박금융의 기반을 함께 마련하는 것이 중요하다.

11) 외국계은행의 계속적인 한국시장 지원을 유도

외화로 이루어진 선박금융을 국내 금융기관만으로 완전히 대체할 수는 없어 보이며, 한국이 외화를 조달할 수 없는 상황에서도 지원이 가능한 외국계의 은행들을 한국시장에 계속 머물도록 할 필요가 있다. 실제로 평상시의 국내 대형 해운사에 대한 대출에는 외국계의 금융기관이 주된 대주단으로 구성되고 있으며, 이들이 선박금융의 주선을 상당부분 주도하고 있다.

한편, 국내 중견 해운사에 대해서도 가능한 한 외국계의 은행이 대출 신디케이션에 참여할 것이므로, 국내 금융기관이 선박금융을 주선할 경우 이를 고려할 필요가 있다. 평상시에도 잘 모르던 국내 중견선사를 금융위기 상황에서 신규 거래처로 지원할 외국계의 은행은 없을 것이므로, 국내 중견선사를 외국계의 은행에게 소개하고 이들을 이끌고 선박금융을 성사시킬 수 있는 국내은행의 주선 능력이 배양되어야 한다. 즉, 외국계의 은행과의 긴밀한 Relationship, 선박금융에 대한 구조화 능력, 국제 Syndication 능력, 국내외 Law Firm을 이끌 수 있는 능력 등이 국내은행에 배양되고 발휘되어야 한다.

제 2 장

선수금환급보증기관의 구상채권 확보를 위한 건조중인 선박에 대한 담보방법 및 실행에 관한 소고*

권성원 변호사, 법률사무소 여산

Ⅰ. 서론

선박건조계약에 따라서 조선소가 선박을 완성하여 발주자에게 인도하기까지는 오랜 시간이 소요된다. 일반적인 선박건조계약에서, 선박건조대금은 계약체결 후 환급보증의 발행, 강재절단(steel cutting), 용골거치(keel laying), 진수(launching), 인수(delivery) 등의 각 단계별로 20%씩 분할하여 지급된다. 그런데 선박의 건조 도중에 조선소의 재무구조가 급격히 악화되어 지급능력을 상실하거나 또는 파산이나 법인회생 등의 도산절차가 개시되는 상황이 발생할 수 있다. 또한 조선소의 다른 채권자들이 채권의 추심을 위하여 건조중인 선박을 포함한 조선소의 재산에 대한 강제집행을 하는 경우도 있을 수 있다. 이런 상황이 발생하면, 이미 분할지급방식에 의하여 거액의 건조대금을 지급한 발주자가 완성된 선박을 인도받지 못하는 것은 고사하고, 그 때까지 자신이 지급한 금원의 반환을 받지도 못하는 위험에 처하게 된다. 따라서 발주자로서는 건조 과정에서 발생할 수 있는 이러한 위험들을 제거하기 위한 적절한 방안을 찾아야 할 필요가 있다.

실무상, 발주자는 선박의 건조 도중에 조선소의 지급능력의 상실 또는 악화(이

* 본 논문은 제2회 선박건조 · 금융법 연구회(2012. 3. 30)에서 발표된 내용이다.

하 '지급불능 등'이라고 한다)로 인해 선박의 건조가 중단되는 것을 대비하여, 조선소에게 적정신용등급 이상을 보유하고 있는 금융기관으로부터 선수금환급보증서(Refund Guarantee)를 발급받아 제공해 줄 것을 요구한다. '선수금환급보증'은 조선소에 지급불능 등의 사태가 발생하였을 때, 그 보증기관이 조선소를 대신하여 발주자가 이미 지급한 선수금의 반환을 약속하는 내용의 지급보증[1]이다. 따라서 위 환급보증서를 발행한 금융기관(이하 "선수금환급보증기관"이라고 한다)은 조선소가 지급불능 등의 사유로 인해 선박건조계약을 이행할 수 없는 채무불이행 상태에 빠졌을 때, 보증의 취지에 따라서 발주자에게 선수금을 반환하여야 한다. 이와 같이 선수금환급보증기관이 보증금을 지급하면, 그 기관은 다시 조선소를 상대로 구상권을 행사할 수 있다. 문제는 조선소에 지급불능 등의 사태가 발생하였다면, 그 조선소는 이미 변제의 자력을 상실하였을 가능성이 크다는 점이다. 따라서 금융기관으로서는 장차 발생할 구상채권의 담보를 위하여 사전에 조선소가 보유하는 자산에 대해서 적절한 담보방법을 강구하여야 할 필요가 있다. 조선소의 재산에 대해서는 여러 가지 담보방법이 가능하겠지만, 그중에서도 특히 유효한 방법은 이미 선박건조계약에 따라서 진행 중인 선박 자체에 대해서 담보를 설정하는 것이다. 상법은 건조중인 선박에 대한 선박우선특권 및 선박저당권을 인정하여(상법 제790조), 건조중인 선박을 담보로 활용할 수 있도록 하고 있다. 그러나 이런 상법규정에도 불구하고, 현재의 실무상으로는 건조중인 선박에 대한 양도담보 방법이 가장 많이 사용되고 있는 것으로 보인다.

본고에서는 선수금환급보증기관을 중심으로 하여 신조선과 관련된 여러 담보방법 및 각각의 담보가 갖는 장단점들을 검토하겠다. 이를 통해서, 신조선의 진행과 관련하여 발생할 수 있는 재정적, 법률적 위험들을 보다 명확히 이해할 수 있고, 이런 위험에 대한 적절한 대비책을 마련하기 위한 단서도 찾을 수 있으리라 본다. 논의의 진행은, 먼저 선수금환급보증의 몇몇 유형들과 그러한 유형의 결정요인들을 살펴본다. 그리고 나서, 선박저당권과 양도담보권을 중심으로 한 각종 담보방법의 장단점을 살펴보고, 현행법하에서 선박에 대한 양도담보가 주로 사용될 수밖에 없는 이유를 검

---

1) 이러한 지급보증에 대하여 국내외적으로 통일적인 용어가 마련된 것 같지는 않다. 영문으로도 Refund Guarantee, advance payment guarantee, refundment guarantee 등 용례가 발견되며, 국내에서도 이를 '환급보증', '선수금환급보증' 등의 다양한 용어로 번역하고 있다. 대법원 판례는 '환급보증'이라는 용어를 사용한다(대법원 2013. 6. 13. 선고 2012다96403 판결). 본고에서는 가장 일반적으로 사용되는 용어를 채택하여, Refund Guarantee 및 '선수금환급보증'을 사용한다.

토한다. 이외에도 인적담보의 활용방안, 질권 또는 유치권의 행사의 가부 등 여러 가지 담보방법의 한계에 대해서도 검토하고자 한다. 마지막으로, 양도담보권 설정 이후에 조선소의 채권자가 건조중인 선박에 대해서 강제집행을 하는 경우와 그 조선소가 도산절차를 진행하게 되는 경우에 선수금환급보증기관이 구체적으로 담보권을 어떠한 방법으로 실행하여야 하는지에 대해서도 살펴보겠다.

Ⅱ. 선수금환급보증의 유형

선박의 건조대금은 거액이므로 발주자는 건조대금의 대부분을 금융기관으로부터 차용하거나 또는 리스계약으로 신용을 공여받는 방식으로 마련하게 된다. 따라서 선수금의 반환에 대한 이해관계를 갖는 자로는, 발주자 이외에 신용을 공여하는 금융기관이 있다. 실질적으로 이런 금융기관이 자신의 대출금을 회수하기 위해서 조선소 측에 선수금환급보증서의 제공을 요구하는 주체라고 보아야 할 것이다.

한편, 조선소는 발주자 측의 요구에 따라서, 특정 금융기관으로부터 선박건조계약에 의한 선박의 완성 및 인도가 이루어지지 못하는 채무불이행 상태가 발생하는 경우에 그 금융기관이 조선소를 대신하여 발주자에게 지급된 건조대금을 반환하기로 약속하는 내용의 '선수금환급보증서(Refund Guarantee)'를 발급받아 교부한다. 선박건조계약에서는 선수금환급보증서를 발행하는 기관을 '적정신용등급 이상을 보유하는 금융기관'으로 제한하는 경우가 일반적이다.

이러한 선수금환급보증서의 발행구조는 다양한 형태를 보이는데, 그 이유는 다음과 같은 요인들이 작용하기 때문이라고 판단된다. 첫째 '선수금환급보증서 발행기관의 신용도'와 둘째 '선수금환급보증서 발행기관의 위험분산의 필요성'이다. 예컨대, 2008년 금융위기로 인해 해운경기가 급락하기 이전에는 신용도가 가장 높은 은행이외에 보험회사 등 제2금융권의 선수금환급보증서 발급이 급증하였다. 이것은 선박발주물량이 크게 늘어남에 따라서 은행들의 지급보증의 한도가 차자 은행들이 위험의 관리 차원에서 신용이 낮은 중소조선소들에 대한 직접적인 지급보증을 회피하였고, 이에 조선소들이 제2금융권으로 눈을 돌려 보증서를 발급받으려 하였기 때문이다. 당시 국내의 여러 보험회사들이 높은 수수료의 수입을 목적으로 보험의 형태로 선수금환급보증계약을 인수하였다. 그러나 보험회사들은 은행보다도 전반적으로 신용도가 떨어지고, 보험사들은 저마다 신용도에도 큰 차이가 있으므로, 발주자 측에서는 국내 보험회사들이 발행한 선수금환급보증서를 받으려 하지 않았다. 발주자 측은 은행이나 동등한 신용등급을 보유한 금융기관의 발행을 요구하였고, 이에 상대적으로 신용도가 취약한 보험회사는 직접 발행하는 대신에 은행 등 다른 기관이 선수금환급보증서를 발행하도록 하였기 때문에 그 발행구조가 복잡하게 되었던 것이다.

아래에서 볼 선수금환급보증서 발행의 유형들은, 실제로 선수금환급보증서가 발행되었던 방식이거나 또는 금융기관이 발행을 위하여 실제로 검토하였던 것들이다.

(1) 가장 기본적인 유형은 은행이 직접 발행하는 선수금환급보증서를 발행하는 방식이다. 이것은 ① 발주자와 조선소의 선박건조계약을 체결한 후, ② 조선소가 거래은행에 선수금환급보증을 의뢰하면, ③ 은행이 심사하여 보증서를 발행하는 구조이다. 만일 은행의 심사결과 보증서 발행이 거절되면, 조선소는 보증보험증권의 제공과 같이 신용보강을 위한 담보를 제공하는 것을 조건으로 선수금환급보증서를 발행받을 수도 있다.[2)]

(2) 다음으로 제2금융권, 특히 보험회사에서 선수금환급보증계약을 인수하여 보증서를 발행하는 경우이다. 이때에는 보험회사가 직접 발행하기도 하지만, 발주자 측의 요구로 신용도가 높은 다른 금융기관의 이름으로 보증서가 발행되는 경우가 대부분이다.

먼저, 은행이 개입되는 구조는 다음과 같다. ① 발주자와 조선소 사이에서 선박건조대금을 분할 지급하는 내용의 '선박건조계약'을 체결하고, ② 은행은 선박의 완성이 불가능한 상태가 되면, 발주자가 이미 지급한 선수금의 반환을 약속하는 내용의 '선수금환급보증서(Refund Guarantee)'를 조선소에게 발급해주고, 조선소로 하여금 이 지급보증서를 발주자에게 양도하도록 하며, ③ 원래 지급보증계약을 인수하기로 되어 있던 보험자가 은행에게 '선수금 환급보증서(Advance Payment Guarantee)'를 발급하여, 장래에 조선소가 선박건조계약을 위반하여 은행이 선수금을 반환해 주는 경우가 발생하면, 그 금액을 다시 은행에게 지급할 것을 약속하는 방식이다.

둘째, 신용도가 높은 해외의 재보험자를 개입시키는 경우가 있다. 그 구조는 ① 선박건조계약을 체결하고, ② 국내 보험자는 해외 재보험자와의 사이에서 재보험계약

2) 김상만, "선박수출거래에서 환급보증의 특성과 문제점에 대한 연구", 서울대학교 법학 제52권 제3호, 453-454면.

을 체결하고, ③ 재보험자가 선주를 상대로 '선수금환급보증서'를 발행하는 방식이다.

셋째, 국내의 보험자가 적정신용등급 이상(예컨대 S&P BBB이상)을 보유하는 금융기관이라면 직접 선주를 상대로 보증서를 발행할 수도 있다. 이 경우에는 ① 선박건조계약을 체결한 후, ② 조선소의 요청으로 국내 보험자가 자신의 명의로 선수금환급보증서를 발행하게 된다. 그러나 보험자는 자신이 인수한 위험을 분산하여야 할 필요성이 있으므로 ③ 다시 보증보험회사와의 사이에서 "보험계약자: 조선소, 피보험자: 보험회사, 보험자: 보증보험회사"의 이행보증보험계약을 체결하거나, 또는 해외에 재보험을 가입하는 방식을 취하게 된다.

위의 몇 가지 유형들 외에도, 발행기관의 신용도와 위험분산의 필요성에 따라서 인수기관 단독으로 또는 복수의 금융기관을 개입시켜 다양한 구조로 선수금환급보증서를 발행하는 것이 가능할 것이다.

Ⅲ. 건조중인 선박 자체에 대한 각종 담보방법

1. 선박 자체에 대한 담보설정의 필요성

선수금환급보증서를 발행한 금융기관이 조선소의 선박건조계약 불이행으로 인해 발주자에게 선수금을 반환한 경우, 그 금융기관은 다시 조선소를 상대로 구상권을 행사할 수 있다. 그러나 이처럼 조선소가 신조선을 완성·인도하지 못하여 선수금환급보증기관이 선수금을 반환하였다면, 이미 그 조선소는 사실상 변제능력을 상실한 상태에 빠져 있을 가능성이 크다. 선박의 건조대금이 거액이라는 점을 감안할 때, 장래에 발생하는 구상권을 담보하기 위하여 조선소의 대표이사 등 개인들의 연대보증과 같은 인적담보를 설정하는 것은 적절한 담보방법이 되기 어렵다. 환급된 선수금을 반환하기에 충분한 자력을 가진 자연인은 극소수이기 때문이다. 그러므로 구상권 행사를 위한 유효성 있는 담보방법은 연대보증과 같은 인적담보가 아니라, 조선소의 재산에 대한 물적담보이다.[3)]

---

3) 실무상으로, 선수금환급보증기관이 조선소로부터 "Corporate Counter Indemnity"라는 문서를 받는 경우가 있다. 이 문서는 일종의 '지급확약서'로, 선수금환급보증기관이 보증인으로서 선수금을 반환하였을 때, 다시 조선소가 지급된 금액을 보증인에게 변제하겠다는 확약이다. 그 유효성은 당연히 인정된다. 이런 발행의 구조는 해상보험에서 공동해손분담금의 지급과 관련하여, 공동해손분담금을 지급하는 보험자가 피보험자로부터 Counter Security를 받는 것과 유사한 구조이다. 또한 보증보험계약에서도 실제

조선소에 대하여 물적담보를 확보하는 방안을 검토하기 위해서는, 먼저 조선소의 재산에는 어떠한 것이 있는지 살펴볼 필요가 있다. 조선소의 재산은 다음과 같이 크게 두 종류로 구분할 수 있다. 첫째는, 조선소의 영업에 사용하거나 영업을 통해 발생하는 재산들로, 여기에는 조선소 부지와 건물, 그리고 건조에 사용되는 각종 설비, 채권 등이 포함된다. 둘째는, 조선소가 수주하여 건조를 진행하고 있는 건조중인 선박 그 자체가 있다. 조선소가 여러 척의 선박을 동시에 건조하고 있다면, 문제가 되는 특정 선박을 제외한 다른 건조중인 선박들에 대해서는 위의 분류 중에서 첫째 종류의 재산에 포함시키는 것이 적절하다.

담보가치의 측면에서 보면, 첫째 종류의 재산이 전체적으로 훨씬 담보가치가 클 수 있다. 그러나 여기에 포함된 부동산, 유체동산, 채권 등은 종류가 다양하고 담보설정의 방법도 각기 다르다. 이처럼 담보설정방법이 각기 다르고 또한 다른 이해관계자들이 개입되어 있을 가능성도 크므로, 효율적인 담보설정이 어렵다. 더욱이 이런 재산들은 이미 조선소에 의하여 선순위 담보로 제공되었을 가능성도 크다. 그러므로 조선소 재산에 대한 담보가치의 평가, 강제집행 시에 순위의 판단, 이에 따른 채권의 회수가능성의 판단 등에 많은 어려움이 있다. 나아가, 조선소가 자신의 일반재산을 특정 선박건조계약에 대한 담보로 제공하는 것을 꺼려할 가능성이 크므로, 사전에 조선소의 동의를 얻는 것도 어려울 수 있다고 생각된다. 이런 사정을 종합해 보면, 선수금환급보증기관이 위 첫째 종류의 재산에 대한 담보를 확보하기가 어려울 것으로 판단된다.

그렇다면, 특정 선박건조계약과 관련된 조선소에 대한 구상채권의 담보방법으로 가장 적절한 것은, 그 계약에 의거 건조중인 선박 자체를 담보로 확보하는 방법이다. 현행법상 인정되는 물적담보로는 유치권, 질권, 저당권의 전형담보와 소유권을 양도하는 형식의 비전형담보가 있다. 이하에서는 건조중인 선박에 대해서 이러한 담보방

채무자인 보험계약자가 보험자에게 장차 발생할 구상금채권을 담보하기 위하여 연대보증인을 세우는 것도 유사한 취지라고 할 것이다. 그러나 선박의 건조와 관련하여 선수금반환보증서에 따라서 지급되는 금액은 거액이므로, 이런 방법은 구상채권을 확보하기에 적합한 방법이 될 수 없다. 조선소가 변제의 자력을 상실한 상태에서, 조선소 또는 관련자들의 지급확약은 사실상 아무런 기능을 할 수 없기 때문이다. 위의 문서가 유효하게 사용될 수 있는 경우로는, 선박자체에 대한 집행의 문제가 발생하였으나 조선소의 자력과 능력에는 아무런 문제도 없을 때를 들 수 있다. 예컨대, 선박의 건조에 사용되는 기자재를 공급한 하청업체 등이 그 공급품과 관련된 청구권을 기초로, 선박 자체에 대하여 강제집행을 하는 경우를 예상할 수 있다. 그러나 대부분의 건조의 중단 사유는 조선소의 무자력과 무능력에 그 원인을 두고 있으므로, “Corporate Counter Indemnity”는 유효성이 극히 제한적이라고 보아야 한다.

법을 적용할 수 있는지 여부, 만일 가능하다면 각각의 담보방법이 갖는 장단점은 무엇인지, 그리고 현재의 실무상 양도담보방법이 주로 선택되는 이유가 무엇인지에 대하여 살펴본다.

2. 건조중인 선박에 대한 소유권의 귀속관계

이런 문제를 검토하기에 앞서, 건조중인 선박의 소유권의 귀속관계를 검토하여야 한다. 여러 물적담보는 모두, 건조중인 선박의 소유권이 조선소에 있음을 전제로 하기 때문이다. 애초에 건조중인 선박의 소유권이 발주자에게 귀속된다면, 발주자로서는 조선소의 지급불능 또는 건조능력의 상실로 인해 건조중인 선박에 대한 소유권을 침해받지 아니하므로 그 선박에 대한 권리행사를 하면 되므로, 기지급한 선수금의 반환 문제가 발생하지 않을 것이다. 물론 이 경우에도 발주자와 조선소 간에 선박건조계약의 이행 여부에 관한 채권채무관계는 남을 수 있다. 그러나 건조중인 선박의 소유권이 조선소에 귀속된다면, 비로소 발주자에 대한 선수금환급의 문제가 발생하며, 이에 따라서 건조중인 선박에 대한 담보설정의 가능성이 검토될 필요가 있는 것이다. 따라서 이후의 논의는 건조중인 선박의 소유권이 발주자와 조선소 중 누구에게 귀속하는지에 대한 검토에서 출발하여야 한다. 그리고 건조중인 선박의 소유권의 귀속관계를 밝히기 위해서는 먼저 선박건조계약을 검토하여야 한다. 물론 건조중인 선박의 소유권이라는 물권관계는 선박건조계약에서 채택하고 있는 준거법하에서 검토하여야 할 문제이지만, 본고에서 논의하고자 하는 내용은 국내조선소에 대하여 국내금융기관이 선수금환급보증을 하는 경우이므로, 한국법이 적용되는 것을 전제로 하겠다.

선박건조계약은 조선소가 재료를 구입 또는 제작하여 선박을 건조하고, 발주자는 건조대금을 지급하는 것을 내용으로 한다.[4] 이와 같이 선박건조계약은 '당사자 일방

4) 선박건조계약에 보편적으로 사용되는 정형적인 표준계약서로는 서유럽 선박건조계약서(AWES), 일본선주협회 선박건조계약서(SAJ), 미국해사행정교섭부 해사보조 선박건조계약서(MARAD) 등이 있다. 이중에서 SAJ 양식과 그 변종이 가장 널리 사용되고 있으며, 유럽에서 사용되는 양식들은 이곳의 조선산업이 쇠퇴함에 따라서 사용빈도가 줄어들고 있다고 한다. 2007년에는 Bimco에서 NEWBUILDCON 양식을 제정하였고, 중국도 중국해사중재위원회(China Maritime Arbitration Committe)가 CMAC 양식을 제정하여 사용을 독려하고 있다고 한다(Simon Curtis, The law of Shipbuilding Contracts (4th ed.), Informa). 선박건조계약에서 당사자 간에 합의를 요하는 주요한 사항들로는, 검사와 승인, 계약목적물에 관한 변경・수정, 시운전, 인도시기, 대금지급방법, 보험, 품질보증, 특허・상표・판권에 관한 사항 등이 있다(정선철, 신조선 발주계약에 대한 고찰, 한국해법학회지 제27권 제1호, 114면, 118면).

이 상대방의 주문에 따라서 전적으로 또는 주로 자기 소유의 재료를 사용하여 만든 물건을 공급할 것을 약속하고, 이에 대하여 상대방이 보수를 지급하는 것을 약정하는 계약'이므로 소위 "제작물공급계약"에 해당한다. 제작물공급계약은 제작의 측면에서는 도급의 성격을, 공급의 측면에서는 매매의 성격을 갖는다. 우리법에서는 제작물공급계약에 관한 성문의 법조문이 없지만, 이런 계약이 주문받은 제작물의 완성이라는 도급의 성격을 갖는다는 점으로 인해 민법의 도급에 관한 장에서 논하고 있다.[5)]

이러한 제작물공급계약에서 완성물의 소유권이 누구에게 귀속되는 것인지 문제가 된다.[6)] 우선, 발주자인 도급인이 재료의 전부 또는 주요부분을 제공한 경우에는 그 소유권이 원시적으로 도급인에게 귀속한다는 것에 판례와 학설이 일치되어 있다고 한다. 다음, 수급인이 재료의 전부 또는 주요 부분을 제공하는 경우에는, 완성된 목적물의 소유권이 원칙적으로 일단 수급인에게 귀속된 후, 인도에 의하여 도급인에게 이전한다고 하는 것이 판례의 태도이다(대법원 1988. 12. 27. 선고 87다카1138, 1139 판결 등). 학설 중에는 위의 판례의 태도는 유체동산의 경우에는 적절하나, 부동산의 경우에는 등기에 의하여 소유권의 변동이 발생한다는 물권변동이론에 반하여 적절하지 않다는 주장이 있다. 그러나 상법 제743조는 선박에 대한 권리이전에 대하여 당사자 간에 합의로 효력이 발생하고 등기를 제3자에 대한 대항요건으로 정하여 대항요건주의를 취하고 있으므로, 특히 선박에 대해서는 위의 학설상 반론이 적용되기는 어려울 것이다. 결국, 위의 판례와 학설에 비추어 보면, 제작물공급계약에 해당하는 선박건조계약에서는 건조중인 선박에 대한 소유권은 조선소에 귀속되는 것으로 보아야 한다. 발주자는 계약에서 정한 대금 지급의무가 있을 뿐이고, 조선소가 선박의 건조에 필요한 주요한 재료들을 자체조달하기 때문이다. 따라서 조선소가 완성된 선박을 시험가동을 거쳐서, 발주자에게 인도할 때에 그 소유권이 이전되는 것으로 보는 것이 타당하다. 그러므로 발주자 또는 선수금환급보증기관은 조선소의 선박소유권을 전제로, 건조중인 선박에 대하여 물적담보를 설정하는 것이 가능하다.

여기서 발주자가 더욱 확실한 담보방법을 확보하기 위하여 아예 선박건조에 소요

---

5) 제작물공급계약의 법적 성질에 관해서는, 이를 도급의 성질과 함께 매매의 성질을 갖는다는 점을 근거로 도급과 매매의 혼합계약으로 보는 견해와 그 목적물의 성질에 따라서 대체물인 때에는 매매로 보고 부대체물인 때에는 도급으로 보는 견해가 있다. 판례는 후자의 입장을 취하고 있다(대법원 1987. 7. 21. 선고 86다카2446 판결).

6) 이에 관한 자세한 논의는, 곽윤직 편, 민법주해 15권, 440면을 참조하기 바란다.

되는 각종 주요 재료를 직접 구매하여 조선소에 공급하는 형식을 취하고, 조선소는 단지 공급된 재료를 이용하여 선박을 완성시키는 방식이 가능할 것인가 하는 의문이 제기될 수 있다. 예컨대, 조선소가 제작하는 블록도 발주자가 구입하여 다시 제공하는 형식을 취할 수 있을 것이다. 그렇다면, 발주자는 처음부터 선박의 소유권을 취득할 수 있기 때문이다. 그러나 이런 방법은 이론상으로는 가능할 수 있지만 일반적인 선박건조계약에 반하고, 선박건조에 전문적인 지식을 갖지 못한 발주자가 모든 재료를 구입하는 절차에 관여한다는 것이 몹시 번거로울뿐더러, 건조과정에서 투입된 재료로 인해 발생하는 문제에 관한 책임주체가 발주자가 되어야 한다는 점 등으로 인해, 이런 방법을 구체화하기에는 많은 난관이 있다고 본다.

3. 건조중인 선박에 대한 유치권 및 질권의 배제

우선, 건조중인 선박은 소유자인 조선소가 계속 점유하고 있으므로, 실제로 채권자에게 점유가 이전되는 것을 전제로 하는 유치권의 성립을 예상하기 어렵다.[7)]

다음, 선박에 대한 질권 설정이 가능한지 여부에 대해서 본다. 상법 제789조는 “등기된 선박”에 대해서는 질권을 설정할 수 없는 것으로 규정하고 있는 바, 선박에 대한 질권 설정은 불가능하다. 반대해석상, 선박등기의 대상이 되지 아니하는 선박 등 “비등기 선박”에 대해서는 이를 유체동산으로 보아 민법의 질권에 관한 규정이 적용된다고 보아야 할 것이다. 여기서 건조중인 선박에 대해서 질권의 설정이 가능한지에 대한 쟁점이 발생한다. 상법 제790조가 같은 절의 규정을 건조중인 선박에 준용하도록 정하고 있다는 점, 따라서 제789조의 규정도 준용할 규정에 포함된다고 해석하는 것이 타당하다는 점, 민법 제332조는 질권설정자로 하여금 질물을 점유하는 것, 곧 점유개정의 방식에 따른 점유를 인정하지 않고 있다는 점, 조선소의 점유하에 있는 건조중인 선박의 점유를 장래의 구상채권자에게 이전하는 경우를 예상하기는 어렵다는 점 등을 종합할 때, 건조중인 선박에 대해서도 질권 설정이 불가능하다고 판단된다.

---

7) 이에 대해서, 중소조선소에서는 선박건조 과정에서 선박이 조선소의 협력업체의 점유 하에 놓일 수 있다는 점, 유치권에서 점유는 간접점유까지 포함된다는 점 등을 이유로 유치권의 성립이 가능하다는 견해가 있다(서영화 · 김재헌, “건조중 선박의 담보 및 집행과 관련한 법적 문제”, 한국해법학회지 제38권 제1호).

4. 건조중인 선박에 대한 선박우선특권의 발생 가능성

선박우선특권은 해상기업활동에서 발생하는 특정한 채권을 담보하기 위하여 법률에서 인정하는 특수한 법정담보물권이다. 상법 제777조 내지 제786조에서는 선박우선특권이 발생하는 경우와 순위, 그 효력이 미치는 범위, 소멸 등에 대하여 자세히 규정하고 있다. 또한 선박우선특권은 선박저당권에 우선하는 효력을 갖고(상법 제788조), 추급권도 인정되므로, 담보로 활용할 수 있는 방법이 있다면 유효하게 사용될 수 있을 것이다. 그러나 우선특권은 법정담보물권이므로 법률이 인정하는 경우에만 제한적으로 발생할 뿐, 사인 간의 합의로 임의로 창설할 수 없다. 그러므로 건조중인 선박에 대하여 선박우선특권이 문제될 여지는 적다.

그렇다면, 건조중인 선박에 대해서는 어떠한 경우에 선박우선특권이 발생할 수 있는가? 이 문제를 살펴보기 위해서는 먼저 "건조중인 선박"에서 '건조중'이라는 것이 과연 언제부터 언제까지를 의미하는지 살펴보아야 한다. 선박건조계약은 조선소에 선박의 시험 운항 이후 인도의무를 부과하므로, 선박이 완성되더라도 발주자에게 인도되기 이전까지는 모두 '건조중'에 해당하는 것으로 보아야 한다. 이와 같이 건조중의 범위가 정해진다면, 선박우선특권이 발생할 수도 있다. 예컨대, '선박건조계약'에 따라서 조선소는 건조 후 시험 운항할 때, 선원이 승선하여 비용이 발생하거나 또는 시험운항 중에 사고로 인해 구조료 채권이 발생하거나, 부근의 다른 선박과 충돌한 경우 등에는, 비록 그 선박이 발주자에게 인도되기 이전이고 등기의 공시방법을 취하지 아니하여 "건조중인 선박"에 해당하는 것으로 본다고 하더라도, 이 때에는 법률이 정하는 선박우선특권이 발생할 수 있는 것이다. 이 경우 건조중인 선박에 대하여 저당권이 설정되어 있다고 하더라도, 선박우선특권으로 담보되는 채권을 보유하고 있는 자는 선박에 대한 임의경매 등을 통해서 근저당권자보다 우선변제를 받을 수 있다.

건조중인 선박에 대한 양도담보가 설정되어 있다고 하더라도, 위의 예에서와 같은 선박우선특권이 성립될 수 있다. 다만 이 경우, 채무자가 조선소가 되는 것인지 아니면 양도담보권자가 되는 것인지의 문제, 조선소와 양도담보권자 사이에서 발생한 채무의 부담을 어떻게 정산하여야 할 것인가 하는 문제가 발생할 수 있다. 따라서 양도담보권자와 조선소 사이에서의 양도담보 설정계약에서는, 명확하게 책임의 귀속관계를 정하여야 할 것이다.

5. 건조중인 선박에 대한 저당권의 설정

1) 건조중인 선박에 대한 저당권 설정의 근거

상법은 건조중인 선박에 대한 저당권의 설정을 인정한다(상법 제790조). 일반적으로 건조중인 선박에 대한 저당권을 인정하는 이유를, 선박금융의 필요와 채권자보호를 위함이라고 설명한다.[8) 담보물권 자체가 소유권의 존재를 전제로 하므로, 선박에 저당권을 설정하기 위해서는 소유권 보존등기를 하는 것이 원칙이다. 여기서 아직 독립된 등기의 목적물의 상태에 이르지 못한 건조중인 선박에 대해서는 원칙적으로 소유권보존등기가 불가능한데도, 어떻게 건조중인 선박에 대해서 저당권 설정을 할 수 있는가 하는 문제가 발생한다. 이런 문제점을 해결하기 위해서, 대법원의 '선박등기규칙' 제23조~제25조에서는 보존등기를 하지 않는 경우에도 저당권을 설정할 수 있도록 정하고 있다.[9)]

2) 저당권의 설정방법 및 등기

건조중인 선박에 대한 저당권은 당사자 사이에서 저당권설정계약을 체결하고 설정등기를 함으로써 효력이 발생한다(상법 제787조 제3항, 민법 제186조). 즉, 선박 저당권에 대해서는 등기에 의하여 물권변동의 효력이 발생하는 성립요건주의를 취하고 있는 것이다. 이점은 선박에 대한 권리이전에 대해서, 상법 제743조가 당사자 간의 합의로 효력이 발생하고 등기를 제3자에 대한 대항요건으로 정하여 내항요건주의를 취하는 것과는 차이가 있다.

건조중인 선박의 관할등기소는 '조선지'를 관할하는 등기소가 된다. 당사자가 등기를 신청하게 되면, 등기소는 별도의 등기부를 마련하여 건조중인 선박에 대한 저당권 설정의 취지를 기재하게 된다. 이후에 선박이 완성되어 보존등기를 하게 되면, 원칙적으로 위 저당권 등기부에 보존등기를 하게 된다. 따라서 이미 근저당권이 설

---

8) 정찬형, 상법강의(하) 8판, 930면, 정동윤・손주찬 편, 주석상법, 729면.

9) 정완용, 선박담보법연구 236-237면, 경희대출판국.
건조예정의 선박 또는 건조중의 선박에 관한 소유권 및 저당권의 등기에 관한 국제적 법률문제를 해결하기 위하여, 1967년 브뤼셀 해사법외교회의에서 "건조중의 선박에 대한 제 권리의 등기에 관한 조약(Convention relating to registration of rights in repect of vessels under construction, May 27th, 1967)"이 채택되었으나, 이 조약은 발효되지 않고 있다고 한다.

정된 선박이 완성되었을 때에는, 국내에서 보존등기를 하는 것이 원칙이다. 만일, 발주자가 건조 도중에 저당권이 설정된 선박을 다시 외국을 선적지로 하여 등록하려 한다면, 어떤 절차를 밟아야 할 것인지 문제된다. 해석상 건조중인 선박에 대한 저당권말소등기는 보존등기 이전에 언제라도 할 수 있다 할 것이므로, 일단 보전등기를 하기 전에 근저당권말소등기를 하여 등기부를 폐쇄하고 다시 외국에서 등록하는 방법을 취하여야 할 것이다. 건조중인 선박에 대한 근저당권 설정을 위해서는 등록세를 납부하여야 하는데, 현행 등록세율은 지방세법 제28조 제1항 제2호 나.목에 의하여 채권금액의 1000분의 2이다.[10)]

3) 건조중인 선박에 대한 저당권 설정 방법의 장점

첫째, 제3자에게 권리를 공시할 수 있다. 위에서 살펴본 것처럼, 건조중인 선박에 대해서도 저당권 등기를 할 수 있고, 저당권 등기를 위하여 별도의 등기부의 편제가 이루어지며, 이로써 제3자에게 저당권 설정 사실을 공시할 수 있다. 다만, 2015년 지방세법 개정 이전에는 1건당 15,000원의 등록세율이 적용되어 저렴하게 근저당권을 설정할 수 있었으나, 현행법하에서는 채권금액의 1000의 2로 세율을 적용하게 됨에 따라서 비용상의 장점은 사라졌다.

둘째, 조선소가 파산선고를 받더라도, 저당권자는 선박에 대하여 논란의 여지없이 '별제권'을 행사할 수 있다. 공시제도를 활용할 수 있다는 점에서, 적절한 공시방법이 없는 양도담보에 비하여 채권자는 권리의 입증에서 편익을 누릴 수 있다. 조선소가 채무초과의 상태에 빠져 파산선고를 받더라도, 채권자는 별제권에 기하여 파산절차 외에서 선박자체에 대한 저당권실행을 통해서 채권을 회수할 수 있다. 따라서 개별재산을 담보물로 확보한 채권자는 파산절차에 참여하는 것보다는 채권의 회수에서 유리할 수 있는 것이다.

4) 건조중인 선박에 대한 저당권 설정 방법이 이용되지 않는 이유

이런 장점에도 불구하고, 실무상으로는 저당권의 설정 방법이 잘 이용되지 않고

10) 2014. 1. 1. 지방세법 개정 이전에는 등록면허세의 세율이 1건당 7,500원이었다가, 이후에 1건당 15,000원으로 증액되었다. 따라서 선박에 대한 근저당권의 설정이 저렴한 비용으로 가능하다는 장점이 있었다. 그러나 2015. 7. 24. 지방세법 개정으로 현행과 같이 채권금액의 1000분의 2로 증액되었다. 따라서 더 이상 저렴한 비용으로 근저당권 설정을 하는 것이 불가능하게 되었다.

있다. 그 이유에 대해서, 학설은 목적물의 담보가치의 판정이 곤란하고, 법률상 효력의 확정성에 대한 불안에 기인한 것이라고 설명한다.[11] 그러나 여기서 말하는 '담보가치 판정의 곤란'이나, '불확정성'이 어떤 의미인지 명확하지 않다. 필자는, 건조중인 선박의 저당권 설정 방법에는 다음과 같은 위험성과 모호성이 있으므로 양도담보의 방법이 사용되는 것이라고 판단하고 있다.

첫째, 건조중인 선박에 대해서는 저당권자가 경매를 통해서 즉시 우선변제를 받기가 어렵다는 문제가 있다. 민사집행법 제172조는 등기할 수 있는 선박에 대한 강제집행은 부동산강제경매의 규정에 따르는 것으로 정하고 있고, 제269조는 선박에 대한 담보권실행을 위한 경매의 경우에도 부동산에 대한 임의경매 규정을 준용한다. 따라서 등기할 수 있는 선박에 대해서는 원칙적으로 부동산에 대한 집행방법을 따라야 한다. 그런데 "건조중인 선박"은 보존등기를 할 수 없으므로 경매개시결정을 등기할 수도 없고, 또한 선박국적증서가 발급되지 아니하므로 이를 수취하는 방식으로 압류할 수도 없다. 따라서 부동산에 대한 집행방법을 취할 수 없고, 유체동산의 경매방법을 취하여야 할 것이다. 유체동산의 경매절차에서는, 저당권자가 배당에 참가하여 우선적으로 변제를 받는 것이 인정되지 않는다. 그러므로 경락인이 저당권을 인수하는 방식으로 처리할 수밖에 없다.[12] 그러나 이것은 저당권자가 채권을 회수하기 위하여 담보권을 실행하는 경매절차를 진행하고서도, 실제로는 그 집행절차에서는 금전을 회수하지 못한 채로 선박이 완성되어 보존등기가 되기까지 기다렸다 다시 집행을 하여야 한다는 불합리한 결과가 된다.

둘째, 담보권실행을 위한 경매를 하더라도 건조중인 선박에 대한 환가가 쉽지 않을 수 있다. 건조중인 선박은 그 자체로 해상사업에 사용할 수 없으므로, 조선소가 건조능력을 상실하면 다른 곳으로 옮겨서라도 선박의 건조를 완성하여야 할 필요가 있다. 신조 선박의 가치에는 상업적으로 완성된 선박을 이용하는 가치까지 포함되었다고 할 것이다. 그런데 저당권의 실행은 법원의 집행절차를 통해서 이루어지므로, 담보권자가 선박을 완성할 기회를 갖지 못한다. 감정평가사나 입찰에 참가한 자는 건조중인 선박을 해체하여 각 부분을 별도로 매각하거나 이용하는 것을 전제로 가격을 산정할 것이다. 이런 목적에 부응할 정도로 충분한 가치를 갖지 못한 건조 중인

11) 위 주석상법, 729면.
12) 법원행정처, 법원실무제요 민사집행 3권(2014), 6-7면.

선박이라면, 실제로 지급된 선수금 이하로 매각될 가능성이 크다. 더불어 선박자체의 규모가 거대하므로 다른 조선소로 옮겨 건조하는 것이 극히 어렵다는 문제도 있다.

셋째, 위에서 살펴본 바와 같이, 보존등기 이전이라도 발주자에게 인도되기 이전에 선박우선특권이 발생하는 경우가 있는데, 이 때에는 최초 저당권 설정 시보다도 담보가치가 훨씬 하락하게 되는 위험성이 존재한다. 다만, 이런 위험은 양도담보의 방법을 취하는 경우에도 유사하게 발생할 수 있다.

넷째, 등기적격의 문제가 있다. 이것은 내국인이 발주한 선박이 아니라, 외국인이 발주한 건조중인 선박에 근저당권 설정이 가능한 것인지의 문제이다. 상업등기선례 200705-4 "건조중인 외국선박에 관한 근저당권설정등기의 가부"에서는 외국인이 우리나라 조선자에 발주하여 건조 중인 외국선박에 관하여는 근저당권설정등기를 할 수 없다고 하였다. 학설 중에는 외국인이 발주한 선박에 대해서는 근저당권의 설정이 불가능하다는 견해가 있으나, 편의치적선박의 경우 실제 선주는 내국인으로 보아야 한다는 점, 선박의 국적은 건조가 완료된 이후에 등록의 시점에 결정된다는 점, 대법원 판례에 따를 때 건조중인 선박의 소유권은 조선소에 귀속된다는 점, 따라서 조선소로서는 선수금환급보증의뢰와 관련하여 건조중인 선박을 자신의 채무에 대한 담보로 제공할 필요성이 있다는 점 등을 종합할 때, 근저당권설정이 제한된다고 보기는 어렵다. 그렇지만, 등기적격의 문제, 즉 근저당권 설정이 가능한 범위에 관한 쟁점은 근저당권설정을 피하게 되는 원인으로 작용할 수는 있을 것이다.

6. 건조중인 선박에 대한 양도담보의 설정

1) 양도담보의 법적 성질

양도담보는 채권의 담보목적으로 채무자가 채권자에게 특정한 물건 또는 재산에 대한 소유권을 이전하고, 채무불이행이 발생하는 경우에 채권자가 이전된 물건이나 재산을 처분하거나 확정적으로 소유권을 취득함으로써 변제를 받을 수 있도록 하는 비전형 담보방법을 말한다. 양도담보의 설정을 위해서는 담보목적물인 특정한 물건이나 재산에 대한 소유권의 이전이 이루어져야 하는데, 이처럼 채권자가 소유권을 취득하는 것을 어떻게 이론 구성할 것인지 문제된다. 그 이론 구성에 따라서, 채무불이행이 있을 때 채권자가 행사할 수 있는 권리의 내용이 달라지고, 또한 회생 및 파산절차에서 그 취급이 달라질 수도 있게 된다. 따라서 양도담보에서 소유권 이전에 관한 학설을 살펴볼 필요가 있다.

학설은 "신탁적양도설"과 "담보물권설"로 대립되어 있다. "신탁적양도설"에서는 양도담보의 목적물의 소유권이 양도담보권자인 채권자에게 완전히 이전되므로 제3자에 대한 관계에서 양도담보권자는 완전한 소유권자로서의 지위에 있고, 다만 양도담보권설정자인 채무자와의 사이에서는 채무의 변제가 있을 때 소유권을 원상 회복시켜야 할 채권적 의무만을 부담하게 된다고 이론 구성한다. 이에 반해, "담보물권설"은 양도담보권이 담보물권의 일종일 뿐이므로, 양도담보권자는 소유권을 취득하는 것이 아니라 소유권 이전의 외관을 갖는 담보물권을 취득할 뿐이라고 본다. 따라서 채권자인 양도담보권자는 제3자와 양도담보권 설정자 모두에 대하여 소유권자로서의 지위에 있는 것이 아니라, 다만 담보권자로서의 권리만을 주장할 수 있게 된다.[13] 대법원은 부동산양도담보에서는 담보물권설을 취하나(대법원 1990. 4. 24. 선고 89다카18884 판결), 등기나 등록의 공시방법이 존재하지 않는 동산의 양도담보에서는 신탁적양도설을 취하고 있다(대법원 1994. 8. 26. 선고 93다44739 판결).

2) 양도담보의 설정방법과 효과

동산에 대한 양도담보는 동산에 대한 소유권 이전 방식을 취하여야 하므로, ① 양도담보설정계약을 체결하고, ② 동산을 인도하는 방법으로 설정한다. 민법이 정하는 "인도"방법에는 직접 점유를 이전하는 방법과, 제3자가 점유하는 동산에 대한 반환청구권을 담보권자에게 이전하는 방식의 '목적물반환청구권의 양도' 또는 설정자인 조선소가 자신이 점유하는 동산을 담보권자의 점유로 한다는 약정을 하는 '점유개정'에 따른 간접점유의 취득 등의 방법이 있다. 건조중인 선박은 완성시까지 설정자인 조선소가 점유하므로, 담보권자에게 직접 점유를 이전하는 것은 불가능하다. 또한 제3자의 점유하에 있지도 아니하므로, 목적물반환청구권의 양도 방법에 따를 수도 없다. 따라서 인도는 점유개정의 방법에 따를 수밖에 없다. 그러나 점유개정은 양도 담보권설정자와 담보권자 사이에서의 채권적 계약에 의하여 점유가 이전되는 것으로 간주하겠다는 의미이므로, 만일 담보설정자가 점유개정을 이용하여 이중 양도를 한다면, 그 설정자의 불법행위 책임은 별론으로 하고, 양수인들 사이에서 누가 목적물에

13) 김준호, 민법강의(신정4판), 830-835면.

대한 권리를 취득하는 적법한 양도담보권자인가 하는 문제가 발생한다. 이런 문제의 발생을 막기 위해서는, 양도담보설정계약을 체결할 때에 그 계약서에 '확정일자'를 받아 둠으로써, 점유가 이전된 시점을 확실히 할 필요가 있다.

양도담보가 설정되면 목적물은 담보권자의 채권을 담보하는 효과를 가지게 되며, 설정계약에 달리 정한 내용이 없는 한, 그 효력은 담보목적물에 부합된 물건이나 종물에도 미친다. 양도담보권의 실행은 '처분청산'과 '귀속청산'의 방법에 따를 수 있고, 어느 방법을 취하던 이는 담보권자의 자유이다. 이중에서 '처분청산'은 목적물을 제3자에게 매각하는 것을 의미하고, '귀속청산'은 목적물을 평가하여 담보권자에게 귀속시키는 방법을 의미한다. 어느 경우든 청산 후 남는 금액이 있으면 담보권자는 이를 담보권설정자에게 반환하여야 한다. 남는 금액이 있을 때에도, 담보권설정자의 다른 채권자들은 직접 양도담보권자에게 배당 또는 금전의 지급을 구할 수 없고(대법원 2000. 6. 23. 선고 99다65066 판결), 양도담보설정자의 양도담보권자에 대한 정산 채권을 집행하는 방법을 취하여야 한다.

3) 건조중인 선박에 대한 양도담보 설정방법의 효율성

현재 업계의 실무에서는 건조중인 선박에 대한 담보방법으로, 저당권보다는 양도담보의 방법을 많이 사용하고 있다. 그 이유는 주로 청산의 편리성에 기인한 것으로 판단된다. 즉, 양도담보에서는 담보권자의 임의처분이 가능하므로 반드시 강제집행절차에 따라야 할 필요가 없다. 따라서 환가에 장기간이 소요되지 않을 수 있다. 또한 당사자 간에 건조 단계에 따른 선박 가치에 대한 협의로써 가치 평가의 어려움을 피해 나갈 수 있다. 그리고 설정자의 다른 채권자들이 청산과정에 참여하여 배당을 요구할 수 없으므로, 담보설정자와 담보권자 이외에 제3자의 개입에 따른 청산의 장기화와 복잡화를 방지할 수 있다. 특히, 건조중인 선박은 해체보다는 완성하여 운항하는 것이 훨씬 가치가 크므로, 조선소의 지급불능 등으로 건조능력 상실이라는 문제가 발생하더라도, 담보권자는 선박 자체를 인수하여 완성할 수 있으므로 경제성이라는 측면에서도 저당권에 비하여 효율적이다.

Ⅳ. 양도담보권의 설정 후, 건조중인 선박에 발생하는 문제들

1. 점유개정의 방법에 의한 이중 양도담보의 설정

건조중인 선박에서와 같이 양도담보권 설정자가 목적물을 점유하고 간접점유의 방식으로 담보권을 설정하는 경우, 담보권설정자가 최초의 양도담보권 설정 이후에 다시 제3자에게 양도담보권을 이중으로 설정할 위험성이 있다. 이것은 건조중인 선박에 대한 양도담보권 설정에서 등기나 등록의 공시방법이 없다는 점에 기인하는 위험이다.

대법원은 동산에 대하여 점유개정의 방법으로 이중의 양도담보가 설정된 경우에는 먼저 양도담보권을 취득한 자가 담보권자가 되므로, 나중에 양도담보권을 설정한 자는 담보권을 취득하지 못한다는 뜻으로 판시하고 있다. 다만, 점유개정의 방법으로 이중의 양도담보가 설정된 경우라고 하더라도, 후순위 양도담보권자가 동산의 점유를 현실로 이전 받은 경우에는 '양도담보권을 선의취득'한 것으로 인정한다(대법원 2004. 10. 28. 선고 2003다30463 판결 등). 그러나 건조중인 선박을 실제로 인도하는 경우를 예상하기는 어려우므로, 양도담보권의 선의취득이 인정되는 경우는 없을 것이다. 따라서 점유개정방법으로 이중의 양도담보가 설정되었을 때, 그 순위는 원칙적으로 계약서에 기재된 날짜에 따라야 할 것이다. 다만, 이러한 날짜는 설정자와 후순위 담보권자 사이의 공모로 얼마든지 소급해서 작성할 수 있으므로, 이중의 양도담보가 설정될 위험을 피하기 위해서는 설정계약서를 작성한 다음에 확정일자를 받는 방법을 취하여야 한다. 그 경우, 담보권의 순위는 확정일자의 순서에 의하게 될 것이다. 참고로 확정일자는 공증인으로부터 받는 것과 법원에서 법원직원으로부터 받는 방법이 있다(민법 부칙 제3조).

2. 조선소의 다른 채권자가 건조중인 선박을 강제집행하였을 때 양도담보권자의 대응

1) 강제집행의 방법

조선소의 다른 채권자들, 예컨대 건조중인 선박에 사용되는 재료나 장착될 설비 등을 공급한 업체가, 조선소의 물품대금 미지급을 이유로 건조중인 선박에 대하여 강제집행을 실시하는 상황이 발생할 수 있다. 건조중인 선박에 대한 강제경매 또는 임의경매는, 그러한 선박에 대하여 보존등기를 할 수 없고 국적증서도 발급되지 아니하므로 경매개시결정을 등기하거나 국적증서수취의 방법으로 압류를 할 수 없으므로, 결국 유체동산의 경매방법을 취하여야 한다. 이와 같이 강제집행의 절차가 진행될 때, 양도담보권자가 취할 수 있는 조치가 무엇인지 본다.

2) 매각대금이 납부되기 이전

유체동산에 관해서 신탁적양도설을 취하고 있는 판례의 태도에 따라서, 원칙적으로 건조중인 선박에 대한 소유권은 담보권자에게 이전된다. 따라서 양도담보권자는 제3자인 조선소의 채권자들에 대하여 소유자로서 권리를 주장할 수 있다. 그러므로 조선소의 다른 채권자들이 건조중인 선박을 가압류하거나 또는 압류하여 경매절차를 진행한다면, 양도담보권자는 다음과 같은 방법으로 대응할 수 있을 것이다.

첫째, 유체동산의 집행기관인 집행관에 대하여 소유권을 입증하는 계약서를 제시하고 압류의 취소를 구하는 사실적인 방법이다. 그러나 이런 조치가 집행관을 법적으로 구속하는 것은 아니므로, 집행절차의 진행을 근본적으로 방지하는 조치가 될 수는 없다.

둘째, 건조중인 선박에 대한 소유권을 근거로 '제3자 이의의 소'를 제기하여 목적물에 대한 강제집행을 저지할 수 있다. 이 소송은 채권자가 채무자 이외의 제3자 소유의 목적물에 대하여 강제집행절차를 진행하였을 때, 진정한 소유자인 제3자가 집행의 목적물이 자신의 소유임을 주장하여 강제집행의 배제를 구하는 소송이다(민사집행법 제48조). 그러나 이런 소송을 제기한다고 하더라도, 소송이 확정되기까지 강제집행절차 자체가 중단되는 것은 아니므로, 임시적으로 강제집행의 정지를 구하는 '집행정지' 신청절차를 같이 진행하여야 한다.

3) 매각대금이 납부된 이후

(1) 문제의 소재

건조중인 선박에 대한 강제집행절차가 진행되더라도, 집행법원이 이 사실을 양도담보권자에게 통보하여야 하는 것이 아니므로 양도담보권자가 강제집행의 진행사실을 모르거나 또는 알고 있었다고 하더라도 적절한 대응을 하지 못하는 상황이 발생할 수 있다. 매수인은 매각대금을 완납하면 건조중인 선박에 대한 소유권을 취득하게 된다. 그 결과 양도담보권자는 건조중인 선박에 대한 담보권이 침해받아 손해를 입게 된다. 이러한 양도담보권자가 입는 손해를 구제할 수 있는 방법이 무엇인지 문제된다.

(2) 배당절차에 참가하여 양도담보권을 근거로 우선변제를 구할 수 있는지 여부

우선 생각해 볼 수 있는 것은, 강제집행절차에 참가하여 양도담보권에 근거하여 매각대금 중에서 우선변제를 구할 수 있는지 여부이다. 대법원은 동산에 대한 경매절차에서 양도담보권자가 제3자 이의의 소를 제기하여 경매절차의 진행을 배제하는 등의 방법을 취하지 아니하고, 동산의 매각대금에서 양도담보권을 주장함으로써 우선변제를 구할 수는 없다고 판시하고 있다(대법원 1990. 3. 27. 선고 90다카1240 판결). 따라서 유체동산의 경매방법으로 진행된 건조중인 선박에 대한 강제집행절차에서, 양도담보권자는 배당을 요구할 수 없다.

(3) 양도담보권자가 매수인을 상대로 소유권에 기하여 건조중인 선박의 반환을 구할 수 있는지 여부

대법원은 일단 경락된 목적물에 대한 반환을 인정하지 않는다. 유체동산의 경매절차에서 매수인이 매각대금을 완납하면, 특별한 사정이 없는 한 그 목적물에 대한 소유권을 선의취득하기 때문이다(대법원 1998. 3. 27. 선고 97다32680 판결 등). 따라서 매각대금이 완료된 이후, 양도담보권자는 건조중인 선박 자체의 반환을 구할 수는 없다.

(4) 매각대금으로 채권을 만족한 일반채권자에 대한 부당이득반환청구

만일 건조중인 선박에 대한 매각절차가 진행되고 여기서 경매를 신청하거나 배당에 참가하는 방식으로 채권을 만족한 채권자들이 있을 때, 건조중인 선박에 대한 소유권을 상실한 양도담보권자가 그 채권자들에게 부당이득반환청구권을 행사할 수 있는지 여부가 문제된다. 양도담보권자로서는 건조중인 선박에 대한 소유권을 상실하게 되고, 다른 일반채권자들은 조선소의 소유가 아닌 양도담보권자 소유의 선박을 경매함으로써 재산상의 이득을 얻은 결과가 되므로, 결국 이는 일반채권자들이 법률상 원인 없이 이득을 얻은 경우에 해당한다고 판단된다. 따라서 양도담보권사는 신박에 대한 강제집행을 통해서 채권을 만족한 채권자들을 상대로 부당이득반환청구를 할 수 있다. 다만, 그 일반채권자가 선의라면 이들은 이익이 현존하는 한도에서만 반환하면 된다(민법 제748조). 따라서 선의인 일반채권자가 돈을 소비하였다면, 양도담보권자는 매각대금 중 일부만을 회수할 수 있을 것이다. 이런 점에 비추어, 부당이득반환청구를 하는 것만으로는 일단 선박이 매각된 이후에 양도담보권자가 건조중인 선박의 가액에 상당하는 충분한 금액을 회수하기는 어렵다.

(5) 불법행위에 기한 손해배상청구의 가능성

만일 조선소의 일반채권자가 건조중인 선박이 양도담보를 위하여 제공된 것이라는 점을 알면서도 이 선박에 대한 강제집행을 진행하였던 것이거나 또는 과실로 담보로 제공된 사실을 몰랐던 것이라면, 그 채권자들의 불법행위책임이 성립할 수 있다. 단, 악의 또는 과실에 대한 입증책임은 불법행위책임의 성립을 주장하는 자에게 있으므로, 양도담보권자가 입증책임을 부담한다. 아울러, 양도담보권자가 약간의 주의를 기울였다면, 건조중인 선박에 대한 집행절차가 진행된다는 사정을 확인할 수 있었는데도 필요한 주의를 다하지 않아서 그 사실을 몰랐거나 또는 알았더라도 집행의 저지를 위해 필요한 조치를 취하지 않아서 선박이 매각되었다면, 이는 과실상계의 대상이 된다.

Ⅴ. 조선소의 파산 또는 회생 절차가 개시되는 경우 양도담보권자의 대응

1. 파산 및 회생절차의 개관

개인이나 기업체가 경제적으로 파탄의 상태에 이르러 채무에 대한 지급이 곤란한 상태에 빠진 것을 '도산'이라고 하고, 법원이 도산상태에 있는 채무자의 재산관계를 청산하여 모든 채권자들에게 공평한 변제를 하는 절차를 진행하는 것을 '도산절차'라고 한다. 도산절차는 채무자의 사업 또는 경제생활을 재건하고 그로부터 발생한 수익·수입을 채권자에게 분배하는 "재건형 절차"와 채무자의 재산을 신속히 처분·환가하여 이를 채권자에게 평등하게 배당하는 "청산형 절차"로 구분된다. "채무자 회생 및 파산에 관한 법률(이하 '통합도산법'이라고 함)"에서 정하는 '회생절차'는 전자에 해당하고, '파산절차'는 후자에 해당한다. 이런 파산절차와 회생절차를 세부적으로 이해하기 위해서는 통합도산법의 체계 및 관련된 실체법과 절차법에 대한 심도있는 이해가 필요하다. 본고의 목적이 '건조중인 선박에 대한 양도담보권자가 조선소의 회생절차 또는 파산절차에서 자신의 채권을 어떤 방식으로 주장할 수 있는가'를 다루는 데 있으므로, 이런 취지에 맞게 도산절차의 내용에 대하여는 개괄적으로 간단히 살펴보겠다.

"파산절차"는 ① 직권 또는 신청에 의한 법원의 파산선고, ② 파산관재인의 선임, ③ 제1회 채권자집회, ④ 채권신고 및 조사, ⑤ 파산재단 소속의 재산에 대한 환가, ⑥ 배당, ⑦ 법원의 종결결정 등의 순서로 진행된다.

"회생절차"는 ① 회생절차의 개시신청 및 결정, ② 채권자 목록 또는 채권신고를 통한 채권자의 확정과 채권의 조사 및 확보, ③ 제1회 관계인집회의 개최 관리인에 의한 회생계획안의 제출, ④ 제2회 및 제3회 관계인집회에서 회생계획안의 심리 및 결의, ⑤ 법원의 회생계획안의 인가, ⑥ 회생계획에 따른 변제, ⑦ 절차의 종결 등의 순서로 진행된다.

2. 파산절차에서 양도담보권의 취급

1) 채권의 분류 및 채권자들의 권리행사방법

특정법인에 대한 파산선고가 있는 경우, 채권자는 원칙적으로 파산절차를 통해서만 자신의 채권을 주장할 수 있고, 채무자의 재산으로 구성된 파산재단을 재원으로 해서 다른 채권자들의 채권액에 비례하여 안분배당을 받는 방식으로 변제받게 된다. 이처럼 채권자들이 파산절차를 통해서만 변제를 받을 수 있는 채권을 "파산채권"이라고 한다. 파산채권은 다시 "우선적 파산채권", "일반 파산채권", "후순위 파산채권"으로 구별되며, 배당절차에서는 위의 순서에 따라서 배당이 이루어진다. 그런데 통합도산법은 일정한 채권들에 대하여 파산절차 외에서 그 채권을 주장하고 실행할 수 있도록 인정하고 있다.

첫째, 파산선고 후에 성립한 "재단채권"에 대해서는 채권자가 파산채권자에 우선하여 파산재단 전체로부터 수시로 변제받을 수 있도록 한다. 이런 재단채권에는 파산절차의 비용이나 파산재단의 관리 및 환가에 따르는 비용 등 파산절차를 진행하는데 사용되는 비용 등이 있다. 통합도산법 제473조는 재단채권의 종류에 대하여 자세히 규정하고 있다.

둘째, 통합도산법 제411조는 '파산재단에 속하는 재산상에 존재하는 유치권·질권·저당권·「동산·채권 등의 담보에 관한 법률」에 따른 담보권 또는 전세권을 가진 자는 그 목적인 재산에 관하여 별제권을 가진다'라고 규정하고 있다. 이처럼, 위의 법문에서 열거된 담보권을 가진 별제권자는 파산재단에 속하는 담보물에 대하여 파산절차 외에서 강제집행 등을 통해서 자신의 채권을 회수할 수 있다. 파산절차와는 달리, 회생절차에서는 별제권이 인정되지 않는데, 그 이유는 법인의 재건을 목적으로 하는 회생절차에서 채권자들이 임의로 재산에 대한 집행을 실시하도록 하면 회사의 재건 자체가 불가능하게 될 수 있기 때문이다. 별제권을 행사할 수 있는 담보권자라고 하더라도, 담보권의 행사만으로는 자신의 채권을 전부 회수하기 어려운 경우가 많다. 따라서 채권자는 별제권의 행사로 채권 전액을 회수하기 어려운 것을 예상하여, 그 부족액에 대해서는 파산채권으로 신고하여 파산절차에 참가하여야 한다.

셋째, "환취권"이 있는데, 이는 파산선고를 받은 채무자의 재산이 아님에도 불구하고 그 재산이 파산재단에 귀속된 경우, 권리자가 그 재산을 파산절차에 의하지 아니하고 회수할 수 있도록 하는 권리를 의미한다. 환취권은 법률에 의하여 창설되는 권리가 아니고, 이는 실체법상의 소유권, 무체재산권, 점유권, 용익물권 등의 권리를 구현하기 위하여 법에서 인정한 것이므로, 특정 재산이 환취권의 대상이 되는 것인지 여부는 실체법상의 일반원칙에 따라서 가려야 한다.

2) 파산절차에서 양도담보권자의 권리행사의 방법

실제로 조선소가 파산하였을 때, 건조중인 선박에 대한 양도담보권자가 담보목적물인 선박에 대하여 어떠한 권리를 행사할 수 있는지 살펴본다. 구체적으로 이것은 양도담보권자가 환취권을 행사할 수 있는지 여부, 만일 불가능하다면 어떤 방식으로 권리를 행사할 수 있는지 여부의 문제이다. 이것은 앞서 살펴본 양도담보권의 법적 성질과 관련되어 있다. 유체동산에 대한 양도담보에 대해서 '신탁적 양도설'을 취하게 되면, 목적물의 소유권은 양도담보권자로 이전되므로 양도담보권자는 소유권자로서 자신에게 목적물의 인도를 구하는 환취권을 행사할 수 있다는 논리가 성립될 수 있다. 그러나 '담보물권설'을 취하면, 양도담보는 담보권의 일종일 뿐이지 소유권 자체가 담보권자에게 완전히 이전되는 것이 아니므로 환취권을 인정하기 어렵게 된다. 일본에서는 파산절차에서 양도담보의 취급과 관련해서, 이를 환취권으로 승인할 것인지, 별제권으로 승인할 것인지 여부에 대한 학설의 대립이 있다.[14] 여기서 '승인'이란 표현을 쓰는 것은, 환취권 또는 별제권 모두 파산절차 외에서 권리자가 파산관재인을 상대로 행사되어야 하고, 파산관재인이 그러한 권리를 인정하기 위해서는 모두 법원의 승인을 받아야 하기 때문이다.

우리나라의 학설은 양도담보를 '별제권'으로 인정하는 것이 통설이다. 법원 실무상으로도 양도담보권을 별제권의 승인 대상으로 보는 것 같다. 그러나 점유개정에 따른 동산의 양도담보에서 대법원이 신탁적 양도설의 입장에 서있는 점에 비추어, 과연 위와 같은 이론적 구성이 타당한 것인지에 대한 의문이 있다. 이와 같이 양도담보권자에 대하여 환취권 대신에 별제권을 인정할 때, 그 법적 근거가 무엇인지 문제된다. 즉, 통합도산법 제411조는 "유치권 · 질권 · 저당권 · 「동산 · 채권 등의 담보에 관한 법률」에 따른 담보권 또는 전세권을 가진 자"가 별제권을 행사할 수 있도록 정하고 있는데, 위의 규정에 포함되지 않은 다른 비전형 담보권이나 특수한 담보권을 별제권의 승인 범위로 포함시킬 수 있는 것인가 하는 의문이 발생하는 것이다. 파산절차 이외에서 행사할 수 있는 권리의 범위가 확대될수록, 파산채권자들에게 귀속될 배당액은 줄어들기 때문에, 파산절차 외에서 행사가능한 권리를 인정하는 문제는 다른 이해관계자들에게까지 영향을 미치게 된다. 통합도산법 제411조의 별제권에 관한 규정은 파산절차에서 담보권자를 보호하기 위한 취지이다. 이와 함께, 양도담보에서는 당사자의 의사에 의하여, 선박우선특권은 법률의 규정에 따라서, 통합도산법 제411조가 열거한 여러 담보물권 보다도 더욱 강력한 담보의 효력을 인정하고 있다는 점을 종합해 볼 때, 채무자가 파산절차에 있다는 사정만으로 그 담보의 효력을 제한하는 것은 담보권자 간의 형평성을 해치고 양도담보권자 등에게 불이익을 주는 결과가 된다. 따라서 양도담보권도 별제권을 인정함이 타당하다.

별제권자인 담보권자는 파산절차에 의하지 아니하고 절차 외에서 그 권리를 행사할 수 있다(통합도산법 제412조). 여기서 '파산절차에 의하지 아니하고 행사'하는 것은

---

14) 임준호, 파산절차상 담보권의 처리, 법원도서관 재판자료집 제83집, 86면.

법률이 정한 일반적인 담보실행방법에 따르는 것을 의미하므로, 유치권, 질권, 전세권, 저당권, 선박우선특권, 양도담보권 등은 법률이 각각의 담보권에 부여한 유치, 경매, 또는 임의 처분 등의 방법으로 행사할 수 있다. 이때, 권리행사의 상대방은 파산관재인이 된다. 환취권과 재단채권도 파산관재인을 상대로 하는 것이고, 그 승인에도 법원의 허가가 필요하다(법 제492조 제13호, 제14호).

그러므로 조선소가 파산선고를 받게 되면, 건조중인 선박에 대한 양도담보권자는 자신의 권리를 입증하고 파산관재인으로부터 별제권을 승인받아 파산절차 외에서 건조중인 선박을 제3자에 매각(처분청산)하거나 가치를 평가하여 양도담보권자에 귀속시키는 방법(귀속청산)으로 담보권을 실행하고, 정산 후 남는 금액은 조선소에 반환하여야 한다.

3. 회생절차에서 양도담보권의 취급

1) 채권의 분류

채무자회사의 법인격을 소멸시키는 파산절차와는 달리, 회생절차는 채무자회사의 재건을 목적으로 법인격을 존치시켜 회사의 영업을 계속하게 하면서 회생계획에 따라서 조정된 채권을 변제하는 절차이다. 회생절차에서 채권의 분류와 채권자들이 행사할 수 있는 권리에 관한 규정도 파산절차보다도 복잡하다. 파산절차와 마찬가지로, 회생절차에서도 그 절차 내에서 권리를 행사하는 경우와 절차 외에서 권리를 행사는 경우가 있다.

먼저, 절차 내에서만 권리 행사가 인정되는 채권으로 "회생채권"과 "회생담보권"이 있다. "회생채권"은 채권자가 회생절차에 참가하여 회생계약에 따라서 변제를 받을 수 있는 채권으로, 회생절차 개시 전의 원인으로 생긴 재산상의 청구권과 회생절차 개시 후에 생기는 재산상의 청구권 중에서 법률에 의하여 회생채권으로 규정된 것이 있다. "회생담보권"은 채무자에 대한 재산상의 청구권 중에서 회생절차 개시 당시에 약정담보권이 설정되었거나 또는 법정담보권이 성립된 것을 말한다.

다음, 회생절차 외에서 권리주장 및 실행이 가능한 채권으로 "공익채권"과 "환취권"이 있다. "공익채권"은 회생절차의 수행, 공공의 이익 등 사회 정책적 이유로 회생절차에 의하지 아니하고 회생채권 및 회생담보권에 우선하여 수시로 변제할 수 있도록 법률이 정하는 채권을 말한다(통합도산법 제179조). 공익채권은 대부분 회생절차 개시 이후에 발생한 채권들이다. "환취권"의 뜻은 파산절차에서 논한 것과 같다. 다만, 회생절차에서 정하는 환취권에 관한 규정은 파산절차의 그것과는 구조와 취급을 달리하고 있다. 환취권자는 회생절차에 의하지 아니하고 재판상 또는 재판 외에서 관리인에 대하여 행하여진다.

2) 양도담보권자의 권리행사방법

법인 회생절차에서 양도담보권자가 환취권을 행사할 수 있는지 여부에 대해서 의문이 제기될 수 있다. 그런데 통합도산법 제141조 제1항은 "회생채권이나 회생절차 개시 전의 원인으로 생긴 채무자 외의 자에 대한 재산상의 청구권으로서 회생절차개시 당시 채무자의 재산상에 존재하는 유치권・질권・저당권・양도담보권・가등기담보권・「동산・채권 등의 담보에 관한 법률」에 따른 담보권・전세권 또는 우선특권으로 담보된 범위의 것은 회생담보권으로 한다."라고 하여, 양도담보권을 회생담보권에 포함시키고 있다. 따라서 양도담보권자는 회생절차 외에서 환취권을 행사할 수 없으며, 자신의 채권을 회생담보권으로 신고하고 회생절차 내에서 다른 회생채권에 우선하여 변제를 받는 방법을 취하여야 한다. 이와 같이 법률이 양도담보권을 회생담보권으로 분류하는 것은, 회생절차에서는 별제권이 인정되지 않고, 절차 외에서 별도로 담보권을 행사하는 것이 회사의 재건이라는 회생절차의 취지에 부합하지 아니하기 때문이다.

이와 같이 양도담보권은 다른 담보권자와 마찬가지로 절차 내에서 회생담보권으로 행사되어야 하므로, 선순위 담보권자와 공익채권자가 존재할 수 있으며, 동순위 담보권자와 같이 취급되어야 하고, 회생계획에 따라 채권의 조정으로 채권액이 감액되고 변제기가 연장되는 등, 절차 외에서 권리를 행사하는 것보다 불리한 위치에 처할 가능성이 크다. 조선소가 지급불능 등의 상태에 처하여 회생절차를 진행하는 경우, 양도담보권자인 선수금환급보증기관은 발주자에게 환급한 금액을 회생담보권으로 신고하고서 회생절차에 참여하여 회생계획에 따라서 변제를 받는 방법을 취해야 한다.

Ⅵ. 결론

본 논문에서는 선수금환급보증서(Refund Guarantee)를 발행한 금융기관이 장차 조선소의 지급불능 등의 사태가 발생하여 발주자에게 선수금을 반환하였을 때 조선소에 대해서 행사할 수 있는 구상채권을 효율적으로 담보할 수 있는 방안과 그 실행방법에 대해서 정리하였다. 관련하여 R/G의 발행구조, 건조중인 선박에 대한 소유권의 귀속관계, 건조중인 선박에 성립할 수 있는 각종 담보물권의 종류 및 한계, 건조중인 선박에 대한 양도담보권의 유효성 및 실행방법, 다른 채권자가 건조중인 선박자체에 강제집행을 하거나 조선소가 도산절차에 돌입하였을 때 양도담보권자의 대응 등에 대해서 살펴보았다. 본 논문에서는 간략히 다루었으나, 위의 쟁점들은 모두 개별적으로 심도 있는 연구가 이루어질 수 있는 독립적 주제가 되기에 충분하다고 본다. 선박금융에 대한 연구자의 관심이 증대됨에 따라서, 향후 각각의 쟁점에 대한 더욱 심도 있는 연구가 계속될 것으로 믿는다.

이 글은 원래 필자가 해운시장이 활황이던 2007년 상반기에 작성하였던 논문을 현행법에 맞게 수정, 보완한 것이다. 처음 작성 당시에, 선박건조와 관련된 선수금환급보증 및 선박담보에 관한 국내의 논의가 빈약하여 참고할 수 있는 관련 자료를 찾지 못하였고, 심지어 용어조차도 제대로 정리되지 않아 적절한 용어의 선택에 애를 먹었던 기억이 있다. 이런 상황에서 필자는 논문의 정확성과 학문적 깊이를 추구하는 대신에, 여기서 다루는 여러 주제들에 대하여 문제제기를 할 수만 있더라도 충분하다고 생각하였다. 그래서 논문의 구성과 내용에 여러 부족한 점이 많더라도 발표를 강행하였던 것이다. 혹시라도 이 글을 읽는 독자분들이 있다면, 이런 배경을 이해해 주시기를 부탁드리고 싶다.

2007년 무렵은, 국내에서는 원래의 선수금환급보증기관이었던 은행 이외에 제2금융권인 보험회사 등 금융기관이 R/G발행에 관한 계약을 많이 인수하던 시기였다. 그러나 많은 금융기관이 R/G발행계약이 가져올 수 있는 위험성에 대해서는 충분한 검토와 대비를 하지 못한 채로, 그 계약을 인수함으로써 올릴 수 있는 막대한 수수료 수입에만 관심을 두었던 것이다. 실제로, 2008년 금융위기 이후에 해운시장이 급격히 붕괴됨에 따라서 R/G발행기관이 많은 손실을 입게 되기도 하였다. 이런 경험은 향후 선박금융에서 새로운 금융상품을 판매하거나 금융기법을 도입할 때에, 그것이 갖는 법률 및 재정상의 위험성을 사전에 깊이 분석하여 그 위험성에 대비하여야 할 필요성을 각인시켰다. 하지만, 최근 국내의 조선소들이 위험성에 대한 면밀한 분석 없이 해양플랜트를 수주하여 막대한 적자를 기록하고, 이로 인해 현재 심각한 유동성 위기의 상황에 처하면서 이미 8~9년 전에 선수금환급보증기관이 범했던 동일한 실수를 반복하고 있는 것을 볼 때, 당위와 현실은 그 차이가 너무 크다는 것을 실감하게 된다.

제 3 장

선박건조보험의 이해* **
(Institute Clauses for Builders' Risks Insurance)

김지선 삼성화재보험주식회사 부장

Ⅰ. 상품개요

1. 목적

선박건조보험은 선박의 건조(재건조, 개조포함)에서부터 진수, 시운전 및 인도에 이르기까지 이에 따르는 제반의 육상위험 및 해상위험을 담보함으로써 건조자의 손실을 보험자에게 전가함을 목적으로 한다.

2. 보험가액

계약 체결시 선박건조계약서상의 계약금액으로 잠정적인 협정가액이 결정되며, 선박의 건조가 완료되면 "Escalation Clause"(물가 또는 가격 변동시 보험가액의 상승을 인정하는 약관)에 따라 실제가액을 산출하여 보험금액을 결정한다.

(1) 목적물의 총가액 또는 총건조비의 ___%를 가산한 금액 중 큰 것을 선택
(2) 가계약금액에 변동이 있을 경우 추가 또는 환급보험료로 처리 가능
(3) 사고시 가계약금액을 초과할 경우 가계약금의 125%까지 인정

* 본 논문은 제1회 선박건조・금융법 연구회(2012. 1. 12)에서 발표된 것이다.
** 본고의 내용은 선박건조보험의 이해를 돕기 위한 교육용 자료를 수정한 것으로서 선박건조보험 상품의 개요와 협회의 선박건조보험약관의 내용을 해설한 내용이다.

(4) 선박의 설계 또는 의장(fittings)의 변경, 원래 계획했던 선종의 변경은 보험자의 특별동의를 요함

3. 보험료

계약 체결시 협정된 잠정보험료를 기준으로 보험료를 산정하고 보험만기일에 확정 보험료를 조정한다(보험료 정산). 그러나 만기일 전 사고발생시 잠정보험료만을 지급한다.

4. 피보험목적물

건조보험의 담보대상은 건조장 내의 선체, 기계 및 속구를 담보하며, 건조장 밖에서 제조중이거나 밖으로 운송중인 선체의 부품도 확장 담보할 수 있다. 담보대상은 다음의 3가지로 분류할 수 있다.

* 1절 A항: 선박건조자의 건조장 또는 기타 구내에서 건조중인 선체와 기관 등
* 1절 B항: 도급자에 의하여 건조중인 피보험기관 등
* 2절: 선박건조자의 건조장 또는 기타 구내에 건조중인 피보험기관 및 기계부품 등

5. 보험기간

보험기간은 계약체결 당시 시기와 종기가 명시되지만, 통상 피보험목적물이 건조자에게 전달되는 시점에 시작하고 선주에게 인도되는 시점에 종료한다. 증권에 기재된 예정 기일 내에 건조가 완공되지 않으면, 추가보험료를 납입하고 보험기간을 연장할 수 있다.

실무적으로 보험 개시 시점은 건조 공정에 따라 Steel Cutting(강재 절단시점), Keel Laying(용골이 놓이는 시점), Main Engine Installation(주엔진 장착시점), Launching(진수시점) 등으로 나뉘어 운영된다.

6. 보험약관

협회건조보험약관은 25개의 개별약관으로 구성되어 있으며, 협회기간보험약관(ITC-Hulls) 및 협회항해보험약관(IVC-Hulls)과 동일 또는 유사한 내용으로 구성되어 있다. 全위험담보약관(All Risks)으로 면책위험 또는 약관 내 명시되어 있는 보상하지 않는 위험 외에 모든 위험을 담보한다.

Ⅱ. 보험약관 설명

1/6/88
E-30

(FOR USE ONLY WITH THE NEW MARINE POLICY FORM)
INSTITUTE CLAUSES FOR BUILDERS' RISKS
(This insurance is subject to English law and practice)

협회선박건조보험약관
(이 보험은 영국의 법률 및 관례에 의함)

VESSEL .... Contract or Yard No. ....
BUILDERS
....
....
BUILDERS' YARDS
....
....

피보험선박: 계약 또는 건조장 번호:
건조자:
건조자의 건조장:

SUBJECT OF INSURANCE
(Where more than one part of the subject-matter insured is described in Section I(A), Section I(B) or Section II below, then the respective wording of Section I(A), Section I(B) or Section II shall be applied to each part separately.)

피보험 목적
(피보험목적의 한 부분 이상이 하기 Ⅰ절(A), (B)항 또는 Ⅱ절에 표기되어진 경우에 Ⅰ절(A), (B)항 또는 Ⅱ절의 각 담보내용은 각 부분별로 적용합니다.)

SECTION I. Provisional Period .... from
....
but this insurance to terminate upon delivery to Owners if prior to expiry of Provisional Period.

I 절. 가담보기간(假擔保其間)____________________부터____________________
그러나 본 보험은 가담보기간 만료 이전이라도 선주에게 인도되는 시점에 위험이 종료합니다.

(A) HULL and MACHINERY etc. under construction at the yard or other premises of the Builders.

Description	Contract or Yard No.	Provisionally valued at	To be built at/by

The subject-matter of this sub-section (A) is covered whilst at Builders' Yard and at Builders' premises elsewhere within the port or place of construction at which the Builders' Yard is situated and whilst in transit between such locations. The Underwriters' liability in respect of each item of this sub-section (A) which is at such locations shall attach from the time; -

(i) of inception of this Section I if such item has already been allocated to the Vessel;
(ii) of delivery to Builders of such item (if allocated) when delivered after inception of this Section I;
(iii) of allocation by Builders if allocated after inception of this Section I.

(A) 건조자의 건조장 또는 기타 구내에서 건조중인 선체와 기관 등

담보내역	계약 또는 건조장번호	가계약가액	건조장소/건조자

본절 (A)항의 목적물은 건조자의 건조장이 위치한 건조항구 또는 건조장소 내에서 건조자의 건조장이나 그 밖의 다른 건조구내에 있는 동안 그리고 그러한 장소 사이를 운송하는 동안 담보됩니다. 그러한 장소에서의 본절 (A)항에 대한 보험자의 책임은 다음과 같은 시점부터 개시됩니다.

(i) 그러한 해당항목이 이미 피보험선박에 할당되어진 경우에는 본 I 절의 개시시점부터
(ii) 본 I 절의 개시 후에 인도되어진 경우에는 그러한 항목이 (만일 할당되었다면) 건조자에게 인도시점부터
(iii) 본 I 절의 개시 후 할당되어진 경우에는 건조자에 의한 할당시점부터

(B) MACHINERY etc insured hereon whilst under construction by Sub-Contractors.

Description	Contract or Yard No.	Provisionally valued at	To be built at/by

The subject-matter of this sub-section (B) is covered whilst at Sub-Contractors' works and at Sub-Contractors' premises elsewhere within the port or place of construction at which the Sub-Contractors' works are situated and whilst in transit between such locations.

The Underwriters' liability in respect of each item of this sub-section (B) which is at such locations shall attach from the time: -
(i) of inception of this Section I if such item has already been allocated to the Vessel;
(ii) of delivery to the Sub-Contractors of such item (if allocated) when delivered after inception of this Section I;
(iii) of allocation by the Sub-Contractors if allocated after inception of this Section I.
The subject-matter of this sub-section (B) is also covered whilst: -
(a) in transit to Builders if the transit is within the port of place of construction at which the Builders' Yard is situated;
(b) at Builders' Yard and at Builders' premises elsewhere within the port or place of construction at which the Builders' Yard is situated and whilst in transit between such locations.

(B) 도급자에 의하여 건조중인 피보험 기관 등

담보내역	계약 또는 건조장번호	가계약가액	건조장소/건조자

본절 (B)항의 목적물은 도급자의 건조장이 위치한 건조항구 또는 건조장소 내에서 건조자의 건조장이나 그 밖의 다른 건조구내에 있는 동안 그리고 그러한 장소 사이를 운송하는 동안 담보됩니다.

그러한 장소에서의 본절 (B)항에 대한 보험자의 책임은 다음과 같은 시점부터 개시됩니다.
(i) 그러한 해당항목이 이미 피보험선박에 할당되어진 경우에는 본 I 절의 개시시점부터
(ii) 본 I 절의 개시 후에 인도되어진 경우에는 그러한 항목이 (만일 할당되었다면) 건조자에게 인도시점부터

(iii) 본 I 절의 개시 후 할당되어진 경우에는 건조자에 의한 할당시점부터
또한 본절 (B)항의 목적물은 다음과 같은 기간 중 담보됩니다.
(a) 그 운송이 건조자의 건조장이 위치한 건조항구 또는 건조 장소 내에서 있을 경우 건조자에게 운송하는 동안
(b) 건조자의 건조장이 위치한 건조항구 또는 건조장소 내의 건조자의 건조장이나 그 밖의 다른 건조구내에 있는 동안 그리고 그러한 장소 사이를 운송하는 동안

SECTION II. Provisional Period .... from
....
but this insurance to terminate upon delivery to Owners if prior to expiry of Provisional Period.

II 절. 가담보기간 ______________________부터 ______________________
그러나 본 보험은 가담보기간 만료 이전이라도 선주에게 인도되는 시점에 위험이 종료합니다.

MACHINERY etc. insured hereon from delivery to Builders.

Description	Contract or Yard No.	Provisionally valued at	To be built at/by

The subject-matter of this Section II is covered whilst at Builders' Yard and at Builders' premises elsewhere within the port or place of construction at which the Builders' Yard is situated and whilst in transit between such locations. The Underwriters' liability in respect of each item of this Section II shall attach from the time of delivery to Builders.

건조자에게 인도시점부터의 피보험기관 등

담보내역	계약 또는 건조장번호	가계약가액	건조장소/건조자

본II절의 목적물은 건조자의 건조장이 위치한 건조항구 또는 건조장소 내의 건조자의 건조장이나 그 밖의 다른 건조구내에 있는 동안 그리고 그러한 장소 사이를 운송하는 동안 담보됩니다. 본II절에 대한 보험자의 책임은 건조자에게 인도시점부터 개시됩니다.

【해설】

I절 및 II절은 선박건조보험에서 보상이 되는 시점을 명기한 것으로, 건조기간이라 하더라도 증권상 명시된 보험기간 내에, 피보험목적물이 구내 또는 건조장 또는 도급자의 건조장 내에 있고, 피보험 선박에 할당되고, 기관 또는 부분품은 건조자에게 인도되어 건조장에 존재할 것을 동시에 만족시킬 것을 전제로 담보된다.

II절에서는 피보험 선박에 설치되기 위해 건조장, 건조항구 또는 건조장소로 인도된 기관에 대한 내용으로, 건조자에게 인도되기 전 타 건조 장소에서 제작 중에 발생한 손해는 그것이 이미 피보험 선박에 할당되었다 하더라도 담보되지 않는다. 또한 건조장 내에 있더라도 도급자가 제작 중인 기관에 대하여는 담보를 제공하지 않는다.

선박건조보험기간은 보험증권에 기재된 기간 만료일 이전이라도 피보험 선박이 선주에게 인도되는 날 종료된다.

선체(Hull)와 기관으로 나누어 담보의 범위 및 구간을 정리해 보면 다음과 같다.

선체의 경우에는

- 피보험자(건조자)의 건조장(Yard) 또는 건조장은 아니지만 건조장이 소재한 특정항 내에 별도로 확보된 피보험자의 다른 구내에 있는 동안 및 이들 사이를 운송하는 동안만 담보되며,

기관의 경우에는

- 피보험자(건조자)의 하청업자에 의해 제작 중인 동안에는 하청업자의 공장(Works) 또는 공장은 아니지만 그들에 의해 별도로 확보된 다른 구내에 있는 동안 및 이들 사이를 운송하는 동안만 담보되며,
- 제작된 기관이 피보험자(건조자)에 도착된 이후에는 피보험자(건조자)의 건조장(Yard) 또는 건조장은 아니지만 건조장이 소재한 특정항 내에 별도로 확보된 피보험자의 다른 구내에 있는 동안 및 이들 사이를 운송하는 동안만 담보된다.

1. INSURED VALUE

1.1 Whereas the value stated herein is provisional, it is agreed that the final contract price, or the total building cost plus ········% whichever is the greater, of the subject-matter of this insurance shall be the insured value.

1.2 Should the insured value, determined as above,

1.2.1 exceed the provisional value stated herein, the Assured agree to declare to the Underwriters hereon the amount of such excess and to pay premium thereon at the full policy rates, and the Underwriters agree to accept their proportionate shares of the increase,

or

1.2.2 be less than the provisional value stated herein, the sum insured by this insurance shall be reduced proportionately and the Underwriters agree to return premium at the full policy rates on the amounts by which their respective lines are reduced.

1.3 Nevertheless, should the insured value exceed 125% of the provisional value, then the limits of indemnity under this insurance shall be 125% of the provisional value, any one accident or series of accidents arising out of the same event.

1.4 Notwithstanding the above it is understood and agreed that any variation of the value for insurance on account of a material alteration in the plans or fittings of the Vessel or a change in type from that originally contemplated does not come within the scope of this clause and such a variation requires the specific agreement of the Underwriters.

1. **보험가액**

1.1 본 약관에 표기된 가액은 가계약 금액이므로 피보험 목적물의 최종 계약가격 또는 총 건조비용에 ········%를 가산한 비용 중, 어느 것이든 많은 금액이 본 보험가액임을 동의합니다.

1.2 상기와 같이 결정된 보험가액이 만일

1.2.1 가계약가액을 초과한다면 피보험자는 그 초과금액을 보험자에게 고지하여 추가보험료를 지불할 것을 동의하고 보험자는 할당된 증액분을 인수할 것을 동의합니다.

또는

1.2.2 가계약가액 미만일 경우에는 본 보험증권의 보험금액은 비율로서 감액되며 각각 분담된 금액에 대한 보험료 환급에 동의합니다.

1.3 그러나 만일 보험가액이 가계약가액의 125%를 초과한다면 본 보험하에서 담보의 한도는 동일 사건 중에 발생한 단일사고이든 연속사고이든 간에 가계약가액의 125%입니다.
1.4 상기 조항에도 불구하고 선박의 설계 또는 의장(fittings)에서의 중요한 변경 또는 원래 기획했던 선종의 변경으로 인한 보험가액의 변경은 본 약관의 범주에 속하지 아니하며 그러한 변경은 보험자의 특별한 동의를 필요로 합니다.

【해설】

보험계약 체결시 선박건조계약서상의 계약금액으로 잠정적인 협정가액이 결정되며, 선박의 건조가 완료되면 'Escalation Clause(물가 또는 가격변동시 보험가액의 상승을 인정하는 약관)'에 따라 실제가액을 산출하여 보험금액을 결정한다.

1) 목적물의 총가액 또는 총 건조비의 ___%를 가산한 금액 중 큰 금액을 택한다.
2) 가계약금액에 변동이 있을 경우 추가 또는 환급보험료로 처리 가능하다.
3) 사고시 가계약금액을 초과할 경우 가계약금액의 125%까지만 인정한다.
4) 선종, 의장(fittings) 등의 변경은 보험자의 특별 동의를 요한다.

보험 실무에 있어서는 조선사가 선주와 Escalation 조항을 건조 계약에 담는 경우에는 보험에서도 가계약금액 및 125% 한도의 개념이 필요하여 ① 매건 당 배서처리 또는 ② 정산(Adjusting)을 해야 하지만, 조선사가 선주 사이에 Fixed Price로 건조 계약을 하는 경우에는 보험계약 체결 및 보상은 Provisional Value가 아닌 Full Contract Value의 개념으로 접근되어 비교적 단순하게 처리 된다.

2. TRANSIT

Held covered at a premium to be arranged for transit not provided for in Section I or II above.

2. 운송

상기 I, II절에서 사전에 규정되지 않은 운송에 대하여는 협정될 추가 보험료로 계속 담보합니다.

3. DELAYED DELIVERY
Held covered at a premium to be arranged in the event of delivery to Owners being delayed beyond the provisional period(s) mentioned above, but in no case shall any additional period of cover extend beyond 30 days from completion of Builders' Trials.

3. 인도 지연(지연 인도)
상기 언급한 가담보기간을 초과 지연하여 선주에게 인도하는 경우에는 협정될 추가보험료로 계속 담보합니다. 그러나 어떠한 경우에도 추가담보기간은 건조자의 시운전이 종료한 날로부터 30일을 초과하여 계속하지는 않습니다.

【해설】

본 조항에 의해 시운전 종료 후 30일이 경과하면 선박건조보험 계약은 자동 종료되는 것으로 해석이 된다. 다만, 실무적으로는 보험자와 피보험자와의 합의에 의해 동 조항을 삭제하거나 별도의 특별조건을 운영하여 시운전 종료 후 30일 초과 기간에 대해서도 보험담보를 받을 수 있다. 하지만 시운전이 종료된 이후 상당 기간 동안 피보험선박의 인도가 지연되는 경우에는 선박건조보험을 종료시키고 선박계선보험(선박의 계류 중 발생한 위험을 담보) 등 별도의 보험에 가입하는 것이 통상적이다.

4. DEVIATION OR CHANGE OF VOYAGE
Held covered in case of deviation or change of voyage, provided notice be given to the Underwriters immediately after receipt of advices and any amended terms of cover and any additional premium required by them be agreed.

4. 이로 및 항해변경
이로 또는 항해변경의 경우에는 사실을 인지한 후 즉시 그 취지를 보험자에게 고지하여 변경된 담보조건과 필요한 추가 보험료에 합의가 이루어지는 경우에 한하여 담보를 계속합니다.

【해설】

상기 SECTION I, II 및 약관 제2조(TRANSIT) 그리고 시운전 기간 동안에 해당되는 조항이다.

5. PERILS

5.1 SUBJECT ALWAYS TO ITS TERMS, CONDITIONS AND EXCLUSIONS this insurance is against all risks of loss of or damage to the subject-matter insured caused and discovered during the period of this insurance including the cost of repairing replacing or renewing any defective part condemned solely in consequence of the discovery therein during the period of this insurance of a latent defect. In no case shall this insurance cover the cost of renewing faulty welds.

5.2 In case of failure of launch, the Underwriters to bear all subsequent expenses incurred in completing launch.

5. 위험

5.1 항상 본 보험의 담보조건과 제외조건에 따릅니다.
이 보험은 전적으로 잠재적 하자의 결과로서 그리고 그 잠재적 하자가 이 보험기간 중에 발견된 결과로서 불량으로 결정된 부분을 수리, 대체 또는 신환하는 데에 드는 비용을 포함하여 보험기간 중에 사고의 원인이 발생하고 발견된 경우에 한하여 피보험목적물의 멸실 또는 손상에 대하여 모든 위험을 담보합니다. 어떠한 경우에도 본 보험은 조악한 용접을 재시공하는 비용은 담보하지 아니합니다.

5.2 진수의 실패의 경우, 보험자는 진수를 완료하는 데 소요되는 모든 실제비용을 담보합니다.

【해설】

본 보험은 보험기간 중에 사고의 원인 발생이 있고 동시에 보험기간 중에 발견된 멸실 및 손상을 보상한다.

통상의 손상 또는 멸실이 보험기간 이전에 발생하였거나 보험기간 후에 발견된 하자에 대하여는 보험자의 보상책임이 없다. 예를 들어 Launching to Delivery 조건으로 보험을 가입한 경우에는 선체를 진수하기 이전 또는 선박 인도 후 발생 또는 발견된 손상 및 손해에 대하여는 보상을 받을 수 없다.

6. EARTHQUAKE AND VOLCANIC ERUPTION EXCLUSION

In no case shall this insurance cover loss damage liability or expense caused by earthquake or volcanic eruption. This exclusion applies to all claims including claims under Clauses 13, 17, 19 and 20.

6. 지진 및 화산분화 면책
이 보험은 어떠한 경우에도 지진 또는 화산분화 위험으로 인한 멸실, 손상, 배상책임 또는 비용을 보상하지 아니합니다. 이 면책은 약관 제13(공동해손 및 구조비), 17(충돌배상책임), 19(선주배상책임) 및 20(손해방지)에 대한 경우를 포함한 모든 보상청구에 적용합니다.

【해설】

건조 중인 선박은 장기간 육상에 있고 진수 후 자항능력을 갖추기까지 상당시간이 소요되기 때문에 지진이나 화산의 분화로 인해 손해를 입을 가능성이 상대적으로 높다.

따라서 이러한 위험을 명시적으로 면책위험으로 규정하고 있으며, 동 면책조항은 비용손해(공동해손, 구조비, 손해방지비용) 및 제반 배상책임손해(충돌배상책임손해, 선주배상책임손해)까지 확장 적용된다.

실무적으로는 보험자와 피보험자와의 합의에 의해 동 조항을 삭제하거나 별도의 특별조건을 운영하여 지진 및 화산분화에 의해 발생한 멸실, 손상, 배상책임 또는 비용을 보상 받을 수 있다.

7. POLLUTION HAZARD
This insurance covers loss of or damage to the Vessel caused by any governmental authority acting under the powers vested in it to prevent or mitigate a pollution hazard, or threat thereof, resulting directly from damage to the Vessel for which the Underwriters are liable under this insurance, provided such act of governmental authority has not resulted from want of due diligence by the Assured, the Owners, or Managers of the Vessel or any of them to prevent or mitigate such hazard or threat. Master, Officers, Crew or Pilots not to be considered Owners within the meaning of this Clause 7 should they hold shares in the Vessel.

7. 오염위험
이 보험은 이 보험에서 보험자가 책임지는 선박손상의 직접적인 결과로 발생한 오염의 위험 또는 위협을 방지하거나 완화하기 위하여 권한을 위임받은 정부 당국이 취한 행위로 인한 선박의 멸실 또는 손상을 담보합니다. 다만 피보험자, 선주 및 선박 관리자가 오염의 위험을 방지 또는 완화하는데 상당한 주의를 결여하고 있었던 결과로 정부당국의 그러한 행위가 발생한 경우에는 담보하지 아니합니다. 선장, 고급선원, 보통선원 또는 도선사가 선박에 지분이 있어도 이 약관 7의 해석상 선주로 간주하지 아니합니다.

【해설】

동 조항은 오염을 방지하기 위하여 자국 또는 타국의 정부가 선박 폭파 등의 제반 조치를 함으로써 선박의 손상이나 멸실이 발생한 경우 이를 보상함을 명시하고 있다(예: 정부당국의 침몰 폭파).

오염을 유발하는 원인이 선박건조보험에서 담보하는 손해로 인하는 경우에 한해서, 즉 보험자가 원래 사고 부분으로부터 비롯된 손해에 대해 책임이 있는 경우에 한해서, 이후 그에 대해 직접적으로 정부의 조치가 있어서 입은 손상을 보상한다(오염으로 인해 발생한 배상책임을 보상하는 것이 아님에 주의하여야 함).

8. FAULTY DESIGN

Notwithstanding anything to the contrary which may be contained in the Policy or the clauses attached thereto, this insurance includes loss of or damage to the subject-matter insured caused and discovered during the period of this insurance arising from faulty design of any part or parts thereof but in no case shall this insurance extend to cover the cost or expense of repairing, modifying, replacing or renewing such part or parts, nor any cost or expense incurred by reason of betterment or alteration in design.

8. 조악한 설계

본 보험증권 또는 첨부한 약관의 어떤 반대의 규정에도 불구하고 본 보험은 본 보험기간 동안에 발생되고 발견된 피보험 목적물의 어느 부분 또는 일부의 조악한 설계로 인하여 피보험 목적물에 입힌 멸실 또는 손상을 포함합니다. 단, 어떠한 경우에도 그러한 부분을 수선, 시정, 교체 또는 대체하는 제비용은 담보하지 아니합니다.

【해설】

설계상 하자에 따른 결과적 손해만 담보 가능하며, 재설계 비용 또는 교정비용은 어떠한 경우에도 담보되지 않는다.

9. NAVIGATION

9.1 With leave to proceed to and from any wet or dry docks, harbours, ways, cradles and pontoons within the port or place of construction and to proceed under own power, loaded or in ballast, as often as required, for fitting out, docking, trials or delivery, within a distance by water of 250 nautical miles of the port or place of construction, or held covered at a premium to be arranged in the event of such distance being exceeded.

9.2 Any movement of the Vessel in tow outside the port or place of construction held covered at a premium to be arranged, provided previous notice be given to the Underwriters.

9. 항해

9.1 건조항구 또는 건조장에서 습거 또는 건거, 항구, 항로, 조선대와 주교를 계속하여 왕래하는 것이나, 적재선이든 공선이든 자력으로 건조항구 또는 건조장으로부터 250마일 수역 내에서 번번히 소요되는 의장, 입거, 시운전 또는 인도를 위하여 왕래하는 것은 자유이며 그러한 거리가 초과될 경우에는 협정될 보험료로 계속 담보합니다.

9.2 건조항구 또는 건조장 이외에서 피보험선박을 예인하여 이동하는 것은 협정될 보험료로 계속 담보합니다. 다만 사전에 그 취지를 보험자에게 고지하여야 합니다.

10. DEDUCTIBLE

10.1 No claim arising from a peril insured against shall be payable under this insurance unless the aggregate of all such claims arising out of each separate accident or occurrence (including claims under Clauses 13, 17, 19 and 20) exceeds ·············· in which case this sum shall be deducted. Nevertheless the expense of sighting the bottom after stranding, if reasonably incurred specially for that purpose, shall be paid even if no damage be found. This Clause 10.1 shall not apply to a claim for total or constructive total loss of the Vessel or, in the event of such a claim, to any associated claim under Clause 20 arising from the same accident or occurrence.

10.2 Claims for damage by heavy weather occurring during a single sea passage between two successive ports shall be treated as being due to one accident. In the case of such heavy weather extending over a period not wholly covered by this insurance the deductible to be applied to the claim recoverable hereunder shall be the proportion of the above deductible that the number of days of such heavy weather falling within the period of this insurance bears to the number of days of heavy weather during the single sea passage.

The expression "heavy weather" in this Clause 10.2 shall be deemed to include contact with floating ice.

10.3 Excluding any interest comprised therein, recoveries against any claim which is subject to the above deductible shall be credited to the Underwriters in full to the extent of the sum by which the aggregate of the claim unreduced by any recoveries exceeds the above deductible.

10.4 Interest comprised in recoveries shall be apportioned between the Assured and the Underwriters, taking into account the sums paid by the Underwriters and the dates when such payments were made, notwithstanding that by the addition of interest the Underwriters may receive a larger sum than they have paid.

10. 공제액

10.1 이 보험에서는 피보험위험으로 인하여 발생한 손해는 독립된 1사고로 인하여 발생한 손해액의 합계(약관 13, 17, 19 및 20에 따른 보상청구 포함)가············을 초과하지 아니하면 보상하지 아니하며 초과하는 경우에는 이 금액을 공제하여 보상합니다. 다만 좌초 후의 선저 검사비용은 특히 그 목적을 위하여 합리적으로 지급된 것이라면 손상이 발견되지 않았을 경우에도 이를 보상합니다. 이 약관 10.1은 선박의 전손이나 추정 전손보상의 경우에는 적용하지 아니하며 이 경우 동 사고로 인하여 발생된 약관 20에 관련된 보상청구에도 적용하지 아니합니다.

10.2 두 개의 계속적인 항구 간에서 편도 항해 중 일어난 황천으로 인한 손해는 1회의 사고로 취급합니다. 황천이 이 보험의 담보기간 이상으로 계속되는 경우, 이 보험의 보상금액에 적용되는 공제액은 전항의 공제액에 대하여 보험기간중의 황천일수가 위의 편도 항해중의 전 황천일수에 정하는 비율로 합니다. 이 약관 10.2에서 황천이라는 말은 부빙과의 접촉을 포함한 것입니다.

10.3 위의 공제액이 적용된 손해의 회수금은 이자를 제외하고는 회수금을 고려하지 않은 보험금의 합계와 위의 공제액과의 차액의 범위 내에서 전액 보험자에게 귀속합니다.

10.4 회수금에 포함된 이자는 보험자가 지급한 보험금과 지급일자를 감안하여 피보험자와 보험자가 서로 분배합니다. 이 경우 보험자는 이자를 합산함으로써 지급한 보험금을 초과해서 회수할 수 있습니다.

【해설】

1) Deductible과 Franchise

ITC-Hulls, 1970 이전의 협회선박기간약관 중에는 분손담보조항(With Average Clause)이 있었다. 이 약관은 면책약관으로서 피보험선박의 좌초(Stranding), 침몰(Sinking), 화재(Burning or Fire), 충돌(Collision)위험, 즉 SSBC 위험으로 인한 손해가 아닌 한 손해액이 보험금액의 3%를 넘으면 손해액 전액을 물어주고, 3%를 초과하지 않은 경우엔 보험금을 전혀 지급하지 않았다. 이것이 바로 S.G.Policy로부터 유래된 해상보험의 전통적 공제 제도인 Franchise의 개념이다.

그러나 ITC-Hulls, 1970 이후로는 Non-marine 분야에서 보편적으로 적용되어 온 Deductible 제도를 채택하였다. 본 약관의 10.1에서 "...shall be deducted"라고 규정한 것이 바로 이 Deductible 제도를 의미한다.

2) 공제액의 적용범위

Deductible을 계산하는 방법으로서 "본 약관하의 모든 손해의 합계액이………을 초과하는 경우에 한해서"라고 규정하고 있다.

따라서 Deductible은 전손과 좌초 후의 선저검사비용을 제외한 아래의 항목에 대하여 적용한다.

① 단독해손 수리비(particular average repair costs), 즉 회항비, 선거사용료 등을 포함한 우연적으로 발생한 모든 비용(including all incidental expenses such as removal costs, dry-docking etc.)
② 손해방지비용(sue and labour charge)
③ 공동해손희생으로 인한 수선비(repairs arising from general average sacrifice)
④ 공동해손분담금(contributions to general average)
⑤ 구조비(salvage charges)
⑥ 충돌손해배상금(claims under the Collision Liability Clause)
⑦ 기타 아래의 Deductible 적용을 면제하는 경우가 아닌 모든 경우

3) Deductible을 적용하지 않는 경우

① 현실전손(Actual Total Loss)
② 추정전손(Constructive Total Loss)
③ 전손이 되었지만, 손해방지비용이 발생한 경우 그 비용
④ Bottom Touch 후 선저검사비용

4) '매사고당'과 '편도구간항해'

'매사고당'(each separate accident or occurrence)의 의미는 공제액(deductible)을

적용할 때 매 사고별로 적용한다는 것이다. 가령 선적이나 하역 과정에서 선박 외판이나 난간에 크레인 또는 화물과의 접촉이 여러 번 발생하여 여러 개의 Dent Damage가 발생하였다면, Deductible은 매 번의 접촉 건마다 적용된다.

한편, 두 개의 연속적인 항구 간의 한 편도항해(a single sea passage) 기간 중 날짜를 달리하여 연속적으로 악천후사고가 발생하여 선체가 파손되었다면, 그러한 연속손해(successive losses)는 하나의 사고로 간주한다.

또한 항해 기간 중 악천후(Heavy Weather)를 만나 선체 손상이 발생하였고, 그러한 악천후 항해 기간 도중에 보험기간이 종료되고 타보험자에게 계약 갱신을 하였다면, "이 보험계약 기간 내에 발생한 악천후 일수의 해당 편도구간 항해 중 발생된 악천후 일수에 대한 비율"(the proportion … that the number of days of such heavy weather falling within the period of this insurance bears to the number of days of heavy weather during the single sea passage)을 소정의 공제금액으로 곱한 금액이 공제금액이 된다(Policy Deductible × 당해 보험기간중의 악천후 일수 / 총 악천후 일수).

악천후에 의한 사고에 있어서는 한 사고를 확정짓기가 매우 어렵기 때문에 분쟁을 막기 위하여 항해를 단위로 하게 된 것이며, 그로 인해 악천후에 의한 손해는 그 밖의 다른 손해보다는 공제액 적용에 있어 피보험자에게 유리하다.

5) 구상금(recovery amount)과 이자의 분배방법

피보험자의 수선비 등에서 보험자는 Deductible을 공제하고 보험금을 지급한 후 지급보험금의 범위 내에서 손해배상청구권, 즉 대위권(subrogation right)을 갖게 되고, 또한 피보험자에게 지급한 보험금의 한도 내에서 보상액 전액을 회수할 수 있다.

제3자가 피보험선주에게 배상책임이 있는 경우, 사고일자로부터 보험금이 지급될 때까지의 기간 중에 발생된 이자는 피보험선주에게 귀속되나, 보험금 지급일자로부디 손해배상금 회수시까지의 기간 중에 발생된 이자는 보험자의 소유로 귀속되어야 하므로, 그 제3자의 이자는 양 당사자간에 비례적으로 분배하게 된다.

이 경우 이자를 분배받음으로써 보험자 자신이 지급한 보험금보다 더 많은 금액을 받게 되는 경우도 무방하도록 본 약관은 규정하고 있다.

11. UNPREPARED DAMAGE

11.1 The measure of indemnity in respect of claims for unrepaired damage shall be the reasonable depreciation in the market value of the Vessel at the time this insurance terminates arising from such unrepaired damage, but not exceeding the reasonable cost of repairs.

11.2 In no case shall the Underwriters be liable for unrepaired damage in the event of subsequent total loss (whether or not covered under this insurance) sustained during the period covered by this insurance or any extension thereof.

11.3 The Underwriters shall not be liable in respect of unrepaired damage for more than the insured value at the time this insurance terminates.

11. 미수리 손상

11.1 미수리 손상에 대한 보상청구와 관련된 보상액의 산정은 그러한 미수리 손상으로 인한 이 보험 종료시점에서의 선박시장가액의 합리적인 감가액으로 하되, 합리적인 수리비를 초과할 수 없습니다.

11.2 이 보험의 담보기간 중에 또는 담보연장 기간 중에 전손된 경우에는 (이 보험에서 담보되건 안되건 간에) 보험자는 미수리 손상에 대하여 어떠한 경우에도 책임을 지지 아니합니다.

11.3 보험자는 미수리손상에 대하여 이 보험 종료시점에서의 보험금액 이상은 책임을 지지 아니합니다.

【해설】

1) 미수리 손상에 대한 보상(제11조 제1항)

본 조항은 영국해상보험법(MIA)과 Rule of Practice of Average Adjuster's Association의 규정을 원용한 조항이다.

MIA 제69조 제3항에 따르면, 선박이 수리되지 않고, 또한 보험기간 중에 손상된 상태로 매각되지 않은 경우에 피보험자는 미수리손상(unrepaired damage)으로부터 발생하는 상당한 감가(reasonable depreciation) 또는 상당한 수리비(reasonable cost of repair) 중 적은 금액을 보상받을 권리가 있다. 그러나 상당한 감가를 계산하는 정확한 방법이 MIA에는 제시되어 있지 않기 때문에, 본 조항 제11조 제1항에서는 미수리 손상에 대한 보험자의 책임을 보험계약 종료시의 선박시장가액에서 손상상태에서의 가액을 공제한 잔액으로 확정하였다.

2) 연속손해(Successive Losses)에 관한 보상(제11조 제2항)

동일 보험증권하에서 분손이 생기고, 아직 이것이 수리되지 않았거나 혹은 기타 방법에 의하여 원상태로 회복되기 전에 전손이 생겼을 경우에는, 이전에 발생한 미수리 분손이 이후 발생한 전손에 흡수되어 보험자에 의해 보상되지 않는다.

그 이유는, 전의 분손이 수리되기 전에 전손이 되었으므로 선주는 해당 분손에 대한 수리비를 지출하지 않게 되었고 따라서 손해도 없기 때문이다. 선박보험은 선박 손상 자체를 보상하는 것이 아니고 손상에 대한 합리적인 수리비를 보상하는 것이기 때문에 실제 합리적인 수리비 지출이 없었다면 보험 보상도 없는 것이다. 이는 모든 손해보험계약에 반드시 적용되어야 하는 손해보험계약의 기본원칙인 실손보상원칙(the principle of indemnity)에 따른 것이다.

3) 보험기간 중 연속사고에 대한 최대 보상한도액(제11조 제3항)

연속 사고의 경우, 매 사고(any one loss)마다 수리를 시행하는 경우에는 매 건에 대하여 보험금액을 한도로 수리비가 보상되겠지만 수리를 하지 않은 상태에서의 보험자의 책임은 보험계약 종료시의 보험금액을 한도로 한다.

12. CONSTRUCTIVE TOTAL LOSS

12.1 In ascertaining whether the subject-matter insured is a constructive total loss, the insured value shall be taken as the repaired value and nothing in respect of the damaged or break-up value shall be taken into account.

12.2 No claim for constructive total loss based upon the cost of recovery and/or repair shall be recoverable hereunder unless such cost would exceed the insured value. In making this determination, only the cost relating to a single accident or sequence of damages arising from the same accident shall be taken into account.

12. 추정전손

12.1 선박이 추정전손인가 아닌가의 여부를 판단함에 있어서는, 보험금액을 수리완료 후의 가액으로 간주하고 선박 또는 난파선의 손상가액 또는 해체가액은 이를 고려하지 아니합니다.

12.2 선박의 회복 및 수리비용을 기초로 한 추정전손의 청구는 그 비용이 보험금액을 초과하지 않으면 보상되지 아니합니다. 추정전손의 결정에 있어서는 1회의 사고 또는 동일사고로 인한 연속된 손상에 관련된 비용만을 고려합니다.

【해설】

추정전손은 해상보험에만 존재하는 특유의 것이다.

1) 추정전손의 구성요소

① 보험목적물이 현실적으로 멸실하지 않았지만, 피보험자가 선박 또는 화물의 점유를 박탈당하여 회복할 수 있을 것 같지 않을 경우
② 회복하는 데 소요되는 비용이 회복되었을 때의 선박 또는 화물의 가액을 초과하리라고 예상되는 경우
③ 선박의 훼손을 수리하는 데 소요되는 비용이 수리되었을 때의 선박가액을 초과하리라고 예상되는 경우
④ 화물의 훼손을 수리하여 목적지까지 운송하는데 소요되는 비용이 도착하였을 때의 화물가액을 초과하리라고 예상되는 경우(선박과 차이 남)(화물수리비 + 목적항까지 운송비용 > 도착시의 화물가액)

2) 예상 수리비용의 산정(MIA 제60조 제2항의 ii)

(1) 旣발생된 비용

수리비를 견적함에 있어, 수리비에 대하여 다른 이해관계자가 지불할 공동해손분담금을 수리비에서 공제하여서는 안된다.

(2) 미래의 비용

장래의 구조작업의 비용과 선박이 수리될 경우에 선박이 부담하게 될 일체의 공동해손분담금은 고려(선박분만 감안)해야 한다. 단, 제12조 제1항에 의하여 난파선의 가액(wreck value)은 고려하지 아니한다.

3) 추정전손의 판단시점

보험금 청구소송이 제기된 때, 영국의 경우는 소송영장(Writ)이 발행된 때이다.

4) 추정전손의 효과(MIA 제61조)

① 추정전손이 있는 경우 분손(100% 분손)으로 처리할 수도 있고,
② 보험의 목적을 위부하고 Actual Total Loss(현실전손)에 준하여 처리할 수도

있다. 100% 분손 처리와 추정전손으로 처리하는 선택권은 피보험자에게 있다. 선택권이란 보험금의 성격에 관한 선택권이지 손해의 성격에 관한 것은 아니다. 이 경우 피보험자가 선택권을 행사하기 위해서는 MIA 제60조에서 정하고 있는 추정전손 정의의 범위에 해당되는 사실이 존재해야 한다.

③ 기평가보험증권은 확정되어 있는 보험금액, 미평가보험증권은 보험목적의 보험가액을 보상한도로 한다.

5) 위부(Abandonment)

위부란 피보험자가 추정전손을 현실전손인 것처럼 취급할 수 있기 위하여 보험목적에 대하여 가지고 있는 권리를 무조건 포기하고, 보험자로 하여금 그 권리를 행사할 수 있게끔 허용하는 것이다. 즉, 위부는 추정전손 요건이 발생한 경우에 피보험자가 그 손해를 분손으로 처리하지 않고 추정전손으로 처리하기 위한 선행조건이다.

(1) 위부의 통지(Notice of Abandonment)

피보험자가 보험자에게 보험목적을 위부하려고 하면, 반드시 위부의 통지(Notice of Abandonment)를 해야 한다. 만일 위부의 통지를 하지 않으면 분손으로 취급된다.

① 통지방법

보험목적에 대한 피보험자의 이익을 무조건적으로(Unconditionally) 보험자에게 제공한다는 의사를 표시하면 된다(일부/전부 구두, 서면 표시 무관).

단, 추정전손이 존재할 때에만 위부할 수 있는 권리가 있기 때문에 위부의 통지에 있어서는 추정전손의 존재가 필수적인 선행조건이다.

② 위부시기

손해에 관한 신뢰할 수 있는 정보를 수취한 후에 상당한(MIA 제88조: '상당한'(reasonable)은 사실의 문제) 주의로써 이를 통지할 수 있으며, 의심스러울 때에는 상당기간 조사할 수 있는 권리가 있다.

(2) 위부통지가 불필요한 경우

① 보험자에게 이득의 가능성이 없었을 경우(실제 전손으로 진전된 추정전손)

② 보험자에 의한 위부통지 면제
③ 재보험의 경우 원보험자

(3) 위부의 승인

보험자가 위부를 승인한 경우에는, 그 보상청구를 당연히 현실전손으로 취급하면 된다. 하지만 명시적 또는 묵시적인 승낙이 필요하며, 위부 통지 후 보험자의 단순한 침묵은 승낙이 아니다.

(4) 위부의 불승인

보험자가 위부를 불승인한 경우에는, 추정전손의 요건에 해당되는지 여부 및 위부가 정당하게 행하여진 것인지 여부를 따져보아서 그에 해당한다고 할 때에 비로소 현실전손으로 취급하면 된다.

(5) 위부의 효과

보험자는 보험목적의 잔존물에 대한 피보험자의 이익과 이에 부수되는 소유권(proprietary)을 승계할 권리를 갖게 된다.

13. GENERAL AVERAGE AND SALVAGE

13.1 This insurance covers the Vessel's proportion of salvage, salvage charges and/or general average, reduced in respect of any under-insurance, but in case of general average sacrifice of the Vessel the Assured may recover in respect of the whole loss without first enforcing their right of contribution from other parties.

13.2 Adjustment to be according to the law and practice obtaining at the place where the adventure ends, as if the contract of affreightment contained no special terms upon the subject; but where the contract of affreightment so provides the adjustment shall be according to the York-Antwerp Rules.

13.3 When the Vessel sails in ballast, not under charter, the provisions of the York-Antwerp Rules, 1974 (excluding Rules XX and XXI) shall be applicable, and the voyage for this purpose shall be deemed to continue from the port or place of departure until the arrival of the Vessel at the first port or place thereafter other than a port or place of refuge or a port or place of call for bunkering only. If at any such intermediate port or place there is an abandonment of the adventure originally contemplated the voyage shall thereupon be deemed to be terminated.

13.4 No claim under this Clause 13 shall in any case be allowed where the loss was not incurred to avoid or in connection with the avoidance of a peril insured against.

13. 공동해손 및 구조

13.1 이 보험은 구조, 구조비 및 공동해손의 선박 분담분을 보상하며 일부 보험에 관하여는 감액된 비율로 보상합니다. 그러나 선박의 공동해손 희생손해의 경우에는 다른 당사자에 대해 공동해손분담 청구권을 행사하기 전에 손해 전액을 보상합니다.

13.2 정산은 해상 화물 운송계약에 그 정산에 관해 하등의 특약이 규제되어 있지 않은 경우에 준해, 해상운송사업이 종료되는 지역에서 행해지는 법률 및 관례에 따라 행해지는 것으로 합니다. 그러나 해상화물운송계약에 「요오크-앤트워프」 규칙에 따른다고 규제되어 있을 경우에는, 그 정산은 동 규칙에 의거하지 않으면 아니됩니다.

13.3 선박이 용선되지 않고 공선으로 출항하는 경우에는 1974년 「요오크-앤트워프」 규칙의 각 규정(제20조 및 제21조 제외)을 적용하는 것으로 하며, 이 목적을 위해서 항해라고 하는 것은 출항항 및 해역으로부터 피난항 및 해역 또는 연료보급을 유일한 목적으로 하는 기항시의 항구 및 해역을 제외한 출항 후 최초로 기항하는 항구 또는 해역에 도착할 때까지 계속되는 것으로 간주합니다. 만약 최초에 기도한 해상운송사업을 위의 중간항 또는 해역에서 중지한다면 항해는 그때부터 중지된 것으로 간주합니다.

13.4 담보위험을 피하기 위하여 또는 담보위험을 피하는 것과 관련하여 발생한 손실이 아닌 경우에는 이 약관 13하에서 여하한 보상 청구도 허용하지 아니합니다.

【해설】

1) 구조비 및 공동해손비용에 대한 보상 기준

① 피보험자가 정당하게 지출한 구조비 및 공동해손비용은 자기 시분에 귀속될 부분에 대하여 보험자로부터 회수할 수 있다.

② 일부보험인 경우는 MIA 제73조에 의거해 공동해손분담액(제73조 제1항) 및 구조비(제73조 제2항) 공히 비례보상을 하도록 규정하고 있다.

③ 선박의 공동해손 희생손해가 있는 경우, MIA 제66조 제4항의 후반규정에 의거해 공동해손 이익단체 중 분담의무를 가진 다른 당사자들에게 분담 청구를 하기에 앞서, 선주는 선박보험자로부터 자신의 희생 손해액 전액을 우선 보상

받을 수 있다. 이때 선박보험자는 선주에게 공동해손 희생 손해액을 지급한 후, 타 당사자들에 대한 분담청구권(제3자 청구권 대위)을 대위 받아 선주의 자격으로 선박의 공동해손 희생손해에 대한 타당사자들의 분담액을 회수한다.

④ 담보위험을 방지(prevent) 혹은 회피(avoidance)하기 위하여 지출된 비용이 아니면 보험자가 보상하지 않는다.

2) 공동해손과 York-Antwerp Rule

일반적으로 각국의 공동해손에 관한 법률은 항해 종료지역에 있어서의 법률과 관습에 따른 공동해손정산을 채택하고 있으며, 운송사업 종료지의 법률과 관습이라는 의미에서 외국정산약관(Foreign Adjustment Clause)이라고 부른다.

공동해손에 관한 각국의 법률은 국가에 따라 상이하므로 공동해손분담액과 구조비에 대한 책임도 선박의 항해 목적지의 국가에 따라 상이하다. 그런데 대부분의 세계 각국의 해상화물운송계약서, 즉 선하증권(bill of landing) 및 용선계약서(charter party)에서는 일반적으로 공동해손을 요오크-앤트워프 규칙에 의거해 정산한다는 취지의 특약을 삽입하고 있다.

이에 따라, 해상화물운송계약서에 명시된 규정에 의거해 정산된 공동해손분담액과 각국의 법률과 관습에 따라 정산된 공동해손분담액이 서로 달라 발생하는 문제점을 해결하기 위하여, 외국정산약관(Foreign Adjustment Clause)에 해상화물운송계약서에 공동해손과 구조비의 정산은 요오크-앤트워프 규칙에 의거한다는 규정이 있을 경우, 보험자도 동 규칙에 따라 공동해손과 구조비를 정산함을 본 약관 제13조 제2항의 후반부분에서 명시하고 있다("but where the contract of affreightment so provides the adjustment shall be according to York-Antwerp Rules").

또한, 해상화물운송계약서의 규정에 따라 보험자의 책임이 달라지는 것을 피하기 위하여 본 약관에서는 "해상화물운송계약서에 정산에 관한 특별한 조건이 규정되어 있지 않은 경우에 준하여(as if the contract of affreightment contained no special terms upon the subject) 해상운송사업이 종료되는 지역의 법률 및 관습에 따르도록 규정"하고 있다.

14. NOTICE OF CLAIM
In the event of loss damage liability or expense which may result in a claim under this insurance, prompt notice shall be given to the Underwriters prior to repair and, if the subject-matter is under construction abroad, to the nearest Lloyd's Agent so that a surveyor may be appointed to represent the Underwriters should they so desire.

14. 사고 통보
본 보험증권하에서 보상될 수 있는 멸실, 손상, 배상책임 또는 비용이 발생한 경우, 신속한 고지가 수리 이전에 보험자에게 행하여져야 하며 만일 피보험목적물이 해외에서 건조 중이라면, 보험자가 그렇게 요구하는 경우, 가장 가까운 로이드 대리점에 고지하여 보험자를 대리하는 검정인이 임명될 수 있도록 해야 합니다.

15. CHANGE OF INTEREST
Any change of interest in the subject-matter insured shall not affect the validity of this insurance.

15. 권리의 변경
피보험 목적물에 있어 여하한 권리의 변경은 본 보험증권의 효력에 영향을 미치지 아니합니다.

16. ASSIGNMENT
No assignment of or interest in this insurance or in any moneys which may be or become payable thereunder is to be binding on or recognised by the Underwriters unless a dated notice of such assignment or interest signed by the Assured, and by the assignor in the case of subsequent assignment, is endorsed on the Policy and the Policy with such endorsement is produced before payment of any claim or return of premium thereunder.

16. 양도
본 보험에 의해 지불될 수 있는 또는 지불되어질 모든 금전이나 보험에 관한 양도 또는 권리취득은 보험자를 구속하거나 보험자에 의해 승인되는 것은 아닙니다. 다만 피보험자 및 재양도의 경우에는 양도인이 서명한 그러한 양도 또는 권리취득일자가 붙은 통보가 본 보험증권에 배서되며 그러한 배서가 첨부된 보험증권이 보험금 또는 환급보험료의 지급 이전에 제출된 경우에는 그러하지 아니합니다.

【해설】

선박보험에서는 보험목적의 양도가 있더라도 보험증권까지 자동으로 양도되지 않는다. 이 조항의 목적은 보험증권의 양도가 있을 경우에 통지에 의하여 보험금 및 환급보험료를 수취할 수취인이 누구인가에 대한 결정적인 증거를 확보하기 위한 것이다.

1) MIA상 보험증권 양도의 의의

① 해상보험증권은 증권에 양도를 금하는 명문을 설정하지 않는 한 손해발생의 전후를 불문하고 이를 양도할 수 있다(MIA 제50조 제1항).

② 피보험자가 피보험목적물에 대하여 가지고 있는 피보험이익을 잃거나 양도한 경우 보험증권의 양도에 대하여 사전에 명시 또는 묵시의 합의를 하더라도 양도시부터 보험증권은 효력을 잃게 된다.

2) 양도의 요건

① 보험자에게 양도 통지를 해야 한다.

② 확정일부 통지여야 하고 보험증권에 배서해야 한다.

③ 연속적 양도일 경우는 양도인 간에 기명 날인해야 한다.

④ 배서된 보험증권 없이는 보험금, 환급보험료를 청구할 수 없다.

3) 양도 후 보험계약의 효력

보험자는 원피보험자에 대하여 갖는 모든 항변을 보험증권의 양수인에게 할 수 있다. 예를 들면, 원래의 피보험자가 고지의무를 위반한 사실에 대하여 면책할 수 있다.

17. COLLISION LIABILITY

17.1 The Underwriters agree to indemnify the Assured for any sum or sums paid by the Assured to any other person or persons by reason of the Assured becoming legally liable by way of damages for

17.1.1 loss of or damage to any other vessel or property on any other vessel

17.1.2 delay to or loss of use of any such other vessel or property thereon

17.1.3 general average of, salvage of, or salvage under contract of, any such other vessel or property thereon,

where such payment by the Assured is in consequence of the Vessel hereby insured coming into collision with any other vessel.

17.2 The indemnity provided by this Clause 17 shall be in addition to the indemnity provided by the other terms and conditions of this insurance and shall be subject to the following provisions;

17.2.1 Where the insured Vessel is in collision with another vessel and both vessels are to blame then unless the liability of one or both vessels becomes limited by law, the indemnity under this Clause 17 shall be calculated on the principle of cross-liabilities as if the respective Owners had been compelled to pay to each other such proportion of each other's damages as may have been properly allowed in ascertaining the balance or sum payable by or to the Assured in consequence of the collision.

17.2.2 In no case shall the Underwriters' total liability under Clause 17.1 and 17.2 exceed their proportionate part of the insured value of the Vessel hereby insured in respect of any one such collision.

17.3 The Underwriters will also pay the legal costs incurred by the Assured or which the Assured may be compelled to pay in contesting liability or taking proceedings to limit liability, with the prior written consent of the Underwriters.

17. 충돌배상책임

17.1 보험자는 피보험선박이 다른 선박과 충돌하여 그 결과 피보험자가 다음의 손해에 대해 법적 배상책임을 지고 손해배상금조로 타인에게 지급한 금액을 피보험자에게 보상하여 줄 것을 합의합니다.

17.1.1 다른 선박과 다른 선박에 적재된 재물의 멸실 또는 손상

17.1.2 다른 선박과 다른 선박에 적재된 재물의 지연 및 사용이익의 상실

17.1.3 다른 선박과 다른 선박에 적재된 재물에 관한 공동해손, 임의구조 또는 계약구조

17.2 이 약관 7에 규정된 보상은 이 보험의 다른 제조건에 의해 규정된 보상에 추가되며 아래 사항을 전제조건으로 합니다.

17.2.1 피보험선박이 다른 선박과 충돌하여 쌍방 선박에 과실이 있는 경우, 일방 또는 쌍방 선박의 배상책임이 법률에 의해 제한되지 않는 한 이 약관 17에 의한 보상액은 이 충돌결과 피보험자가 지급히여야 할 또는 수취하여야 할 상쇄 차액이나 금액을 확정하는 데에 적정하게 승인된 쌍방의 손해비율에 따른 손해배상액을 해당 선주가 상대방에게 각각 지급하여야 하는 것으로 간주하여, 교차책임의 원칙에 따라 산출합니다.

17.2.2 이 약관 17.1 및 17.2하에서의 보험자의 총배상책임액은 어떠한 경우에도 매 충돌사고당 피보험선박 보험가입금액에 대한 보험자 인수액의 비율을 초과하지 아니합니다.

17.3 피보험자가 보험자의 사전 서면동의를 얻어 배상책임에 관해 다루거나 배상책임제한

을 위한 법적조치를 취하는 경우, 보험자는 피보험자가 지급한 또는 지급하여야 할 법적 비용 또한 지급합니다.

EXCLUSIONS

17.4 Provided always that this Clause 17 shall in no case extend to any sum which the Assured shall pay for or in respect of

17.4.1 removal or disposal of obstructions, wrecks, cargoes or any other thing whatsoever

17.4.2 any real or personal property or thing whatsoever except other vessels or property on other vessels

17.4.3 the cargo or other property on, or the engagements of, the insured Vessel

17.4.4 loss of life personal injury or illness

17.4.5 pollution or contamination of any real or Personal property or thing whatsoever (except other vessels with which the insured Vessel is in collision or property on such other vessels)

면책사항

17.4 다만, 이 약관 17에서 피보험자가 다음에 정한 사항에 대하여 지급하여야 할 일체의 금액은 어떠한 경우에도 보상하지 아니합니다.

17.4.1 장애물, 난파물, 적하 그 밖의 일체의 물체에 대한 제거 또는 처분

17.4.2 다른 선박 또는 다른 선박에 적재되어 있는 재물 이외의 부동산, 동산 그 밖의 일체의 물체

17.4.3 피보험선박에 적재된 적하 또는 그 밖의 재물 및 피보험선박의 계약상의 채무

17.4.4 사망, 신체상해 또는 질병

17.4.5 부동산, 동산 그 밖의 일체에 대한 오염 또는 오탁
(피보험선박과 충돌한 다른 선박 또는 그 선박에 적재된 재물은 제외합니다.)

【해설】

1) 충돌 약관의 연혁

본래 S.G. Policy에서는 충돌손해 배상책임을 담보하지 않았으나, De Vaux V. Salvador(1836) 판결의 영향으로 1888년 Running Down Clause가 생겼으며, 이는 ITC(Hulls 1/10/83)에서 3/4th Collision Liability Clause로 변경되었고 동 조항이 선박건조보험 약관(ICBR 1988)에도 원용되었다.

2) 선박 충돌 손해의 의미

선박과 선박 간의 물리적인 현실접촉(actual contact)으로 인하여 선박 또는 선박 내에 실려 있는 화물이나 인명에 손해가 발생한 경우를 의미한다.

3) 충돌로 인한 손해 보상 범위

(1) 충돌약관(제17조)에 따른 충돌 보험금

① 타선박 자체 또는 거기에 실린 재산의 멸실 또는 손상(자선이 아님)
② 타선박 자체 또는 거기에 실린 재산의 지연 또는 사용이익의 상실(불가동 손실)
③ 타선박 자체 또는 거기에 실린 재산의 공동해손 및 구조비에 대해
피보험자가 법적 배상책임(legally liable)을 지고 손해배상금조(By way of damage)로 타인에게 지급한 금액

선박 자체손해(전손보험금 포함)에 추가하여(in addition to) 보험금액 한도로 보상하며 이 경우 Deductible이 적용된다.

선박 간 충돌사고시 양 선주 간 과실비율을 따지거나 또는 선주와 보험자 간에 보험금 및 선주부담분을 산정함에 있어서 Cross Liability Basis(교차책임주의) 및 Single Liability Basis(단일책임주의)의 개념에 대한 이해가 필요하다.

Single Liability Basis란 상호 간에 지급해야 할 금액과 받아야 할 금액을 먼저 계산하여 서로 상계한 후의 순지급금을 어느 일방이 타방에게 지급하는 방식이며 Cross Liability Basis란 양자 간에 책임액의 상계과정 없이 줄 것은 주고 받을 것은 받는 방식이다.

충돌 당사자인 양 선주 간에는 항상 Single Liability Basis에 따라 정산하나, 선수와 보험자 간에는 일방과실이나 선주책임제한적용의 경우에는 Single Liability Basis를 그 외에는 Cross Liability Basis를 적용한다.

Single Liability Basis하에서는 불가동 손실을 회수하지 못하나 Cross Liability Basis하에서는 상대선의 과실 비율만큼을 회수할 수 있다.

책임제한이 충돌 일방 또는 충돌 쌍방(one or both)에 적용되는 이유는 Cargo Claim 때문이다. 왜냐하면, 지불하는 측의 선박에 실린 화물에 Claim이 생기는 경우,

지불하는 선박에 실린 화물의 화주가 지불받는 선박의 선주로부터 별도의 배상을 받게 될 때 지불받는 선박 측에서도 책임제한을 할 수 있기 때문이다.

선박 간 충돌 사고가 발생되었을 때, 충돌 당사자 간에는 상호 피해액 및 과실비율 등을 확인한 후 Drop-Hand Basis로 각자 피해액을 스스로 부담하는 경우가 아니면, 양자 간의 합의에 의한 화해청산(Compromise & Settlement)을 하거나 또는 소송에 따른 판결에 따라 청산한다.

양자 간의 합의에 의하건 또는 법정 판결에 따르건 간에 선주는 충돌에 따른 양자의 피해액 및 과실비율을 조사 확인하고, 필요한 경우 방어 및 공격을 위하여 변호사를 선임하여 협상이나 소송을 진행한다.

이런 경우 발생하는 법적 비용(Legal Costs) 또한 본 조항에 의해 보상이 가능하다. 충돌배상책임과 관련한 법적 비용들은 General Costs, Attack Costs (또는 Costs for Recovery) 및 Defense Costs로 나뉘어 정산된다.

① General Costs

충돌책임 소재를 규명하기 위하여 소요된 비용으로서 Own Claim과 Counter Claim의 인정금액비율로 Attack Cost와 Defense Cost에 분배된다. 이때의 Own Claim 금액에는 화물 Claim을 포함하지 않는다(화주는 별도의 변호사를 선임하기 때문).

- 선원 Interview 비용
- Speed and angle of blow survey 비용
- Collision analysis survey 비용
- 변호사의 일반 비용 등

② Attack Costs

자신의 Claim을 입증하기 위해 소요되는 비용과 General Cost에서 할당된 비용의 합계로서 Cross Liability Basis하에서 Recovery 할당금액을 분배한다(보험자손해와 선주 손해).

- 자선의 이재 조사비
- 충돌 상대선의 지급 보증을 요하는데 소요된 비용 등

③ Defense Costs

상대선의 Claim을 방어하기 위하여 소요된 비용과 General Cost에서 할당된 비용의 합계로서 충돌 배상액과 함께 보험자로부터 Collision Liability Claim으로 인정받아 보험금 회수가 가능하다. 상대선에 실린 화물 Claim 방지에 소요된 비용도 방어비용에 포함된다.

- 상대선 이재 조사비
- 상대선에 대한 지급 보증 관련 비용
- 상대측 Claim의 시비를 가리는 데 소요된 비용 등

18. SISTERSHIP

Should the Vessel hereby insured come into collision with or receive salvage services from another vessel belonging wholly or in part to the same Owners or under the same management, the Assured shall have the same rights under this insurance as they would have were the other vessel entirely the property of Owners not interested in the Vessel hereby insured; but in such cases the liability for the collision or the amount payable for the services rendered shall be referred to a sole arbitrator to be agreed upon between the Underwriters and the Assured.

18. 자매선

피보험선박의 전부 또는 일부가 동일 소유자에 소유되거나 동일 관리하에 있는 타선박과 충돌하거나 또는 그러한 타선박으로부터 구조되었을 경우에는 피보험자는 타선박이 피보험선박에 전혀 이해관계가 없는 소유자의 재산이었더라면 피보험자가 의당 가질 수 있는 권리와 동일한 권리를 본보험증권상 갖는 것으로 합니다. 그러나 어떠한 경우에도 충돌에 대한 책임 또는 구조를 받았을 경우의 구조행위에 대해 지불해야 할 금액은 보험자와 피보험자와의 합의하에 신정된 1명의 중재인의 결정에 따라야 합니다.

【해설】

본 조항은 동일 선주 또는 동일 관리하에 있는 선박(자매선) 간의 충돌 또는 구조(sister-ship salvage) 작업에 대한 보상내용을 언급한 것이다.

동일 선주 또는 동일 관리인하의 선박 상호 간의 충돌이나 구조의 경우에는 실제

로 소송문제가 제기될 수 없으며, 합리적인 충돌배상책임금액이나 구조비를 판결에 의해 결정지을 수 없기 때문에 이런 경우는 보험자와 피보험자의 합의에 의해 선정된 1명의 중재인의 조정으로 적정금액을 결정하도록 약관에 규정하고 있다.

19. PROTECTION AND INDEMNITY

19.1 The Underwriters agree to indemnify the Assured for any sum or sums paid by the Assured to any other person or persons by reason of the Assured becoming legally liable, as Owner of the Vessel, for any claim, demand, damages and/or expenses, where such liability is in consequence of any of the following matters or things and arises from an accident or occurrence during the period of this insurance:

19.1.1 loss of or damage to any fixed or movable object or property or other thing or interest whatsoever, other than the Vessel, arising from any cause whatsoever in so far as such loss or damage is not covered by Clause 17

19.1.2 any attempted or actual raising, removal or destruction of any fixed or movable object of property or other thing, including the wreck of the Vessel, or any neglect or failure to raise, remove, or destroy the same

19.1.3 liability assumed by the Assured under contracts of customary towage for the purpose of entering or leaving port or maneuvering within the port

19.1.4 loss of life, personal injury, illness or payments made for life salvage.

19.2 The Underwriters agree to indemnify the Assured for any of the following arising from an accident or occurrence during the period of this insurance:

19.2.1 the additional cost of fuel, insurance, wages, stores, provisions and port charges reasonably incurred solely for the purpose of landing from the Vessel sick or injured persons or stowaways, refugees, or persons saved at sea

19.2.2 additional expenses brought about by the outbreak of infectious disease on board the Vessel or ashore

19.2.3 fines imposed on the Vessel, on the Assured, or on any Master Officer crew member or agent of the Vessel who is reimbursed by the Assured, for any act or neglect or breach of any statute or regulation relating to the operation of the Vessel, provided that the Underwriters shall not be liable to indemnify the Assured for any fines which result from any act neglect failure or default of the Assured their agents or servants other than Master Officer or crew member

19.2.4 the expenses of the removal of the wreck of the Vessel from any place owned, leased or occupied by the Assured

19.2.5 legal costs incurred by the Assured, or which the Assured may be compelled to pay, in avoiding, minimising or contesting liability with the prior written consent of the Underwriters.

19. 선주배상책임

19.1 보험자는 이 보험기간 중 사고 또는 사건으로부터 발생된 다음 사항의 결과로 피보험자가 선박의 소유자로서 제3자의 보상, 청구, 손상 또는 비용에 대한 법적 배상책임을 지고 지급한 금액을 피보험자에게 보상할 것을 합의합니다.

19.1.1 여하한 원인으로 발생하는 피보험선박 이외의 모든 고정(固定) 또는 유동(流動)물체, 재물, 그 밖의 일체의 물체 또는 이익에 대한 멸실 또는 손상
단, 그러한 멸실 또는 손상이 약관 17에 의거 부담되지 않는 것에 한합니다.

19.1.2 피보험선박의 난파물을 포함하여 고정(固定) 또는 유동(流動)물체, 재물 또는 그 밖의 물체의 인양, 제거, 해체나 그러한 시도, 또는 상기물체를 인양, 제거, 해체함에 있어서의 태만이나 실패

19.1.3 통상적인 항해과정중에 입항, 출항 또는 그 항구 내에서의 이동을 목적으로 체결된 관습적인 예인에 관한 계약하에서 피보험자에게 부과된 배상책임

19.1.4 사망, 신체상해, 질병 또는 인명구조를 위해 지급된 금액

19.2 보험자는 이 보험기간중 사고 또는 사건으로부터 발생한 다음 사항에 대하여 피보험자에게 보상할 것을 합의합니다.

19.2.1 질병이 들거나 신체상해를 입은 사람이나 밀항자, 피난자 또는 해상에서 구조된 사람을 피보험선박에서 하선(下船)시킬 목적에 한하여 정당하게 발생된 연료, 보험, 급료, 저장품, 식량에 대한 추가비용 및 항비(港費)

19.2.2 선상(船上) 또는 해안에서의 전염병 발생으로 야기된 추가비용

19.2.3 여하한 행위, 태만 또는 선박운항과 관련된 법령이나 규정을 위반함으로써 피보험선박, 피보험자에게 부과된 벌과금 또는 피보험선박의 선장, 고급선원, 보통선원 또는 피보험선박 대리인에게 부과되어 피보험자가 보전한 벌과금. 단, 보험자는 선장, 고급선원, 보통선원 이외의 피보험자, 그 대리인 또는 고용인의 여하한 행위, 태만, 실수 또는 불이행으로 기인된 벌과금은 피보험자에게 보상하지 아니합니다.

19.2.4 피보험자가 소유하거나, 임차하거나, 점유하는 장소로부터 피보험 선박의 난파물을 제거하는 비용

19.2.5 보험자의 사전 서면 동의를 얻어 배상책임을 피하거나 경감시키거나 다루는 데 있어서 피보험자가 지급한 또는 지급하여야 할 법적 비용

EXCLUSIONS

19.3 Notwithstanding the provisions of Clauses 19.1 and 19.2 this Clause 19 does not cover any liability cost or expense arising in respect of :

19.3.1 any direct or indirect payment of the Assured under workmen's compensation or employers' liability acts and any other statutory or common law, general maritime law or other liability whatsoever in respect of accidents to or illness of workmen or any other persons employed in any capacity whatsoever by the Assured or others in on or about or in connection with the Vessel or her cargo materials or repairs

19.3.2 liability assumed by the Assured under agreement expressed or implied in respect of death or illness of or injury to any person employed under a contract of service or apprenticeship by the other party to such agreement

19.3.3 punitive or exemplary damages, however described

19.3.4 cargo or other property carried, to be carried or which has been carried on board the Vessel but this Clause 19.3.4 shall not exclude any claim in respect of the extra cost of removing cargo from the wreck of the Vessel

19.3.5 loss of or damage to property, owned by builders of repairers or for which they are responsible, which is on board the Vessel

19.3.6 liability arising under a contract or indemnity in respect of containers, equipment, fuel or other property on board the Vessel and which is owned or leased by the Assured

19.3.7 cash, negotiable instruments, precious metals or stones, valuables or objects of a rare or precious nature, belonging to persons on board the Vessel, or non-essential personal effects of any Master, Officer or crew member

19.3.8 fuel, insurance wages, stores, provisions and port charges arising from delay to the Vessel while waiting a substitute for any Master, Officer or crew member

19.3.9 fines or penalties arising from overloading or illegal fishing

19.3.10 pollution or contamination of any real or personal property or thing whatsoever.

19.4 The indemnity provided by this Clause 19 shall be in addition to the indemnity provided by the other terms and conditions of this insurance.

19.5 Where the Assured or the Underwriters may or could have limited their liability the indemnity under this clause 19 in respect of such liability shall not exceed Underwriters' proportionate part of the amount of such limitation.

19.6 In no case shall the Underwriters' liability under this Clause 19 in respect of each separate accident or occurrence or series of accidents arising out of the same event, exceed their proportionate part of the insured value of the Vessel.

19.7 PROVIDED ALWAYS THAT

19.7.1 Prompt notice must be given to the Underwriters of every casualty event or claim upon the Assured which may give rise to a claim under this Clause 19 and of every event or matter which may cause the Assured to incur liability costs or expense for which he may be insured under this Clause 19

19.7.2 the Assured shall not admit liability for or settle any claim for which he may be insured under this Clause 19 without the prior written consent of the Underwriters.

면책사항

19.3 위 약관 19.1 및 19.2에도 불구하고 이 약관 19하에서는 다음에 대하여 발생한 여하한 배상책임, 경비, 비용은 부담하지 아니합니다.

19.3.1 피보험선박, 그 선박의 적하, 자재, 수리작업에 관계하여 어떠한 형태로든지 피보험자 또는 다른 사람에 의하여 고용된 근로자나 여타 사람에게 발생한 사고 또는 그들의 질병에 대하여, 근로자 재해보상법, 고용주 배상책임법 및 기타 배상책임에 관한 법령 또는 보통법에 의하여 피보험자가 직접 또는 간접적으로 지급한 금액

19.3.2 용역 또는 도제(徒弟)계약하에 협정 상대방이 고용한 피고용인의 사망, 질병 또는 신체상해에 대하여 피보험자가 명시적 또는 묵시적 협정하에 부담하는 배상책임

19.3.3 명칭 여하를 불문하고 처벌에 의하거나 본보기적인 응징

19.3.4 피보험선박에 적재되어 운송되거나 운송될 또는 운송된 적하 또는 기타재물. 단, 이 약관 19.3.4에서는 피보험선박의 난파물로부터 적하를 제거하기 위한 부대경비에 대한 어떠한 보상청구도 배제하는 것은 아닙니다.

19.3.5 피보험선박에 적재되어 있으며, 건조자 또는 수리자가 소유하거나 책임이 있는 재물의 멸실 또는 손상

19.3.6 피보험선박에 적재되어 있으며 피보험자가 소유하거나 임차한 콘테이너 장비, 연료 또는 타 재물에 대한 보상 또는 계약상 발생하는 배상책임

19.3.7 피보험선박에 승선한 사람이 소유한 현금, 유가증권, 귀금속이나 보석, 고가품 또는 희귀품이나 귀중품 및 선장, 고급선원 및 보통선원의 불요불급한 개인소지품

19.3.8 선장, 고급선원 또는 보통선원의 교체를 대기하고 있는 동안 교체지연으로 인하여 피보험선박에 발생한 연료, 보험료, 급료, 저장품, 식량 및 항비

19.3.9 과적 또는 불법어로(不法漁撈)로 인한 벌과금 또는 과태료

19.3.10 부동산, 동산, 그 밖의 일체의 물체에 대한 오염 또는 오탁

19.4 이 약관 19에 규정된 보상은 이 보험의 다른 조건에 규정된 보상에 추가됩니다.

19.5 피보험자나 보험자가 그들의 배상책임을 제한하는 경우 이 약관 19하에서의 보상은 그러한 제한금액 중 보험자의 비례분담분을 초과하지 아니합니다.

19.6 어떠한 경우에도 이 약관 19하에서의 보험자의 책임은 개별적인 사고 또는 동일 사건

으로부터 발생된 연속적인 사고에 대한 피보험선박의 보험가입금액 중 비례분담분을 초과하지 않아야 합니다.

19.7 다만,

19.7.1 이 약관 19하에서 보상청구를 야기할 수 있는 모든 사고, 사건 또는 피보험자에 대한 청구와 이 약관 19에 의거 부담될 수 있는 배상책임 경비 또는 비용을 피보험자가 지출하게 될 모든 사건 또는 사항은 지체없이 보험자에게 통지되어야 합니다.

19.7.2 피보험자는 보험자의 사전 서면동의 없이 이 약관 19에 의거, 담보될 수 있는 배상책임을 인정하거나 여하한 청구에 대하여 지급하여서는 안됩니다.

【해설】

선박건조보험 약관 제19조는 제3자에 대한 배상책임에 대한 보상을 규정하고 있다. 동 조항에서의 배상책임은 대인이든 대물이든 피보험자가 제3자에 대하여 법적인 배상책임을 부담한 경우 피해자에게 지급해야 하는 배상금을 의미한다.

통상 선박의 소유자는 P&I Club 등을 통해 배상책임손해를 보상받는다. 하지만, 선박건조보험의 피보험자인 조선사는 P&I Club에 가입할 수 없기 때문에 선박건조보험 약관을 통해 이를 보상받을 수 있도록 규정하고 있다.

제3자에 대한 배상책임에 대해 선박건조보험 약관에서는 보험자가 보상하는 위험을 구체적으로 열거하는 열거책임방식을 택하고 있다.

제19조 제1항 제1호 단서("in so far as such loss or damage is not covered by Clause 17")를 통해 충돌손해배상책임 이외의 배상책임을 보상함을 명확히 하고 있고, 선박건조보험 약관 내 다른 조항 및 조건에 추가하여("in addition to") 보상하는 보충계약(supplementary contract)의 특징을 지니고 있다.

제19조 제3항 제10호에 "부동산, 동산 또는 그 밖의 일체의 물체에 대한 오염 또는 오탁으로 인해 발생한 배상책임(pollution or contamination of any real or personal property or thing whatsoever)"은 면책으로 규정되어 있으며, 피보험자가 이러한 위험을 보상받기 위해서는 별도의 배상책임보험에 가입하여야 한다.

20. DUTY OF ASSURED(SUE AND LABOUR)

20.1 In case of any loss or misfortune it is the duty of the Assured and their servants and agents to take such measures as may be reasonable for the purpose of averting or minimising a loss which would be recoverable under this insurance.

20.2 Subject to the provisions below and to Clause 10 the Underwriters will contribute to charges properly and reasonably incurred by the Assured their servants or agents for such measures. General average, salvage charges (except as provided for in Clause 20.4) collision defence or attack costs and costs incurred by the Assured in avoiding, minimising or contesting liability covered by Clause 19 are not recoverable under this Clause 20.

20.3 Measures taken by the Assured or the Underwriters with the object of saving, protecting or recovering the subject-matter insured shall not be considered as a waiver or acceptance of abandonment or otherwise prejudice the rights of either party.

20.4 When a claim for total loss of the subject-matter insured is admitted under this insurance and expenses have been reasonably incurred in saving or attempting to save the subject-matter insured and other properly and there are no proceeds, or the expenses exceed the proceeds, then this insurance shall bear its pro rata share of such proportion of the expenses, or of the expenses in excess of the proceeds, as the case may be, as may reasonably be regarded as having been incurred in respect of the subject-matter insured.

20.5 The sum recoverable under this Clause 20 shall be in addition to the loss otherwise recoverable under this insurance but shall in no circumstances exceed the amount insured under this insurance in respect of the Vessel.

20. 피보험자의 의무(손해방지)

20.1 손해 또는 재난이 발생한 경우에 이 보험에서 보상될 손해를 방지하거나 경감하기 위해 합리적인 조치를 취하는 것은 피보험자 그 사용인 및 대리인의 의무입니다.

20.2 아래의 규정 및 약관 10에 따라 보험자는 피보험자, 그 사용인 또는 대리인이 그러한 조치를 취하기 위하여 적절하고도 합리적으로 지급한 비용을 분담합니다. 공동해손, 구조비(약관 13.5에 규정된 경우는 제외)와 충돌배상책임을 방어 또는 공격하는 비용과 약관 19에 의하여 부담되는 배상책임을 피하거나, 경감하거나 또는 다루거나 함에 있어서 피보험자가 지급한 비용은 이 약관 20에서는 보상하지 아니합니다.

20.3 피보험자 또는 보험자가 보험의 목적을 구조, 보호 또는 회복시키기 위하여 취한 조치는 위부의 포기나 승낙으로 간주되지 아니하며 또한 어느 일방의 권리를 침해하지

도 아니합니다.

20.4 이 보험에서 피보험 목적물 전부손해액의 청구가 승인되었을 경우에는 이미 피보험목적물 기타의 재산을 구조하기 위해 또는 구조할 것을 기도하기 위해 합리적으로 비용을 지급했으나 잔존가가 없거나 비용이 잔존가를 초과할 때에는 이 보험은 그 비용중 또는 잔존가를 초과하는 비용중 선박에 관해 지급되었다고 합리적으로 인정받는 비율의 비례부분을 부담합니다.

20.5 이 약관 20에서 보상될 금액은 이 보험에 의해 보상될 다른 손해에 추가됩니다. 그러나 어떠한 경우에도 이 선박보험의 보험가입금액을 초과하지 아니합니다.

【해설】

공동해손, 구조비(약관 13.5에 의하여 규정된 것은 제외함) 및 충돌손해배상책임의 방어비용 및 공격비용은 이 약관에서는 보상되지 않는다.

보험에 부보된 재산을 회복하거나 구조 혹은 보존하기 위하여 보험자와 피보험자가 취하는 여하한 조치가 곧 위부의 거절 혹은 수락으로 간주되지는 않는다.

손해를 방지하거나 경감시키기 위하여 정당하게 지출된 손해방지비용은 보험목적물에 대한 보상액 이외에 추가로 보험자가 부담하는 비용손해이다.

손해방지행위 후 선박이 전손되었을 경우에는, 보험자는 전손 이외에 손해방지비용까지도 보상한다. 하지만 손해방지비용 또한 보험가입금액을 한도로 지급된다.

선박건조보험의 경우 신조선을 대상으로 하며, 선박의 신조 가액을 가입금액으로 하기 때문에 선박기간보험과는 달리 일부보험에 따른 비례보상 관련 조항이 없다.

제20조 제4항은 ① 손해방지비용의 성질을 가지고 있으나, 선박만을 구조하기 위해서가 아니라 선박과 기타의 재산을 함께 구조하기 위해 지출된 것이기 때문에 정확히 말해서 손해방지비용이라고는 할 수 없는 비용과 ② 선박이 전손이 되었으므로 구조비라고도 할 수 없으며 공동해손비용이라고도 할 수 없는 그러한 성질의 비용의 보상에 관해서 규정해 놓았다.

The following clauses shall be paramount and shall override anything contained in this insurance inconsistent therewith.

다음 약관들은 절대적인 것이며 이 보험에 포함되어 이것과 저촉되는 일체의 규정에 우선합니다.

【해설】

아래의 최우선조항은 면책조항이 삽입되어 있는 인쇄약관뿐만 아니라 신해상보험증권(MAR Form)에 첨부되는 기타 약관과 그것이 인쇄약관이든 타이프된 약관이든 수기약관이든 관계없이 보험증권에 삽입된 모든 문언에 적용된다.

21. WAR EXCLUSION

In no case shall this insurance cover loss damage liability or expense caused by

21.1 war civil war revolution rebellion insurrection, or civil strife arising therefrom, or any hostile act by or against a belligerent power

21.2 capture seizure arrest restraint or detainment (barratry and piracy excepted), and the consequences thereof or any attempt thereat

21.3 derelict mines torpedoes bombs or other derelict weapons of war.

21. 전쟁 면책

이 보험은 다음에 기인한 멸실, 손상, 배상책임 또는 비용은 어떠한 경우에도 부담하지 아니합니다.

21.1 전쟁내란, 혁명, 모반, 반란 또는 이로 인하여 발생하는 국내투쟁 또는 교전국에 의하거나 교전국에 대한 적대행위

21.2 포획, 나포, 강류, 억지 또는 억류(악행 및 해적해위 제외) 및 이러한 행위의 결과 또는 이러한 행위를 하려고 기도한 결과

21.3 유기된 기뢰, 어뢰, 폭탄 또는 기타의 유기된 전쟁무기

【해설】

본 조항은 전쟁이나 내란 또는 적대행위(실제 전쟁이 개시하지 않았거나 전쟁상태가 존재하지 않지만 피보험자가 적대적으로 손해를 입은 경우 포함), 포획이나 나포, 압류, 억류, 억지 등에 의한 선박의 멸실이나 손상, 배상책임 또는 비용은 면책임을 규정하고 있다. "전쟁(war)"은 두 국가 또는 두 그룹의 국가들 간의 무력충돌로 정의되며, 대규모 전쟁이든 소규모의 국지전쟁이든 불문하고 모든 형태의 전쟁을 의미한다.

제21조 제3항은 "유기된 전쟁무기" 등의 위험을 해상보험증권에서 전쟁보험증권으로 (전쟁보험증권이 체결되지 않은 경우는 피보험자에게) 전가시키기 위해 1983년 선박기간보험약관에 새롭게 도입된 약관으로, 선박건조보험약관에서도 이를 준용하고 있다.

실무적으로는 별도 특별약관(War & Strike Clause)을 통해 담보가 가능한 위험이다(단, 해상위험에 국한됨).

22. STRIKES EXCLUSION
In no case shall this insurance cover loss damage liability or expense caused by
22.1 strikes, locked-out workmen, or persons taking part in labour disturbances, riots or civil commotions
22.2 any terrorist or any person acting from a political motive.

22. 동맹파업면책
이 보험은 다음에 기인한 멸실 손상, 배상책임 또는 비용은 어떠한 경우에도 부담하지 아니합니다.
22.1 동맹파업자, 직장폐쇄노동자 또는 노동쟁의 폭동소요에 가담한 자
22.2 폭력주의자 또는 정치적 동기에서 행동하는 자

【해설】

본 조항은 동맹파업 및 이와 유사한 사유, 테러리스트 또는 정치적 동기에서 행동하는 자에 의해 발생한 선박의 멸실이나 손상, 배상책임 또는 비용은 면책임을 규정하고 있다.

실무적으로는 별도 특별약관(War & Strike Clause)을 통해 담보가 가능한 위험이다.

23. MALICIOUS ACTS EXCLUSION
In no case shall this insurance cover loss damage liability or expense arising from
23.1 the detonation of an explosive
23.2 any weapon of war
and caused by any person acting maliciously or from a political motive.

23. 악의 행위 면책
이 보험은 다음으로 인한 멸실, 손상, 배상책임 또는 비용은 어떠한 경우에도 부담하지 아니합니다.
23.1 폭발물의 폭발
23.2 여하한 전쟁무기
그리고 악의적으로 행동하는 자에 의하거나, 혹은 정치적 동기로부터 발생된 것.

【해설】

본 조항은 악의적으로 행동하는 자에 의해 발생된 손해와 정치적 동기를 목적으로 발생된 선박의 멸실이나 손상, 배상책임 또는 비용은 면책임을 규정하고 있다. 중요한 것은 모든 악의적인 행위를 면책으로 하는 것이 아니라, 악의적으로 행동하거나 정치적 동기를 가지고 행동하는 자에 의한 "폭발물의 폭발이나 전쟁무기"만을 면책으로 규정하고 있다는 점이다.

24. NUCLEAR EXCLUSION

In no case shall this insurance cover loss damage liability or expense directly or indirectly caused by or contributed to by or arising from

24.1 ionising radiations from or contamination by radioactivity from any nuclear fuel or from any nuclear waste from the combustion of nuclear fuel

24.2 the radioactive, toxic explosive or other hazardous properties of any explosive nuclear assembly or nuclear component thereof

24.3 any weapon of war employing atomic or nuclear fission and/for fusion or other like reaction or radioactive force or matter.

24. 원자핵 위험면책

이 보험은 다음의 사유로 기인된 직접·간접의 멸실, 손상 또는 배상책임 및 비용 등은 어떠한 경우에도 부담하지 아니합니다.

24.1 여하한 핵연료 및 핵소모 또는 핵연료의 연소로부터 결과되어 방사능에 의한 오염 또는 그 결과로 전리되는 방사물질

24.2 방사능, 독물, 폭발물 또는 여하한 핵폭발물의 조립 또는 핵성분의 기타 위험한 물질

24.3 원자 및 핵분열과 결합 또는 이와 유사한 반응 및 방사능의 힘 또는 물질을 사용하는 여하한 병기

【해설】

다른 최우선조항들이 별도 특별약관(War & Strike Clause)을 통해 보상이 될 수 있는 면책약관인 반면, 본 조항에 명시된 원자핵 또는 방사능오염에 따른 여하한 손해는 어떤 특별약관에 의해서도 담보되지 않는다(절대면책).

상기 조항에 "적대적(hostile)" 의도에 대한 규정이 별도로 명시되어 있지 않기 때문에 선박이 평화적인 핵실험구역으로 항해한 결과 발생한 선박의 멸실이나 손상, 선박의 방사선 손상이나 핵실험으로 인한 방사성 먼지를 선박에서 제거하는 비용도

면책이 될 것이다.

다만, 핵을 사용한 전쟁무기만을 면책으로 규정하고 있기 때문에 무기가 아닌 다른 형태의 핵연료에는 면책이 적용되지 않는다.

실무적으로는 상기 내용보다 보다 상세하고 강화된 내용의 면책약관이 상기 약관을 대체, 사용되고 있다(아래 참조).

10/11/2003

INSTITUTE RADIOACTIVE CONTAMINATION, CHEMICAL, BIOLOGICAL, BIO-CHEMICAL AND ELECTROMAGNETIC WEAPONS EXCLUSION CLAUSE

This clause shall be paramount and shall override anything contained in this insurance inconsistent therewith

1. In no case shall this insurance cover loss damage liability or expense directly or indirectly caused by or contributed to by or arising from
   1.1 ionising radiations from or contamination by radioactivity from any nuclear fuel or from any nuclear waste or from the combustion of nuclear fuel
   1.2 the radioactive, toxic, explosive or other hazardous or contaminating properties of any nuclear installation, reactor or other nuclear assembly or nuclear component thereof
   1.3 any weapon or device employing atomic or nuclear fission and/or fusion or other like reaction or radioactive force or matter
   1.4 the radioactive, toxic, explosive or other hazardous or contaminating properties ofany radioactive matter. The exclusion in this sub-clause does not extend to radioactive isotopes,

other than nuclear fuel, when such isotopes are being prepared, carried, stored, or used for commercial, agricultural, medical, scientific or other similar peaceful purposes

1.5 any chemical, biological, bio-chemical, or electromagnetic weapon.

CL 370

제 4 장

선박 프로젝트 금융 관련 당사자 간 이해의 조정*
– 선박건조계약 및 선박금융계약을 중심으로 –

김찬영 고려해운(주) 기획팀 차장, 법학박사

Ⅰ. 서언

상법 해상 편은 해상기업이 선박을 이용하여 추구하는 영리활동인 운송과 용선을 중심으로 규율하고 있을 뿐, 선박건조 내지 선박금융과 관련하여 아무런 규율을 하지 않는다.[1] 따라서 선박건조 및 선박금융을 둘러싼 법률관계에서는 광범위한 당사자 자치의 원칙에 따라 각 당사자의 권리의무가 자율적으로 정해진다.

한편, 선박건조는 선박금융과 분리하여 독자적으로 발생하는 것이 아니고 선박금융과 밀접한 관계에 있으므로 양자를 독립적으로 파악할 것이 아니라 선박 프로젝드 금융이라는 전체적인 틀에서 이해하는 것이 필요하다.

이러한 문제의식을 염두하고 본 연구에서는 먼저 선박 프로젝트 금융의 양대 축인 선박건조계약 및 선박금융계약을 중심으로 각 계약에 있어 당사자 관계를 일별하고 양자의 상호 의존성을 확인한다.

그 다음으로 선박건조계약과 관련하여 그 내용을 일률적으로 나열하는 것을 지양하고 발주자인 해상기업과 건조자인 조선소의 관점에서 각각 자신의 이익을 보호하되 상호 이해관계를 합리적으로 조정하는 방안을 검토하여 분쟁이 발생하였을 경우 이를

---

* 본 논문은 제6회 선박건조・금융법 연구회(2013. 2. 2)에서 발표된 것이다.

1) 김인현, "선박건조 표준계약서(SAJ)에 대한 연구", 「한국해법학회지」, 제31권 제2호, 154면.

해결하기 위한 법적 토대를 제공한다. 이를 위해, 본 연구에서는 일본조선공업협회에서 제정한 표준건조계약서(이하, 'SAJ 표준건조계약서'라 한다)와 발틱국제해운거래소에서 제정한 표준건조계약서(이하, 'BIMCO 표준건조계약서'라 한다)를 참고로 한다.

선박금융계약의 경우 선박건조계약과 같이 정형화된 표준계약서는 없지만 실무에서 사용되는 선박금융계약의 보편적 내용을 중심으로 선박금융을 제공한 대주인 금융기관과 명목상 차주인 특수목적회사(Special Purpose Company, SPC) 및 실질적 차주인 해상기업 간 기본적 권리의무를 간단하게 살펴보고 대주인 금융기관을 보호할 목적으로 널리 활용되는 여러 가지 담보 수단에 대해서도 살펴보기로 한다.

Ⅱ. 선박건조계약 및 선박금융계약의 당사자 관계

해상기업은 선박을 통하여 운송 및 용선과 같은 영리활동을 하는바, 해상기업의 입장에서 선박은 가장 중요한 물적 설비이다.[2] 따라서 해상기업은 조선소와 선박건조계약을 체결하여 자신의 영업 환경에 가장 적합한 선박을 확보하여야 한다. 그런데 선박은 막대한 자금을 요하는 물적 설비이므로 해상기업이 선박건조에 필요한 모든 자금을 부담하는 것은 불가능하다. 그리하여 해상기업이 선박을 확보하고자 한다면 반드시 금융기관과 선박금융계약을 체결하여 선박건조자금의 상당 부분을 금융기관으로부터 대출받아야 한다. 해상기업, 조선소 및 금융기관 간의 법률관계를 간단히 정리하면 아래의 그림과 같다.

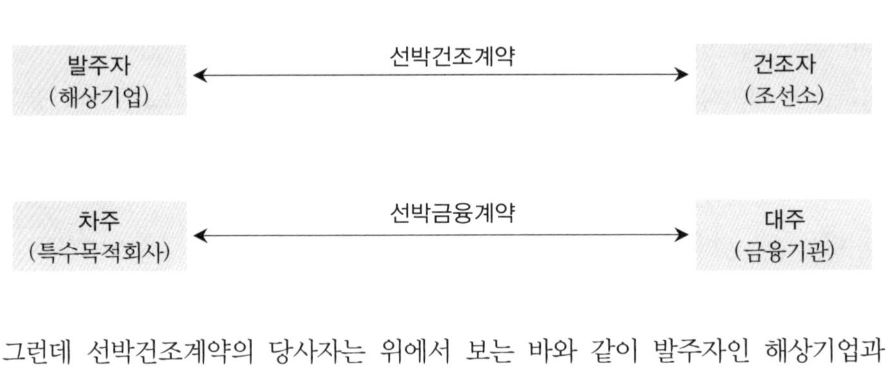

그런데 선박건조계약의 당사자는 위에서 보는 바와 같이 발주자인 해상기업과 건조자인 조선소임에 반해, 선박금융계약의 당사자는 차주인 특수목적회사와 대주인 금

2) 김인현, 해상법, 법문사, 2015, 99면.

융기관이다.[3)]

선박금융계약상 차주의 지위에 있는 특수목적회사는 해상기업이 자신의 법인격과 독립하여 파나마 같은 편의치적 국가에 설립하는 이른바 명목회사로서, 선박금융계약에 부속된 경개계약(Novation Agreement)에 의해 선박건조계약상 발주자의 지위를 해상기업으로부터 이전받고 선박이 완성되면 조선소로부터 선박을 인도받아 편의치적 국가에 등록하고 소유권을 등기함으로써 선박에 대한 법적 소유자가 된다. 실질적으로 선박금융의 조건을 협의한 자는 해상기업임에도 불구하고 특수목적회사가 선박금융계약상 차주로서 추후 선박소유자의 지위를 취득하는 이유는, 널리 알려진 바와 같이 조세 및 행정 규제의 회피를 위한 목적도 있지만 금융기관의 입장에서 볼 때 해상기업과 분리된 특수목적회사가 선박의 법적 소유자가 되게 함으로써 해상기업의 다른 채권자가 대상 선박에 대해 채권 집행을 어렵게 할 목적이 내재되어 있기 때문이다.[4)]

특수목적회사가 선박소유자가 되면 해상기업은 특수목적회사와 선박금융계약에 부속된 국적취득조건부 선체용선계약(Bareboat Charter Agreement)을 체결하여 동 선박을 운항하면서 용선료를 특수목적회사에 지급하게 된다. 이때 해상기업이 특수목적회사에 지급하는 용선료는 선박금융에 따른 대출금의 원금과 이자를 합산한 금액을 분할하여 납부하는 것에 다름 아니다. 즉, 용선료는 특수목적회사, 해상기업 그리고 금융기관을 당사자로 하는 별도의 용선료 양도 계약(Charter Hire Assignment)에 의해 금융기관의 계좌로 입금되어 실질적으로 선박금융의 상환을 위해 사용된다.

결국 선박금융은 선박의 운항이익에 기초한 프로젝트 금융(Project Finance)이라 할 수 있다.[5)]

---

3) 물론, 특수목적회사가 선박건조계약의 당사자인 경우도 있다. 그런데 특수목적회사가 당사자가 되기 위해서는 선박건조계약에 앞서 선박금융계약이 먼저 확정되고 그 후 특수목적회사가 설립되어 당해 특수목적회사가 선박건조계약의 당사자가 되어야 하는데 우리나라에서는 해상기업이 금융기관과 선박금융을 협상하면서 동시에 조선소와 선박건조를 협의하는 것이 실무이기 때문에 해상기업이 우선 당사자로서 선박건조계약을 체결하고 추후 경개계약을 통해 당사자 지위를 해상기업에서 특수목적회사로 변경하는 것이 보편적이다.

4) 이와 관련하여 정우영 변호사는 해상기업의 입장에서 특수목적회사의 설립이 선호되는 이유는 선박 소유에 따른 위험이 해상기업의 기타 자산에까지 확산되는 것을 방지하기 위한 것이라고 설명하기도 한다. 정우영, "선박금융의 실무 소개", 「Business, Finance & Law」 제19호(2006), 93면.

5) 정대, "선박금융의 법적 구조에 관한 연구", 「법과 정책」, 제18집 제2호(2012. 8), 550면.

Ⅲ. 선박건조계약상 발주자와 조선소 간 이해 조정

1. 선박의 소유권 귀속 문제

1) 영국법의 입장

영국법인 1979년 물품매매법(The Sale of Goods Act 1979)에 의하면 매매계약의 목적물로서의 물건은 불특정물(Unascertained Goods)과 특정물(Specific Goods)로 구분되는데 매도인이 매매계약을 체결한 후 제작하는 물건은 이른바 1979년 물품매매법 제5조 제1항상 '장래의 물건(Future Goods)'으로서 불특정물에 해당한다.[6] 이러한 취지에서 선박은 조선소가 선박건조계약에 따라 향후 제작하는 물건에 해당한다고 볼 수 있으므로 장래의 물건(Future Goods)으로서 불특정물에 해당한다.

그런데 어떤 매매계약이 불특정물(장래의 물건)을 매매 목적물로 하는 것이라면 당해 매매계약은 1979년 물품매매법 제2조 제5항의 '매매합의(agreement to sale)'로 평가되는바, 여기서 매매합의란 매매 목적물의 소유권이 향후 특정 조건이 충족되거나 또는 미래의 특정 시점을 기준으로 이전되는 매매계약을 말한다(1979년 물품매매법 제2조 제4항).[7] 그렇다면, 선박건조계약은 1979년 물품매매법의 관점에서 볼 때 선박이라는 장래의 물건을 매매 목적물로 하는 '매매합의'의 일종으로 이해된다.[8]

한편, 1979년 물품매매법상 매매합의의 경우 불특정물이 특정물로 전환되어 인도가능한 상태가 될 때 매도인과 매수인의 상호 합의에 따라 당해 물품의 소유권은 매수인에게 이전된다(1979년 물품매매법 제18조 제5항 (1)호). 선박의 경우 다양한 동산의 집합물이 단계적 공정을 통해 사회경제적으로 분리가 불가능한 단계에 이르러 비로소 하나의 물건으로 탄생하는바, 이 시점에서 선박건조계약과 합치하는 선박이 특정되는 것이므로 선박의 소유권은 우선 조선소에 귀속되었다가 위 요건에 따라 발주자에게 이전된다고 해석된다. 결국 영국법의 입장에서는 특별한 사정이 없는 한 조선소가 선박을 인도하기 전까지 소유권을 보유한다고 본다.[9]

---

6) Simon Curtis, *The law of Shipbuilding Contracts*, Informa, 2012, 3-4.
7) 이에 대해, 매매계약의 성립과 동시에 매매 목적물의 소유권이 매수인에게 이전되는 물품매매를 '매매(Sale)'라 한다.
8) Simon Curtis, *supra* note 6, at 4.
9) 동지, 김인현, 전게논문(주1), 155면.

그럼에도 불구하고 발주자에게 선박에 대한 소유권을 인정할 필요성이 존재하는 경우 예를 들어, 선수금반환보증(이에 대해 상세히 후술)이 제공되지 아니하여 선박을 선수금반환에 대한 담보로 활용할 필요가 있는 경우와 같이 특별한 사정이 존재하는 경우 조선소와 발주자는 선박이 인도되기 전이라도 선박에 대한 소유권은 발주자에게 귀속된다고 합의할 수 있다.10)

2) 한국법의 검토

영국법에서는 선박건조계약을 매매계약의 일종으로 보므로 선박이 발주자에게 인도되기 전까지 조선소는 선박의 소유권을 보유하고 선박건조계약에서 정한 바에 따라 인도 시에 그 소유권이 발주자에게 이전된다고 해석한다. 그런데 우리나라에서는 선박건조계약을 매매계약이 아닌 도급계약으로 보는 견해가 지배적이므로 도급계약의 법적 성질로부터 선박의 소유권 귀속 주체를 결정해야 한다.

이와 관련하여 일부 견해는 건조 중인 선박에 대해서 저당권 설정을 인정하는 상법 제790조의 입법취지는 발주자가 소유권자임을 전제로 발주자에게 선박금융을 제공한 금융기관이 건조 중인 선박에 저당권을 설정하는 것을 허용하는 데 있기 때문에 발주자는 인도가 되기 전이라도 당연히 선박에 대해 소유권을 가진다고 본다.11) 그리고 선박건조계약의 당사자 의사는 궁극적으로 발주자에게 소유권을 귀속시키는 것이므로 발주자가 처음부터 소유권을 가진다고 보는 것이 타당하다고 보는 견해도 있다.12)

한편, 대법원은 선박건조계약상 선박의 소유권 귀속 주체에 대해 아직까지 판단한 바 없으나, 일반 도급계약에 있어 소유권 귀속 주체와 관련하여 도급계약이라는 사실만으로 그 소유권이 일률적으로 수급인에게 귀속된다고 할 수 없다고 판시하고13) 더 나아가, 건축계약의 경우 도급인에게 소유권을 귀속시키기로 합의한 시정이 보인다면 도급인에게 소유권이 귀속된다고 보았다.14) 따라서 대법원의 입장을 감안하면 선박건조계약의 경우에도 일견 도급인에 해당하는 발주자가 비록 선박 인도 전

10) Simon Curtis, *supra* note 6, at 135.
11) 이한무, "건조 중인 선박에 관한 몇 가지 법률쟁점의 검토", 「한국해법학회지」, 제33권 제2호(2011. 11), 97면.
12) 김인유, "건조 중인 선박에 관한 법률관계", 「한국해법학회지」, 제32권 제1호(2010. 4), 24면.
13) 대법원 1985. 5. 28. 선고 84다카2234 판결.
14) 대법원 2005. 11. 25. 선고 2004다36352 판결.

이라도 소유권을 가지는 것으로 볼 여지가 있어 보인다. 그러나 대법원 2006. 5. 12. 선고 2005다68783 판결에서 대법원은, "… 자기의 비용과 노력으로 건물을 신축한 자는 그 건축허가가 타인의 명의로 된 여부에 관계없이 그 소유권을 원시취득하게 된다. 따라서 건축주의 사정으로 건축공사가 중단된 미완성의 건물을 인도받아 나머지 공사를 하게 된 경우에는 그 공사의 중단 시점에 이를 인도받아 자기의 비용과 노력으로 완공한 자가 그 건물의 원시취득자가 될 것이고 …"라고 판시한 바 있으며, 동 판결의 취지는 일의 완성에 필요한 재료의 전부 또는 중요 부분을 도급인이 제공한 경우에는 당연히 완성된 물건에 대한 소유권은 도급인에게 귀속하지만 수급인이 스스로 재료의 전부 또는 중요 부분을 공급하여 자기의 노력으로 물건을 완성한 경우에는 완성된 물건의 소유권은 수급인에게 귀속한다고 보는 것으로 해석된다. 결국 도급계약에 있어 완성된 물건에 대한 소유권 귀속 문제는 구체적인 사실관계를 바탕으로 개별적으로 판단하여야 할 사안이라고 평가된다.

생각건대, 조선소는 계약상의 사양과 도면에 따라 선박건조라는 일의 완성을 인수한다는 점에서 선박건조계약이 한국법상 본질적으로 도급계약에 해당한다는 것에는 이론의 여지가 없다. 그러나 도급인인 발주자가 선박건조대금을 건조 과정 중에 지급하더라도 그 대금이 모두 재료의 구입과 사용에 사용된다고 볼 수 없고 더 나아가, 선박은 조선소가 가진 기술력과 노하우를 바탕으로 각 공정의 종합적인 결과물로서 완성되는 것이라고 한다면, 위 대법원 판결의 취지에 비추어 조선소는 완성된 선박이 인도되기 전까지 그 소유권을 보유한다고 보는 것이 커다란 무리는 아니다.[15] 이러한 취지에서 SAJ 표준건조계약서 제7조 제5항 및 제6항(또는 BIMCO 표준건조계약서(Part 2) 제31조 및 제32조)을 한국법의 관점에서 조화롭게 해석하면 선박이 완성된 후 발주자와 조선소가 인수도약정서에 상호 서명하는 경우 소유권 이전에 관한 명시적 합의가 최종적으로 존재하게 되는 것이고, 선박에 관한 점유의 이전 즉, 현실인도가 발생한다면(민법 제188조 제1항) 소유권 이전의 효력이 완전하게 발생한다고 볼 수 있다.[16]

한편, 조선소가 선박이 인도되기 전까지 소유권을 보유한다고 보는 것은 발주자

---

15) 완성된 선박에 대해 조선소가 소유권을 가진다고 보는 견해는 김연신, 영문 선박건조계약서 작성실무, 박영사, 2008, 102면; 김인현, 전게논문(주1), 176면 참조.

16) 그러나 제3자에 대한 소유권 이전의 효력을 주장하기 위해서는 선박을 등기해야 한다(상법 제743조 단서).

의 계약 위반에 대비하여 선박이 일종의 담보 역할을 할 수 있기 때문에 매우 중요한 의미를 가진다.[17] 즉, 발주자가 약속된 인도기일에 최종 잔금을 지급하지 아니하거나 또는 조선소가 인도기일에 선박건조계약의 내용에 좇아 선박을 변제 제공하였음에도 불구하고 발주자가 이를 수령하지 아니한다면 조선소는 선박건조계약을 해제하고 적법한 권리자로서 당해 선박을 제3자에게 매각하여 매각대금으로부터 매각비용과 발주자의 계약 위반으로 입은 손해 등을 충당할 수 있는바(SAJ 표준건조계약서 제11조 제4항), 결국 조선소를 보호할 수 있게 된다.

또한, 발주자가 선수금을 지급한다 하지만 선수금 지급 방식이 'heavy tail'의 형태를 띠는 경우[18] 조선소는 발주자로부터 지급받은 선수금으로는 공정을 진행할 수 없으므로, 조선소는 선박건조를 진행하면서 필요한 자금을 확보할 목적으로 자신이 소유권자임을 전제로 자금을 제공한 금융기관을 저당권자로 하여 건조 중인 선박에 저당권을 설정할 수도 있다.[19] 이러한 점을 감안한다면, 상법 제790조의 취지는 발주자가 소유권자임을 전제로 건조 중인 선박에 저당권을 설정한다는 것이 아니고 오히려 조선소가 소유권자임을 전제로 건조 중인 선박에 저당권을 설정하는 것을 허용하는 데 그 의의가 있다고 보아야 한다.

2. 건조보험 조항

1) 의의

조선소는 소유권을 발주자에게 이전하기 전까지 선박의 멸실 또는 훼손에 관한 위험 부담을 가지게 된다. 이와 관련하여 선박건조계약은 건조보험에 관해 상세히 규정하고 있는데, 결국 조선소는 건조보험을 통해 선박건조 중에 발생할 수 있는 위험으로부터 자신을 보호하고 더 나아가, 선박을 완성할 수 있는 재정적 기초를 마련하므로 건조보험은 조선소에 없어서는 안 될 중요한 보호 수단이 된다.

한편, 영국 1906년 해상보험법(Marine Insurance Act 1906) 제2조 제2항은 선박

17) Simon Curtis, *supra* note 6, at 135.
18) 'heavy tail'이란 선박건조대금 지급 방식에 있어 초기 선수금 지급 비중은 낮고 선박의 인도 시 선박건조대금의 잔금 비중이 높은 방식을 의미한다. 통상적으로 계약 직후 선박건조대금의 20%, 강재 절단 시 20%, 용골 거치 시 20%, 진수 시 20%, 인도 시 20%로 선박건조대금을 지급하나(정우영, 전게논문(주4), 94면), 최근에는 수주경쟁의 치열함으로 인해 'heavy tail' 방식으로 선박건조대금이 지급되기도 한다.
19) Simon Curtis, *supra* note 6, at 135.

의 건조 및 진수가 해상보험증권 형식의 보험증권에 의해 보상되는 경우 적용 가능한 범위 내에서 이 법이 적용된다고 규정하므로, 건조보험이 영국법을 준거법으로 한다면 1906년 해상보험법상의 고지의무(duty of disclosure) 및 워런티(warranty) 등이 적용된다.[20)]

2) 주요 내용

조선소는 자신의 명의로 건조보험계약을 체결하고 피보험자가 되어야 한다(SAJ 표준건조계약서 제12조 제1항, BIMCO 표준건조계약서(Part 2) 제38조 (a)항). 건조보험에서 위험의 개시 시점은 통상 강재 절단(BIMCO 표준건조계약서(Part 2) 제38조 (a)항) 또는 용골 거치(SAJ 표준건조계약서 제12조 제1항)이다. 그러나 조선소는 화재보험과 같은 일반보험에 가입하고 있으므로, 당사자 간 합의로 건조보험의 위험 개시 시점을 선박이 모습을 갖추게 되는 진수 시점으로 정할 수 있다.[21)]

건조보험에 있어 보험의 목적은 선체와 기관, 자재, 장비 부속품, 의장품 및 발주자의 보급품 등을 포함하며 건조보험에서 보상하는 보험금의 한도는 최소한 선박건조대금의 총액 이상이어야 한다(SAJ 표준건조계약서 제12조 제1항). 일반적으로 건조보험약관으로 협회건조자위험약관(Institute Clauses for Builder's Risk)을 사용하는데, 동 약관에 특약으로 이른바 '포괄책임조항(Comprehensive General Liabilities)'을 삽입하면 보험자는 선박의 진수 이후 시운전 중 발생할 수 있는 ① 충돌배상책임 및 ② 배상책임(난파물 제거 및 부두 등의 멸실 또는 훼손)까지도 보상하게 된다.

한편, 건조보험 조항은 선박의 멸실 또는 훼손으로 인해 조선소가 보험자로부터 수령한 보험금의 처리에 대해서도 규정하는데, 우선 분손(分損)의 경우 조선소는 보험금을 수령하여 수리를 해야 하며(SAJ 표준건조계약서 제12조 제2항 (a)호, BIMCO 표준건조계약서(Part 2) 제38조 (b)항 (ⅰ)호), 전손(全損)의 경우 당사자 간 합의로 약정한 인도기일을 연장하고 계약대금을 변경하여 보험금으로 건조를 다시 하거나 또는 발주자가 건조계약을 해제하여 당사자들의 모든 권리와 의무를 종료하는 것을 허

---

20) 영국 해상보험법상의 워런티는 대륙법계인 우리나라의 보험법에 없는 개념으로서 다소 생소하나, 우리나라 대법원은 영국법 준거법의 해상보험약관을 유효하게 인정하고 있으므로(대법원 1991. 5. 14. 선고 90다카25314 판결, 대법원 1996. 1. 11. 선고 94다60332 판결, 대법원 1998. 5. 15. 선고 96다27773 판결 등), 건조보험에 있어 달리 해석할 것은 아니다.

21) 김연신, 전게서(주15), 192면.

용한다(SAJ 표준건조계약서 제12조 제2항 (b)호, BIMCO 표준건조계약서(Part 2) 제38조 (b)항 (ii)호).

3. 선수금환급보증

1) 의의

선수금환급보증(Refund Guarantee)이란 발주자가 조선소의 계약 위반으로 선박건조계약을 해제하는 경우 조선소가 여하한 이유로 기지급된 선수금을 반환하지 못한다면 은행 또는 기타 보증인(이하, '보증인'이라 한다)이 조선소를 대신하여 선수금을 반환하겠다는 보증이다.[22] 발주자 또는 선박금융을 제공한 금융기관은 보증인이 제공한 선수금환급보증을 통해 만일의 사태에 선수금을 반환받을 수 있으므로, 선수금환급보증은 발주자 또는 금융기관을 보호할 수 있는 가장 강력한 수단이 된다.

이러한 취지에서 선수금환급보증의 제공은 선박건조계약의 효력 발생에 대한 정지조건이 되기도 한다.[23] 따라서 SAJ 표준건조계약서에는 비록 선수금환급보증서가 별첨의 부속문서로 마련되어 있지 않지만 선수금환급보증은 거의 모든 선박건조계약에서 필수적으로 사용되며, 실무적으로는 선박금융 제공의 전제 조건으로 금융기관은 제1차 선수금의 지급 전 보증인이 선수금환급보증을 제공할 것을 요구한다.

2) 법적 성질

선수금환급보증은 이른바 독립적 보증의 일종이다.[24] 대법원 1994. 12. 9. 선고 93다43873 판결에 의하면 독립적 보증은 주채무에 대한 관계에서 부종성을 지니는 통상의 보증이 아니라, 주채무자와 채권자 사이의 원인 관계와 독립되어 그 원인 관계에 기한 사유로서는 채권자에게 대항하지 못하고 채권자의 청구가 있기만 하면 보증인의 무조건적인 지급의무가 발생하는 보증을 말한다. 따라서 선수금환급보증도 기본계약인 선박건조계약과 독립적이며 일반 보증과는 달리 부종성이나 보충성이 없으므로 보증인이 지급청구를 받은 경우 선수금환급보증상 청구 요건을 충족하였는지 여부만을 기준으로 하여 지급 여부를 결정하여야 한다.[25] 즉, 보증인은 조선소가 선

22) Simon Curtis, *supra* note 6, at 289.
23) *Id.*
24) 김인현, "독립적 보증으로서의 선수금 환급보증과 권리남용(대법원 2015. 7. 9. 선고 2014다64442 판결)", 「국제거래법연구」, 제24집 제2호, 151면.

박건조계약을 이행하지 않아 발주자에게 선수금반환청구권이 발생하였는지 여부를 실질적으로 조사하지 아니하고 단지 발주자의 지급청구가 선수금환급보증상의 요건을 충족하였는지 여부만을 판단하여 이를 충족하였다면 선수금반환의 책임을 무조건 지게 된다. 이러한 선수금환급보증의 법적 성질을 가리켜 선수금환급보증의 추상성(抽象性) 내지 무인성(無因性)이라고도 한다.[26]

그러나 많은 경우에 있어 발주자가 선박건조계약상 선수금반환청구권을 실질적으로 가지는지 여부에[27] 관해 보증인이 이의를 제기하여 분쟁이 발생하는 경우가 많다. 예를 들어, The Rainy Sky 사건에서[28] 보증인은 발주자를 수익자로 하여 '① 선박건조계약이 해제되는 경우 서면으로 선수금반환청구권이 있다는 것과 ② 선수금반환의 액을 적시하여 서면으로 지급 청구를 하면 보증인은 지급 책임을 진다.'라는 취지로 선수금환급보증서를 발행하였다. 그런데 선박건조계약에는 계약의 해제사유로 재정적 어려움(financial problems)이 기재되어 있었는바, 조선소는 2009. 1.경 기업구조조정촉진법상의 워크아웃을 개시하였고 발주자는 기업구조조정촉진법상의 워크아웃이 선박건조계약의 해제사유인 재정적 어려움에 해당한다고 주장하면서 조선소에 선수금의 반환을 청구하였다. 조선소가 이를 거절하자 발주자는 선수금환급보증서상의 위 요건에 따라 보증인에게 선수금의 반환청구를 하였으나 보증인 또한 선수금의 반환을 거절하였다. 이에, 발주자는 보증인을 상대로 영국 법원에 소를 제기하였는데, 보증인은 기업구조조정촉진법상의 워크아웃이 선박건조계약의 해제 사유인 재정적 어려움에 해당하는지 여부에 관해 다툼이 있으므로 발주자의 선수금반환청구권은 발생하지 않았다고 주장하였다. 그러나 법원은 발주자가 서면의 지급 청구에서 선박건조계약의 해제 사유로서 조선소의 재정적 어려움을 언급하였다고 하여 보증인에게 조선소의 재정적 어려움이 선박건조계약의 해제 사유에 해당하는지 여부를 조사하는 권리를 부여하는 것은 아니라고 보았다. 또한, 법원은 문제의 선수금환급보증서가 요

---

25) 김상만, "선박수출거래에서 환급보증(Refund Guarantee)의 특성과 문제점에 관한 연구", 「서울대학교 법학」, 제52권 제3호(2011. 9), 457면.

26) 상게논문, 458면.

27) 통상 선박건조계약상 발주자의 선수금반환청구권이 발생하는 경우는 선박건조계약이 해제되는 경우이며, 선박건조계약이 해제되는 사유는 ① 선박의 인도기일(Delivery Date)이 과도하게 지연된 경우(이에 대해 후술), ② 완성된 선박이 계약상 사양과 일치하지 않아 계약가격의 조정이 과도한 경우, ③ 기타 선박건조계약에서 정한 사유 등이다.

28) Rainy Sky SA v. Kookmin Bank, [2009] EWHC 2624 (Comm); [2010] 1 All E.R. (Comm) 823.

구하는 것은 단지 발주자가 조선소의 선박건조계약 해제 사유가 발생하였음을 특정하고 이를 적시하여 서면의 지급 청구를 하는 것뿐이라고 판시하였다. 결국 동 판례는 선수금환급보증의 추상성 및 무인성을 구체적인 사안에서 재확인하였다.[29)]

3) 권리 남용의 제한

선수금환급보증의 추상성과 무인성을 엄격히 적용하면 해운 경기 불황으로 선가가 급격히 하락하거나 또는 선박이 불필요하게 된 경우 발주자가 선박건조계약을 임의로 해제하고 부당하게 선수금의 반환을 청구할 가능성이 존재한다.[30)] 그러나 이 경우에도 선수금환급보증의 추상성과 무인성을 존중하여 발주자의 선수금반환청구를 인정해야 하는지 문제된다. 대법원은 위 대법원 1994. 12. 9. 선고 93다3873 판결에서 "독립적 보증에 있어 추상성 및 무인성의 원칙이 관철되어야 하지만 독립적 보증의 수익자가 실제 보증의뢰인에게 아무런 권리를 가지고 있지 않으면서 독립적 보증의 추상성 및 무인성을 악용하여 보증인에게 청구하는 것이 객관적으로 명백한 경우 이는 권리 남용에 해당하여 허용할 수 없다."고 판시하였는바, 독립적 보증의 일종인 선수금환급보증의 경우에도 이러한 법리를 달리 해석할 것은 아니다. 즉, 선수금환급보증에 기한 발주자의 반환 청구 역시 권리 남용 제한 법리의 적용을 받는 것이며, 권리 남용이 구체적으로 무엇인가 하는 문제는 위 판결의 취지에 따라 발주자가 선수금환급보증의 추상성과 무인성을 이용하여 부당하게 권리를 행사한 것이 객관적으로 명백한 경우로 한정되어야 한다.

한편, 발주자의 권리 남용이 존재하였는지 여부를 판단하는 시점과 관련하여 대법원은 대법원 2015. 7. 9. 선고 2014다64442 판결에서 발주자가 소의 제기를 통해 선수금반환청구를 한 때가 권리 남용 여부를 판단하는 시점이라고 보았다. 위 판결의 사실관계를 구체적으로 살펴보면, 발주자는 조선소와 선박건조계약을 체결하였고 이에 보증인은 발주자를 수익자로 하여 선수금환급보증을 발행하였는데, 동 선수금환급보증에 의하면 발주자가 반환청구를 하였음에도 불구하고 조선소가 선수금을 반환하지 않았다는 사실을 단순히 서면으로 보증인에게 통지하면 보증인은 선수금을 반환하도록 기재되어 있었다. 그런데 조선소는 발주자가 선박건조 과정 중 일부 선수

29) 동 판례에 대한 자세한 판례 평석은 한낙현 · 박명섭 · 박석재, "국제무역거래상 불명확한 계약조항의 해석에 관한 판례분석", 「무역학회지」, 제37권 제5호(2012. 11) 참조.

30) 김상만, 전게논문(주25), 463면.

금을 지급하지 않았다는 이유로 2009. 10. 8. 선박건조계약을 해제하였고 그 후 2010. 8.경 조선소는 법원으로부터 회생절차개시결정을 받게 되었다. 발주자는 조선소와의 회생채권조사확정재판에서 조선소의 선박건조계약 해제가 적법하였는지 여부를 1년에 걸쳐 다투다가 회생절차가 폐지되자 2011. 8. 26. 선박건조계약을 해제하고 일부 지급한 선수금의 반환을 조선소에 청구하였다. 조선소가 선수금반환을 거부하자 발주자는 선수금반환보증의 요건에 따라 보증인에게 선수금반환을 청구하였고, 보증인은 발주자의 채무불이행으로 계약이 이미 해제된 상태이므로 더 이상 선수금반환을 요구할 권리가 없고 따라서 발주자의 권리 행사는 남용에 해당한다고 주장하였다. 원심판결은 보증인의 주장을 받아들여 발주자의 권리 남용 여부에 대한 판단 시점은 조선소가 선박건조계약을 해제할 당시인 2009. 10. 8.을 전후한 시점이라고 보아 발주자의 선수금반환청구를 인정하지 않았으나, 대법원은 원심판결을 파기하면서 발주자가 이 사건 소를 제기하기 전 조선소의 선박건조계약 해제가 적법하였는지 여부가 다툼이 존재하였고 오히려 발주자가 이 사건 소를 제기한 즈음에 스스로 선박건조계약을 해제하였으므로 권리 남용이 있었다고 볼 수 없다고 판시하였다.

동 판결은 발주자의 선박건조계약 해제사유가 과연 무엇인가를 묻지 아니하고 발주자가 선수금환급보증의 요건을 구비하여 청구한 경우에는 보증인이 지급 책임을 진다는 추상성 및 무인성의 원칙을 확인하면서도 발주자의 권리 남용이 있었는지 여부는 이 사건 소를 제기한 시점의 상황으로 국한하여야 한다고 함으로써 발주자와 보증인 사이의 이해관계를 합리적으로 조정한 것으로 평가된다. 그런데 발주자의 권리 남용 여부에 대한 기준 시점은 위 판결에 의하면 ‘소의 제기를 통해 선수금반환청구를 한 때’이므로, 만약 선수금반환청구 시점과 소의 제기 시점이 시간적 간격을 두고 있는 경우 발주자가 반환청구를 한 때를 권리 남용의 판단 기준 시점으로 보아야 할지, 아니면 발주자가 소를 제기한 때를 권리 남용의 판단 기준 시점으로 보아야 할지 문제된다. 생각건대, 발주자가 선수금환급보증의 요건을 충족하여 보증인을 상대로 선수금반환청구를 하면 일응 그 권리 행사가 적법하다고 추정되고 그 청구 시점에 발주자의 권리 남용이 객관적으로 명백하였다는 것을 추후 소송 과정에서 보증인이 증명하도록 하는 것이 합리적이라 할 수 있으므로, 단순히 소 제기 시점을 기준으로 하여 발주자의 권리 남용 존재 여부를 판단할 것은 아니라고 본다. 따라서 선수금반환청구 시점과 소의 제기 시점이 시간적 간격을 두고 있다면 반환청구 시점

을 권리 남용 여부를 판단하는 기준 시점으로 보는 것이 타당하다고 본다.[31)]

4. 계약대금의 조정

1) 의의

선박건조계약상 계약대금의 조정(Adjustment of Contract Price)은 선박의 인도 지연 및 선박의 주요 성능인 속력, 연료소모량, 재화총중량톤수 등이 계약 내용과 차이가 나는 경우 손해배상액의 예정(liquidated damage)으로서 조선소와 발주자 간 분쟁을 미연에 방지하는 데 있다.[32)]

영국에서는 당사자가 사전에 합의를 통해 일방 당사자의 계약 위반으로 타방 당사자가 입는 손해를 증명해야 하는 불편함을 제거한다는 측면에서 손해배상액의 예정에 대한 상업적 효용성이 인정되어 왔다.[33)] 그럼에도 불구하고 영국 판례에 의하면 손해배상액의 예정이 일방 당사자의 계약 위반으로 타방 당사자가 입게 될 손해와 비교하여 과도한 경우 즉, 위약벌(penalty)의 성격을 가지는 경우 당해 손해배상액의 예정을 인정하지 아니한다.[34)] 한편, 선박건조계약의 준거법이 한국법인 경우 손해배상액의 예정이 과도하다고 판단되는 경우 법원은 직권으로 이를 감액할 수 있고(민법 제398조 제2항), 손해배상액의 예정이 위약벌로 평가되면 법원이 민법 제398조 제2항에 기해 감액할 수는 없지만[35)] 선량한 풍속 기타 사회질서(민법 제103조)에 반하는 경우 전부 또는 일부를 무효로 할 수 있는 가능성이 존재한다.[36)] 따라서 손해배상액의 예정과 관련하여 한국법을 준거법으로 하는 선박건조계약과 영국법을 준거법으로 하는 선박건조계약이 법리적으로 크게 차이가 있는 것은 아니다.

한편, 발주자는 조선소의 계약 위반에 대해 손해배상액의 예정을 통해 손해를 배상받을 수 있지만, 그렇다고 하여 조선소의 계약 위반이 계약의 근간을 흔드는 정도로 중대한 위반인 경우에도 여전히 발주자가 입는 손해를 손해배상액의 예정으로 처리하는 것은 발주자 입장에서 불합리하다. 따라서 선박건조계약에서는 계약대금의 조

31) 김인현, 전게논문(주24), 161면.
32) 김인현, 전게논문(주1), 165면.
33) Simon Curtis, *supra* note 6, at 62.
34) Dunlop Pneumatic Tyre v. New George and Motor Co. [1915] A.C. 79, H.L.
35) 대법원 1968. 6. 4. 선고 68다491 판결.
36) 지원림, 민법강의, 홍문사, 2011, 1128면.

정이 허용 한도를 넘는 경우 발주자가 선택에 의해 계약을 해제할 수 있도록 규정하고 있다. 발주자가 계약을 해제한 경우에는 해제의 법리에 따라 별도의 법률관계가 적용되므로 손해배상액의 예정은 더 이상 적용되지 아니한다.[37] 따라서 발주자는 선수금과 그에 따른 이자를 조선소로부터 지급받을 뿐이며 조선소가 이를 지급하지 않으면 상기에서 설명한 바와 같이 보증인이 제공한 선수금환급보증을 통해 회수할 수 있다.

2) 계약대금의 조정 방법

(1) 인도 지연

선박 인도 지연의 기준은 인도기일로부터 통상 30일 이후로 하고 인도 지연이 30일 이상인 경우 일당 US$ 금액으로 계약대금에서 공제한다. 그럼에도 불구하고 인도 지연이 일정 기간(통상 인도기일로부터 210일, 최초 30일 포함)을 초과하면 발주자는 선택에 따라 선박건조계약을 해제할 수 있다(SAJ 표준건조계약서 제3조 제1항, BIMCO 표준건조계약서(Part 2) 제13조). 그러나 당사자 간 합의에 의해 이 기간은 단축되거나 연장될 수 있음은 물론이다.

(2) 완성된 선박이 계약의 사양서와 일치하지 않는 경우

통상 사양서에 기재된 선속 대비 0.3 knots 이상 미달 시부터 0.1 knots 당 US$ 금액으로 계약대금에서 공제하며, 기준 선속 대비 1.0 knot 이상 미달 시에는 허용 한도를 초과하는 것으로 보아 발주자는 선택에 따라 선박건조계약을 해제할 수 있다(SAJ 표준건조계약서 제3조 제2항). 연료소모량의 경우 SAJ 선박건조계약서에서는 그 수치를 명시적으로 기재하지 아니하지만(SAJ 표준건조계약서 제3조 제3항), 통상 사양서에 기재된 기준 연료소모량 대비 3% 이상 미달 시부터 1%당 US$ 금액으로 계약대금에서 공제하며, 기준 연료소모량 대비 10% 이상 미달 시에는 발주자는 선택에 따라 선박건조계약을 해제할 수 있도록 하고 있다. 재화총중량톤수의 경우에도 SAJ 표준건조계약서에서 명시적으로 그 수치를 기재하지 아니하지만, 당사자 합의로 미달된 재화총중량톤수에 대해 일정 수준부터 계약대금을 조정하는데 통상 사양서에 기재된 기준 재화중량총톤수의 2% 내지 3% 이상 미달 시부터 Metric

---

37) 김인현, 전게논문(주1), 167면.

Ton당 US$ 금액으로 계약대금에서 공제하는 것이 실무이다. 그러나 역시 일정 수준 이상을 미달하면 발주자는 선박건조계약을 해제할 수 있다(SAJ 표준건조계약서 제3조 제4항). 컨테이너전용선의 경우 재화중량총톤수보다 적재 가능 컨테이너 수가 중요하므로 사양서에 기재된 적재 가능 컨테이너 수를 기준으로 계약대금에서 공제하고 일정 수준 이상 미달인 경우 발주자가 선박건조계약을 해제하는 것을 추가할 수도 있다.

5. 불가항력

1) 의의

불가항력(Force Majeure)이란 계약에 있어 어느 일방 당사자의 통제 영역을 넘어 그 당사자의 계약 이행에 영향을 미치는 사건 또는 사정을 말한다.[38] 불가항력을 구성하는 사건 또는 사정은 매우 광범위하므로, 개별 계약에서 구체적으로 열거하고 있으며 선박건조계약의 경우에도 예외는 아니다.[39]

불가항력은 그에 의해 영향을 받는 당사자의 과실이 없을 것을 요구하므로, 불가항력의 구체적 사건 또는 사정은 당사자의 과실 없음을 전제로 하는, 이른바 동종제한의 원칙(Ejusdem generis)에 의해 제한된다.[40] 즉, 계약의 이행에 영향을 주는 어떤 사정이 불가항력을 주장하는 당사자의 과실로 인해 발생하였다면 그는 불가항력을 주장할 수 없다.[41]

한편, 불가항력을 주장하는 자는 불가항력의 발생과 그로 인해 자신의 계약상 의무 이행이 영향을 받거나 이행 불능임을 증명해야 한다.[42] 불가항력이 인정되면 불가항력을 원용하는 자에게 계약 위반의 책임을 물을 수 없지만, 그럼에도 불구하고

---

38) Jonathan Law and Elizabeth A. Martin, *A Dictionary of Law*, Oxford University Press, 2013, 236.

39) SAJ 표준건조계약서 제8조 제1항에서는 불가항력의 구체적 사건 또는 사정으로 act of God, act of princes or rulers, requirements of government authorities, war or other hostilities or preparations therefor, blockade, revolution, insurrections, mobilisation, civil war, civil commotion or riots, vandalism, sabotages, strikes, lockouts or other labor disturbances 등을 열거하고 있다.

40) Simon Curtis, *supra* note 6, at 149.

41) Lebeaupin v. Richard Crispin [1920] 2 KB.

42) Ascon Contracting Ltd v. Alfred Mcalpine Construction Isle of Man Ltd (1999) 66 Con. L.R. 119.

의무 이행을 계속적으로 면제하는 것은 타방 당사자에게 불합리하기 때문에 궁극적으로는 타방 당사자에게 계약을 해제할 수 있는 권리가 부여된다.[43)]

2) 효과

선박건조계약에서는 불가항력이 발생하면 조선소는 선박건조 일정을 지연할 수밖에 없으므로, 필연적으로 약정한 인도기일을 넘어 선박을 인도할 수밖에 없다. 이러한 취지에서 통상의 선박건조계약에서는 불가항력으로 인한 인도 지연을 이른바 허용 가능한 인도 지연(permissible delay)으로 표현한다(SAJ 표준건조계약서 제8조 제3항, BIMCO 표준건조계약서 정의조항). 그런데 허용 가능한 인도 지연은 조선소의 과실 없는 인도 지연이므로 계약대금의 조정을 야기하는 인도 지연과 구분된다.[44)]

허용 가능한 인도 지연이 발생하면 조선소는 발생일로부터 10일 이내에 발주자에게 인도 지연의 발생 날짜를 통지하고(SAJ 표준건조계약서 제8조 제2항 제1문), 인도 지연이 종료되면 종료일로부터 10일 이내에 인도 지연의 종료 날짜를 통지해야 한다(SAJ 표준건조계약서 제8조 제2항 제2문). 또한, 조선소는 연기된 인도기일을 결정하여 최대한 신속하게 발주자에게 통지해야 한다(SAJ 표준건조계약서 제8조 제2항 제3문). 조선소가 이러한 통지를 하지 않는 경우 어떠한 효과가 발생하는지에 관해 SAJ 표준계약서상 명문의 조항이 없어 분명하지 아니하나, 위와 같은 취지의 조항이 존재하는 이유를 고려한다면 조선소가 만약 SAJ 표준계약서 제8조에 따른 통지를 하지 않는 경우 발주자에게 불가항력에 따른 인도기일의 연장을 주장할 수 없다고 본다.[45)] 이러한 취지에서 BIMCO 표준건조계약서(Part 2) 제34조에서는 명시적으로 조선소의 통지가 연기된 인도기일의 효과를 발생시키는 전제 조건임을 분명히 하고 있다.

한편, 발주자가 조선소의 통지에 대해 접수일로부터 10일 이내에 어떠한 의사를 표명하지 아니하면 발주자는 연기된 인도기일을 인정한 것으로 간주된다(SAJ 표준건조계약서 제8조 제2항 제4문). 그럼에도 불구하고 허용 가능한 인도 지연이 일정 기간(통상 인도기일로부터 210일)을 초과하면 발주자는 역시 선택에 의해 선박건조계약을 해제할 수 있다(SAJ 표준건조계약서 제8조 제4항).

---

43) Simon Curtis, *supra* note 6, at 148.
44) 김인현, 전게논문(주1), 178면.
45) Simon Curtis, *supra* note 6, at 165.

불가항력으로 인도기일이 연기되었다 하더라도 그 후 조선소의 과실로 인도 지연이 추가로 발생한다면 이는 계약대금 조정이 가능한 인도 지연이므로 조선소와 발주자는 계약대금을 조정할 수 있다. 그러나 일부 선박건조계약에서는 허용 가능한 인도 지연과 계약대금의 조정이 인정되는 인도 지연을 더하여 인도 지연이 일정 기간을 넘어서면(예를 들어, 인도기일로부터 270일) 발주자가 선박건조계약을 해제할 수 있도록 규정하기도 한다.46)

Ⅳ. 선박금융계약상 금융기관의 보호 수단

1. 선박금융계약의 특성

상기에서는 선박건조계약과 관련하여 발주자와 조선소가 상호 이해관계를 조정하는 방안을 살펴보았다. 그러나 선박건조에 대해 이해관계를 가지는 것은 비단 발주자뿐만이 아니다. 즉, 선박건조를 위해 선박금융을 제공한 금융기관의 입장에서는 선박건조 중에 발생할 수 있는 제문제에 대해 깊은 이해를 가지고 있으며 더 나아가, 비록 선박이 완성되기 전이라도 제공된 선박금융에 대한 담보를 확보할 필요가 있다. 또한, 선박이 완성되어 인도된 후에도 금융기관은 선박금융이 완전히 상환될 때까지 계속적으로 담보를 확보해야 한다. 따라서 선박금융계약은 기본적으로 금융기관의 이익을 보호하는 것을 목적으로 한다. 이하에서는 먼저 선박금융계약의 주요 내용을 간략히 살펴 본 후 선박 인도 전과 선박 인도 후로 나누어 금융기관의 보호 수단을 상세히 검토하기로 한다.

2. 선박금융계약의 개요

1) 선박금융의 제공 및 상환

선박금융계약에서는 대출액이 명기되는데 통상적으로 제1차 선수금은 해상기업의 자기 부담으로 하고 제2차, 제3차, 제4차 및 제5차 선수금을 대출액으로 한다. 대출액 상환 및 이자 지급 시기는 월별로 하되, 국적취득조건부 선체용선계약상 해상기업이 특수목적회사에 지급하는 용선료의 금원 및 지급 시기와 연동하는 것이 실무이다.

---

46) 김연신, 전게서(주15), 134-135면.

2) 금융기관의 보호

선박이 인도되기 전에 선박금융계약에 부속된 경개계약에 의해 발주자인 해상기업의 선박건조계약상 지위가 특수목적회사로 이전된다는 것은 전술하였다. 선박건조계약상 발주자의 지위가 특수목적회사로 이전되면 금융기관은 선박금융계약에 따라 특수목적회사를 위하여 통상적으로 제2차 이후의 선수금을 지급해야 하는 의무를 부담하는 한편, 제공된 선수금 즉, 선박금융에 대한 담보도 확보해야 한다. 이를 위해 특수목적회사는 선박건조계약상의 권리 및 선수금환급보증상의 권리를 금융기관에 양도해야 하는데, 이를 실무적으로 선박의 인도 전 담보 패키지(Pre-delivery Security Package)라 한다. 선박건조계약상의 권리 양도 및 선수금환급보증상의 권리 양도에 관한 상세 내용은 선박금융계약의 또 다른 부속계약인 선박 인도 전 권리양도계약에 의해 구체화된다.

한편, 선박이 완성되어 특수목적회사에 인도되면 특수목적회사는 편의치적 국가에 선박을 등록하고 선박에 대한 소유권을 등기하면서 그와 동시에 금융기관을 저당권자로 하여 동 선박에 저당권을 설정해야 한다. 또한, 선박보험 및 선주책임상호보험상의 보험금 청구권에 대해서도 금융기관을 질권자로 하여 질권을 설정해야 한다. 그리고 특수목적회사는 국적취득조건부 선체용선계약상의 용선료에 대해 해상기업 및 금융기관과 용선료 양도 계약을 체결하여 특수목적회사가 해상기업에 대해 가지는 용선료채권을 금융기관에 양도해야 하며, 해상기업이 용선료를 지급하지 않는 경우를 대비하여 해상기업은 금융기관이 지정한 은행에 자기 명의의 계좌(이른바, 용선료 유보계좌, Charter Hire Reserve Account)를 개설하고[47] 동 계좌에 일정 금액을 입금한 후 금융기관을 질권자로 하여 질권을 설정해야 한다. 이 밖에도 최근에는 해상기업이 금융기관을 피보험자로 하여 선박저당권자이익보험(Mortgage Interests Insurance)에 가입해야 한다는 조항이 선박금융계약에 나타난다. 이러한 금융기관의 선박 인도 후 담보 장치를 일컬어 실무적으로 선박의 인도 후 담보 패키지(Post-delivery Security Package)라 한다.

한편, 선박중개인이 평가한 선박의 시장 가액이 대출금의 일정 비율 이하가 된

47) 이를 용선료 담보부 계좌라 하기도 한다. 정선철, "선박금융상 담보제도와 채권회수에 관한 법적 소고", 「한국해법학회지」, 제34권 제2호(2012. 11), 216면.

경우 금융기관은 이른바 담보대출비율 조항(Loan to Value Clause)을 통해 특수목적회사 또는 해상기업이 추가 담보 제공 또는 대출금의 일정비율을 조기 상환할 것을 요구할 수 있다. 아울러, 금융기관은 해상기업의 특수목적회사에 대한 채권과 선박의 운항과 관련하여 선박관리회사가 존재하는 경우 선박관리회사의 특수목적회사에 대한 채권을 대출 잔액의 범위 내에서 대출채권에 대한 후순위로 설정한다.

3) 채무불이행

선박금융계약에서는 채무불이행 사유를 규정하고 있는데, 대표적으로 ① 대출금 상환에 대한 채무불이행, ② 선박보험 등 선박금융계약상 요구되는 필수 보험을 유지하지 못하는 경우, ③ 일정한 약속의 위반(예를 들어, 특수목적회사가 독립적 법인격을 상실하거나 또는 특수목적회사가 대상 선박의 운영 외에 다른 사업을 하는 경우 등), ④ 선박의 억류 또는 압류가 일정 기간 내 해지되지 못하는 경우, ⑤ 특수목적회사 또는 해상기업의 파산이 발생한 경우, ⑥ 특수목적회사 또는 해상기업의 중대한 재정 악화가 발생한 경우, ⑦ 국적취득조건부 선체용선계약이 해지된 경우 등이다. 이러한 채무불이행이 발생하면 일정한 요건 하에서 대출금액에 대한 변제기는 즉시 도래하게 된다.

이 밖에도 경우에 따라 연쇄지급불능조항(Cross Default Clause)이 선박금융계약에 포함되는 경우도 있는데, 연쇄지급불능조항이란 해상기업이 파산하거나 해상기업에 중대한 재정 악화가 발생한 경우가 아니더라도 해상기업이 체결한 다른 금융계약상 채무불이행이 발생하면 당해 선박금융계약에서도 채무불이행이 발생한 것으로 보아 변제기가 도래한다는 조항이다. 연쇄지급불능조항은 해상기업의 기업 신용이 높지 않은 경우 자주 사용된다.

3. 선박 인도 전 금융기관의 보호 수단

1) 선박건조계약상의 권리 양도

특수목적회사는 선박건조계약상의 권리를 민법상 지명채권의 양도(민법 제450조) 방식으로 금융기관에 양도해야 한다. 즉, 특수목적회사는 확정일자 있는 통지로 조선소에게 권리양도를 통보해야 하며(실무적으로 특수목적회사와 해상기업이 동시에 통보한다), 조선소는 이를 승낙해야 한다. 그러나 선박건조계약상의 권리 양도는 무조건인 권리 양도가 아니고, 특수목적회사는 여전히 선박건조계약상의 권리를 보유하되 선박금융계약상의 채무불이행 사유가 발생한 경우에 한해 특수목적회사의 선박건조계약상 권리가 자동적으로 금융기관에 이전되는 이른바 조건부 권리 양도이다.48) 한편, 조선소가 완성된 선박을 특수목적회사에 인도하게 되면 선박건조계약은 종료되므로 선박건조계약상의 권리 양도는 그 효력을 상실한다.

2) 선수금환급보증상의 권리 양도

경개계약에 의해 선박건조계약의 당사자가 변경되기 전에 선박건조계약의 당사자는 해상기업이므로 보증인은 발주자인 해상기업을 수익자로 하여 선수금환급보증을 발행한다. 그러나 경개계약에 의해 선박건조계약의 당사자가 특수목적회사로 변경되면 해상기업은 위 민법상 지명채권의 양도 방식으로 선수금환급보증의 수익자가 해상기업으로부터 특수목적회사로 변경되었음을 보증인에게 통지하고 보증인은 이를 승낙해야 한다.

이에 특수목적회사와 금융기관은 선박 인도 전 권리양도계약에 의해 선수금환급보증상의 권리를 특수목적회사로부터 금융기관에 양도할 것을 합의하고 특수목적회사는 보증인에게 다시 민법상 지명채권의 양도 방식으로 통지를 해야 하며 보증인은 이를 승낙해야 한다. 그러나 이 경우에도 선박건조계약상의 권리 양도와 마찬가지로 선박금융계약상 채무불이행이 발생하지 아니한다면 특수목적회사는 경개계약에 의해 선수금환급보증의 수익자로서 여전히 선수금반환청구권을 보유한다. 한편, 조선소가 선박을 완성하여 특수목적회사에 인도하게 되면 선수금환급보증의 효력은 소멸되므로 선수금환급보증상의 권리 양도 역시 효력을 상실한다.

---

48) 이에 대해 특수목적회사가 선박건조계약상 발주자의 지위를 양도담보로 제공한다는 견해가 있다(정대, 전게논문(주5), 566면). 그런데 전술한 바와 같이 발주자의 지위는 경개계약을 통해 특수목적회사로 이전되는 것이고 선박 인도 전 권리양도계약에 의해 금융기관은 일정 요건 하에서 특수목적회사가 선박건조계약상 향유할 수 있는 권리를 양도받는 것에 불과하다. 따라서 금융기관이 발주자의 지위를 이전받는다고 한다면 금융기관이 선박건조계약의 특수목적회사가 가지는 의무를 대위하여 부담하게 되므로 금융기관이 선박건조계약상 발주자 지위를 양도담보로 제공한다고 보기는 어려워 보인다. 예를 들어, 실무적으로 금융기관은 제1차 선수금 이후의 선수금을 조선소에게 직접 지급하는데 그렇다고 하여 금융기관이 계약 당사자의 지위에서 선수금을 지급하는 것이라고 볼 수 없고 오히려 발주자를 위하여 지급한다고 볼 수 있다. 또한, 금융기관은 선박건조와 관련하여 어떠한 의무나 위험을 부담하려 하지 아니하므로(정우영, 전게논문(주4), 95면), 발주자의 지위를 양도담보로 제공하였다고 보기 어려워 보인다.

4. 선박 인도 후 금융기관의 보호 수단

1) 선박저당권

선박저당권은 등기된 선박을 목적으로 당사자 간의 합의에 따라 설정하는 해상법상의 특수한 저당권이다.49) 동산인 선박을 담보로 하여 선박금융을 얻기 위해서는 원래 질권을 설정해야 하나, 질권을 설정하는 경우 금융기관에 선박의 점유를 이전해야 하므로 해상기업이 대상 선박을 이용하여 영리활동을 하는 것은 불가능하다.50) 따라서 일정한 규모의 선박은 부동산과 같이 등기되는 점에 착안하여 선박저당권이 인정되는데, 선박저당권은 선박의 점유를 이전하지 아니하고도 선박금융을 얻을 수 있다는 측면에서 금융기관의 선박금융 담보 수단으로 널리 활용된다.

선박저당권은 저당권의 일종이므로 민법상 저당권에 관한 규정이 준용된다(상법 제787조 제3항). 따라서 저당권 설정 합의와 설정 등기가 있으면 저당권이 성립하며,51) 저당권의 이전, 소멸, 효력 및 순위 등에 대해서는 민법상의 저당권에 관한 규정이 유추 적용된다.52) 선박저당권의 등기는 일반 등기 절차와 구분되는 선박등기법에 따라 이루어진다. 그럼에도 불구하고 선박의 운항과 관련하여 선박우선특권이 발생하면 선박우선특권자는 저당권자에 대해 우선적 효력을 주장할 수 있다(상법 제777조 제2항).

그런데 국제사법 제60조 제1호에 의하면 선박의 저당권에 관한 사항은 선적국(船籍國)의 법에 의하는바, 선박금융이 제공된 선박의 경우 선적국이 편의치적 국가이므로 선박저당권의 준거법은 편의치적 국가의 법이 된다.53) 이와 관련하여 대표적인 편의치적 국가인 파나마를 중심으로 선박저당권의 설정 및 그 효력에 대해 간단히 일별하면, 우선 조선소가 선박을 특수목적회사에 인도하기 전에 당해 선박은 파나마 선적을 임시로 취득하고(가국적증서의 발행), 조선소가 완성된 선박을 특수목적회사에 인도하면 그와 동시에 특수목적회사는 파나마에 소유권등기를 하여야 한다. 그런데

---

49) 김인현, 전게서(주2), 454면; 이균성, 신해상법대계, 한국해양수산개발원, 2010, 167면; 최종현, 해상법상론, 박영사, 2015, 218면.
50) 최종현, 전게서(주51), 218면.
51) 김인현, 전게서(주2), 454면.
52) 최종현, 전게서(주51), 218면.
53) 정대, 전게논문(주5), 568-569면.

정식 선박 국적증서가 발급되기 전까지 저당권 등기를 위한 시간이 걸리므로 특수목적회사와 금융기관은 저당권설정계약서에 서명하고 동 저당권설정계약서는 선박금융계약서, 선박매매증서 및 선박매매확인서와 함께 국내 공증 및 파나마 대사관 영사 인증을 거쳐 파나마 해운국 소속 공공 등기소(Public Registry of Title and Encumbrances of Panama Maritime Authority)에 송부된다. 동 등기소에서는 송부된 서류들을 검토한 후 저당권 임시 등기 증명서를 발급하고 이후 정식 선박 국적증서가 발급되면 저당권설정 임시 등기는 본등기로 전환된다(통상 임시 증명서 발급 이후 30일 이내). 한편, 파나마 상법 제244조에 의하면 선박저당권은 표면적으로 선박우선특권보다 열후하지만 그 실질에 있어 선박저당권의 효력이 우선하므로 우리나라 상법과 비교하여 시사점이 크다. 즉, 다음의 선박우선특권의 대상채권들, 구체적으로 ① 해사채권자들의 공동이익을 위해 발생된 법률비용, ② 마지막 항차에 발생한 원조 및 구조에 대한 비용, 배상금 및 임금 및 ③ 마지막 항차에 선장과 선원들에게 지급되어야 할 임금, 지불금 및 배상금은 선박저당권보다 우선하지만 해사채권자들의 해사채권[54] 그 자체는 선박저당권보다 열후하고[55] 마지막 항차에 발생한 선원 임금채권에 한하여 선박저당권보다 우선하므로,[56] 파나마 상법상 실질적으로 선박저당권보다 우선하는 선박우선특권의 대상채권의 범위는 우리나라 상법상 선박우선특권의 대상채권의 범위보다 협소하다. 결국 금융기관의 입장에서는 파나마에 선박의 소유권을 등기하고 그에 기해 선박저당권을 설정하는 것이 우리나라보다 선박저당권을 더 보호받을 수 있어 유리한 측면이 있다.

---

54) 해사채권(maritime claim)이란 우리나라에 없는 개념으로서 1999년 선박 어레스트에 관한 국제협약(International Convention on Arrest of Ships, 1999)상 선박 어레스트(arrest)가 가능한 일련의 채권을 말한다. 동 협약에서는 22개의 해사채권을 규정하고 있다.

55) 우리나라 상법상 해사채권의 개념은 존재하지 아니하지만 선박우선특권의 실행이 일종의 대물소송의 성격을 가지고 있다고 본다면 상법 제777조상 선박우선특권의 대상채권은 해사채권과 유사하다고 볼 수 있다.

56) 이와 관련하여 대법원 2014. 7. 24. 선고 2013다34839 판결에서는 "선원의 임금채권을 근거로 하는 선박우선특권의 성립 여부나 선박우선특권과 선박저당권 사이의 우선순위를 정하는 준거법은 국제사법 제60조 제1항 및 제2항에 따라 원칙적으로 선적국법(파나마법)이라고 할 것이나, 선박이 편의치적이 되어 있어 그 선적만이 선적국과 유일한 관련이 있을 뿐이고, 실질적인 선박 소유자나 선박 운영회사의 국적과 주된 영업활동장소, 선박의 주된 항해지와 근거지, 선원들의 국적, 선원들의 근로계약에 적용하기로 한 법률, 선박저당권의 피담보채권을 성립시키는 법률행위가 이루어진 장소 및 그에 대하여 적용되는 법률, 선박경매절차가 진행되는 법원이나 경매절차에 참가한 이해관계인 등은 선적국이 아닌 다른 특정 국가와 밀접한 관련이 있어 앞서 본 법률관계와 가장 밀접한 관련이 있는 다른 국가의 법이 명백히 존재하는 경우에는 그 다른 국가의 법을 준거법으로 보아야 할 것이다."하면서 선박우선특권으로서의 선원 임금채권에 대한 준거법으로서 우리나라 상법을 적용하였다.

2) 보험금 청구권에 대한 질권 설정

선박보험은 선박보험약관상 부보위험으로 근인(近因)하여 발생한 선박의 멸실 또는 훼손으로 인해 피보험자인 선박소유자가 입는 손해를 보상하는 해상보험이다. 한편, 선주책임상호보험은 선박의 운항과 관련하여 발생하는 각종 배상책임으로 인해 선박소유자가 입게 되는 손해를 보상하는 해상보험이다. 그런데 금융기관의 입장에서는 선박이 운항 중 멸실·훼손되거나 또는 막대한 배상책임을 부담하게 되면 선박의 담보 가치가 상실 또는 감소되므로 선박보험 및 선주책임상호보험상의 보험금 청구권에 질권을 설정하여 만약의 사태에 보험금으로부터 대출 잔액을 상환시킬 필요가 있다.

한편, 국적취득조건부 선체용선계약에 의하면 선체용선자로서 해상기업은 자신의 비용으로 선박소유자인 특수목적회사를 피보험자로 하여 선박보험 및 선주책임상호보험에 가입할 의무를 부담하게 되는바, 보험금 청구권을 행사할 수 있는 자는 원칙적으로 피보험자의 지위에 있는 특수목적회사이다.

그러나 특수목적회사는 금융기관을 질권자로 하여 자신의 보험금 청구권에 질권을 설정해야 한다.[57] 보험금 청구권은 양도 가능한 채권이므로[58] 보험금 청구권에 관한 질권 설정의 통지는 채권양도의 방법에 의한다(민법 제346조). 또한, 보험금 청구권은 채권자가 피보험자로 특정된다는 점에서 지명채권이므로 보험금 청구권에 관한 질권 설정의 통지는 지명채권 양도의 방식에 의한다(민법 제349조). 마지막으로 보험금 청구권과 같은 채권에 대한 질권의 경우 채권증서가 있으면 이를 질권자에게 교부하여야 그 효력이 발생하므로(민법 제347조), 보험증권은 금융기관에 교부되어야 한다. 따라서 보험증권이 금융기관에 교부되지 아니한 경우 채권증서의 교부가 없으므로 채권질권이 성립되었다고 볼 수 없으나, 지명채권의 양도 방식에 의한 권리 양도로서 보험금 청구권에 대한 양도가 이루어졌다고 해석하는 것이 가능하다.

그럼에도 불구하고 보험금 청구권에 대한 무조건적인 질권 설정 내지 권리 양도

---

57) 통상 보험양도계약(Insurance Assignment Agreement)로 칭해지나 그 실질은 질권 설정의 합의계약에 다름 아니다.

58) 채권의 양도 가능성에 대해서는 채권의 준거법에 의하므로(국제사법 제34조 제1항 단서), 보험금 청구권의 준거법은 통상 선박보험약관 및 선주책임상호보험조합약관의 준거법인 영국법이 된다. 영국법상 보험금 청구권의 양도가능성에 대해서는 우리나라와 마찬가지로 이론의 여지가 없다.

가 이루어지는 것은 아니고, 해상기업과 특수목적회사는 보험자에게 일정한 금액을 초과하는 보험사고가 발생한 경우에 한해 금융기관에게 보험금을 지급할 것을 통지하고 보험자는 이에 대한 승낙으로서 이행각서(Letter of Undertaking)를 발행하면서 동 요청 사항이 포함된 조항(이른바 Loss Payable and Notice of Cancellation Clause)을 보험증권에 삽입하는 것이 실무이므로, 보험금 청구권에 대한 질권 설정 내지 보험금 청구권의 양도는 조건부이다.

3) 용선료 유보 계좌에 대한 질권 설정

금융기관이 제공한 선박금융은 용선료채권에 관한 양도계약에 따라 금융기관이 직접 해상기업으로부터 용선료를 수취함으로써 상환된다. 그런데 해상기업이 만약 용선료를 납부하지 않는 경우 상환 일정에 차질이 발생할 수밖에 없으므로 금융기관 입장에서는 별도의 보호 장치가 필요하다. 이를 위해 해상기업은 금융기관이 지정한 은행에 자기 명의의 계좌를 개설하고(용선료 유보 계좌) 동 계좌에 대해 금융기관을 질권자로 하여 질권을 설정해야 한다. 용선료 유보 계좌에 질권이 설정되면 해상기업이 용선료를 미지급할 경우 금융기관은 동 계좌로부터 해상기업이 미리 입금한 일정 금원을 수취함으로써 용선료 미지급으로 인한 금융기관의 손해를 보전하게 된다.

그런데 이러한 용선료 유보 계좌는 주로 컨테이너 선박의 선박금융에서 나타난다. 왜냐하면, 컨테이너 선단을 운항하는 해상기업의 경우 송하인의 편의를 위해 자신이 운항하는 모든 선박과 관련하여 획득한 운임을 일괄적으로 수령할 수 있는 통합 계좌를 운영하는바, 금융기관이 만약 당해 통합 계좌에 질권을 설정한다면 이는 다른 선박에 선박금융을 제공한 제3의 금융기관과 형평성의 문제 내지 이해 충돌의 문제가 있기 때문이다. 따라서 금융기관의 입장에서는 통합 운임 계좌와 별도로 용선료 유보 계좌에 질권을 설정함으로써 담보를 확보해야 할 필요성이 존재한다.

반면에, 산적화물의 운송을 목적으로 하는 벌크 선박의 선박금융에서는 해상기업이 통상 특정 화주와 장기운송계약(COA)을 체결하고 그 운송을 실행할 목적으로 선박금융을 일으키게 되므로, 금융기관은 해상기업에 대해 대상 선박의 운항과 관련한 운임을 수령할 수 있는 전용 계좌를 개설할 것을 요구하고 당해 계좌가 개설되면 질권을 설정함으로써 용선료 미납에 따른 담보를 확보할 수 있다.

4) 선박저당권자이익보험

선박금융계약에 의하면 해상기업이 금융기관을 위하여 선박저당권자이익보험을 가입할 것을 요구하는 경우도 있는데, 이 경우 해상기업은 자신의 비용으로 피보험자를 금융기관으로 하여 선박저당권자이익보험에 가입해야 한다(또는 금융기관이 자신을 피보험자로 하여 선박저당권자이익보험에 직접 가입한 뒤에 그 보험료를 해상기업이 보전하도록 할 수도 있다).

여기서 선박저당권자이익보험이란 선박의 멸실 또는 훼손이 발생한 경우 선박보험자로부터 특수목적회사가 보험금을 수령하지 못함으로써 발생하는 금융기관의 손해를 보상하는 보험이다. 선박보험자로부터 보험금을 수령하지 못하는 경우란 선박보험 약관상 부보 위험에 근인하지 아니한 손해가 선박에 발생한 경우, 고의적 불법행위(willful misconduct) 등 선박보험자의 면책 사유가 존재하는 경우 및 워런티(warranty) 위반이 존재하는 경우 등이다.[59] 이러한 경우 금융기관은 선박보험으로부터 보험금을 수령하지 못하더라도 선박저당권자이익보험으로 대출 잔액에 해당하는 보험금을 수령할 수 있는 안전장치를 확보할 수 있게 된다. 따라서 선박저당권자이익보험은 금융기관 입장에서 매우 중요한 보험이다.

선박저당권자이익보험은 실무적으로 최초에는 총 대출액의 120~130%를 보험가액으로 하나 매년 선박금융의 원리금이 상환되면서 보험가액은 점점 감액된다.

V. 결언

현재 우리나라의 경우 비록 해운업과 조선업이 어려움에 처해 있으나 전통적으로 해운업과 조선업은 국민경제에 있어 없어서는 안 될 중요한 산업이라는 것은 주지의 사실이다. 특히, 해운업의 물적 기초를 이루는 선박과 관련하여 선박건조계약 및 선박금융계약의 각 당사자 즉, 특수목적회사, 해상기업, 조선소 및 금융기관은 서로 유기적으로 복잡하게 연결되어 있어 상호 다양한 법률 분쟁이 야기될 소지가 있다. 그럼에도 불구하고 우리나라는 주변 국가인 중국이나 일본에 비해서도 아직 선박건조 및 선박금융에 관해 법적 연구가 부족한 상황으로 보인다.

---

59) Institute Mortagees Interest Clauses(Hull) 제6조.

이러한 문제점을 염두하고 본 연구에서는 선박건조계약 및 선박금융계약을 별도의 계약으로 취급하여 독자적으로 분석하기보다 상호 유기적으로 연결된 일종의 선박 프로젝트 금융으로서 이해하였다. 그리고 선박건조계약과 관련하여서는 준거법에 따른 선박의 소유권 귀속 문제, 건조보험 조항, 선수금환급보증, 계약대금의 조정 및 불가항력에 대해 살펴보고, 선박금융계약과 관련하여서는 선박 인도 전 금융기관의 보호 수단으로 선박건조계약상의 권리 양도 및 선수금환급보증상의 권리 양도를 설명하고 선박 인도 후 금융기관의 보호 수단으로 선박저당권, 보험금 청구권 및 용선료 유보 계좌에 대한 질권 설정, 선박저당권자이익보험을 설명하였다.

물론, 선박 프로젝트 금융을 이루는 선박건조계약과 선박금융계약 그리고 건조보험계약, 선수금환급보증 및 기타 다양한 부속 계약들은 철저히 당사자 자치의 원칙에 입각하여 각 당사자들이 스스로 권리와 의무를 자율적으로 규율해야 하는 것이 원칙이나, 어느 당사자가 경제적 우위를 바탕으로 타방 당사자에게 일방적 지위를 강요한다면 이는 장기적으로 특정 산업의 비정상적 위축을 가져오게 될 것이므로 법이 개입할 필요성이 제기된다. 이러한 측면에서 선수금환급보증과 관련하여 대법원이 추상성 및 무인성의 원칙을 승인하면서도 권리 남용 제한의 법리를 도입한 것은 좋은 사례로 평가된다. 따라서 향후 선박 프로젝트 금융과 관련하여 법학이 추구하는 주된 연구 방향은 우선 선박 프로젝트 금융을 전체적인 틀에서 이해하면서 각 개별 계약에 따른 당사자의 이해관계를 우리 법상으로 합리적으로 조정하는 방안을 모색하는 데 주안점을 두어야 한다. 이러한 연구를 통해 선박 프로젝트 금융의 법제가 선진화되면 국내 해운업, 조선업 및 금융업의 균형 있는 발전을 촉진할 수 있을 뿐만 아니라, 국외에서도 한국법을 준거법으로 하는 선박 프로젝트 금융도 활성화될 수 있다고 본다.

제2부

선박건조편

제 1 장

선박건조 표준계약서(SAJ)에 대한 연구*

김인현 고려대학교 법학전문대학원 교수

Ⅰ. 서론

선박은 해상기업의 물적 조직의 하나이다. 해상기업은 선박을 소유하거나 이용하여 용선이나 운송과 같은 영리활동에 종사하게 됨으로써 상법의 적용대상이 된다. 선박을 이용하지 않는 상인들은 해상법의 적용을 받지 않기 때문에 선박이 갖는 해상법상의 의미는 중요하다. 이러한 선박은 그 선박자체의 일생을 두고 볼 때, 건조라는 과정을 거쳐서 선박소유자에게 인도되어 20년 내지 30년 동안 사용되고 다시 폐선되는 절차를 거치게 된다.

한편, 상법 해상편은 기 완성된 선박을 이용하는 용선과 운송에 초점이 맞추어져 있기 때문에 선박의 탄생을 가져오는 선박건조계약이라던가 선박의 매매 그리고 폐선처리와 같은 부분에 대하여는 다루지 않고 있다. 그러나 건조자인 조선소와 발주자인 선박소유자 사이의 계약은 상인간의 거래행위이고 이는 상법 제46조의 기본적 상행위의 동산의 매매(제1호), 제조행위(제3호) 혹은 작업 또는 노무의 도급의 인수(제5호)에 해당할 것이다. 이는 해상기업의 활동의 하나인 용선계약이나 운송계약에는 속하지 않는다.

---

* 본 논문은 제3회 선박건조·금융법 연구회(2012. 5. 11)에서 발표한 내용으로서 한국해법학회지 제34권 제2호(2012. 11) 151면 이하에 실린 글이다.

우리 상법이나 민법에는 선박건조계약에 대한 명문의 규정을 두고 있지 않고, 법률관계는 표준계약서에 의하여 처리되고 있다. 이들 표준계약의 내용은 당사자의 약정으로서 법적 효력을 가지기 때문에 선박건조계약의 당사자에게는 매우 중요하다. 그럼에도 불구하고 우리나라는 표준계약서에 대한 연구는 부족한 편이다. 이에 필자는 현재 실무에서 많이 사용되는 선박건조표준계약서 전체에 대한 소개와 개선점 등을 연구하게 되었다.

Ⅱ. 선박건조계약관련 일반론

1. 법적 성질

영국에서는 선박건조계약을 매매계약으로 본다. 영국의 법원에서는 전통적으로 선박건조계약을 단순한 매매계약으로 보았지만,[1] 최근에는 설계를 하고 선박을 완공한 다음 선박을 인도하는 매매로 보아 순수한 매매의 성격을 넘어서는 것으로 본 판결도 나타났다.[2] 그러나, 계약의 근본적인 성격을 매매계약으로 보는 것에는 변함이 없다. 통상 선박건조계약의 준거법은 영국법으로 약정되어 있기 때문에 영국 매매법이 적용된다. 영국 매매법에 따르면 매매(sale)와 매매약정(agreement to sell)이 있고, 장래에 제작하여 그 제작물(future goods)을 매수인에게 인도하는 계약도 매매의 일종으로 본다.[3] 매매계약 하에서는 매도인으로부터 매수인에게 물건이 양도되는 것이므로, 건조중인 선박은 건조자가 소유권을 가지는 것으로 해석된다.

한편, 이태리, 일본 등은 선박건조계약의 법적성질을 도급계약(contract for work)으로 본다.[4]

이에 대하여 우리나라에서는 다양한 학설이 전개되고 있다. 제작물공급계약을 도급이라고 보기도 하고 물건의 제작은 도급의 성질을, 공급은 매매의 성질을 띠기 때문에 혼합계약이라고 보기도 한다.[5] 재료를 공급한 자에게 소유권이 귀속된다고 하

1) Simon Curtis, The Law of Shipbuilding Contracts, LLP 2002, p.1; McDougall v. Aeromarine of Emsworth Ltd(1958) [1958] 2 Lloyd's Rep. 345.

2) 이 판결에서는 발주자의 귀책사유로 선박건조계약이 취소된 경우에 공정이 진행되지 못하였지만 아직 수령하지 못한 분납금을 건조자가 수령할 권한이 있는지가 문제되었다. 만약, 매매라면 부정되지만 도급계약의 성질을 가지기 때문에 이를 긍정하였다.

3) Curtis, *op. cit.,* p.3. 1979년 영국 매매법 제5조 제1항.

4) Malcolm Clarke(Editored), *Shipbuilding Contracts*, LLP(1992).

는 판례에 따르면 (i) 조선소가 자신의 대금으로 먼저 재료를 공급하여 건조하면 건조자가 소유권을 가진다. (ii) 그러나 재료비에 충당하기 위하여 선수금을 지급받는 경우라면 비록 건조자가 철판 등 재료를 공급하였다고 하더라도 재료는 발주자의 대금으로 구입한 것이기 때문에 발주자가 소유권을 가진다고 볼 여지도 있다. 조선소가 소유권을 가진다는 입장[6]과 발주자가 소유권을 가진다는 입장[7]이 나뉘어져 있다.

2. 계약의 당사자

1) 발주자(선박소유자)

통상 선박소유자가 발주자가 된다. 영미법에서는 물품의 매매로 보기 때문에 발주자는 종국적으로 매수인(buyer)이 된다. 편의치적선을 건조하는 경우에는 진정한 선박소유자는 나용선자 등의 이름으로 전체적인 선박건조관련 계약에 나타나지만 계약상 발주자는 편의치적한 SPC(특수목적회사)가 된다.

2) 건조자

조선소가 건조자가 된다. 영미법에서는 물품의 매매로 보기 때문에 건조자는 매도인(seller)이 된다. 우리나라에는 현대중공업, 현대 미포조선, 현대 삼호조선(구 한라조선), 대우해양조선, 삼성조선, 한진중공업, STX 중공업, 성동조선 등이 있다.

3) 은행 등

은행은 건조계약의 당사자가 아니고 통상 발주자 혹은 건조자를 위한 보증인의 지위로 건조계약과 관련을 맺게 된다. 건조자에게 보증을 하거나 금전을 대여한 경우에는 건조중인 선박에 대한 저당권자가 되기도 한다. 건조자가 발주자에게 반환하여야 하는 선수금에 대한 환급보증(Refund Guarantee)을 제공한 경우에는 은행은 보

5) 배매의 성질도 갖추고 있다면 민법의 매매규정(제3절)이 적용될 것이고, 도급이라고 하면 이것이 적용되지 않고 제9절 도급의 규정이 적용될 것이다.

6) 대법원 1963. 1. 27. 선고 62다743 판결을 취하면 이런 결론에 이른다. 수급인이 재료의 전부 또는 주요부분을 공급한 경우 대법원은 수급인 구속설을 취하였다.

7) 이한무, "건조중인 선박에 관한 몇 가지 법률쟁점의 검토", 한국해법학회지 제33권 제2호(2011.11.), 97면 이하. 이한무 변호사는 대법원이 2005. 11. 25. 선고 2004다36352 판결에서 건물신축도급계약에서 도급계약이라고 하더라도 도급인에게 소유권을 귀속시키기로 합의한 것으로 보여질 경우에는 도급인에게 소유권이 귀속된다고 판시한 점을 근거로 삼고 있다. 대부분의 선박건조계약서에서 명시적이 아니더라도 발주자가 소유자임을 전제로 약정을 하고 있다고 한다. 동지, 김인유, "건조중인 선박에 관한 법률관계", 한국해법학회지 제32권 제1호(2010.4.), 24면 이하.

증인(guarantor)이 된다.

3. 계약의 성립

1) 의사의 합치

일반 다른 계약과 마찬가지로 선박건조계약도 청약(offer)과 승낙(acceptance)이라는 의사의 합치가 있어야 한다. 발주자의 청약이 있었지만 그 청약에 건조자가 대금 등을 증액하여 다시 발주자에게 보냈다면 이는 승낙이 아니라 새로운 청약으로 보아야 하고, 발주자가 이에 동의하는 답신을 보내면 이것이 승낙이 되어 이 때 계약이 성립한 것이 될 것이다.

2) 약인(consideration)

영미법에서는 약인이 없다면 계약을 집행할 수 없다.[8] 쌍방에게 모두 타방에 대가가 지급되지 않으면 계약의 성립을 인정할 수 없다는 것이다. 통상 건조자의 "선박의 건조"라는 행위와 발주자의 "이에 대한 건조대금의 지급"이 서로 약인을 이룬다.

우리 법 하에서도 의사의 합치가 있어야 한다.[9] 우리 법에서는 계약은 반드시 유상이어야 하는 것은 아니므로 무상으로라도 선박건조계약이 성립할 수 있다.

4. 계약 해석

1) 강행규정 및 임의규정과의 관계

선박건조계약상 당사자의 약정내용이 적용되는 법규의 강행규정(compulsory provision)에 위반되어서는 아니 된다. 그러한 약정은 무효가 될 것이다. 그러나 임의규정(default rules)과 다른 약정이 있더라도 그 다른 약정이 우선적으로 적용된다. 당사자의 약정이 없는 경우에는 임의규정이 적용되게 된다.[10]

영국법 하에서 선박건조계약은 물품 매매로 보기 때문에 매매법의 적용을 받게 된다. 그리고 불공정거래법(Unfair Contract Terms Act 1977)이 적용된다.[11] 따라서

8) Farnsworth, Contracts, Aspen(2004), p.48.
9) 곽윤직, 채권각론(박영사, 2007), 35면.
10) 상법 등의 임의규정은 당사자의 약정이 없는 경우에 보충적으로 적용되기 때문에 중요한 기능을 한다. 상법이 적용된다면 당사자가 약정을 하지 않아도 상법의 규정이 적용되므로 당사자들은 굳이 비용과 시간을 들여 동일한 약정을 별도로 체결할 필요가 없는 것이다. 그런 의미에서 상법의 임의규정은 실무의 관행과 일치하면 일치할수록 활용용도가 높아진다.

이 두 법의 강행규정에 위반한 경우에는 무효가 될 것이다.

한편, 우리 법 하에서는 상법 혹은 민법의 규정이 적용될 것이기 때문에 이의 강행규정에 위반되는 약정은 무효가 될 것이고, 당사자의 약정이 없는 경우에는 임의규정이 보충적인 기능을 할 것이다.[12] 선박건조계약 표준서식에 따라 구체적으로 합의한 내용은 더 이상 약관이 아니기 때문에 약관규제에 관한 법률은 적용의 여지가 없다고 생각된다.[13] 우리나라의 건조자와 발주자 사이의 약정에 영국법 준거조항이 있는 경우 국제사법상 강행규정에 위반된다는 판결이 나올 가능성도 있다.[14]

2) 해석의 원칙

일반상사계약과 동일한 원리가 적용되고, 준거법에 따라 정하여진 실질법에 기초하여 계약을 해석하여야 한다. 선박건조계약서에 스탬프 혹은 타이핑된 조항이 있다면 이것이 프린트된 조항보다 우선한다.[15] 애매한 내용은 서면을 작성한 자에게 불리하게 해석되어야 한다(the contra preferentem).[16]

5. 사용되는 표준서식

선박건조에 사용되는 표준서식으로는 (1) SAJ form (2) AWES form (3) Norwegian form (4) MARAD form이 있다. 일본은 물론이고 한국, 대만, 싱가포르에서 널리 사용되는 것은 (1) SAJ 서식이다.

SAJ 서식은 선박건조자에게 유리한 것으로 평가된다.[17] 그러나, 상황에 따라서

---

11) 원칙적으로 국제적 공급계약(청약과 승낙이 다른 국가에서 일어나는 경우로서 국제 선박건조계약이 좋은 예이다)에는 적용되지 않는다(법 제26조). Simon Curtis, *op. cit.*, p.169.

12) 예컨대, 특별한 약정이 없는 경우 건조자의 선수금청구권은 상행위이므로 상법의 적용을 받아 5년의 소멸시효가 적용될 것이다. 단축은 불가하므로 4년의 소멸시효약정을 체결한 경우 이는 무효가 될 것으로 생각된다.

13) 선박계약표준서식은 비록 제3의 중립기관이 작성한 것일지라도 일방이 제시하면 약관에 해당한다. 그러나, 표준서식상의 내용은 협상을 통하여 개별규정이 되므로 합의사항이 약관보다 우선하게 된다(약관규제법 제4조).

14) 석광현, "외국법제로의 과도한 도피와 국제사법적 사고의 빈곤", 법률신문(2011.4.11.), 우리나라에서 보험계약과 관련하여 보험자와 피보험자가 모두 한국인인 경우에 한국법원이 재판관할권을 가지는 경우에 영국준거법의 적용을 배제하는 판결도 나타나고 있다. 대법원 2010. 9. 9. 선고 2009다105383 판결.

15) 이것은 용선계약의 해석에서도 동일하다. 표준서식을 활용하는 계약에서는 모두 적용되는 내용이다. 선하증권과 보험증권 등 부합계약의 경우와 달리 표준서식을 사용하는 용선계약, 선박건조계약, 선박매매계약 등에서는 당사자들이 다른 합의를 하여 표준서식의 내용을 수정하는 것이 가능하다. 이러한 경우에는 수정된 내용이 우선적으로 적용된다는 것이다.

16) 이러한 원칙은 우리나라 [약관의 규제에 관한 법률] 제5조 제2항 및 대법원의 판결로서 인정되고 있다. 대법원 2010. 12. 9. 선고 2009다60305 판결.

당사자들이 각 조항의 내용을 변경하여 사용한다. SAJ 서식은 1974년 일본 조선소 협회(The Shipbuilders' Association of Japan)가 작성한 것이다. AWES 서식은 유럽 조선소 및 수리업자협회(The Association of European Shipbuilders and Ship repairers)가 만든 것으로서 유럽에서 사용되고 있다.

Ⅲ. 선박건조표준계약서(21개 조항) - SAJ

1. 서문(The preamble)

1) 의의

선박건조계약의 개요를 나타낸다. 구체적인 계약내용은 그 다음에 이어져 나오는 계약조항에 의하지만, 계약의 당사자가 구체화되어 있는 점에 큰 의의가 있다.

서문은 두 부분으로 나뉜다. 상단은 (1) 계약체결일 및 (2) 선박건조계약의 양 당사자의 이름과 위치를 특정한다. 하단은 아래의 구체적인 조건에 따라 건조자가 건조하여 매수인에게 매도하고 인도한다(build, launch, equip and complete--- and sell and deliver to the buyer)고 하고, 발주자는 동 선박을 건조자로부터 구매하여 인수하고 대금을 지급하기로 약정한다고 기재된다.

2) 해설 및 쟁점

서문에는 선박건조계약의 당사자인 건조자와 발주자의 명칭이 나타난다. 구체적인 것은 제1조에서부터 시작되는 약정에 의하지만, 제1조에 의하여 특정된 선박을 건조하여 인도하는 건조 및 매매계약을 체결하였음을 서문에서 나타낸다.

서문에 설계상의 하자로 인한 책임을 정하는 경우도 있지만, SAJ 서식의 서문에는 그러한 내용이 없다. 그런데, 문구가 없다고 하더라도 제21조에 의하면 설계비용도 건조자가 청구하도록 되어 있기 때문에 설계상의 하자로 인한 책임은 건조자가 부담하는 것으로 해석된다.[18]

---

17) Curtis, *op. cit.,* p.13.
18) Curtis, *op. cit.,* p.20.

2. 선박의 상세와 선급(제1조, Description and Class)

1) 의의

선박건조계약은 주문한 내용의 선박을 건조하는 것이 대부분이기 때문에 발주자가 원하는 어떠한 형태의 선박을 특정하여 건조하여야 한다. 그렇기 때문에 이에 대한 내용을 제1조에서 상세하게 정하게 된다. 그리고 선박건조는 복잡하고 오랜 공정이 필요하면서도 선박안전법 등의 적용을 받기 때문에 선급협회가 개입하여 공정에 참여하게 되기 때문에 선급협회에 대하여도 규정하게 된다.

2) 해설 및 쟁점

선박을 건조함에 있어서는 어떠한 내용과 특징을 가진 선박을 건조하는지 약정이 되어야 한다. 발주자는 희망하는 선박의 내용을 건조자에게 알리고 이를 기반으로 하는 선박건조에 대한 합의가 이루어져야 한다. 이런 목적을 달성하기 위하여 SAJ 서식에서는 선박의 상세와 선급에 대한 상세한 규정을 두고 있다.

(1) 상세(제1항)

(i) 선박에 건조자 선체 번호가 붙여진다.

(ii) 건조를 함에 있어서는 본 계약의 조항뿐만 아니라 그리고 양 당사자가 서명하여 본 계약의 일부를 이루게 되는 사양서(specifications)와 일반도면(general arrangement)에 따라 선박은 건조되고, 장치되고 완성되어야 한다.

(2) 수치와 특성(제2항)

선박의 길이, 선폭, 깊이, 총톤수, 추진기관, 배수량톤수, 시운전 속도, 연료유소모량이 표시된다. 구체적인 내용은 사양서 등에 따른다. 이러한 내용을 가진 선박을 주문하여 제작하게 된다. 중요한 요소인 배수량톤수, 속력 그리고 연료유 소모량은 건조자가 보증하는 수치이다.[19] 이와 다른 선박이 건조된 경우에는 건조자는 손해배상책임을 부담하게 된다.

---

19) 高山榮也, 標準造船契約書 (英文) 逐條解說, 海事法研究會誌(2005.6), 35面; AWES에서는 운송물적재능력(cargo capacity)도 보증항목이다.

(3) 선급협회와 규정(제3항)

선박은 지정된 선급협회의 규정과 특별한 검사를 받으면서 건조되어야 하고 특정된 기호를 부여받아야 한다. 선박의 안전은 해상보험의 목적상 중요한 의미를 가지기 때문에 가입 선급협회(classification society)를 정하고 그 선급협회의 선급규정에 따라 선박이 건조되어야 한다고 정한다.[20)]

(4) 하도급계약(제4항)

건조자는 자신의 재량과 책임 하에서 건조의 일부분을 제3자에게 하도급할 수 있다. 하도급 가능조항은 건조자에게 매우 유리한 규정의 하나라고 평가받고 있다.[21)]

(5) 등록(제5항)

선박이 인도되고 양수될 때 발주자의 비용으로 특정한 국가의 법에 따라 특정항구에 등록되어야 한다. 등록은 건조자의 책임과 비용이 아님을 정한다.

3. 계약의 가액과 지불조건(제2조, Contract price and terms of payment)

1) 의의

선박건조 계약에서 가액은 계약의 성립에 필요한 중요한 요소의 하나이다. 건조자의 선박건조의 대가(consideration)로서 발주자의 건조대금의 지급에 대한 약정이 존재하지 않는다면 영미법에서는 발주자는 건조자에 대한 계약의 이행을 강제할 수 없다.[22)]

2) 해설 및 쟁점

(1) 계약대금(제1항)

선박건조대금이 얼마라고 정한다.

이 건조대금은 영미법에서는 건조자의 선박건조에 대한 대가를 이루는 것으로 소

---

20) 선박은 등록된 국가의 선박안전법의 적용을 받게 된다. 국가는 통상 자신들이 행하여야 하는 선박검사를 선급협회가 대행하도록 한다.

21) 김연신, 영문 선박건조 계약서 작성실무, 박영사, 2008, 10면.

22) Farnsworth, Contracts, Aspen(2004), p.48.

위 약인(consideration)으로서 기능한다.

건조계약의 체결시에 일정금액이 건조가액으로 확정되었지만 시간의 경과에 따라 건조자는 이의 증액을 요구하는 경우가 있을 수 있다. 이에 대하여는 약인이 없기 때문에 집행할 수 없는 문제와 강박에 의한 취소의 대상이 될 수 있다는 점에 유의하여야 한다.[23] 발주자가 건조자의 제안에 대하여 합의하여 일정금액을 인상하여주었다고 하더라도 건조자가 완전한 선박을 건조할 의무는 이미 계약체결당시에 부과된 것이고 인상분에 대하여 건조자가 어떤 부담 혹은 발주자가 어떤 혜택을 보는 것도 아니라는 결론에 이르면 약인이 없는 것이 되어 계약의 집행(추가분의 수령)이 불가하다.[24]

(2) 화폐단위(제2항)

화폐단위는 일본 엔화로 되어 있지만 변경이 가능하다.

(3) 계약금 지급조건(제3항)

선박건조대금은 건조가 완성된 다음 인도시에 한꺼번에 후불로 지급하거나 아니면 계약체결시에 모두 선금으로 지급하는 것이 아니다. 이는 거액이기 때문에 4번에 나누어서 분할지급하도록 한다.[25] 이것은 건조자로 하여금 선박건조에 소요되는 비용을 어느 정도 확보하게 하면서도 담보로서의 기능을 하기도 한다.

① 제1차 분납금

수출면허장의 발행(upon issuance of an export license)시에 발주자는 건조자에게 선박건조대금의 일부(통상 25%)를 지급한다.

---

23) Curtis, *op. cit.*, p.52. 한편, 우리 법이 준거법이 되면 이러한 약인의 부재의 문제는 피하여 갈 수 있을 것으로 본다.

24) 기지급하기로 약정된 선박건조대금은 모든 건조계약전체와 대가관계를 이르므로, 건조자가 약정된 건조내용보다 더 많은 것을 행하는 내용이 추가되지 않고서는 증액된 건조대금은 건조자의 추가약인이 없는 상태가 된다.

25) 한편, 우리나라의 현대중공업의 경우 20%씩 5번에 나누어 분할지급하는 경우도 있다. 계약에서 정한 일자, 선박외판절단시, 용골설치시, 선박진수시 그리고 인도시이다. 대한상사중재원 한국해법학회, 한국해사표준계약서, 2006, 323면. 최근에는 조선소가 발주자인 선박소유자의 입장을 고려하여 Tail-heavy 형태로 하는 경우도 있다. 선박건조단계에서는 30%만을 수령하고 인도시에 70% 정도의 건조대금을 수령받는다. 高山, 전게논문, 37면. 이 경우는 선가가 내려가면 발주자는 선박을 포기하고 선수금을 포기한 다음 다른 건조자와 새로운 건조계약을 체결할 우려가 있다.

② 제2차 분납금

용골이 설치(upon keel-laying of the vessel)될 때 제2차 분납금을 지급한다.

용골의 설치란 선박의 뼈대를 놓는 것으로서 선박의 형체를 처음으로 갖추는 것이다. 이 때 다시 25%의 건조대금을 지급하게 된다. 그런데, 최근에는 새로운 공정의 발달로 용골설치를 하지 않는 경우도 늘어나서 이에 맞추어 분납금의 지급 방법이 변경되기도 한다.[26)]

③ 제3차 분납금

선박이 진수될 때(upon launch) 다시 제3차 분납금을 지급한다. 선박은 육상에서 건조되고 일정한 공정이 지나면 선박을 수면에 띄워야 한다. 이를 진수한다고 한다. 이 때 발주자는 선박건조대금의 25%를 건조자에게 지급하여야 한다.

④ 제4차 분납금

선박의 건조가 완성되고 인도시(upon delivery)에 마지막 제4차 분납금을 발주자는 건조자에게 지급하여야 한다.

선박을 모두 건조하여 시운전을 마친 다음 건조자가 선박을 발주자에게 인도할 때 나머지 25%의 건조대금이 지급된다.[27)28)]

(4) 대금의 지급방법(제4항)

제3항의 조건이 달성되었다는 통지를 받으면 건조자가 지정하는 은행에 발주자가

---

26) "첫 블록의 제작착수시(erection of first block) 2차 분납금을 지급한다는 등으로 표현된다. 高山, 전게논문, 37면.

27) <사례연구><Stocznia Gdanska SA v. Latvian Shipping> 먼저 용골이 설치된 건조중인 선박을 동일한 계약의 다른 선박의 용골로 인정할 수 있는지가 문제되었다. 6척의 자매선을 건조하는 계약 하에서 제1번, 제2번 선박의 용골을 설치하였고, 분납금을 신청하였지만 거절되었다. 이에 건조자는 이미 진행된 선박을 제3번 및 제4번의 번호를 붙여서 다시 용골이 설치된 것으로 보아서 발주자에게 분납금을 청구하게 되었다. 과연 이것이 건조계약 하에서 정당한 것이라서 발주자는 분납금을 지급하여야 하는지가 문제되었다. 영국 귀족원은 이를 부인하였다. [1998]1 Lloyd's Rep., 609.

28) 한편, 김연신의 저서에 따르면, 1차 분납금은 선수금환급보증서(Refund Guarantee 혹은 Letter of Guarantee)를 수령한 5일 이내 지급하고, 2차 분납금은 계약체결일로부터 180일 이내 지급하고, 3차 분납금은 용골이 설치되었다는 통지를 받은 5일 이내에 지급하고, 4차 분납금은 선박이 진수되었다는 통지를 받은 5일 이내에 그리고 5차 분납금은 선박의 인도시에 지급된다고 정하는 경우도 있다. 김연신, 전게서, 13-17면. 발부자가 건조자에게 지급할 1차 분납금과 건조자가 발주자에게 지급할 선수금을 환급함을 보증하는 선수금환급보증서를 서로 결부시킨 것은 발주자를 보호하기 위한 수단으로서 합리적인 조치라고 생각된다.

송금한다는 내용이다.

4. 가격의 조정(제3조, Adjustment of contract price)

1) 의의

선박 건조시에 선박의 주요성능과 관련하여 약정한 내용이 건조완료시의 그것과 서로 다른 경우에 발주자가 입게 되는 손해에 대하여 미리 손해배상액을 예정하여 둔 것이다. 신조선박의 주요성능인 선박의 속력, 연료소비, 적화중량 및 완공된 선박의 인도일자 등이 계약내용과 차이가 나는 경우에 손해배상액을 미리 약정(liquidated damages)하여 이것으로 분쟁을 미연에 방지하려고 한다.[29] 계약해지의 효과에 대하여도 규정한다.

2) 조문의 해석과 쟁점

(1) 문두의 내용(손해배상예정액의 기능)

다음과 같이 우발적인 사고가 생긴 경우에는 선박건조가액은 (i) 인도의 지연 (ii) 속력 (iii) 연료소모량 (iv) 중량톤수에 관하여 계약서에 규정하는 바와 같이 조정되고, 양 당사자는 선박건조계약가액의 어떠한 감액도 손해배상예정액이지 벌금의 성격이 아님을 이해한다.[30]

주문한 대로 선박이 모든 조건을 충족하지 못하는 경우에는 계약을 해제할 정도가 아닌 한은 발주자도 선박을 인도받고 부족부분에 대한 손해배상청구를 하면 될 것이다. 이러한 경우에 손해배상액수이 정산 등이 쉽지 않기 때문에 미리 어떠한 경우에는 얼마의 손해를 배상하겠다는 규정을 두게 된다.[31] 영미법에서는 손해배상액의 예정이라고 불리고, 우리 법상으로는 손해배상액의 예정에 해당한다(민법 제398조).

본조의 선박건조계약가액의 감소는 벌금의 성격이 아니라 손해배상액의 예정이다(any reduction of the Contract Price is by way of liquidated damages and not by

---

29) Farnsworth, *op. cit.*, p.811. 이외에도 손해액 입증의 부담이 없다는 점에서도 편리하다; 서영화, "선박건조 계약과 관련된 몇 가지 법률문제들", 한국해법학회지 제32권 제1호(2010.4.), 57면 이하도 참고바람.

30) The Contract Price shall be subject to adjustment, as hereinafter set forth, in the event of the following contingencies(it being understood by both parties that any reduction of the Contract Price is by way of liquidated damages and not by way of penalty).

31) 채무를 이행할 당사자는 채무불이행의 결과를 예정하고 또 한정할 수 있으므로 대단히 편리하며 양 당사자는 불필요하게 다툴 필요가 없게 된다. 김연신, 전게서, 25면.

way of penalty)는 의미는 영미법에서 손해배상예정액이 벌금으로 판단되면 약정 자체가 무효가 되기 때문에 당사자가 합의로서 벌금이 아니라고 본다는 것이다. 손해배상예정액은 (i) 손해배상액수를 계산하기 어려운 경우에 사전에 미리 약정하는 것이고[32] (ii) 지나치게 높은 액수인 경우에는 위반자에 대한 벌금의 형식이 된다.[33] 이러한 경우에는 무효가 된다.[34] 그렇기 때문에 당사자가 벌금이 아니라고 한 약정 자체가 법원의 무효판단에 영향을 주지 않을 것이다.

(2) 인도일(제1항)

제7조 규정상의 선박인도예정일을 지나서 30일까지는 인도지연에 대하여는 계약가액을 그대로 유지한다. 31일부터는 30일 단위로 감액이 된다. 인도예정일이 30일이 지나서 180일 이상 지연된 경우(결국 예정인도일보다 210일이 경과된 경우)는 발주자는 제10조 규정에 따라 본 계약을 해제할 권리가 있다.

(3) 속력(제2항)

시운전상 선박의 보증 속력이 약정된 속력의 3/10노트를 넘지 않은 범위의 속력저하는 계약가격에 영향을 주지 않는다. 감속이 약정속력의 3/10노트 이상이 되면 일정하게 손해배상액이 예정된다. 보증속력보다 1노트 이상으로 감속이 있는 경우에 본 계약의 해지가 가능하다.

(4) 연료소모량(제3항)

선박의 연료유도 상당히 비싸기 때문에 중요한 요소가 된다. 현재 약정한 연료소모량의 --% 이상인 경우에는 선박의 건조가액에 영향을 주지 않는다. 일정한 연료소모량의 --% 이상이 되면 발주자는 계약을 취소할 수 있다.

공란은 당사자의 약정으로 정하여 진다.

(5) 중량톤수(제4항)

선박의 중량톤수(deadweight)는 선박이 얼마만큼의 화물을 실을 수 있는가가 결

---

32) 동지, 서영화, 전게논문, 60면.
33) Stewart Macaulay and others, CONTRACTS: LAW IN ACTION, LexisNexis, p.75.
34) 우리 법에 따르면 법원은 직권으로 감액한다(민법 제398조 제2항).

정되기 때문에 중요하다. 선박의 중량톤수가 약정한 것보다 크거나 작으면 약정한 바에 따라 건조가액이 감액된다. 오차가 일정 이상이 되면 건조자가 계약을 해제할 수 있다.

(6) 계약해제의 효과(제5항)

계약을 해제한 경우에는 손해배상액의 예정은 더 이상 적용되지 않는다. 계약이 해제되면 해제의 법리에 따라 법률관계가 결정되기 때문이다.[35] 건조자측의 귀책사유로 인한 해제시 수령한 선수금 및 그에 따른 이자의 반환 이외에 추가로 손해배상액의 예정을 지급하지는 않는다.[36]

5. 설계도면 등의 승인과 건조중의 검사(제4조, Approval of plans and drawings and inspection during construction)

1) 의의

선박의 건조는 계약의 일부를 이루는 설계와 도면에 따라 건조된다. 발주자가 주문한 내용을 실현하기 위하여 건조자가 만든 설계도와 도면을 발주자가 승인하는 절차와 그러한 설계도와 도면에 따라 선박이 건조되는지 확인하는 절차에 대하여 규정할 필요가 있다. 발주자는 자신의 대리인을 조선소에 파견할 것이고 그는 발주자의 비용과 책임 하에 있음을 정한다.

2) 해석과 쟁점

(1) 설계와 도면의 승인(제1항)

건조자가 발주자에게 건조될 선박의 설계와 도면을 제출하면 발주자는 14일 이내에 승인과 주석을 달아 건조자에게 반송한다.

---

35) Article 3 (5) Effect of Rescission: It is understood and agreed by the parties hereto that in any case, if the BUYER rescinds this Contract under this Article, the BUYER shall not be entitled to any liquidated damages.

36) 김연신, 전게서, 40면. 우리 법의 경우 민법 제551조에 의하면 계약의 해지 또는 해제는 손해배상의 청구에 영향을 미치지 아니한다고 하므로, 계약이 해제되더라도 손해배상액의 예정은 그대로 유효하다. 곽윤직, 채권총론, 박영사(2007), 130면; 지원림, 민법강의 제8판, 홍문사(2012), 1119면.

(2) 발주자 대표의 임명(제2항)

발주자는 자신의 대리인을 조선소에 파견하여 건조와 관련된 임무를 수행한다고 정한다. 이 자는 발주자의 대리인으로서 법률행위를 하면 그 효과는 발주자에게 귀속될 것이다.

(3) 대표자에 의한 검사(제3항)

선박건조기간 중 선급협회 그리고 혹은 건조자의 검사팀이 검사를 실시한다. 발주자의 대표자도 이 검사에 참석할 권한이 있고, 합치하지 않는 부분은 문서로써 건조자에게 통지한다.

(4) 편의제공(제4항)

건조자는 발주자의 대표자를 위하여 각종 편의를 제공한다.

(5) 건조자의 책임(제5항)

발주자의 대표자와 그 보조원은 언제나 건조자가 아닌 발주자의 피용자이다. 그들의 상해 등에 대하여는 건조자는 건조자 측의 중과실이(caused by gross negligence of the BUILDER) 없는 한, 발주자 혹은 상해를 입은 대표자 혹은 그 보조원에게 책임을 부담하지 않는다. 재산상의 손해에 대하여도 마찬가지이다.

우리 법 하에서도 경과실에 대하여는 면책이 되고 중과실의 경우에만 건조자가 책임을 부담한다는 약정은 유효하다는 것이 법원의 입장이다.[37] 이것은 건조자와 발주자 사이의 약정으로서 상해를 입은 대표자와 건조자 사이에는 적용이 없다고 보아야 할 것이다. 발주자가 근로기준법 등에 따른 재해보상금을 지급한 다음에 과실이 있는 건조자 측에게 구상청구를 할 경우에 당사자 사이의 약정은 유효한 것으로 해석이 가능할 것으로 보인다.[38]

---

37) 계약자유의 원칙상 과실에 대한 면책약정을 체결할 수 있지만, 채무자의 고의 및 중과실에 대한 면책약정은 사회질서에 반하므로 무효라는 것이 일반적인 해석이다. 지원림, 전게서, 1096면; 대법원 1996. 5. 14. 선고 94다22169 판결은 용역경비계약에서 면책조항이 용역경비업자의 고의 혹은 중과실로 인한 경우에까지 적용된다면 약관규제에 관한 법률 제7조 제1호에 위반되어 무효라고 판시하였다.

38) 우리 법 하에서는 대표자는 불법행위책임을 건조자측에 물을 것이고 중과실이건 경과실이건 관계없이 건조자는 불법행위책임을 부담하여야 한다.

(6) 발주자의 의무(제6항)

발주자의 대표는 정상적인 선박건조에 방해가 되지 않도록 임무를 수행하여야 하고, 이를 위반하는 경우 건조자는 대표자 교체를 발주자에게 요구할 수 있다.[39)]

6. 변경(제5조, Modification)

1) 의의

선박건조는 오랜 기간 동안 지속되므로 작업 중 사양서의 내용이 변경되거나 선급협회의 규정 등의 변경 그리고 자재의 변경이 필요한 경우가 있다. 이러한 것은 건조기간이 연장되는 등 전체 선박건조에 악영향을 주기 때문에 건조자는 불허할 가능성이 있어 본 규정을 두게 되었다.

제5조 조문은 (i) 명세서(사양서, specification)의 수정 (ii) 선급협회 기타 기관의 규칙의 변경 (iii) 자재의 대체를 포함하고 있다. 제1항의 사양서의 변경과 제2항의 선급협회 등 규칙의 변경은 발주자의 이익을 위한 것이고 제3항 자재의 변경은 건조자의 이익을 위한 것이다.

2) 해석과 쟁점

(1) 사양서의 변경(제1항)

사양서의 변경은 당사자의 서면합의에 의하여 가능하지만, (i) 건조자의 건조일정 등에 악영향을 미치지 않을 것을 조건으로 또한 (ii) 선가와 인도일자에 변경이 있다면 이의 수정에 발주자가 동의할 것을 조건으로 한다.

(2) 선급규정 등의 변경(제2항)

선박은 선급의 규정에 따라 건조됨에도 불구하고 건조중에 선급의 규정을 변경하는 등은 건조자에게 부담을 주게 된다.

두 가지 경우에 따라 달리 정한다. (i) 그 변경이 강행적으로 적용되어야 하는 경우, 선급규정 등의 변경을 아는 즉시 당사자는 그러한 사실을 서로 알려야 하고, 발

39) 이 조항은 발주자측에서 선박인수를 고의로 지연시키거나 발주자측에서 파견된 감독관 등이 별도의 대가를 바라고 공사를 지연시키기 위하여 일본조선업계에서 고안된 것이지만 최근에 우리나라에서는 이 조항은 찾아보기 어렵다. 김연신, 전게서, 60면.

주자가 변경을 건조자에게 통지하면 건조자는 이를 반영히어야 한다. 다만, 발주자는 건조자가 요구하는 건조가격의 변경, 인도기일의 변경 등에 먼저 동의한 경우에 한한다. (ii) 그 변경이 임의적이지만 발주자가 변경을 원하는 경우에는 발주자가 먼저 그러한 의사를 통지하여야 한다. 건조자는 자신의 판단 하에서 건조공정에 악영향이 없고 이에 따른 건조의 조정에 발주자가 먼저 동의하는 경우에 허락할 수 있다.

(3) 자재의 변경(제3항)

건조자가 자신이 제공하여야 하는 자재, 기계 등이 적시에 조달될 수 없는 경우 발주자가 문서로 동의하고 그리고 본 계약에 적용되는 선급 규정에 따른 선박의 성능에 영향을 미치지 않을 것을 조건으로 다른 자재를 공급할 수 있도록 한다.

7. 시운전(제6조)

1) 의의

건조자는 선박을 계약과 설계도면 및 사양서에 일치하도록 건조하여 발주자에게 인도하여야 한다. 인도 이전에 선박의 상태가 정상적인지 확인하고 이상이 있으면 수정하는 합리적인 과정을 절차로서 마련하고 있다. 건조중인 선박은 영국법 하에서는 건조자의 소유와 점유 하에 있기 때문에 건조자의 책임 하에서 시운전이 이루어진다. 시운전을 거친 다음 발주자는 선박을 인수할 것인지 의사를 표명하게 된다.

제6조 조문은 (i) 통지 (ii) 날씨 (iii) 시운전하는 방법 (iv) 인수 혹은 거절의 방법에 대하여 정한다.

2) 해석과 쟁점

(1) 통지(제1항)

건조자는 발주자에게도 건조중인 선박의 시운전의 예상시간과 장소를 시운전 14일 전에 알려주어야 하고, 발주자는 그러한 통지에 대하여 수령을 즉시 인정하여야 한다.

공식 시운전의 통지에 관한 규정이다. 시운전은 건조자와 발주자가 계약서 및 사양서에 일치하는 성능을 갖추고 있는지 확인하는 절차이기 때문에 매우 중요하다.

(2) 날씨 조건(제2항)

건조자가 명세서에 따라 유리하다고 생각되는 날씨 하에서 시운전이 실행되어야 하고, 날씨가 부적합하면 시운전을 연기할 수 있다. 이러한 시운전의 연기는 허용된 인도의 지연이 된다.

시운전 일자는 할부금의 납부기준이 되고 선박인도지연과도 관련된다. 그런데 시운전대상 선박은 아직 완성된 선박이 아니기 때문에 날씨가 나쁘면 안전하고 완벽한 시운전을 할 수 없다.

(3) 시운전 실시방법(제3항)

시운전에 관련된 모든 비용은 건조자가 부담한다. 안전항해를 할 수 있도록 선원을 공급하는 것도 건조자의 부담이다. 연료유, 윤활유는 발주자가 공급할 수 있고 건조자는 시운전에 소요된 비용을 지급하게 된다.

(4) 인수 혹은 거절의 방법(제4항)

(a) 시운전이 종료되면, 건조자는 시운전 결과 선박이 계약서와 사양서에 일치하도록 건조되었음을 발주자에게 알리는 서면을 송부한다. 발주자는 그 통지를 받은 3일 이내에 건조자에게 건조된 선박을 인수할지 아니면 거절할지 통지하여야 한다.

(b) 이상이 있는 경우에는 건조자는 수정하고 다시 발주자에게 통지하면 통지를 받은 2일 이내에 인수 혹은 거절의 의사표시를 발주자가 하게 된다.

(c) 발주자가 인수를 거절하는 경우에는 거절의 통지와 함께 결함부분을 적시하여 주어야 한다.

(d) (a) 혹은 (b)기간 안에 인수/거절의 통지를 하지 않으면 인수하는 것으로 간주한다.

(e) 본 조항하의 발주자의 선박인수의 거절에 대한 분쟁은 제13조에서 정한 중재에서 정한다.

(5) 인수의 법률효과(제5항)

발주자가 시운전을 마친 선박을 인수하겠다는 통지를 하게 되면 이것은 선박이 본 계약과 사양서에 따라 건조되었다는 최종적이고 구속력이 있는 효과가 있다. 그리고 이것은 발주자가 선박의 공식 인수를 거절하지 못하게 한다. 인수통지를 하고서도 인수하지 않으면 채권자지체가 된다.[40)]

그런데, 최종적이고 구속력 있다(final and binding)는 취지는 향후 발주자가 이를 번복하거나 철회할 수 없고 발주자는 본선이 사양서에 따라 건조되지 않았다고 주장할 수 없다.[41)] 이것은 인수 이전에 존재하는 것으로 통지한 하자 혹은 인수시에 몰랐던 하자의 존재에 대한 주장을 방해하는 것은 아니다.[42)]

건조중인 선박이 사양에 불일치하고 발주자의 거절이 합법적인 경우 이것이 건조자의 계약이행의 거절에 해당하는 계약위반이 되는지가 또 문제된다. 이 경우는 발주자는 바로 계약을 해지하여 버리기 때문에 건조자는 상당히 불리하게 된다.[43)] 어느 정도 사양에 합치해야 인수거절이 되지 않는지도 쟁점이 된다.[44)]

(6) 잉여 소모품의 처리(제6항)

건조자가 시운전시 제공한 청수 혹은 소모품이 발주자에게 인도할 때 남은 경우에는 발주자가 건조자로부터 구입하는 것으로 한다.

8. 인도시기(제7조, Delivery)

1) 의의

인도시점은 중요한 의미를 갖는다. 인도를 함으로써 소유권(title)이 건조자에게서 매수인인 발주자에게 양도되기 때문이다. 영국법 하에서는 소유권의 양도는 기본적으로 당사자의 약정에 따르게 되기 때문에(영국 매매법 제7조 제5항) 본 약정을 통하여 소유권이 매수인에게 이전된다.

---

40) Article 6 (5) Effect of Acceptance: Acceptance of the vessel as above provided shall be final and binding so far as conformity of the vessel to this Contract and the Specifications is concerned and shall preclude the BUYER from refusing formal delivery of the VESSEL as hereinafter provided, if the BUILDER complied with all other procedural requirements for delivery as provided in Artilce VII hereof.

41) 김연신, 전게서, 90면.

42) Curtis, *op. cit.,* p.95; China Shipbuilding Corp. v. NYK and others [2000] 1 Lloyd's Rep. 367; 김연신, 전게서, 90면. 이 경우에는 제9조의 성능의 담보조항의 적용을 받게 된다.

43) 이점에 관하여 Curtis는 영국법의 입장은 불일치하는 선박을 제공하였다고 하여도 통상은 이행거절에 해당하는 계약위반은 아니지만 (a) 선박을 제공시 건조자가 계약의 요구사항에 모두 일치하여 더 이상의 수정을 하지 않겠다고 표시된 경우 혹은 (b) 합의된 인도기간 내에 수정될 수 없을 경우에는 이에 해당한다고 한다. *op. cit.,* p.111.

44) Curtis, *op. cit.,* p.111.

제7조 조문은 (i) 인도의 시기와 장소, (ii) 언제 어떻게 이루어지는가?, (iii) 인도되어야 할 서류, (iv) 선박의 제공, (v) 소유권과 위험의 이전, (vi) 선박의 인수(removal of vessel)로 구성되어 있다.

2) 해석과 쟁점

(1) 인도의 시기와 장소(제1항)

통상 건조된 선박의 인도장소는 건조된 장소인 조선소이다.

(2) 언제 어떻게 이루어지는가?(제2항)

발주자가 계약 하에서 요구되는 모든 의무를 이행한 경우, 건조자의 선박인도와 발주자의 선박인수를 인정하는 인도인수증(protocol of delivery and acceptance)을 동시에 교환함으로써 인도가 이루어진다.[45]

(3) 인도되어야 할 서류(제3항)

선박의 인도 인수시 건조자는 인도인수증과 함께 (i) 시운전조서, (ii) 재고품조서, (iii) 재고소모품조서, (iv) 모든 증명서, (v) 건조자의 보증 확인서, (vi) 사양서에서 규정하는 선박관련 도면과 설계도, (vi) 상업송장을 발주자에게 인도하여야 한다.

(4) 선박의 제공(제4항)

본 계약과 사양서에 따른 선박을 완공한 후에 정당한 이유없이 발주자가 선박인수를 하지 못하는 경우 건조자는 위 절차적 조건을 만족시킨 다음 선박의 인수를 위한 이행의 제공(tender)을 할 권리를 가진다.[46]

이것은 선박건조자가 이행의 제공으로서 건조된 선박을 제공함으로써 발주자로 하여금 수령지체에 빠트릴 권한을 건조자가 가진다는 취지이다. 계약과 사양서에 완벽하게 일치할 것을 요구하는 것이 아니라 상당한(substantially) 정도로 일치하면 건조자는 이행의 제공을 할 수 있다. 건조자에게 유리한 규정이다.[47]

---

45) 이는 동시이행의 관계이다.

46) Article 7(4). Tender of VESSEL: If the BUYER fails to take delivery of the VESSEL after completion thereof substantially according to this Contract and the Specifications, the BUILDER shall have the right to tender the VESSEL for delivery.

47) 김연신, 전게서, 100면.

(5) 소유권과 위험의 이전(제5항)

선박의 소유권과 위험의 이전은 위에서 언급한 인도와 수령이 완성된 경우에 발주자에게 넘어간다. 그 때까지는 선박의 소유권과 멸실위험은 건조자가 부담한다.[48][49] 그러나 전쟁, 지진과 조석의 위험은 제외한다.[50]

이 규정에 따르면 소유권은 건조중 건조자가 가진다. 건조중인 선박에 대한 멸실위험도 건조자에게 있다. 귀책사유 없는 화재로 건조중인 선박이 멸실된 경우에 건조자는 자신의 비용으로 선박을 다시 건조하여야 한다.[51] 그러므로 건조보험의 피보험이익을 가지는 자는 건조자이므로 피보험자는 건조자가 되어야 한다. 영국법 하에서 동산의 소유권의 이전은 당사자의 약정으로 정할 수 있다. 건조중인 선박은 동산이므로 물품매매법이 적용된다. 약정이 없는 경우에 소유권의 귀속에 대하여는 1979년 영국물품매매법 제18조 제5(1)항[52]이 적용되어 장래의 물품의 매매에서 소유권은 인도시에 매수인에게 이전된다고 한다.[53] 발주자인 선박소유자는 자신이 미리 납부하게 되는 선박건조대금의 일부인 선수금을 반환받을 수 있는 선수금환급보증서(refund guarantee)를 갖고 있기 때문에 건조중인 선박의 소유권을 건조자로 하여도 문제는 없다. 그러나 건조자가 선수금환급보증을 제공하지 못하는 경우에는 건조중인 선박의 소유권을 매수인인 선박소유자가 가지도록 하는 경우도 있다.

---

48) Article 7(5). Title and Risk: Title and risk of the vessel shall pass to the Buyer only upon delivery and acceptance thereof having been completed as stated above it being expressly understood that, until such delivery is effected, title to and risk of loss of the vessel and her equipment shall be in the Builder, excepting risks of war, earthquakes and tidal waves.

49) 위험부담에 대한 약정이 없는 경우에는 영국물품매매법 제20조 제1항이 적용된다. Unless otherwise agreed, the goods remain at the seller's risk until the property in them is transferred to the buyer, but when the property in them is transferred to the buyer, the goods are at the buyer's risk whether delivery has been made or not.

50) 이러한 위험은 발주자가 부담하는 것으로 해석된다. Curtis, *op. cit.,* p.130.

51) 소유권의 이전과 위험의 이전은 다르다. 소유권의 이전에 대하여는 경우에 따라서는 건조중인 경우에도 매수인인 선박소유자가 갖는다고 정할 수 있다. 그러나 건조중인 선박이 멸실되는 것은 점유 중인 건조자의 귀책사유에 의하는 경우가 많기 때문에 건조가 완성되어 인도될 때까지 건조자가 위험을 가지는 것이 통상이다. 따라서 건조중인 선박의 멸실에 대한 위험을 가지는 건조자가 건조보험에 피보험자가 된다.

52) Where there is a contract for the sale of unascertained or future goods by description and goods of that description and in a deliverable state are unconditionally appropriated to the contract, either by the seller with the assent of the buyer or by the buyer with assent of the seller, the property in the goods thereupon passes to the buyer ….

53) Curtis, *op. cit.,* p.123.

한편, 우리법이 준거법이 되는 경우에 건조중인 선박에 대한 소유권의 귀속에 대하여 견해는 일치되지 않는다. 선박건조계약은 도급과 매매의 혼합계약의 성질을 가진다. 제조물공급계약이라고 하면 제조물의 재료를 누가 제공하였는가에 따라 소유권자가 달라질 것이다. 재료를 건조자가 제공한 경우에는 건조자가 소유자가 되어 이를 인도하면서 발주자에게 소유권이 넘어가는 것으로 이해된다. 다만, 선수금을 선박소유자인 발주자가 제공하는 경우는 의문의 여지는 있지만 그 선수금이 모두 선박건조를 위한 재료의 사용에 사용되지 않는 이상 건조자가 재료를 직접 제공하므로 소유권은 여전히 건조자가 가진다고 생각된다. 건조중인 선박에 대한 멸실위험은 채무자부담 원칙에 따르면 건조자가 부담한다.

(6) 선박의 인수(removal of vessel)(제6항)

위와 같은 절차로 선박의 인도와 인수가 이루어지면 발주자는 조선소로부터 선박을 3일 이내에 수령하여 가지고 와야 한다.

9. 인도시기의 지연과 연장-불가항력적 사유(제8조, Delays and extension of time for delivery〈force majeure〉)

1) 의의

제8조는 건조자 측의 영역에서 발생한 사유로 선박의 건조가 늦어져서 인도가 지연되는 경우에 건조자의 책임을 경감하기 위한 목적에서 추가되었다.

건조자의 귀책사유가 없는 파업, 지진, 전쟁과 같은 불가항력적인 사유로 선박의 건조가 늦어지게 되면 필연코 약정된 시기에 선박을 인도할 수 없다. 이에 건조자는 (i) 불가항력에 가까운 사항들을 나열하여 이러한 경우가 발생하면 그 일수만큼 인도시기가 합법적으로 늦어짐을 약정한다; (ii) 그러나, 건조자의 귀책사유 없는 지연이라도 이러한 지연의 인정은 무한정으로 계속될 수 없기 때문에 일정한 일수가 넘어서는 경우에는 발주자인 선박소유자는 계약을 해제(rescind)할 수 있도록 하고 있다.[54]

54) Curtis, *op. cit.*, p.133.

2) 해석과 쟁점

(1) 지연의 원인, 지연통지(제1항)

실제 선박의 인도가 있기 전 아래의 사유 때문에 선박의 건조 혹은 인도의 조건으로서 요구되는 이행이 지연된다면, 모든 그러한 지연된 일수의 총합을 초과하지 않는 만큼 인도일은 연기된다.

그 사유는 불가항력, 전쟁, 스트라이크, 폭발, 재료의 부족 등 35가지이다.

(2) 지연에 대한 통지(제2항)

위 제1항에서 인도기일의 연장이 합법적으로 인정되는 지연의 원인이 되는 사건이 발생한 후 10일 이내에 건조자는 발주자에게 그러한 지연의 원인이 되는 사건이 발생한 날짜를 통지하여야 한다.

(3) 허용되는 지연의 정의(제3항)

제1항에서 선박의 인도기일이 연장되는 성질을 가지는 지연은 "허용되는 지연(permissible delay)"이라고 불리고, 제3조에서 선박건조계약가격이 감액되는 원인이 되는 지연과는 구별되어야 한다. 즉, 본조 제1항의 지연으로는 선박건조계약가격이 감액되지 않는다.

(4) 지나친 지연을 원인으로 한 계약의 해제권(제4항)

본 조항에서 인도기일의 연기가 가능한 지연일을 제외하고 제1항 하의 이유로 인한 총 지연일이 210일 이상이 되면 발주자는 제10조의 규정에 따라 건조계약을 해제할 수 있다.[55] 발주자가 의사표시를 하지 않는 경우에는 건조자가 발주자에게 의사를 묻고 20일 이내에 건조자는 해제할 것인지 아니면 그 일자를 인도의 연기일로 보아줄 것인지 답하여야 한다.

불가항력으로 인한 지연이 장기화되는 경우에 해제권을 발주자에게 허용한다. 210일에는 발주자의 채무불이행에 의한 인도기일의 연장은 포함되지 않는다.[56]

---

55) 전체 공정이 짧아지는 경향이 있는 현실에서 210일이라는 기간에 이르기까지 건조계약의 취소가 불확정적으로 있는 것은 시정의 여지가 있다는 견해가 있다. 高山, 전게논문, 51면.

56) Curtis, *op. cit.,* p.151.

10. 성능에 대한 담보(제9조, Warranty of quality)

1) 의의

선박을 인도한 다음에도 발주자인 선박소유자는 건조중의 하자에 대하여는 자신이 책임을 지지 않고 건조자에 의한 수리가 가능할 것으로 희망하고, 반대로 건조자는 인도한 다음에는 책임을 지지 않으려고 할 것이다. 이에 대한 중도적인 해결책으로서 제9조가 필요하다.[57] 제9조에 따르면, 건조자는 인도된 날로부터 1년간은 자신의 비용으로 모든 하자를 수리하여 줄 것으로 약속하지만, 그 후에는 자신이 더 이상 수리하여 주지 않는다.

2) 해석과 쟁점

(1) 보증책임(제1항)

건조자는 선박에 있는 어떠한 하자가 자재의 결함이나 건조자측의 시공불량으로 인하여 발생한 것으로 선박 인도일 이후 12개월 이내에 발견되고 건조자에게 정식으로 통지가 된 경우에는 발주자의 비용부담 없이 보수하여 줄 것을 약정한다. 선박을 인도한 다음 1년 이내에 하자가 발견된 것에 한정된다. 그렇기 때문에 건조중에 하자가 발견되었지만 수리되지 않은 것은 본 조문의 적용이 없다. 그런데, 건조자는 자재의 결함과 시공불량만에 대하여 시정을 하겠다고 하고, 제4항에서 제1항에 규정한 것 이외의 다른 하자에 대하여는 책임이 없다고 한다. 설계결함으로 인한 하자는 책임의 범위에서 제외되는 것으로 해석될 여지가 있다.[58] 그러나, 1971년 영국 판결(Aktiebolaget Gotaverken v. Westminster Corporation)에 따르면 도면설계의 하자도 포함되는 것으로 해석하였다.[59]

(2) 하자의 통지(제2항)

하자를 발견하면 발주자는 서면으로 신속하게 건조자에게 통지하여야 한다. 하자가 인도 후 12개월 이전에 발견된 것이라도 그 통지를 그 기간의 만료일로부터 30

57) Curtis, *op. cit.,* p.155.
58) *Ibid.,* p.158.
59) [1971] 2 Lloyd's Rep., 505; Curtis, *op. cit.,* p.159. 유사한 내용의 스웨덴 서식이 사용되었다. "material used and work performed"가 문제되었다.

일 이내에 수령하지 못하면 건조자는 그 하자에 대하여 책임을 부담하지 않는다.

(3) 하자의 치유(제3항)

건조된 하자의 수리는 선박이 건조된 건조자의 조선소에서 건조자의 비용으로 행하여지는 것이 원칙이다(제3항 a호). 그러나 위 조선소에서 선박을 수리하는 것이 불합리한 경우에는, 건조자는 다른 조선소에서 수리를 할 수 있다(b호). 이 경우 수리에 필요한 자재는 건조자가 제공하지만, 발주자의 비용과 책임으로 선택된 장소로 이동된다(c호). 수리가 되지 않는 경우에는 손해배상책임을 건조자가 부담하여야 한다.[60]

위와 같이 하자의 수리는 선박이 건조된 조선소에서 수리되는 경우와 다른 조선소에서 수리되는 경우 두 가지가 있다. 본조의 약정은 건조자와 매수인인 발주자 사이에만 적용되는 것이기 때문에 제3자는 권리를 행사할 수 없는 것이 원칙이다. 선박이 인도 후 1년의 기간 안에 제3자에게 매도된 경우에 제3자는 건조자에 대하여 하자의 치유 등을 요구할 권리를 갖는지가 문제된다. (i) 영국법의 직접계약당사자의 원칙에 의하면 이는 불가할 것이다. 그러나 이를 완화한 1999년 계약(제3자 권리)법에 의하면 직접계약당사자관계(privity of contract)가 없어도 제3자는 권리를 행사할 수 있기 때문에 매수인은 제9조의 권리를 행사할 수 있다.[61] (ii) 제3자는 발주자로부터 선박건조계약상의 권리를 양도(assignment)받아서 권리를 행사할 수 있다.[62]

우리 법에 따르면 제3자를 위한 계약을 체결하지 않은 경우라도 채권양도의 법리(민법 제449조 이하)를 따르면 매수인인 제3자는 권리를 행사할 수 있을 것이다.

(4) 건조자의 책임 한도(제4항)

선박의 설계도면 혹은 건조상의 하자로 선박소유자에게 상당한 비용이나 책임이 발생하게 되면 건조자는 이에 대하여 비용이나 책임을 부담하여야 한다.

경우에 따라서는 대형의 손해가 발생할 수 있다(예컨대, 조타기의 고장으로 선박충돌이 발생한 경우). 건조자는 무제한의 책임을 부담할 수 없기 때문에 책임을 제한하는 규정을 제9조 제4항에 두게 되었다.[63]

---

60) Curtis, *op. cit.,* p.162.

61) 제1조에 따르면 제3자가 계약당사자의 권리를 행사할 수 있는 자로 명기된 경우에는 채무자에게 행사가 가능한 것으로 되어 있다. S. Girvin, Carriage of Goods by Sea, Oxford(2011), p.138.

62) Curtis, *op. cit.,* pp.162-163.

63) 이 조항은 손해액자체를 제한하는 선박소유자 혹은 운송인의 책임제한제도와 다르다.

(a) 제1항에서 정한 1년 이내에 발견된 자재의 결함(defective material)과 시공 잘못(bad workmanship) 등의 하자로 인한 비용과 손해 이외는 책임을 부담하지 않는다.[64)]

제1항에서 정한 1년 이내에 발견된 하자로 인하여 직접 혹은 간접적으로 발생한 특별손해(consequential or special losses) 혹은 그러한 하자를 선박자체에서 수리하다가 발생한 특별손해에 대하여는 책임을 지지 않는다.

(b) 선박을 인도한 후에 제3자가 교체하였거나 수리한 선박의 부품의 하자에 대하여는 건조자는 책임을 지지 않는다.

(c) 제9조의 보증은 제정법이나 관습법 혹은 다른 이유로 인하여 선박의 건조와 매매에 관하여 건조자에게 부과된 기타의 책임, 보증, 담보 혹은 조건 등을 배제한다.[65)]

이것은 건조자는 본 조의 보증책임만 부담할 뿐이지 다른 책임을 부담하지 않는다는 것이다.[66)]

(5) 보증 엔지니어(제5항)

건조자는 자신이 결정하는 바에 따라 보증기간에 자신의 대리인으로서 선박에 근무할 보증기사를 임명할 권리가 있다. 매수자가 보증 엔지니어의 주거설비와 생계를 부담한다.

11. 발주자에 의한 계약의 해제(제10조, Rescission by buyer)

1) 의의

선박건조계약에서는 건조자가 계약이행을 제대로 하지 못하는 경우 등에 발주자가 계약의 해제할 수 있도록 하여야 할 것이다.

제10조에 의하면 발주자는 (i) 인도의 지연, (ii) 계약의 기술적인 요구사항과 건조된 선박이 일치하지 않는 경우, (iii) 도산 등과 같은 건조자의 재정상의 문제, (iv) 인도 전에 선박이 멸실된 경우, (v) 기타 다른 불이행이 있는 경우에 계약을 해제할 수 있다.[67)]

---

64) 그러므로, 규정상 설계도면의 하자로 인한 책임에 대하여는 건조자는 면책된다는 취지이다.
65) 1977년 불공정경쟁법(The Unfair Contract Terms Act 1977)은 국제공급계약에는 적용되지 않는다(제26조). 그러나 사람의 사망과 상해에 대하여는 적용된다. Curtis, *op. cit.*, pp.168-170.
66) 김연신, 전게서, 150면.
67) Curtis, *op. cit.*, p.174.

2) 해석과 쟁점

(1) 통지(제1항)

선박의 인도 전에 발주자가 건조자에게 지급한 금액은 건조자에 대한 선수금의 성격을 가진다. 발주자가 본 계약에서 허용된 해제를 하는 경우에 발주자는 건조자에게 서면으로 이를 알려야 하고 그러한 해제는 건조자가 그 통지를 수령한 날로부터 효력이 생긴다(제10조 제1항).68)

(2) 건조자에 의한 환급(제2항)

계약이 정당하게 해제가 되면 건조자는 매수인이 지급한 선수금을 돌려주어야 한다. 이자도 가산된다.

제10조 제2항에서는 매수인인 발주자가 공급한 물건의 반환에 대한 언급은 없다. 계약의 해제로서 임치관계(bailment)도 종료되기 때문에 건조자는 그 물건을 매수인에게 반환하여야 한다고 해석된다.69)

우리 법 하에서는 계약이 해제되면 원상회복의 법리가 적용되므로(민법 제548조 제1항 본문) 발주자가 공급한 물건이나 선수금 등은 건조자가 반환하여야 한다.

(3) 책임의 소멸(제3항)

건조자가 발주자에게 그러한 선수금의 반환을 한 경우에 건조자의 발주자에 대한 손해배상을 제외하고 각 당사자의 상대방에 대한 본 계약의 모든 채무, 의무 및 책임은 즉시 완전히 면제된다.70)

계약을 해제하고 선수금과 이에 대한 이자를 포함하여 수령한 다음에도 발주자는 여전히 손해를 입은 경우가 있다. 예를 들면 건조과정에 발생한 경비(reliance loss) 혹은 새로운 건조를 하는 데에 추가로 소요되는 비용과 같은 것이다.71) 제3항은 이

---

68) 이외에도 해제가 허용되는 경우는 제3조(선가의 조정)에서의 인도지연, 속력부족, 연료소모량 초과 및 제8조(불가항력)에서 불가항력에 의한 인도의 상당한 지연의 경우이다. 한국해법학회, 표준계약서, 349면.

69) Curtis, *op. cit.,* p.178.

70) Article 10(3) Discharge of Obligations: Upon such refundment by the BUILDER to the BUYER, all obligations, duties and liabilities of each of the parties to other under this Contract except the BUILDER's claims against the BUYER, its Representative or its agent, shall be forthwith completely discharged.

71) Curtis, *op. cit.,* pp.181-182. 예컨대, 발주자가 선박의 인도일에 맞추어 용선계약을 체결하였다가 인

러한 경우에 건조자는 선수금과 그 이자를 포함한 것 이외에 이러한 모든 손해를 배상하지 않겠다고 약정한 것이다. 모든 건조계약에 이러한 규정이 포함되어 있고 이것은 영국법상 유효하다고 해석된다.[72)]

이점은 발주자의 귀책사유로 인하여 건조자가 해제를 한 경우에 선박의 매각대금 이상의 손해도 발주자가 건조자에게 배상하여야 하는 규정과는 다르다(제11조 제4항 e호 및 AWES 제10조). 이 경우에는 이익의 상실도 배상항목에 포함된다.[73)]

(4) 기타 보통법(common law)상의 구제수단

① 이행기 전의 거절

만약 건조자의 불이행(예컨대, 장기간의 인도지연, 건조자의 도산)이 이행기 전의 거절(anticipatory repudiation)에 해당한다면 발주자는 이행기까지 이행을 기다리지 않고 계약의 해제를 통지할 수 있고, 이외에도 손해배상을 구할 수 있다. 해제를 하기 위해서는 위반한 계약내용이 조건(condition)에 해당할 정도로 중한 위반이어야 한다.[74)] 영국 항소원은 제10조 제3항에도 불구하고 매도차익(loss of bargain)은 청구할 수 있다고 판시하였다.[75)]

도가 늦어짐으로 인하여 계약이 해제되어 부담하게 되는 비용 혹은 손해배상책임, 혹은 제3자에게 인도될 선박을 매도하려는 계약을 체결한 경우에 부담하는 비용 혹은 손해가 될 것이다.

72) AWES 제14조도 동일하다.

73) 이런 이유로 SAJ 서식은 건조자에게 유리한 것으로 평가된다.

74) Curtis, *op. cit.*, p.183.

75) 2009년 영국항소법원 Stocznia Gdynia SA v. Gearbulk Holdings Ltd 사건에서 건조자는 발주자(매수인)와 2000년, 2001년에 걸쳐서 3척의 선박에 대한 건조계약을 체결하였다. 그런데, 재정상태가 나빠져서 제1번 선박은 용골만 설치하고 작업이 중단되었고, 제2번과 제3번 선박은 아예 공정을 시작하지도 못하였다. 이에 매수인은 2003년 1월 제1번 선박에 대하여 계약의 해제통지를 하였다. 그리고 2004년 8월과 11월에 제2번 선박과 제3번 선박에 대하여도 계약해제통지를 하였다. 어느 경우에나 매수인은 지급한 선수금과 해당이자를 받았다. 그런데, 발주자는 매각차익손실(loss of bargain)을 추가로 청구하게 되었다. 이에 건조자는 이 손해는 지급되지 않는 것으로 약정된 것이라고 주장하였다. 계약서에 따르면 특정일자까지 건조된 선박이 인도가 되지 않으면 발주자는 계약을 해제 혹은 종료할 수 있고(제10조 제1항 c호), 이 경우에 건조자는 발주자가 자신에게 기 지급한 선수금과 약정이자를 포함한 금액을 매수인에게 반환하여야 한다(제10조 제7항)고 정하고 있다. 또한 제10조의 문두에 의하면 특정된 손해배상액의 예정액 외에는 배상을 청구할 수 없고 건조자는 배상책임을 부담하지 않는다고 규정되어 있다. 중재인들은 loss of bargain은 제10조에서 배제된 금액이 아니라고 판시하여 발주자(매수인)의 손해를 인정하였다. 그러나, 1심은 건조자의 책임을 인정하지 않았다. 2심은 매각차액 손실이 제10조에서 배제되기 위하여는 더 명확한 당사자의 의사의 합치를 나타내는 문구가 필요함에도 본 약정은 그렇지 않기 때문에 제10조에서 배제되는 손해가 아니라고 판시하여 발주자의 손해를 인정하였다. [2009] 1 Lloyd's Rep., 461. 이에 대한 자세한 소개는 서영화, "선박건조계약과 관련한 몇 가지 법률문제들", 한국해법학회지, 제32권 제1호(2010.4.), 69면 이하가 있다.

제10조 때문에 청구할 수 없는 손해배상도 보통법을 근거로 하면 가능하다는 점이 중요한 의미를 갖는다.

② 특정이행(specific performance)의 경우

물품매매법에 따르면, 특정된 물건의 경우에 특정이행(specific performance)을 법원에 구할 수도 있지만, 영국법원은 법원의 감독이 가능하지 않은 경우는 특정이행 명령을 내리지 않는다.[76] 따라서 발주자는 선박이 필요함에도 불구하고 건조자를 통제하지 못하고 선박의 가격을 내려줄 수밖에 없는 불리한 경우도 있다.[77]

12. 발주자의 이행지체(제11조, Buyer's default)

1) 의의

발주자가 건조계약에서 정한 내용을 이행하지 않게 되는 경우에 건조자는 계약을 해제하고 손해배상을 받는 제도를 가져야 할 것이다. 건조자로서는 선박건조를 위하여 선수금이 중요한 의미를 갖기 때문에 선수금 분담금의 지급이 늦어지는 경우에 선박 인도일의 연장, 계약 해제 그리고 선박의 매각청산 등을 할 수 있도록 하고자 한다. 본 조는 이에 대하여 정하고 있다.

(i) 자신의 경제사정이 좋아지지 않은 경우, (ii) 계약당시보다 선박의 가격이 현저히 떨어져서 발주자가 선박을 건조할 의욕을 상실하게 될 경우에 발주자는 이행을 지체하게 된다. 제11조는 건조자 보호수단으로 기능하는데, 제10조가 발주자를 보호하기 위한 수단인 것과 대비된다.

2) 해석 및 쟁점

(1) 채무불이행(default)의 정의(제1항)

아래의 경우에는 발주자가 본 계약하의 채무불이행을 한 것으로 간주된다: (i) 제1, 제2, 제3회의 선수금 분납금을 납부일의 3일 이내에 지급하지 않는 경우 혹은 (ii) 제4회의 선수금 분납금을 선박의 인도와 동시에 지급하지 않는 경우 혹은 (iii) 제7조

---

76) Curtis, *op. cit.*, p.183. 미국법에서는 통상 손해배상액의 부과로서 채권자가 만족을 얻지 못하는 경우에 특정이행의 명령을 법원이 내리게 된다. 형평법(equity)상의 구제수단이다. Farnsworth, *op. cit.*, p.743.

77) Curtis, *op. cit.*, p.185.

의 규정에 따라 선박이 정상적으로 제공되었음에도 발주자가 인수를 하지 않는 경우.

넓게 보아 채무불이행의 효과로서는 (i) 이자 및 추가비용의 지급(제11조 제2항), (ii) 자동적인 인도기일의 연장(제11조 제3항 a호), (iii) 건조계약의 해제권 부여(제11조 제3항 b호), (iv) 건조중인 선박의 매각 청산(제11조 제4항)이 있다.

(2) 이자 및 추가비용의 지급(제2항)

지급이 지연이 된 경우에 발주자는 이자를 지급하여야 한다. 추가되는 비용도 지급하여야 한다.

(3) 채무불이행의 효과(제3항)

(a) 자동적인 인도기일의 연장(제3항 a호)

발주자가 제1항에서 정한 채무불이행을 하게 되면 자동적으로 인도일이 연장된다.

(b) 건조계약에 대한 건조자의 해제권 발생(제3항 b호)

채무불이행일이 15일 이상 지속되면 건조자는 선택에 따라 서면으로 확인되는 전보 등으로 발주자에게 계약해제의 통지를 보내야 한다. 발주자가 통지를 수령하는 순간 본 건조계약은 무효가 된다(null and void). 발주자가 공급한 것은 건조자의 단독 소유가 된다. 계약해제가 되는 경우에 기 지급받은 선수금을 건조자가 보유할 권리가 주어진다.

제3항 a호에 따르면 건조자가 통지 등 어떤 조치를 할 필요 없이 당연히 자동적으로 선박의 인도일이 연장된다. 제3항 b호에 따르면 채무불이행이 15일 이상 되어 건조자가 계약을 해제한 경우에 그 법률효과가 무효(null and void)라고 하지만 해제의 효과로 보아야 할 것이다.[78)][79)]

건조계약해제의 약정된 효과(제3항 6호)로서 기지급된 선수금은 건조자가 보유하게 된다. 납부일자에 납부하지 않은 선수금을 받을 권리가 건조자에게 주어지는 지

78) Curtis, *op. cit.,* p.189.

79) 우리 법상으로는 원상회복의 관계가 되어야 할 것이기 때문에 발주자가 공급한 것은 돌려받고 건조자가 제공한 것도 돌려받아야 한다. 건조자가 제공한 것은 건조중인 선박이기 때문에 작업에 따른 인건비 등을 발주자가 건조자에게 지급하여야 할 것이다. 발주자가 제공한 선수금의 일부는 건조가 중단된 선박으로 변환되어 있기 때문에 발주자는 그 선박을 반환받고 건조자는 선수금의 일부(인건비에 해당)를 가지게 될 것이다.

아니면 받지 못한 선수금은 손해배상의 액으로 넘어가는지가 문제된다. 선수금을 받고서 선박건조를 계속하기 때문에 계약을 해제하는 순간 이후로는 선박건조를 하지 않을 것이기 때문에 선수금이 필요 없을 수도 있기 때문이다. 만약 손해배상의 문제로 가면 건조자는 손해의 존재를 입증하여야 하는 불리함을 안게 된다. 이 문제는 보증인이 있는 경우에 큰 문제가 된다. 선수금 납부를 보증한 자는 선수금의 성격을 가진 것만 지급할 책임을 부담하고, 손해배상책임을 담보한 것은 아니기 때문이다. 영국법원은 납부하지 않은 선수금을 발주자가 건조자에게 지급하여야 한다고 판시하고 있다.[80)81)]

(4) 선박의 매도(제4항)

(a) 건조자는 해제당시의 상황에 따라서 건조중인 선박을 더 작업하여 완성하거나 혹은 그 상태에서 매도할 수 있다.

(b) 완성된 상태의 선박을 매도하는 경우에, 매도금액은 (i) 건조자가 매도에 소요된 비용의 정산, (ii) 발주자의 채무불이행으로 인하여 그렇지 않다면 발생하지 않았을 건조자에게 발생한 비용, (iii) 건조계약에서 지급되지 않은 모든 미지급된 선수

---

80) Hyundai Heavy Industries Co. Ltd. v. Papadopoulos and Others(1980)에서 발주자가 제2차의 선수금을 납부하지 않자 건조자인 현대중공업이 계약을 해제하였다. 그리고 발주자의 보증인에게 미납된 선수금의 납부를 구하게 되었다. 보증인은 계약의 해제로서 미납된 선수금은 모두 손해배상채권으로 변경되었고 자신은 손해배상채권의 납부를 보증하지 않았다고 주장하였다. 영국귀족원은 건조자의 해제에도 불구하고 건조자가 제2차 선수금을 받을 권리는 영향이 없다고 판시하였다. [1980] 2 Lloyd's Rep. 1.; Curtis, *op. cit.,* p.190.

81) <Stocznia Gdanska SA v. Latvian Shipping Co. Latreefer Inc and others(1998)> 6척의 선박을 건조하는 건조계약이 체결되었다. 발주자는 6개의 건조계약에 대한 첫 번째 선수금은 납부하였지만, 그 이후에 재정적인 어려움 때문에 가격의 인하와 인도일의 연기를 건조자에게 요청하였다. 협상중에 건조자는 두 척에 대하여 용골을 설치하였고 발주자는 지급의무가 발생한 두 번째 선수금을 지급하지 못하였다. 이에 건조자는 제5조 제5항(SAJ의 제11조의 이행지체규정과 유사함)에 기초하여 계약해제권을 행사하였다. 건조자는 2번째 선수금의 납부를 요구하였다. 발주자는 두 가지 주장을 하였다. (i) 건조자가 계약을 해제한 결과로 선박이 인도되지 못하게 되기 때문에 이것은 약인의 결여(total failure of cosideration)에 해당하여 발주자로 하여금 용골설치 후에 납부하여야 할 제2차 선수금 지급의무를 면하게 하는 것이다. (ii) 제5조 제5항은 기지급된 선수금은 보유하지만 해제당시 지급되지 않은 것은 실제로 손해를 입은 것임을 건조자가 입증할 수 있는 경우에 지급하는 것이다. 귀족원은 (i)에 대하여는 선박건조계약이라는 것은 단순한 선박의 매도가 아니라 선박을 설계하고 완공된 목적물을 발주자에게 인도할 의무를 부담하는 그러한 계약이기 때문에 이미 계약의 해제 전에도 건조자는 선박의 건조를 시작한 이상 전혀 약인이 없다고 할 수 없다고 판시하였다. (ii)에 대하여 조선소에 대하여 이미 기납부할 의무가 발생된 선수금(통상의 계약에 따르면 용골이 설치되면 제2차 선수금이 지급되어야 함)은 지급하여야 한다고 판시하였다. 제11조의 규정은 기발생된 의무(선수금지급의무)를 면하게 한다는 분명한 문구가 없다고 보았다(Curtis, *op. cit.,* p.192). 따라서, 발주자는 2차 선수금을 먼저 지급하여야 했다. [1998] 1 Lloyd's Rep., 609.

금과 그 이자에 충당된다.

(c) 불완성된 상태에서 선박을 매도하는 경우에, 매도금액은 (i) 매도에 소요된 비용의 정산, (ii) 발주자의 채무불이행으로 인하여 그렇지 않다면 발생하지 않았을 건조자에게 발생한 비용, (iii) 모든 건조비용에서 건조자가 보유한 선수금을 제한 금액 그리고, (iv) 계약의 해제로 인하여 건조자가 입은 합리적인 이익의 상실(loss of profit)에 충당된다.

(d) b)와 c)의 경우에 매도대금이 위에서 말한 금액을 초과하는 경우에, 건조자는 이자없이 잔금을 발주자에게 넘겨야 한다. 하지만 어떠한 경우에도 그 잔금은 발주자가 지급한 선수금의 합계액과 발주자가 공급한 물품의 대금의 합을 초과할 수 없다.

(e) 매도대금이 위에서 말하는 대금을 지급하기에 부족한 경우에는 발주자는 건조자의 청구가 있으면 즉시 그 부족분을 건조자에게 지급하여야 한다.[82][83][84]

13. 보험(제12조, Insurance)

1) 의의

건조중인 선박이 멸실되는 경우 혹은 일부손상이 있는 경우에 건조중인 선박의 소유자는 수리비 지출 혹은 재산의 멸실 등의 위험을 부담하게 된다. 이러한 위험에 대한 부담은 누가 소유권을 가지는 가와 밀접히 연결되어 있다. 재물의 멸실 위험에 대하여 피보험이익을 가진 자가 피보험자가 된다(영국 해상보험법 제14조 제1항). 그렇기 때문에 건조자 혹은 발주자를 피보험자로 하는 보험자와 보험계약이 체결되어야

---

82) 발주자의 불이행이 이행기 전의 거절(anticipatory repudiation)에 해당하고 이것이 조건(condition)을 구성한다면 건조자는 (i) 거절에 관계없이 계약의 이행을 계속하거나 (ii) 이행거절을 받아들여 계약을 종료하게 하고 손해배상청구를 할 수 있는 보통법상의 구제수단을 갖는다.

83) 영국법의 입장에 대하여 Malcom Clark 교수는 termination을 한다고 한다(termination의 의미와 효과에 대하여는 Photo Production v. Securicor Transport [1980] A.C. 827, 848-849.를 보라고 한다). 이에 대한 한국법의 입장에 대하여 그는 민법 제544조(이행지체와 해제)를 언급한다. The builder may terminate the shipbuilding contract if the customer fails to pay the price on time and has been given an appropriate period of grace in which to pay. 148면.

84) 건조계약에서 용골이 설치된 다음 통지가 있은 5일 이내에 선수금이 지급되어야 하도록 되어 있고 그 후 21일간이 지나도 대금지급이 없으면 계약의 해제가 가능하도록 되어 있었다. 후자의 위반은 컨디션에 해당하는 것이라고 릭스 판사는 판시하였다. 건조자에게 계약해제권이 부여된다고 하여 이것이 보통법상의 손해배상청구를 못하게 하는 것은 아니라고 보았다. Stocznia Gdanska SA v. Latvian Shipping Company(No. 2)(2002); Curtis, *op. cit.*, p.196.

한다. 보험계약자는 반드시 피보험이익을 가지지 않아도 되기 때문에 누구든 보험계약자가 될 수 있다.

2) 해설과 쟁점

(1) 보험담보의 범위(제1항)

① 보험계약의 당사자와 피보험자

건조자가 보험계약자가 되고(제1문) 건조자 자신이 보험금을 수령한다(제3문).[85] 일본보험회사와 건조보험(builder's risks insurance clause) 계약을 체결하여야 한다. 만약 발주자가 희망하면 발주자가 피보험자가 되도록 보험계약을 건조자가 체결하고 그 비용은 추후에 발주자가 건조자에게 보상하여 준다.

따라서, 특별한 약정이 별도로 없는 한 SAJ하에서는 건조자가 보험계약자 및 피보험자가 되고, 보험자는 일본보험회사가 된다.[86] 그런데, 건조중인 선박에 대한 위험을 반드시 건조자가 부담하는 것이 아니라 발주자가 부담하는 경우도 있다. 또한 선수금을 발주자가 건조자에게 미리 제공하기 때문에 그 반환의 목적으로 혹은 건조중인 선박이 멸실된 경우 대금을 반환받지 못하는 경우에 대비하여 발주자가 보험금을 수령하기를 희망하는 경우도 있다. 실무에서는 건조자와 발주자를 공동피보험자로 하여 이를 해결하고 있다.[87]

영국법 하에서 보험계약자 및 피보험자를 건조자로 하면서 보험금을 발주자가 수령할 수 있도록 특별히 약정하는 경우에 발주자가 보험자에게 보험금을 청구할 권한이 있는지가 문제된다. 영국법에서는 엄격한 직접계약당사자의 원칙(privity of contract)이 있기 때문에 허용되지 않는다고 해석된다. 그러므로 건조자가 선수금의 담보로서 보험금을 발주자가 수령할 수 있도록 양도를 하는 경우에, 단순히 loss payable clause(전손보험금을 제3자인 발주자에게 지급한다는 내용)만 보험증권에 추가하는 것

---

85) Article 12 (1) (생략) The policy referred to hereinabove shall be taken out in the name of the BUILDER and all losses under such policy shall be payable to the BUILDER.

86) 일본 보험자와 건조보험에 가입하도록 하는 것은 선박이 일본에서 건조되는 경우에 한정될 것이다. 한국에서 건조되는 경우는 한국 보험자와 보험계약이 체결되도록 변경하여야 할 것이다. 우리나라 보험업법에 따르면 선박보험은 외국보험자에게도 영업이 허용되어 있지만, 건조중인 선박은 이에 해당하지 않기 때문에 여전히 한국의 보험자와만 계약이 체결되어야 한다. 우리나라 보험업법 제3조 및 시행령 제7조 제1호에 따르면 선박보험은 역외보험이 가능하다. 그런데, 건조중인 선박은 동 제7조 제1호의 "선박"의 범주에 속하지 않는다고 해석되면 우리나라에서 건조중인 선박은 역외보험이 불가한 것으로 된다.

87) 실무에서 사용되는 보험서식은 Institute Clauses for Builders' Risks이다.

은 효력이 없다고 해석된다.[88] 실제로 양도서식에 따른 양도가 필요하다. 보험계약자인 건조자로부터 발주자에게 보험금을 수령할 권한을 양도하여 주어야 가능하게 된다.[89] 우리 법하에서는 이러한 구조는 제3자를 위한 계약(민법 제539조)으로 유효하다고 해석될 수 있다.[90]

② 보험담보의 범위(제1항)

보험의 목적은 선체와 모든 기관, 자재, 장비, 부속품, 의장품 및 매수자의 보급품을 포함한다. 담보위험은 런던 보험협회의 건조자 위험약관을 따른다. 보험기간은 선박이 진수된 때로부터 발주자가 선박을 인수할 때까지이다.[91] 보험금액은 적어도 발주자가 건조자에게 지급하는 총 선박대금 이상이 되어야 한다.[92]

(2) 지급되는 보험금액의 처리(제2항)

① 분손(partial loss)의 경우

건조보험에서 담보가 되는 위험으로 인하여 분손이 발생한 경우에 건조자는 보험금을 수령하여 수리를 하여야 한다. 나아가 그러한 수리가 선급협회가 만족하도록 되었다면 발주자는 분손을 이유로 선박의 인도를 거절할 수 없다(제2항 a호).

분손보험금을 수령한 건조자는 그 보험금으로 선박건조를 계속하게 된다.

---

88) 영국법 하에서 Loss Payable Clause는 그 자체로서는 효력이 없고 양도증서가 있어야 효력을 인정받을 수 있다. 이는 직접계약당사자의 원칙(privity of contract)이 적용되기 때문이다. Curtis, *op. cit.,* p.203. 엔젤 벨 사건에서 영국법원은 이와 같이 판시한 바 있다. Iraqi Ministry of Defence v. Arcepey Shipping Co. S.A.,(The Angel Bell)(1979) [1979] 2 Lloyd's Rep., p.491. "A loss payable clause give no rights to the loss payee unless it also constitutes or evidences an assignment of the assured's rights under the policy or evidences the fact the designated person is an original assured.

89) Malcom Clarke, *op. cit.,* p.66.

90) 타인을 위한 보험은 제3자를 위한 계약의 일종으로 해석이 가능하다. 타인을 위한 보험에서 피보험자(보험금 수령권자)는 제3자가 된다(상법 제639조 제2항 1문); 박세민, 보험법(박영사, 2010), 376면.

91) 선박을 발주자가 인도받은 다음부터는 일반 선박보험(Hull insurance)의 적용을 받게 된다.

92) Article 12(1) Extent of Insurance Coverage From the time of keel-laying of the vessel until the same is completed by the BUYER, the BUILDER shall, at its own cost and expense, keep the vessel and all machinery, materials, equipment, appurtenance and outfit, delivered to the Shipyard for the vessel or built into, or installed in or upon the vessel, including the BUYER's Supplies, fully insured with Japanese Insurance companies under coverage corresponding to the Japanese Builder's Risks Insurance Clause. The amount of such insurance coverage shall, up to the date of delivery of the vessel, be in an amount at least equal to, but not limited to, the aggregate of the payment made by the BUYER to the BUILDER including the value of the BUYER's Supplies.

② 전손(total loss)의 경우

현실전손이나 추정전손이 발생한 경우에는 당사자는 아래 둘 중의 하나를 선택하여야 한다; (i) 서면으로 인도기일을 연장하면서 계약가격을 변경하면서 선박을 완성하기 위한 재건조를 시작할 것, (ii) 즉각적으로 지금까지 납부받은 선수금을 반납하고 건조계약을 해제함으로써 당사자들의 모든 권리와 의무가 종료되도록 할 것. 만약 사고 후 2개월 안에 위의 선택에 대한 합의가 이루어지지 않은 경우에는 (ii)가 선택된 것으로 간주한다(제2항 b호).

현실전손 혹은 추정전손이 되면 보험자는 피보험자인 건조자에게 보험금을 지급하게 된다. 그런데, 건조자의 건조의무는 계속되는 것이 원칙이다. 건조자는 수령한 보험금으로 재건조를 할 수 있을 것이다. 발주자로서는 인도기일이 늦어지기 때문에 선박건조 계약가격을 낮출 요인이 생길 것이다. 발주자와 건조자는 새로운 계약을 체결하는 편이 더 나을 수 있기 때문에 건조계약해제 선택이 가능하도록 하고 있다. 선수금은 반환되어야 하고 수령된 보험금은 건조자가 가지게 된다.

3) 건조자의 보험가입의무의 종료(제3항)

건조된 선박이 발주자에 의하여 인수되면 그 순간부터 선박에 대하여 보험에 가입할 건조자의 의무는 종료된다.

선박의 인도로서 소유권이 발주자에게 이전되어 건조자는 더 이상 피보험이익이 없기 때문에 건조자의 보험계약가입의무는 종료되도록 한다.[93]

14. 분쟁해결수단(제13조, Dispute and arbitration)

1) 의의

선박건조계약도 계약의 일종이다. 당사자들은 자유로이 분쟁해결의 방식으로서 중재제도를 선택할 수 있다. 각국은 중재제도를 운용하고 있다. 영국과 일본과 같은 경우에는 선박건조계약과 관련된 분쟁도 해사중재에서 많이 처리된다. SAJ 서식에서는 일본해운집회소(Japan Shipping Exchange)의 중재로 분쟁을 해결한다는 조항을 가지고 있다. 우리나라 실무에서는 대한 상사중재원의 중재가 있지만, 영국런던해사

93) 김연신, 전게서, 195면. 피보험이익이 없으면 보험은 무효가 되기 때문이다.

중재를 택하는 경우가 대부분이다.[94)]

2) 해석과 쟁점

(1) 중재절차(제1항)

일본해운집회소에서 행하는 해사중재 절차에 대하여 정한다. 기술적 사항에 대하여는 전문가인 선급협회의 판단에 의하기로 한다. 중재판정은 확정판결과 같은 효력을 갖는다.

일본해사중재에서 중재를 하게 되면 그 효력은 일본중재법의 적용을 받게 될 것이다. 해사중재는 단심으로 종결되고, 항소는 해난구조료 산정과 같은 극히 예외적인 경우가 아니면 허용되지 않는다. 중재판정은 각국의 중재법에 의하여 법원의 판결과 동일한 효력을 가지어 집행력을 가지게 되지만 그렇지 않은 경우에 당사자 사이에 제1항이 작용할 것이다.

(2) 중재판정문(award)에 대한 통지(제2항)

중재결정문은 서면으로 즉시 건조자와 발주자에게 송부되어야 한다.

(3) 비용(제3항)

중재판정부는 중재비용을 누가 얼마나 부담하였는지에 대한 판단을 한다.

(4) 법원의 판단(제4항)

중재판정에 대하여 관할권을 갖는 법원은 판정을 할 수 있다.[95)]

(5) 인도기일의 변경(제5항)

선박의 인도 전에 발생한 사유 때문에 중재에 회부된 경우 중재판정부가 인도기일의 연기에 대하여 판단한다.[96)][97)]

---

94) 우리나라 준거법과 우리나라 법정의 활용 실태와 방안에 대하여는 김인현, "한국해사법정 및 한국 준거법 활용현황과 그 활성화 방안", 한국해법학회지 제324권 제1호(2012.4.), 53면 이하를 참고바람.

95) 영국의 중재도 원칙적으로 단심이지만, 법률문제에 이상이 있음을 입증하면 법원에 항소가 가능한 점이 일본, 한국 및 모델법과 다르다.

96) 제14조 양도에 대한 권리: 본조는 건조계약의 양도에 관한 규정이다. 상대방의 동의를 얻은 다음에야 비로소 유효한 양도를 할 수 있다. 당사자는 문서에 의한 상대방의 동의를 얻지 않고서는 본 건조계약을 제3자에게 양도할 수 없다. 발주자가 양도하는 경우에는 양수인과 그 승계인이 발주자의 모든 책임

15. 발주자 공급품(제17조, Buyer's supplies)

1) 의의

본조는 선박건조 중에 발주자가 제공하여야 하는 보급품에 대하여 발주자가 공급할 책임이 있고 이를 건조자가 수령하여 선박에 설치할 것을 정하고 있다.

2) 해설과 쟁점

(1) 발주자의 책임(제1항)

(a) 발주자는 자신의 위험과 자신의 비용부담으로 건조자가 정한 일정표에 맞추어 선박에 설치가 가능하도록 명세서에 기입된 모든 품목을 공급하여 건조자의 창고 등에 공급하여야 한다.

(b) 발주자는 건조자의 설치를 용이하게 하기 위하여 보급품에 대한 명세서, 설계도, 도면 등을 건조자에게 제공하여야 한다.

(c) 건조자는 보급품이 설치작업에 부적합하거나 부적당한 상태인 경우에는 합리적인 거절권을 가진다. 발주자의 요청이 있으면 그 보급품을 수리하거나 조정할 수 있고 그에 소요되는 비용은 발주자가 건조자에게 지급하여야 한다. 인도일자도 이에 맞추어 연기된다.

(d) 발주자가 보급품을 지정된 시간 내에 공급하지 못하게 되면 인도일자는 공급지연시간만큼 자동 연장된다. 이로 인하여 건조자가 입은 손해는 발주자가 배상하여

과 의무 및 본 계약상의 부담을 이행하도록 할 책임이 발주자에게 있다. 건조자가 양도하는 경우에는 건조자는 본 계약에 따라 이행하여야 할 모든 의무의 이행에 대하여 제1차적인 책임을 부담한다.

97) 제15조 세금 등 공과금: 선박건조와 관련된 제세금의 납부에 대한 내용이다. 선박의 건조와 관련하여 건조자가 제공하여야 하는 항목에 대하여 부과된 제세금은 건조자가 부담한다. 본 계약의 이행과 관련하여 일본 바깥에서 부과된 제세금은 발주자가 부담한다.
제16조 특허 등 본선에 탑재되는 기계류, 의장품등이 특허나 상표와 관련되는 경우 발주자인 선박소유자가 자유롭게 사용할 수 있도록 건조자가 이를 보증한다(제1항).
본선의 설계도면, 기타 명세서등에 대한 모든 지적재산권이 건조자에 귀속한다(제2항).
(i) 특허, 상표 및 저작권: 본선에 탑재, 장치되는 기계류와 의장품으로서 특허, 상표 및 저작권을 가지고 있는 경우에 발주자가 자유롭게 사용할 수 있도록 건조자는 보증한다. 문제가 된 경우에 건조자는 발주자를 위하여 방어하여야 한다.
(ii) 일반도면, 사양서 및 공작도면: 건조된 선박의 일반도면, 사양서, 공작도면, 시운전결과표 등과 같은 경우는 모든 권리를 건조자가 가진다. 선박의 통상적인 운항, 보수 및 유지를 위한 경우를 제외하고 발주자는 건조자의 사전 서면동의 없이 제3자에게 그러한 자료를 공개하거나 어떠한 정보도 누설하여서는 아니 된다.

야 한다. 만약, 보급품의 인도가 30일 이상 지연되는 경우 건조자는 그 부품을 선박에 설치하지 아니하고 선박건조를 계속 진행할 권리가 있고, 발주자는 그러한 선박을 인수하여야 한다.

발주자 공급품은 건조가격 및 인도기일에 영향을 미치므로 계약시 사양서 등에 포함되어야 할 것이다.[98] 발주자 공급품에는 항해용 장비, 해도, 의료기기 및 의약품, 기타 특수한 장비 등이다.[99] 공급품은 대개 본선 공사의 마지막 단계인 의장작업시에 필요하게 되며 공정상 신속한 진행이 조선소에 긴요하게 된다. 발주자 공급품의 공급이 지연된 경우에 발주자의 불이익은 (i) 본선 인도기일의 연기, (ii) 지연에 대한 손해배상, (iii) 30일 이상 지연시 건조를 공급품 없이 진행, (iv) 발주자는 이와 같이 건조된 선박의 인수를 거절할 수 없다는 등이다(제1항 d호).

(2) 건조자의 책임(제2항)

보급품이 조선소에 인도된 후 건조자는 합리적인 주의를 다하여 이를 보관하고 취급하여야 하고, 자신의 비용으로 이것을 선박에 설치한다. 달리 정하지 않은 경우에, 건조자는 보급품의 품질, 효능 또는 성능에 대하여 책임을 부담하지 않는다.[100]

발주자가 공급한 보급품은 제9조의 보증책임의 대상이 아니다. 경우에 따라서는 건조자는 발주자가 공급한 보급품이 파손될 경우 건조자의 고의 혹은 중과실이 없는 경우에 책임을 지지 않는다는 문구를 추가하기도 한다.[101]

16. 해석(제20조, Interpretation)

1) 의의

본 계약에 적용될 준거법을 당사자가 지정하여야 한다. 건조계약에서는 건조계약서, 사양서 그리고 도면이 함께 사용되기 때문에 이들이 충돌되는 경우에 상호간의 효력이 문제된다. 제20조는 이에 대한 규정이다.

---

98) Curtis, *op. cit.,* p.230.
99) 김연신, 전게서, 186면.
100) 제18조의 통지와 제19조 계약의 효력발효일은 중요도가 낮기 때문에 지면관계상 설명을 생략하였다.
101) 김연신, 전게서, 191면. the BUILDER shall not be responsible --- for the loss or damage to the BUYER's Supplies caused without the BUILDER's wilful misconduct or gross negligence.

2) 해설과 쟁점

(1) 준거법(제1항)

본 표준계약서에서의 준거법은 선박이 건조되는 국가의 법이다.102)

그러므로 한국에서 건조되면 한국법이 준거법이 된다. 그런데 실무에서는 이를 영국법으로 변경하는 것이 대부분이다. 영국법 하에서 적용되는 법으로서는 영국 물품매매법과 불공정거래법이 있다.103)

(2) 서로 충돌하는 경우의 해석(제2항)

본 계약의 내용과 사양서의 내용이 충돌하는 경우에는 계약의 내용이 우선하고, 사양서와 도면의 내용이 서로 충돌하는 경우에는 사양서의 내용이 우선 적용된다.

(3) 계약의 종결적 성질(제3항)

본 계약의 목적과 관련되어 계약체결 전에 이루어진 협상, 약속 등은 모두 본 계약에 포함된 것으로 당사자들은 합의한다.

사전에 논의된 것과 충돌될 경우에 본 계약이 우선하도록 하여 분쟁의 소지를 없애는 것이다. 계약체결 후의 변경은 여전히 유효하다.104)105)

Ⅳ. 결론 및 개선방향

선박건조계약의 표준계약서로서 일본 SAJ 서식 혹은 이의 변형이 우리나라에서는 가장 널리 사용된다. SAJ 서식을 사용하면서 준거법을 영국법으로 하는 경우에 영국의 물품매매법, 계약법, 제3자 권리법 등이 적용되기 때문에 법률의 내용이 우리 실무자들

---

102) Article 20 (1) Laws Applicable: The parties hereto agree that the validity and interpretation of this Contract and of each Article and part hereto shall be governed by the laws of the country where the vessel is built.

103) CISG를 싱가포르와 영국이 비준하였지만 CISG 제92조에 의하여 체약국은 CISG의 적용을 배제할 수 있고 싱가포르와 영국은 그러한 입장이다. 영국법 하에서 선박건조는 매매법이 적용된다. 따라서, 선박의 건조가 완료된 다음 건조자는 매도인이 되어 매수인인 선박소유자에게 선박을 매도하는 형식을 취하게 된다. 또한 CISG에서는 선박은 적용제외사항이다. 불공정거래법(Unfair Contract Terms Act)은 국제계약인 경우에는 적용에서 배제된다(제26조).

104) Curtis, *op. cit.*, p.246.

105) XXI. 기타조항(제21조)은 도면 비용 등이 선박건조가격에 포함되었음을 나타낸다.

에게 생소하고 이해에 어려움이 있다. 한국법이 준거법이 되면 상법 및 민법의 일반이론이 적용되기 때문에 우리 법률가들과 실무자들은 한결 쉽게 이해가 가능할 것이다. 만약, SAJ 서식을 그대로 두면서 준거법만 한국법으로 하는 경우에 문제점을 파악하고 문제가 있는 경우에 계약서 조항자체를 우리 법과 일치하는 수정작업이 필요할 것이다.

영국법에 따르는 경우 (i) 약인의 이론 때문에 집행이 불가하게 되는 우려 및 건조가격의 변경에도 효력이 문제되는 점, (ii) 손해배상예정액 자체가 무효가 될 우려가 있는 점, (iii) 직접계약당사자의 원칙 때문에 보험계약에서 제3자인 발주자의 권리행사가 어려워지는 점, (iv) 계약상 해제 혹은 해지의 효력 이외에도 보통법상의 권리가 여전히 존재하는지가 불확실한 점 등은 우리 법보다 법률관계를 불안정하게 하는 것으로 보인다. 다만, 우리 법상으로는 건조중인 선박의 소유권이 누구에게 있는지 다툼이 있지만 영국은 확정적으로 건조자에게 있다고 하고 이에 따른 후속법률관계가 형성되어 있기 때문에 한결 단순하다. 우리나라에서 소유권귀속에 대한 통일적인 해석을 위하여 선박건조계약의 준거법을 한국법으로 하는 것이 당사자에게 법적 안정성과 예측가능성을 가져다주는 장점이 있을 것으로 본다.

선박건조계약은 해상기업의 활동과 연결되기 때문에 일반 상행위의 하나로 두기보다는 상법 해상편의 일부로서 편제하여 규율하는 것이 좋을지에 대하여 논의할 필요도 있다. 해상기업이 물적수단을 확보하는 법제도로서 선박건조계약이 필요한 것이기 때문에 이를 해상기업의 보조적 상행위(상법 제47조)로 볼 수도 있을 것이다.[106] 그러나, 상법 해상편의 여러 규정들은 선박의 운항을 전제로 책임제한 등의 이익을 선박소유자에게 제공하는 것이고, 선박건조계약은 선박운항 이전의 단계이기 때문에 상법 해상편의 여러 가지 제도들은 적용되지 않아야 할 것이다. 우리 상법에는 건조중인 선박을 저당권의 대상으로 할 수 있다는 하나의 조문(상법 제790조)만이 존재한다. 선박건조계약에 대한 정의, 건조중인 선박에 대한 소유권의 귀속 및 제척기간에 대한 규정만을 두는 것만으로도 법적 안정성과 예측가능성을 부여할 것이다. 강행규정을 두는 것은 적절하지 않을 것으로 보인다. 왜냐하면 건조자와 발주자가 모두 대등한 협상력과 정보를 가진 자로 보이기 때문이다. 선박건조계약은 표준서식을 사용할 뿐이지 약관이 아니므로 약관규제에 관한 법률의 적용은 특별한 사정이 없는 한 없을 것으로 본다.

---

106) 10년 이상 장기운송계약을 체결한 선박회사가 동 화물의 운송을 위하여 장래의 운임채권을 담보로 선박을 건조하는 경우, 장기운송계약은 상행위이고 선박건조계약은 보조적 상행위로 볼 수 있을 것이다.

제 2 장

독립보증으로서의 선수금환급보증과 권리남용*
(대법원 2015. 7. 9. 선고 2014다64442 판결)

김인현 고려대학교 법학전문대학원 교수

Ⅰ. 사실관계

한국의 선박회사 갑(발주자)은 한국의 을 조선소(건조자)와 선박건조계약을 2007. 8.9. 체결하면서, 준거법은 한국법으로 하였다.1)2) 이 계약서에는 을과 갑이 자신들 사이의 어떠한 분쟁이나 불일치를 이유로 계약에 따른 모든 지급을 지체하거나 유보할 수 없음에 합의한다는 내용이 포함되어 있다.

선박건조에는 막대한 자금이 필요하기 때문에 발주자는 여러 차례에 걸쳐서 건조자에게 선수금을 지급하게 되고, 선박을 인도받을 때 마지막 잔금을 치르게 되는 것이 통상이다. 이러한 관례에 따라, 본 선박건조계약에서도 갑은 선박건조를 위한 선수금을 을에게 여러 차례 제공하도록 약정하였다.3) 선박건조가 제대로 되지 않을 때에는 갑은 을로부터 기 지급된 선수금을 환급받아야 한다. 이러한 경우를 대비하여 갑은 을로부터 선수금환급을 보증한다는 내용의 보증서를 받게 된다. 이 사안에서는

---

* 본 논문은 국제거래법연구 제24집 제2호(2015.12.)에 게재된 것을 제16회 선박건조·금융법 연구회(2016. 3. 18)에서 발표한 것이다.

1) 우리나라에서 이루어지는 선박건조계약은 통상 영국법을 준거법으로 하지만, 이 경우는 예외적으로 한국법이 준거법으로 지정되었다.

2) 영국법을 준거법으로 하는 경우에 당사자를 매도인과 매수인으로 칭하게 된다. 이는 영국물품매매법상 선박건조는 법적 성질이 매매에 해당하기 때문이다. 건조자는 매도인이 되고 발주자는 매수인이 된다.

3) 우리나라 법원에서 판시된 선박건조계약에 대한 판결로는 서울고법 2012. 11. 15. 선고 2011나46342 판결; 서울고법 2013. 4. 25. 선고 2012나65630 판결이 있다.

갑(수익자)은 2007.9.20. 은행 병이 발급하고 "취소가 불가하고 무조건적"이라는 문구가 기재된 선수금환급보증서를 수령하였다.[4] 역시 준거법은 한국법이었다. 선수금지급의 조건으로, (i) 발주자 갑이 건조자 을에게 계약에 따른 환급청구를 하였다는 점 및 건조자가 환급하지 못하였다는 점을 내용으로 하는 발주자의 단순한 서면진술서에 기하여 지급하고 (ii) 다만, 건조자와 발주자 사이의 계약의 해제 혹은 선수금 반환 청구의 분쟁이 중재절차에 회부된 경우는 예외로 하였다.[5]

먼저 을은 갑이 약정된 선수금을 제때에 지급하지 않았다는 이유로 2009.10.16. 계약을 해제하였다.[6] 2010.8.경 건조자는 1차 회생절차개시결정을 받았다. 한편, 갑은 2011.8.26. 을의 채무불이행을 근거로 계약을 해제하고,[7] 선수금반환을 구하였으나 을이 반환을 거부하자, 갑(원고)은 병(피고)에게 2011.11.25. 선수금반환 청구의 소를 제기하였다.[8]

병은 갑이 선수금을 제때에 주지 않은 이유로 계약이 이미 해제되었기 때문에 더 이상 원고들이 병에 대하여 선수금반환을 요구할 권리가 없음이 명백함에도 이 사건 보증서에 기한 권리를 행사하는 것은 권리남용에 해당한다고 주장하였다. 한편, 갑은 을이 건조할 의사나 능력도 없이 선수금을 유용할 목적으로 선수금청구를 한 것이기

---

4) 그 주요 내용은 아래와 같다.
If, in connection with the terms of the CONTRACT, the BUYER shall become entitled to a refund of the advance payments made to the BUILDER prior to the delivery of the VESSEL, we hereby <u>irrevocably and unconditionally</u>(except conditions written hereunder), guarantee the repayment of the same to the BUYER within 30 days after first written demand. (omitted) This Letter of Guarantee is available against the BUYER's simple written statement certifying that the BUYER's demand for refund has been made in conformity with Article X of the CONTRACT and the BUILDER has failed to make the fund(만약, 이 사건 계약의 조건과 관련하여 매수인이 선박의 인도 이전에 건조자에게 지급한 선수금의 환급을 청구할 수 있게 되는 경우, 우리는 <u>취소불가능하고 무조건적으로</u>(아래에서 적시한 조건들을 제외하고는) 처음 서면요구를 한 날로부터 30일 이내에 매수인에게 그 반환을 보증한다. (중략) 본 보증서는 매수인이 계약 제10조에 의거하여 건조자에게 환급청구를 하였다는 점 및 건조가가 환급하지 못하였다는 점을 내용으로 하는 매수인의 단순한 서면 진술서에 기하여 지급이 가능하다).

5) 통상 RG상 선수금회수를 당하지 않고 시간을 벌기 위하여 이 조항에 따라 중재를 신청하는 경우도 많다.

6) 발주자의 채무불이행(default)의 경우 건조자의 계약해제권이 발생한다(SAJ 서식 제11조 제3항). 제1항의 채무불이행에 대한 정의규정에 따르면, (i) 제1, 제2, 제3회의 선수금분납금을 납부일의 3일 이내에 지급하지 않는 경우 혹은 (ii) 제4회 분납금을 선박의 인도와 동시에 지급하지 않는 경우 혹은 (iii) 제7조의 규정에 따라 선박이 정상적으로 제공되었음에도 발주자가 인수를 하지 않는 경우이다.

7) 통상 선박건조계약에서 발주자에 의한 계약해제사유로는 (i) 인도의 지연 (ii) 계약의 기술적인 요구사항과 건조된 선박이 일치하지 않는 경우 (iii) 도산 등과 같은 재정상의 문제 (iv) 인도 전에 선박이 멸실된 경우 (v) 기타 다른 불이행이 있는 경우가 있다.

8) 1심판결문에 따르면, 2011.11.25. 피고는 소장을 제출하면서 매수인해제통지서를 같이 제출하였다고 한다.

때문에 자신들에게 선수금지급의무가 발생하지 않았으므로 이를 이유로 한 을의 계약해제는 부적법하고, 자신들이 정당한 계약해제를 한 것이고 이는 보증서에 기재된 선수금반환 사유라고 주장하였다. 갑(원고)은 또한 선수금을 제때에 지급하지 않은 것은 건조가 제대로 이루어지지 않을 것을 알고 자신을 보호하기 위한 수단이었다고 하면서 민법상 '불안의 항변권'을 주장하였다.[9)10)]

Ⅱ. 서울고등법원의 판단

서울고등법원(2013. 11. 29. 선고 2012나90216 판결)은 아래와 같이 판시하였다.

병이 갑을 위하여 발급한 본 보증서는 독립적 은행보증에 해당하고, 갑 청구가 권리남용에 해당하는 경우에는 병이 갑의 청구에 따른 보증금의 지급을 거절할 수 있다.

을이 건조선박에 관한 용골거치를 시행하였음에도, 갑은 3차 선수금을 지급하지 아니함에 따라 을이 건조계약을 적법하게 해제하고 기왕에 지급받은 1, 2차 선수금을 손해의 전보에 충당한 이상 갑은 을에 대하여 선수금 환급을 청구할 권리가 없다.

을의 선수금지급청구의 요건, 갑(원고)의 채무불이행요건, 갑이 어떠한 분쟁이나 불일치를 이유로도 선수금지급을 지체할 수 없음은 을과의 사이의 계약서에 명문으로 기재되어 있는 점, 을의 용골거치 및 강재절단 시행통지, 선수금지급청구, 갑에 대한 채무불이행 선언 및 계약 해제의사표시는 모두 서면으로 통지되었고, 그 기재에 있어서 오해의 여지도 없는 점, 갑은 을이 먼저 해제통지를 한 사실을 알면서도 계약상 근거 없는 주장을 하면서 그 해제통지의 효력을 부인하고 선박건조대금의 감액만을 요구해 온 점, 갑의 모회사이자 최초 이 사건 선박건조 계약의 당사자였던 ××해운은 외항화물운송, 선박용선 및 매매업 등을 목적으로 하는 회사로서 선박건조

9) 선박건조계약과 관련된 논문으로는 서영화, "선박건조계약과 관련된 몇 가지 법률문제들", 한국해법학회지 제32권 제1호(2010.4.), 57면 이하; 이한무, "건조중인 선박에 관한 몇 가지 법률쟁점의 검토", 한국해법학회지 제33권 제2호(2011.11.), 97면 이하; 김인유, "건조중인 선박에 관한 법률관계", 한국해법학회지 제32권 제1호(2010.4.), 24면 이하; 김인현, "선박건조 표준계약서(SAJ)에 대한 연구", 한국해법학회지 제34권 제2호(2012.11), 151면 이하.

10) 선수금환급보증과 관련된 논문으로는 김상만, "선박수출거래에서 환급보증의 특성과 문제점에 대한 연구", 서울대학교 법학 제52권 제3호(2011.9.), 454면 이하; 윤진수, "독립적 은행보증의 경제적 합리성과 권리남용의 법리", 법조 제692호(2014.5.), 5면 이하가 있다. 영문서적으로는 Reoland Bertrams, *Bank Guarantees in International Trade*, Kluwer Law International, 2004; Mark Davis, *Refund Guarantees*, informa law, 2014가 있다.

계약 및 공정단계에 대해 잘 알고 있거나 손쉽게 알 수 있는 지위에 있음에도 이 사건 선박건조계약서에 존재하지 않는 조건을 을에게 요구하고 분쟁해결을 위해 중재를 신청하지도 않은 점 등을 고려하면, 갑이 을에 대하여 선수금환급을 청구할 아무런 권리가 없음이 객관적으로 명백하고 갑은 이러한 사정을 잘 알고 있음에도 이 사건 보증서의 추상성 및 무인성을 악용하여 이 사건 청구를 한 것이므로 권리남용에 해당한다.[11][12]

Ⅲ. 대법원의 판시내용

은행이 보증을 하면서 보증금 지급조건과 일치하는 청구서 및 보증서에서 명시적으로 요구하고 있는 서류가 제시되는 경우에는 그 보증이 기초하고 있는 계약이나 이행제공의 조건과 상관없이 그에 의하여 어떠한 구속도 받지 않고 즉시 수익자가 청구하는 보증금을 지급하겠다고 약속하였다면, 이는, (중략)[13] 이른바 독립적 은행보증이다. 이러한 독립적 은행보증의 보증인으로서는 수익자(갑)의 청구가 있기만 하면 보증의뢰인(을 조선소)이 수익자에 대한 관계에서 채무불이행책임을 부담하게 되는지를 불문하고 보증서에 기재된 금액을 지급할 의무가 있으며, 이 점에서 독립적 은행보증에서는 수익자와 보증의뢰인 사이의 원인관계는 단절되는 추상성 및 무인성이 있다.

다만 독립적 은행보증의 경우에도 신의성실원칙이나 권리남용원칙의 적용까지 완전히 배제되는 것은 아니므로, 수익자(갑)가 실제로는 보증의뢰인(을)에게 아무런 권리를 가지고 있지 못함에도 불구하고 은행보증의 추상성과 무인성을 악용하여 보증인(병)에게 청구를 하는 것임이 객관적으로 명백할 때에는 권리남용에 해당하여 허용될 수 없다. 이와 같은 경우에는 보증인으로서도 수익자의 청구에 따른 보증금의 지급을 거절할 수 있으나, 원인관계와 단절된 추상성 및 무인성이라는 독립적 은행보증의 본질적 특성을 고려하면, 수익자가 보증금을 청구할 당시 보증의뢰인에게 아무

11) 발주자가 주장한 불안의 항변권도 인정되지 않았다.
12) 본 고등법원의 판결에 대한 평석으로는 윤진수, 전게논문, 57-59면이 있다.
13) 중략된 내용은 "주채무에 대한 관계에서 부종성을 지니는 통상의 보증이 아니라, 주채무자인 보증의뢰인과 채권자인 수익자 사이의 원인관계와는 독립되어 원인관계에 기한 사유로는 수익자에게 대항하지 못하고 수익자의 청구가 있기만 하면 은행의 무조건적인 지급의무가 발생하게 된다"는 것이다.

런 권리가 없음이 객관적으로 명백하여 수익자의 형식적인 법적 지위의 남용이 별다른 의심 없이 인정될 수 있는 경우가 아닌 한 권리남용을 쉽게 인정하여서는 아니된다(대법원 2014. 8. 26. 선고 2013다53700 판결 참조)(중략).[14)]

앞서 본 법리에 의하면, 독립적 은행보증인 이 사건 보증서에 기한 원고들의 청구가 권리남용에 해당하기 위해서는 원고들이 이 사건 소제기를 통하여 보증금을 청구할 당시 을에 대하여 아무런 선수금환급 청구권이 없음에도 독립적 은행보증의 수익자라는 법적 지위를 남용하여 청구하는 것임이 독립적 은행보증인인 피고에게 객관적으로 명백하다고 인정되어야 하는데, 피고 및 원고들의 위와 같은 주장 내용과 아울러 기록에 의하여 알 수 있는 이 사건 보증금 청구 당시의 사정, 즉 이 사건 소제기 전에 이루어진 원고들과 을 조선소 사이의 회생채권조사확정재판에서도 을 조선소의 위 계약해제가 적법한지 여부가 쟁점이 되어 1년여에 걸쳐 심문절차가 이루어졌음에도 결론이 내려지지 못한 채 회생절차폐지로 종결된 점 등을 고려하면, 이 사건 소제기 당시 원고들이 을 조선소에 대하여 선수금 환급청구권이 없음에도 이 사건 보증금을 청구하는 것임이 피고에게 객관적으로 명백한 경우에 해당한다고 보기는 어렵다.

그럼에도 원심은 이와 달리 을 조선소의 위 계약해제가 적법하여 원고들의 선수금환급청구권이 존재하지 않음이 객관적으로 명백히 밝혀졌다는 심리 결과에 기초하여 그 판시와 같은 이유로 원고들의 이 사건 청구가 권리남용에 해당한다고 판단하였으니, 이러한 원심의 판단에는 독립적 은행보증에서의 권리남용에 관한 법리를 오해하여 판결에 영향을 미친 위법이 있다고 할 것이다. 그러므로 원심판결을 파기하고, 사건을 다시 심리 판단하도록 원심법원에 환송하기로 한다.

14) 중략된 내용은 “원심판결 이유에 의하면, 피고 병은 이 사건 선박건조계약이 원고 갑의 후속 선수금지급의무 불이행을 이유로 을 조선소에 의해 이미 적법하게 해제되어 원고들이 선수금환급을 청구할 권리가 없음이 명백함에도 이 사건 보증서에 기하여 청구하는 것은 권리남용에 해당한다고 주장하고, 이에 대하여 원고 갑은 을의 선수금지급청구가 그 요건을 갖추지 못하였거나 권리남용에 해당하고 또 불안의 항변권을 이유로 선수금지급청구를 거절할 수 있으므로 을 조선소의 위 계약해제가 부적법하다고 다투었음을 알 수 있다”는 것이다.

Ⅳ. 평석

1. 선박건조계약과 선수금

우리나라는 세계 제1위의 선박건조국가이다.[15] 보통 우리나라 조선소는 외국 발주자인 외국 선주들의 선박을 많이 건조하여 왔다.[16] 이 경우에는 일본서식인 SAJ 표준서식[17]을 사용하고 준거법은 영국법이고 분쟁해결은 영국해사중재에 의하도록 되어 있다. 본 사건은 우리나라 선주가 건조자로서 우리나라 중형조선소와 건조계약을 체결하였고 준거법은 한국법이었다.[18]

선박건조대금은 통상 1천억 원에 가까운 거금이기 때문에 조선소도 자신의 자금으로 미리 건조하고 건조대금을 인도 후에 받을 수도 없고 또 발주자인 선주도 미리 건조대금을 모두 건네줄 수 있는 형편도 아니 된다. 당사자들은 통상 4~5의 공정단계를 정하고 그 사유가 발생하면 선수금을 지급하는 것이 일반적이다. 보통 계약 체결시 제1차 선수금수금지급, 철재 절단시 제2차 선수금지급, 용골 거치시 제3차 선수금지급, 진수(launching)시 제4차 선수금지급, 그리고 인도시 잔금지급을 하는 경우가 많다.[19][20][21]

---

15) 우리나라는 1980년대부터 선박건조량에서 세계 1위를 달성하여 왔지만 최근 들어서는 중국과 치열한 선두경쟁을 하고 있다.

16) 우리나라 대형조선소들은 조선해양플랜트협회에 소속되어 있다. 현대중공업(주), 삼성중공업(주), 대우조선해양(주), 현대삼호중공업(주), (주)현대미포조선, STX 조선해양(주), 성동조선해양(주), (주)한진중공업, 대선조선(주) 그리고 (주)신아에스비가 회원사이다.

17) SAJ 서식은 일본 조선공업협회에서 만든 선박건조표준서식이다. 일본, 한국에서 많이 사용되고 있다. 이것은 하나의 표준서식일 뿐이지 사업주가 일방적으로 작성하여 제시한 약관은 아니다. 선박건조서식으로는 SAJ 서식 이외에도 BIMCO에서 만든 서식, 중국서식 등이 있다. 일본 SAJ 서식에서의 법적 쟁점에 대하여는 김인현, "선박건조 표준계약서(SAJ)에 대한 연구", 한국해법학회지 제34권 제2호(2012.11.), 151면 이하; 이철원, "SAJ선박건조표준계약에 대한 영국판례검토", 한국해법학회지 제35권 제1호(2013.4.), 111면 이하를 참고바란다.

18) 비록 우리나라 법이 준거법으로 지정되었고 우리나라 법원에서 재판을 하게 되었지만, 사용된 서식은 여전히 SAJ 표준서식이고 내용은 크게 다르지 않다. 내용은 영어로 작성되어 있었다. 우리나라의 독자적인 선박건조계약의 작성이 절실하다. 한국해법학회에서 2006년 "한국해사표준계약서"를 만들었고 113면 이하에 "조선표준계약서"가 있지만 활용되지 않고 있다. 중국은 독자적인 선박건조계약서를 가지고 있다.

19) 이러한 형식은 현대중공업 등 우리나라 조선소들이 사용하는 변형된 선박건조계약의 내용이다. 한국해법학회의 해사표준계약서에서 취하고 있는 입장이다. 대한상사중재원/한국해법학회, 한국해사표준계약서(2006), 323면.

20) 이것은 선박건조의 공정의 자연스런 시간적인 흐름에 따른 것이다. 먼저 선박건조계약이 체결될 것이고, 건조를 위하여 구입해온 철제를 절단하여 모양을 만들기 시작할 것이다. 다음으로는 선박의 뼈대를 만

그런데, 조선소도 도산 등을 이유로 건조가 제대로 되지 못하는 경우가 발생하면 발주자인 선주는 선수금을 반환받아야 한다.[22] 이에 대비하여 조선소는 은행 등 금융기관에 선수금을 반환하겠다는 보증서를 받아서 선주(수익자)에게 건네주게 된다. 이를 선수금환급보증서(Refund Guarantee: RG)라고 부른다.[23]

2000년대 중반까지 우리나라에서는 수많은 선수금환급보증서가 발행되었지만, 그 법적 성질이 독립적 보증임을 잘 모르고 발행된 결과,[24] 2008년 리먼브라더 사고 이후 우리나라 중소형 조선소가 도산되면서 환급에 대한 많은 소송이 영국에서 제기되었고 대부분의 소송에서 발급자인 은행이 패소하게 되었다.[25]

건조대금보다 선박의 현재가격이 낮은 경우 혹은 용선료가 낮은 경우는 발주자들은 계약을 해제하거나 선박의 인도를 지연시킴으로써 손해를 적게 볼 유인이 생기게 되므로,[26][27] 여러 가지 이유를 들어 선수금반환청구를 하는 경향도 나타날 수 있다.[28] 이러한 경우 선수금환급보증이 원인관계인 선박건조계약과 완전히 독립된 것

드는 작업으로 사람의 척추에 해당하는 용골을 놓아야 한다. 이렇게 하여 시작된 건조를 일단 마친 다음 설계대로 제대로 만들어졌는지 바다에서 시운전을 해보아야 한다. 시운전을 통과하게 되면 이제 선박은 발주자에게 인도되게 된다.

21) SAJ 서식에 따르면, 제1차 분납금은 수출면허장의 발급시, 제2차 분납금은 용골 설치시, 제3차 분납금은 선박의 진수시, 그리고 제4차 분납금은 선박의 건조가 완성된 다음 인도시에 지급한다. 한편, 1차분납금은 선수금환급보증서를 수령한 5일 이내에, 2차 분납금은 계약체결일로부터 180일 이내에, 제3차 분납금은 용골설치통지를 받은 5일 이내에, 제4차 분납금은 선박의 진수통지를 받은 5일 이내에, 제5차 분납금은 선박의 인도시에 지급하는 경우도 있다. 김연신, 영문 선박건조계약서(박영사, 2008), 13-17면. 경우에 따라서는 선박을 인도할 때 대부분의 건조대금을 지급하도록 약정하는 소위 Heavy Tail 방식도 있다. 건조자가 불리한 약정이다. 선박건조경기가 나쁠 때에 나타나는 방식이다. 高山榮也, 標準造船契約書逐條解說, 海事法硏究會誌(2005.6), 35面.

22) 보증서에 따르면 계약의 해제는 선수금반환사유가 된다.

23) 선수금환급보증에 대한 상세한 기술은 Mark Davis(2014)를 참고바란다.

24) 우리나라 은행에서 발행한 선수금환급보증서의 발행인들이 영국이나 우리나라 법정에서 추상성 독립성을 부인하는 사례가 많다는 점에서 이를 유추할 수 있다. 대표적인 판결로는 Meritz Fire & Marine Insurance Co. Ltd v. Jan de Nul NV and 1other [2011] EWCA 827(메리츠 화재관련); WS Tankship II B.V. v. The Kwangju Bank Ltd/Seoul Guarantee Insurance Company [2011] EWHC 3103(Comm)(광주은행과 서울보증보험관련); Rainy Sky S.A. and others v. Kookmin Bank [2011] UKSC 50(국민은행관련)이 있다.

25) Rainy Sky 사건에서는 RG상 선수금반환청구가 발생하는 사유인지가 문제되었다.

26) 2008년 리먼브라더 사태 이후에 선박의 가격은 급격히 떨어지게 되었다. 이보다 먼저 계약을 체결한 경우에는 선박건조를 마친 다음에 신조된 선박을 매도하는 경우의 가격이 건조가격보다 낮게 될 것이다. 그러므로, 발주자는 가능하면 중간단계에서 선박건조를 중단하고 지급한 선수금을 반납 받고자하는 유인이 발생한다고 볼 수 있다. 그렇지 않더라도 선박의 인도시기를 지연하여 잔금지급기일을 연장하고 또 선박가격과 용선시황의 반전을 기대하게 된다.

27) 예를 들면, 벌크 선박의 용선료 지수인 BDI(Baltic Dry Index)는 2007년 11,000에서 2009년 1월 1,000 이하로 떨어졌다. 결국 선박의 건조가격도 이에 비례하여 대폭 하락하게 되었다.

28) 본 사안과 같이 선박건조를 함에 필요한 선수금을 지급하지 않게 되면 선박건조계약을 해제하게 될 수

으로 보증서에 적힌 사유가 발생하면 무조건적으로 반환청구가 가능하다고 하면 건조자와 보증인은 어려운 상황에 처할 것이다. 비록 선수금환급보증의 법적 성질이 독립적인 것이기는 하지만, 수익자인 선주가 권리남용에 따른 청구를 하였다면 일반 법리에 따라 그 청구를 인정하지 않아야 할 필요도 있다.

본 판결은 이러한 선수금환급보증의 법적성질과 권리남용의 법리가 충돌한 사안으로서 우리 대법원의 첫 판결이다.[29]

2. 선수금환급보증의 의의와 법적 성질

1) 의의와 기능

선박 건조시에 공정에 따라 발주자가 건조자에게 선수금을 건네주면서 특정한 사유로 선박건조가 제대로 진행되지 않는 경우 건네진 선수금을 무조건적으로 반환하여 지급하겠다는 보증을 하는 것을 선수금환급보증이라고 한다.[30][31] 채무자인 건조자의 의뢰로 발주자인 선주를 수익자로 하여 은행 등이 보증서를 발급하게 된다. 계약의 당사자는 채권자로서 발주자인 선주와 보증인인 은행이 된다.[32] 선수금환급보증은 일반보증 혹은 독립적 은행보증으로 발행된다.

선수금환급보증의 가장 큰 기능은 선수금조달 기능이다. 자체적으로 건조자금이 충분하지 않은 건조자로서는 선수금을 받아야 건조를 할 것인데 본 보증은 건조자가 선수금을 반환받을 수 있는 장치를 마련하여 줌으로써 발주자가 안심하고 선수금을 건네도록 하는 기능을 하게 된다.[33] 그렇지 않다면 발주자는 다른 담보를 요구할 것

밖에 없을 것이다. 만약 건조의무를 부담하는 조선소가 건조할 여력이 없는 경우지만 아직 건조계약서에 약정된 파산의 상태까지 가지 않은 경우는 발주자로서도 선수금을 지급하기에는 대단히 불안하고 걱정스러운 상태가 된다.

29) 우리나라 대법원에서 선수금환급보증서와 관련하여 판결이 나오게 된 것은 비교적 최근이다. 대부분의 사건은 영국의 해사중재에서 처리되거나 해사법원에서 판단을 받았기 때문이다.

30) 동지, 김상만, 전게논문 453면; 윤진수, 전게논문 9면; Mark Davis, *op. cit.*, p. 7; 瀨野克久, “Refundment Bank Guaranteeの 實務上の 留意點”, 海事法硏究會誌, 2013.8(제220호), 7面.

31) 江頭憲治郎 교수는 demand gaurantee에 대하여 請求拂無因保證이라고 표현한다. 商取引法, 弘文堂, 2010, 178面.

32) 발주자가 건조자에게 지급한 선수금의 환급을 보장받는 방법으로는 보증 이외에도 보험으로 구성할 수 있다. 보증의 형태로 하게 되면, 건조자는 의뢰인이 되고 발주자는 수익자가 된다. 그리고 은행은 보증인이 된다. 보증인인 은행은 특정한 사유가 발생하면 채무자인 건조자가 발주자에게 부담하는 채무로서의 선수금을 환급할 것을 보증하게 된다. 보험으로 하게 되면, 건조자는 보험계약자가 되고 발주자를 피보험자로 하여 특별한 사유가 발생하면 보험금을 보험자가 지급하는 보증보험에 가입하는 것이다.

33) 김상만, 전게논문, 454면.

이고,[34] 중소조선소의 경우는 큰 부담이 될 것이다.

발주자도 선박건조를 위한 자금이 부족한 상태가 보통이다.[35] 은행으로부터 자금을 빌려와야 할 터인데 선수금환급보증이 있다면 은행은 안심하고 건조자금을 발주자에게 제공할 것이다. 이와 같은 선수금환급보증은 발주자에게도 선박건조대금의 조달을 가능하게 하는 기능을 한다. 이 경우 은행은 선수금환급보증서상의 권리를 발주자로부터 양도 받거나 환급보증에 대한 질권을 설정하여 자신의 권리를 보호하게 된다.[36]

선수금환급보증을 발행하는 은행이나 보험회사 등은 환급보증서를 발행하여 줌으로써 의뢰인으로부터 수수료를 받을 수 있다.[37] 한편, 선수금을 환급하게 되는 경우 보증인들은 의뢰인에게 구상을 할 수 있는 장치를 하여 두게 된다.[38]

독립보증 등에 대한 입법으로는 "독립적 보증과 보증신용장에 관한 1995년 유엔협약"이 있고,[39] 미국 통일상법전(UCC) 제5편에서도 보증신용장을 포함하여 규정하고 있다. 프랑스도 2006년 개정 민법전 2231조에 독립적 보증을 규정하고 있다.

2) 선수금환급보증의 법적 성질

선수금환급보증의 법적 성질은 보증계약이다.[40] 보증은 주채무의 지급에 대한 인

---

34) 은행 등이 발급하는 보증을 이행보증보험의 형태로 변경할 수도 있을 것이다. 보증보험의 형태로 하면 채무자인 건조자가 보험계약자가 되고 피보험자는 발주자가 될 것이다. 선수금의 환급이라는 이행을 건조자가 하지 못하는 것을 보험사고로 하여 보험자가 약정금액을 피보험자인 발주자에게 지급하는 것이 된다.

35) 선박은 고가이기 때문에 모두 선박소유자가 자신의 자금으로 선박을 건조하여 소유하는 것은 불가하다. 또한 해운업은 반드시 선박을 소유할 것이 필요한 것이 아니다. 용선을 하여 선박을 운항하는 것이 더 유리한 경우도 있다.

36) 김상만, 전게논문, 455면. 예컨대, 대법원 2015. 2. 26. 선고 2012다79866 판결에서 신한은행은 발주자의 권리를 양도받은 양수인으로서 RG를 발급한 은행에게 선수금반환 청구를 하게 되었다.

37) 김상만, 전게논문, 456면.

38) 선수금환급보증을 발행해 주는 은행은 구상을 위한 담보를 건조자에게 요구하게 된다. 이행보증보험으로도 이러한 담보를 제공할 수 있을 것이다.

39) UN Convention on Independent Guarantees and Stand-by Letters of Credit이다. 유엔국제상거래법위원회(UNCITRAL)에 의하여 1995년 유엔총회에서 채택되고 2000.1. 발효되었다. 현재 가입국이 8개국이다.

40) 서영화 변호사는, 사실상 보증이 아니라 선수금환급보증서에 의하여 창설된 주채무자로서 부담하는 채무라고 설명한다. 영문에 "We hereby, as primary obligor, irrevocably and unconditionally undertake to pay to you, your successors and assigns, on your first written demand, all such sums due to you under the Contract."에서 주채무자(primary obligor)라고 표현하고 있기 때문이라고 한다. 전게논문, 51면. 그러나 뒷면에서 선수금환급보증서의 추상성 및 독립성을 인정하면서(53면), 이를 언급하고 있는 것으로 보아서는 결국 독립보증과 같은 내용을 의미하는 것으로 보인다.

적 담보의 일종이다.[41)]

민사보증에서 채권자와 보증인은 보증계약을 통하여 주채무자가 채무의 내용을 변제하지 못하는 경우 부차적으로 보증인이 이를 변제할 것을 약속하게 된다(민법 제428조 제1항).[42)] 민사보증은 부종성이 있다.[43)] 그러므로 보증채무는 주채무의 존재를 전제로 하여 성립하며 존속한다.[44)] 민사보증은 또한 수반성도 있다.[45)] 채권이 양도되어 채권자가 변경된 경우에도 보증은 그대로 존속된다.[46)] 민사의 보증은 보충성을 갖는다(민법 제428조 제1항).[47)] 즉, 주채무의 이행기가 도래하였음에도 불구하고 주채무자가 이를 이행하지 않으면, 채권자는 보증인에 대하여 보증채무의 이행을 청구할 수 있다.[48)] 또한 보증인에게 최고검색의 항변권이 보증인에게 주어진다. 주채무자가 변제의 자력이 있으면 그가 먼저 변제하도록 하는 것이다(민법 제437조 본문).[49)] 한편, 연대보증이 체결된 경우에는 최고검색의 항변은 허용되지 않는다.[50)51)]

상법이 적용되는 상사보증의 경우에는 법률의 규정에 의하여 보증은 연대보증이 되므로(상법 제57조 제2항),[52)] 최고검색의 항변이 허용되지 않고, 채권자는 바로 보증인에게 청구가 가능하다.[53)] 국내 은행들이 선수금환급보증서를 발행하는 경우, 은행은 상행위로서 보증을 하는 것이므로, 상법 제57조 제2항에 따라 연대보증을 한 것이 되어 선박건조계약상의 선수금반환의무를 연대하여 책임지게 된 것이므로 최고검색의 항변을 주장하지 못한다.

보증의 목적을 보증보험으로도 달성할 수 있다. 보증보험에서는 채무자와 보험자

---

41) 김준호, 민법강의(법문사, 2003), 971면.
42) 곽윤직, 채권총론(박영사, 2007), 184면.
43) 곽윤직, 전게서, 184면. 따라서 주채무가 소멸되면 그 이유가 무엇인지 묻지 않고서 보증채무도 소멸된다.
44) 지원림, 민법강의(홍문사, 2011), 1210면.
45) 곽윤직, 전게서, 186면.
46) 지원림, 전게서, 1212면.
47) 곽윤직, 전게서, 186면.
48) 지원림, 전게서, 1213면.
49) 곽윤직, 전게서, 196면.
50) 연대보증이란 보증인이 주채무자와 연대하여 채무를 부담함으로써 주채무의 이행을 담보하는 보증채무이다. 채권의 담보를 목적으로 하지만 보충성이 없는 점이 보증채무와 다르다. 채권자의 권리가 강력하다.
51) 곽윤직, 전게서, 197면.
52) 상법 제57조 제2항에 의하면, "보증인이 있는 경우에 그 보증이 상행위이거나 주채무가 상행위로 인한 것인 때에는 주채무자와 보증인은 연대하여 변제할 책임이 있다".
53) 주채무가 상행위로 인한 것이거나 보증이 상행위로 인한 경우에 적용된다. 이 경우 보증의 보충성은 배제되므로(민법 제437조 단서), 보증인은 주채무자와 연대하여 책임을 진다. 정찬형, 상법강의(상)(박영사, 2015), 220면; 이철송, 상법총칙상행위법(박영사, 2015년), 376면.

가 채권자를 위하여 타인을 위한 보험계약을 체결하는 것이다.[54] 선박건조계약에서 선수금환급의 담보를 위한 보험계약을 체결하게 된다면, 채무자인 건조자가 보험자와 건네진 선수금 반환을 보험목적으로 하고 일정한 사유를 보험사고로 한 보증보험계약을 체결하면 된다. 피보험자는 채권자인 발주자가 될 것이다.

3) 독립적 이행보증

보증에는 독립보증과 일반보증이 있다. 독립보증은 원인관계와 단절되어 자체에서 약정한 사유가 발생하면 보증금을 지급하게 되는 보증이다.[55][56] 일반보증의 경우에도 상사보증의 경우에는 최고검색의 항변이 없는 연대보증이 된다. 그러나 원인관계와 단절되지 않는다는 점에서 독립보증과 다르다.[57]

독립보증은 사유가 발생하면 무조건 보증인이 수익자에게 약정된 급부를 행하는 것이므로 최고검색의 항변이 인정되지 않는다.[58] 독립보증으로 발행된 선수금환급보증의 경우에는 보증서에서 정한 사유가 발생하기만 하면 원인관계와 무관하게 보증인은 약정한 금액을 지급하여야 한다. 통상 선박건조계약서에 사용되는 환급을 발생하는 사안은 의뢰인인 건조자의 도산,[59] 계약의 해제 등이 있다.

---

54) 실제로 실무에서도 선수금환급보증대신에 보증보험으로 선수금환급의 문제를 처리하는 경우도 있다.

55) 독립적 (은행)보증은 demand guarantee, first demand guarantee, independent bank guarantee, standby letter of guarantee 등 여러 가지 이름으로 불린다. 윤진수, 전게논문, 10면; 이에 반하여 일반 보증은 traditional guarantee 혹은 see to it guarantee, secondary obligation instrument 등으로 불린다. Mark Davis, *op. cit.,* p.31.

56) 대법원 2015. 2. 26. 선고 2012다79866 판결에서 독립보증의 원인관계와의 절단문제가 크게 다루어졌다. 이 사안에서 대법원은 "피고는 동방조선이 선박건조자 지위를 선우상선에게 양도함으로써 선수금반환채무의 주채무자가 변경되어 보증채무는 소멸한 것이고, 또 실질적 선박소유자인 선우상선이 선박건조자 지위를 양수함으로써 선수금반환채무와 채권이 동일인에게 귀속되어 주채무가 소멸하였다고 주장한다. 그러나 사안의 보증서 발급은 '취소될 수 없고 무조건적인' 것으로서 영국법상 독립적 보증에 해당하므로 피고의 원인관계에 의한 항변은 불가능하다"고 판시하였다. 이 사안에서 대법원은 발행된 선수금환급보증서는 독립적 보증에 해당한다고 보았기 때문에 모든 원인관계의 항변은 불가능하고 따라서 보증인은 그린손보는 선수금을 환급하여 줄 의무가 있다고 판시한 것이다.

57) 김창준, "선박건조계약에 있어서 선수금환급보증서의 법률관계", 고려대학교 제5차 선박건조금융법연구회 발표자료 2면.

58) 서영화, 전게논문, 54면; 김상만, 전게논문, 458면; 김창준, 전게논문, 2면.

59) 건조자가 도산 등이 되어 계약이 해제되면 선수금반환사유가 되는 바, 과연 건조계약상의 도산의 의미가 문제된다. 여러 단계를 거쳐서 파산에 이르게 된다. 자율협약, workout, 기업회생절차신청 등의 절차를 거친다. Rainy Sky 사건에서 우리나라 진세조선이 건조하는 선박에 대하여 국민은행이 선수금환급보증서를 발급하였다. 건조계약에 따르면 파산절차나 회생절차에 들어가면 건조자의 채무불이행이 되어 선수금반환사유가 되도록 되어 있었다. 진세조선은 기업구조조정 촉진법(기촉법)에 따라 워크아웃(기업개선작업)에 들어갔다. 이에 기하여 발주자는 국민은행에게 선수금반환청구를 하게 되었다. 영국대법원은 계약서의 문언보다 구체적인 사정을 고려하여 이 경우에도 선수금환급사유가 된다고 판시한 바 있다. Rainy Sky v. Kookmin Bank, Lloyd's Report [2012] Vol. 1, p.34.

독립적 이행보증으로 발행된 선수금환급보증은 추상성과 독립성을 가진다.[60)61)62)] 선수금환급보증을 발행한 은행은 지급청구를 받게 되면 지급여부를 서면으로만 판단하게 된다. 이러한 성질을 추상성 혹은 서면성이라고 한다.[63)] 보증은행의 서류심사는 제시된 서류가 문면상 보증의 조건과 일치하는지만 살펴볼 뿐이지 실질적으로 서류가 진정한 것인지 살필 의무는 없다.[64)]

4) 독립보증과 일반보증의 구별

위와 같이 독립보증과 일반보증은 법률효과에서 큰 차이가 난다. 독립보증으로 판단되면 발행인인 은행과 건조자는 아주 불리하다. 그렇기 때문에 발행된 보증이 독립보증인지 아니면 일반보증인지 큰 다툼이 생기게 된다. 실무에서 발행되는 선수금환급보증이 모두가 독립보증인 것은 아니다.[65)] 그러므로, 독립보증인지 일반보증인지를 구별하는 작업은 매우 중요하다.[66)]

영국의 판례에 따르면, 퍼짓 원칙(paget's presumption)이라는 것이 확립되게 되었다.[67)] (i) 외국인들 사이의 보증 (ii) 은행 등 금융기관이 발행한 것 (iii) on demand라는 문구의 존재 (iv) 보증인의 항변사유를 제한하는 조항이 없는 경우는 독립보증으로 해석된다. 여러 가지 사정을 고려하여 법원은 독립보증인지 아니면 전통적인 일반보증인지 판단하게 된다. Wuhan Guoyu 사례[68)]에서는 1심법원은 이를 일반보증

60) 추상성과 독립성의 이론은 신용장에서의 이론이 그대로 적용된다. 김상만, 전게논문, 457면; 서영화, 전게논문, 54면. 그러나 양자의 차이점도 지적되고 있다. 김상만, 전게논문, 462면.

61) 추상성이란 독립적 은행보증 거래가 서류에 의한 거래라는 것이고, 독립성이란 독립적 은행보증은 원인거래에 기초하여 발행되지만 독립적 은행보증을 중심으로 한 당사자 간의 법률관계는 이러한 원인거래에 영향을 받지 않는 별개의 거래라는 것이다. 김선국, 독립적 은행보증의 법리, 재산법연구 제25권 1호(2008), 308면; 윤진수, 전게논문, 9면.

62) 일본에서도 이렇게 해석한다. 瀨野克久, 前揭論文, 8面.

63) 서영화, 전게논문, 54면.

64) 김상만, 전게논문, 458면.

65) Mark Davis 변호사는 그의 저서에서 이러한 점을 잘 지적하고 그 구별에 대하여 상당한 지면을 할애하여 설명하고 있다. 선수금환급보증은 크게 두 가지로 나눌 수 있다. 하나는 전통적인 보증이고 다른 하나는 독립보증이다. 전통적인 보증(traditional guaranty, secondary liability guaranty)은 원인관계의 영향을 받는다. 따라서, 기본계약이 무효가 되면 보증도 무효가 된다. 독립보증(demand guaranty)은 원인관계와 완전히 절단이 되는 보증이다. 따라서, 기본계약이 무효가 된다고 하여도 보증에는 아무런 영향이 없다. 그렇기 때문에 발주자는 가능하면 독립보증을 원하게 된다. 독립보증하에서는 원인관계가 어떻게 되었던 이와 무관하게 보증서에 적힌 사유가 발생하기만 하면 발주자는 보증인에게 선수금환급을 요구할 수 있게 된다.

66) 사건에 사용된 계약서에 나타난 당사자들의 의사가 가장 중요한 요소가 된다. 동지 Mark Davis, *op. cit.*, p.31.

67) Mark Davis, *op. cit.*, p.31.

이라고 보았지만, 2심에서 Longmore 판사는 퍼짓 원칙을 적용하여 이를 독립보증이라고 보았다.[69]

3. 권리남용의 법리

1) 일반론

우리 민법은 '권리는 남용하지 못한다'고 규정하고 있다(제2조 제2항).

권리의 남용이란 외형상으로는 정당한 권리의 행사인 것으로 보이나, 실질적으로는 권리의 공공성에 반하고 권리 본래의 사회적 목적을 벗어난 것이어서 정당한 권리의 행사로 인정될 수 없는 행위를 말한다.[70] 권리남용에 해당하게 되면 법에 의한 조력을 받지 못하여 법규정상의 법률효과를 주장하지 못한다.[71] 그렇지만, 권리남용 금지의 원칙을 적용하는 경우 불공정하다고 느끼는 모든 권리추구를 저지하면 안 된다는 점에 유의하여야 한다.[72] 그렇지 않으면 권리가 실효성을 잃고 권리 대신 법관의 형평판결이 횡행하게 될 위험이 있기 때문이다.[73]

2) 보증에서의 권리남용

선수금환급 청구권자인 발주자가 선수금 환급보증이 독립적 보증이라는 점을 악용하여 권리가 없음에도 선수금 환급을 청구하는 경우는 권리남용이 되어 그 권리의 행사가 허용되지 않아야 하는가?

독립적 은행보증의 경우에 권리남용의 예외를 인정하기 위하여는 (i) 수익자의 청구가 권리남용일 것, 그리고 (ii) 이 점이 명백할 것이라는 두 가지 요건이 구비되어야 한다.[74] 첫째, 보증에서의 권리남용에 대하여 윤진수 교수는 "여기서 권리남용이란 수익자가 실체상 보증의뢰인에게 청구할 권리가 없음에도 보증은행에게 보증금

---

68) Wuhan Guoyu Logistics Group Co Ltd v. Emporiski Bank of Greece SA. [2012] EWCA Civ 1629.

69) Mark Davis, *op. cit.,* p.32.

70) '동시이행의 항변권의 행사가 주로 자기 채무의 이행만을 회피하기 위한 수단이라고 보여지는 경우에는 그 항변권의 행사는 권리남용(대법원 1992. 4. 28. 선고 91다29972 판결)'에 해당한다.

71) 윤진수, 전게논문, 40면.

72) 스위스 민법 제2조 제2항은 "권리의 명백한 남용은 법의 보호를 받지 못한다"고 정하고 있다.

73) 지원림 교수는 이에 대하여, "이는 바로 사권의 죽음, 나아가 사권에 터잡은 민법의 죽음을 의미한다. 그러므로 권리행사는 원칙적으로 정당한 것으로 인정되어야 하고, 극히 예외적인 경우에만 부당한 권리행사의 항변이 허용되어야 한다"고 주장한다. 지원림, 전게서, 51면.

74) 윤진수, 전게논문, 39면.

의 지급을 청구하는 것이다. 이러한 경우에도 법이 수익자의 청구를 받아들이는 것은 수익자의 기회주의적인 행동을 도와주는 것이다"고 설시한다.[75] 이 때 수익자가 자신에게 청구할 권리가 없음을 알아야 하는지 또는 보증의뢰인을 해할 의사가 있어야 하는지 등의 주관적 요소가 있어야 하는지에 대하여는 요구할 필요가 없다는 견해가 있다.[76][77][78] 둘째, 권리남용의 명백성에 대하여, 독립적 은행보증의 독립성이 원칙적으로 지켜져야 한다는 점에 비추어 당연히 인정되어야 하고, 보증은행이 보증금청구를 받은 때에 권리남용이 보증은행에게 명백하여야 한다고 한다.[79]

수익자의 청구가 권리남용에 해당함이 명백하여 보증은행이 지급을 거절할 수 있다고 한 판결로는 대법원 1994. 12. 9. 선고 93다3873 판결이 있다.[80]

대법원 1994. 12. 9. 선고 93다3873 판결에서 한국의 건설회사(보증의뢰인)는 사우디정부(수익자)와 건설공사도급을 받았다. 건설회사는 외환은행(보증인)에게 독립적 은행보증 발급

75) 윤진수, 전게논문, 40면.

76) 윤진수, 전게논문, 40면.

77) 이러한 이유에 대하여 윤진수 교수는 수익자에게 보증의뢰인에 대한 청구권의 부존재가 명백함에도 수익자가 이를 몰랐다는 항변을 이유로 청구권의 실현을 위하여 보증금의 지급의 청구를 허용할 필요가 없기 때문이라고 한다. 전게논문, 40면.

78) 권리남용이 성립하기 위하여는 주관적 요건과 객관적 요건의 구비여부가 문제된다는 지적이 있다. 김형배, 민법학강의, 신조사, 2011, 55면 이하. 이에 의하면 학설은 객관적 요건의 충족여부에 의하여 권리남용여부를 판단하면 충분하고 주관적 요소(가해의 의사나 목적)는 필요하지 않다고 한다. 판례는 주관적 요건과 객관적 요건이 필요하다는 입장도 있고(대법원 2010. 2. 25. 선고 2009다58173 판결), 객관적 요건만으로 충분하다는 판결도 있다(대법원 2001. 6. 26. 선고 2000다44928 판결; 2004. 9. 13. 선고 2003다64602 판결 등).

79) 윤진수, 전게논문, 42면; 오스트리아 대법원 1993. 9. 11. 판결(윤진수 논문 43면에서 재인용함). 대법원 2014. 8. 26. 선고 2013다53700 사건에서는 수익자의 권리남용이 객관적으로 명백하지 않다고 판시되었다.

80) 이러한 기준에 대한 입장은 대법원 2014. 8. 26. 선고 2013다53700 판결에서도 인정되었다. 대법원은 "이른바 독립적 은행보증(first demand bank guarantee)의 보증인으로서는 수익자의 청구가 있기만 하면 보증의뢰인이 수익자에 대한 관계에서 채무불이행책임을 부담하게 되는지 여부를 불문하고 그 보증서에 기재된 금액을 지급할 의무가 있으며, 이 점에서 독립적 은행보증에서는 수익자와 보증의뢰인 사이의 원인관계와는 단절되는 추상성 및 무인성이 있다. 다만 독립적 은행보증의 경우에도 신의성실의 원칙이나 권리남용금지의 원칙의 적용까지 완전히 배제되는 것은 아니라고 할 것이므로, 수익자가 실제로는 보증의뢰인에게 아무런 권리를 가지고 있지 못함에도 불구하고 위와 같은 은행보증의 추상성과 무인성을 악용하여 보증인에게 청구를 하는 것임이 객관적으로 명백할 때에는 권리남용에 해당하여 허용될 수 없는 것이고, 이와 같은 경우에는 보증인으로서도 수익자의 청구에 따른 보증금의 지급을 거절할 수 있다고 할 것이나(대법원 1994. 12. 9. 선고 93다43873 판결 참조), 앞서 본 원인관계와 단절된 추상성 및 무인성이라는 독립적 은행보증의 본질적 특성을 고려하면, 수익자가 보증금을 청구할 당시 보증의뢰인에게 아무런 권리가 없음이 객관적으로 명백하여 수익자의 형식적인 법적 지위의 남용이 별다른 의심 없이 인정될 수 있는 경우가 아닌 한 권리남용을 쉽게 인정하여서는 아니 될 것이다"고 판시하였다. 결론적으로 대법원은 이 사건에서 권리남용이 "객관적으로 명백하지 아니하므로", 권리남용의 원칙을 적용할 수 없다고 하면서 파기환송하였다.

을 외뢰하였다. 사우디정부는 보증인에게 보증기간의 연장을 요구하고 이것이 아니되면 보증금 전액을 지급하여줄 것을 요청하였다. 대법원은 독립적 은행보증의 보증인으로서는 수익자의 청구가 있기만 하면 보증의뢰인이 채무불이행책임을 부담하는지와 무관하게 그 보증서에 기재된 금액을 지급할 의무가 있지만, 신의성실의 원칙 내지 권리남용금지의 원칙의 적용까지 배제되는 것은 아니라고 판시하였다. 대법원은 나아가 수익자가 실제 보증의뢰인에게 아무런 권리를 가지고 있지 않으면서 은행보증의 추상성 및 무인성을 악용하여 보증인에게 청구하는 것이 객관적으로 명백한 경우 이는 권리남용에 해당하여 허용할 수 없고 보증인은 수익자의 지급청구를 거절할 수 있다고 판시하였다.81)

이와 같이 선수금환급보증이 비록 독립적 은행보증이라고 하더라도, 수익자인 발주자의 청구자체가 권리남용에까지 이른다면 그 청구를 인정하지 않아야 할 것이다.

본 사안에서 원고는 권리남용의 사실이 없다는 주장을 하면서 동시에 민법상 '불안의 항변권'을 주장하였다.82) 자신이 선수금을 더 이상 지급하지 않은 것은 민법상 불안의 항변권(민법 제536조 제2항)을 행사한 것이기 때문에 권리남용이 아니라는 주장이었다. 발주자는, 건조자가 선수금을 유용할 목적으로 형식적으로 강재 절단 및 용골 거치를 한 것은 민법 제536조 제2항에서 말하는 "상대방의 이행이 곤란한 현저한 사유"에 해당한다고 주장하였다. 그러나 원심에서는 이는 받아들여 지지 않았다.83)84)

---

81) 이 판결에 대한 평석으로는 김동훈, "독립적 은행보증과 권리남용금지의 원칙", 법조(1995.4.), 141면 이하; 김용균, "은행보증서상 보증의뢰인의 보증은행에 대한 보증금지급금지가처분의 불허 및 그 가처분 신청권을 배제시킨 보증은행약관조항의 효력유무", 대법원 판례해설(제22호), 1995, 120면 이하; 윤진수, 전게논문, 25면 이하가 있다.

82) 민법 제536조(동시이행의 항변권)
① 쌍무계약의 당사자 일방은 상대방이 그 채무이행을 제공할 때까지 자기의 채무이행을 거절할 수 있다. 그러나 상대방의 채무가 변제기에 있지 아니하는 때에는 그러하지 아니하다.
② 당사자 일방이 상대방에게 먼저 이행하여야 할 경우에 상대방의 이행이 곤란할 현저한 사유가 있는 때에는 전항 본문과 같다.
제2항은 "불안의 항변"으로 불린다.

83) 불안의 항변권에 대한 쟁점은 대법원에서는 더 이상 다투어지지 않았다.

84) 프랑스 민법 제2321조 제2항에 의하면 독립적 보증 제2항에서 독립성의 예외로서 채권자의 명백한 남용이나 사기 또는 채권자와 주채무자와의 공모의 경우에는 보증인의 지급의무가 없음을 분명히 하고 있다. 자세한 논의는 윤진수, 전게논문, 32면을 참고 바란다.

4. 입법례

독립보증인지 일반보증인지 구별의 어려움으로 인한 분쟁, 수익자들이 독립보증의 독립성을 악용하여 청구하는 문제점을 입법적으로 해결하려는 국제적인 시도도 있다.[85)][86)]

특히 프랑스의 입법이 주목된다.[87)] 2006년 개정 프랑스 민법 제2321조(독립적 보증)는 아래와 같다.[88)]

① 독립된 보증이란 제3자가 약정한 채무에 관하여 독립적 청구 또는 약정된 방법에 따라 일정한 액을 이행하여야 할 의무가 있는 의무부담약정을 말한다.

② 독립적 보증인은 채권자의 명백한 남용이나 사기 또는 채권자와 주채무자와의 공모의 경우에는 의무가 없다.

③ 독립적 보증인은 피담보채무로 인한 어떠한 항변도 대항할 수 없다.

④ 반대의 합의가 없는 한 이 보증은 피담보채무에 수반하지 아니한다.[89)][90)]

---

85) 국제상공회의소의 독립적 보증에 관한 통일규칙(Uniform Rules for Demand Guarantees, ICC Publication No. 458)도 그러한 예의 하나이다. 대법원 2014. 8. 26. 선고 2013다537000 판결에 따르면 독립적 보증에는 이 규칙을 계약의 내용의 일부로 편입하여 사용하고 있다. 이 통일규칙은 현재 2010. 7. 1. 발간된 ICC Publication No. 758이 있다. Mark Davis, *op. cit.*, p.8.

86) 위 ICC 통일규칙 제2조에 따르면, '독립적 보증은 그 명칭이나 기재 내용에 관계없이 지급조건과 일치하는 지급청구서 및 보증서에서 명시적으로 요구하는 서류가 제시되는 경우 보증은행 등이 금전을 지급하겠다는 내용의 보증으로, 그 보증이 기초하고 있는 계약이나 이행제공의 조건과 아무 관련이 없고 그에 의하여 어떠한 구속도 받지 않는다'고 규정하고 있다.

87) 미국 통일상법전(UCC)의 입장에 대하여는 윤진수, 전게논문, 27면을 참고하기 바람.

88) 윤진수, 전게논문, 32면에서 참조하였다.

89) 제1항은 독립적 보증에 대한 정의규정이다. 제1항의 정의에 따라 독립적 보증이 되면 제2항에서 제4항에 이르는 효과를 가짐을 정하고 있다. 제2항에서 권리의 남용이나 사기가 개입되면 보증인은 보증의무를 행하지 않아도 됨을 명시하고 있다. 제3항은 독립적 보증은 독립성이 있기 때문에 원인관계와 절단되는 법적 효과가 있음을 정하고 있다. 제4항은 독립적 보증의 수반성을 말한다. 그렇지만 이 수반성은 약정에 의하여 변경할 수 있음을 말한다.

90) 우리나라의 경우에 상법 총칙 상행위편의 보증편에 이와 유사한 규정을 추가함으로써 분쟁을 막을 수 있을 것이다. 독립보증은 상행위의 일종으로서 보증에서 발생하는 것이므로 상행위편에 넣는 것이 바람직하다. 연대보증과 유사성이 있으므로 상법 제57조(다수채무자간 또는 채무자와 보증인의 연대) 다음에 제57조의2를 신설하여 프랑스법의 예에 따라 4개항을 넣도록 한다.
제57조의2(독립적 은행보증)
① 독립된 은행보증이란 제3자가 약정한 채무에 관하여 독립적 청구 또는 약정된 방법에 따라 일정한 액을 이행하여야 할 의무가 있는 의무부담약정을 말한다.
② 독립적 보증인은 채권자의 명백한 권리남용이나 사기 또는 채권자와 주채무자와의 공모의 경우에는 제1항의 의무를 이행하지 않아도 된다.
③ 독립적 보증인은 피담보채무로 인한 어떠한 항변도 대항할 수 없다.
④ 다른 약정이 없는 한 제1항의 보증은 피담보채무에 수반하지 아니한다.

5. 사안의 경우

1) 사실관계의 확정

본 사안의 경우 발주자 갑은 을 조선소의 건조에 대한 재정 상태와 능력을 의심하게 되어 2차, 3차 선수금을 더 이상 지급하지 않았다. 그러자 건조자 을은 건조계약에 따라 건조계약을 해제하였다. 이어 발주자 갑도 건조계약을 해제하였고 갑은 선수금환급보증서 발행자인 보증인 병에게 선수금지급보증금을 요구하였다. 피고 병은 이미 수익자인 갑의 귀책사유에 의하여 을이 건조계약을 해제한 것이므로 갑이 오히려 계약해제를 이유로 선수금반환지급을 요구하는 것은 권리남용에 해당한다고 주장하게 되었다. 수익자인 원고 갑은 을 조선소는 선수금을 유용할 목적으로 형식적으로 건조가 진행 중인 흉내를 낸 것이므로 자신의 선수금지급의무는 발생하지 않았고 따라서 이러한 의무의 불이행을 이유로 을 조선소가 이 계약을 해제한 것은 부적법하므로 무효가 된다고 주장하였다.

2) 독립적 은행보증으로서의 선수금환급보증

원심은 본 보증의 법적 성질이 독립적 은행보증인 것은 인정하면서도, 을의 계약해제시의 사유 등 제반 사항을 살펴본 다음 갑의 선수금보증금 청구는 권리남용에 해당한다고 판시하여 원고 패소판결을 내렸다. 원심은 건조계약에 따르면 발주자는 어떠한 분쟁이나 불일치에도 불구하고 지체 없이 선수금지급사유가 발생하여 청구가 되면 선수금을 지급하여야 할 의무가 있음에도 갑이 선수금을 지급하지 않아서 계약이 해제되었음을 강조하였다.

독립적 은행보증인지 아니면 일반적 통상의 보증인지의 구별은 쉽지 않은 측면도 있지만, 대체로 “취소가 불가하고 무조건이다”는 문구가 있는 은행보증은 독립적 은행보증으로 볼 수 있다는 점에서 대법원의 판시에 찬동한다.

3) 권리남용과 그 판단시점

그러나 대법원은 문제된 선수금환급보증서의 법적 성질은 독립적 보증이고 이는 원인관계와 단절된 것이기 때문에 권리남용이 객관적으로 명백한 경우가 아니면 수익자의 청구가 권리남용이라는 판단을 쉽게 내려서는 안된다고 판시하였다.[91] 을의 기업회생절차에서도 갑과의 계약해제의 정당성이 다투어지고 있었다면 권리남용이 객관적으로 명백한 상태가 아니라는 것이다.

나아가 대법원은 수익자가 보증인에게 선수금반환을 구하는 청구를 하면서 "원고들이 이 사건 소제기를 통하여 보증금을 청구할 당시"를 기준으로 수익자의 권리남용의 존재를 판단하여야 한다고 설시하고 있다. 원심은 을이 계약을 해제할 때인 2009.10.은 물론 그 후의 여러 사정을 살핀 결과 권리남용이 있었다고 판단하였지만, 대법원은 그 판단의 기준시점은 갑이 보증인인 을에게 선수금반환을 구하면서 소를 제기할 당시인 2011.11. 전후라고 제시한 것으로 보인다. 그 결과 발주자인 갑이 선수금 지급을 하지 않았던 사유는 권리남용의 판단에 중요한 요소가 아닌 것이 되었고, 결과적으로 발주자인 갑에게 유리한 것이 되었다.

이러한 대법원의 입장은 유력한 학설과 외국의 입법례와도 일치하는 것으로 찬성한다.[92] 권리남용행위가 언제 있었는지를 판단하는 기준점에 대하여 수익자가 선수금환급을 구하는 청구를 할 당시로 보지 않고 시기를 앞으로 당겨서 보게 되면, (i) 독립적으로 지급되어야 하는 은행보증의 기능이 훼손되고 (ii) 독립적 은행보증을 발행한 보증인과 보증의뢰인 사이의 구상관계에서도 법적 안정성을 헤치게 될 우려가 있다. 독립적인 은행보증을 발급할 때 권리남용을 이유로 수익자의 청구를 불허하여야 하지만, 그 시점은 그 보증의 성질과 내용에 맞추어,[93] 단순하게 판단하자는 의사의 교환이 보증인과 보증의뢰인 사이에 있었다고 해석되어야 합리적이다. 그렇지 않고 시기를 앞당기게 되면 양자 간에 다시 복잡한 분쟁이 벌어지게 될 것이다.

6. 결론

일단 발주자가 먼저 건넨 선수금을 확실하게 받기 위한 담보수단으로서 선수금환급보증서는 중요한 기능을 하게 된다. 이를 기초로 발주자는 안심하고 건조계약을

91) 윤진수 교수는 원심판결에 대하여 "수익자의 보증금 청구가 권리남용이라고 하여 이를 받아들이지 않으려면, 수익자의 청구가 즉시 입수할 수 있는 결정적인 증거에 의하여 권리남용임이 명백하여야 한다"고 하면서 원심판결을 부정적으로 보고 있다. 결국 대법원과 동일한 취지의 논지이다. 전게논문, 58면.

92) 윤진수 교수는 본 원심판결에 대하여 "수익자의 청구가 즉시 입수할 수 있는 결정적인 증거에 의하여 권리남용이 명백하여야 한다"고 하면서 항소심판결이 그러하지 않다고 비판적인 견해를 취하는 것으로 보아서 대법원의 판시와 같은 입장으로 보인다. 전게논문, 58면.

93) 본 선수금환급보증계약에서 보증인의 수익자(발주자)에 대한 선수금지급의 조건으로, "(i) 발주자 갑이 건조자 을에게 계약에 따른 환급청구를 하였다는 점 및 건조자가 환급하지 못하였다는 점을 내용으로 하는 발주자의 단순한 서면진술서에 기하여 지급하고 (ii) 다만, 건조자와 발주자 사이의 계약의 해제 혹은 선수금 반환 청구의 분쟁이 중재절차에 회부된 경우는 예외로 한다"고 되어 있는 점을 상기하여야 한다.

체결하게 될 것이고, 조선소도 선수금을 받아서 건조를 시작하게 된다. 이 때의 보증은 원인관계와 단절된 독립적 보증이어야 그 기능을 다할 수 있을 것이다. 보증을 독립보증으로 한다는 의미는, 발주자는 특정된 사안이 발생하면 바로 보증인으로부터 선수금을 환급받은 다음 그러한 사안이 발생하게 된 원인 때문에 보증인이 대금을 지급하게 된 부분은 보증인과 건조자 사이의 내부문제로서 구상관계로 처리하려는 의도가 당사자들 사이에 있었던 것으로 보아야 한다.[94]

독립적 보증이기 때문에 수익자가 권리행사를 남용하는 경우는 그 환급청구가 인정되지 않아야 할 것이지만, 권리남용의 원칙은 원래 그 목적에 맞게 객관적이고 명백한 경우에만 인정되어야 한다는 것이 대법원의 판시의 주된 내용이다. 이는 그 기능에 맞는 올바른 판단을 대법원이 내린 것으로 판단된다. 그런데, 그 권리남용이 있었는지의 기준을 소를 제기할 당시라고 판단한 것은 결과적으로 수익자를 보호하는 결과를 낳게 되었다. 대법원의 설시는 수익자의 보증인에 대한 선수금환급의 청구가 별다른 시간간격 없이 발생한 것이기 때문에 "원고들이 이 사건 소제기를 통하여 보증금을 청구할 당시"라고 기재한 것으로 보인다. 판단시점은 수익자의 보증인에 대한 선수금환급청구가 있은 다음 시간간격을 두고 청구의 소가 제기된 경우라면 "환급청구시"가 권리행사의 남용이 있었는지의 판단시점이 되어야 할 것이다.[95] 이 점을 대법원이 분명히 하지 못한 점은 아쉬운 점이다.

본 판결은 선박건조계약에서 선수금환급보증의 법적 성질이 독립적 은행보증이라는 점을 강조하여 권리남용의 적용을 제한적으로 해석한 첫 대법원판결로서 의미를 갖는다.[96]

민법이나 상법의 보증에 대한 규정으로는 선수금환급보증에 대한 법적 쟁점을 해결하기에는 부족하기 때문에 본론에서 논한 바와 같이 프랑스의 입법례를 따라서 우리 상법 제57조의2에 독립적 은행보증에 대한 명문의 규정을 두는 것도 법적 안정성의 확보에 도움이 될 것으로 판단된다.

---

94) 이는 마치 적하보험에서의 손해처리의 메커니즘과 유사하다. 화주는 적하보험자와 적하보험에 가입하게 된다. 운송 중 화물에 손상을 입게 되면 피보험자인 화주는 보험자에게 보험금을 청구하게 된다. 보험자는 고의 혹은 중과실 혹은 보험약관상 면책사유가 없는 한 보험금을 바로 화주에게 지급하게 된다. 그런 다음 상법 제682조상 보험자대위에 기하여 가해자로서 손해를 야기한 운송인에게 구상청구를 하게 된다. RG에 있어서의 보증인이 보험자의 기능을 한다. 적하보험은 자기를 위한 보험이지만, RG의 경우는 마치 타인을 위한 보험과 같은 구조라는 점에서 서로 다르다.

95) 이점은 대법원 2014. 8. 26. 선고 2013다53700 판결에서도 확인된다. 이 판결에서 권리남용의 판단시점은 "수익자가 보증금을 청구할 당시"라고 분명히 하고 있다.

96) 이제 이 사건은 파기환송이 되었기 때문에 원심은 대법원의 설시에 따른 판단을 하여야 한다.

제 3 장

선박건조계약에 있어서 선수금환급보증서의 법률관계 – 2011~2012 영국판례를 중심으로* –

Legal issues related to refund guarantees issued in respect of shipbuilding contracts
– comments on English court cases in 2011~2012 –

김창준 법학박사, 법무법인 세경 변호사

Ⅰ. 서론

1. 선수금환급보증

선수금환급보증서(refund guarantee)란 금융기관이 조선소의 의뢰에 따라 발주자에게 발행·교부하는 증서로서 선박건조계약상 발주자가 특정한 이유로 조선소로부터 선수금을 반환받아야 할 사유가 발생할 경우 금융기관이 선수금의 환급을 약속하는 증서이다.[1] 선박건조계약에 있어서 일반적으로 금융기관이 발행하는 선수금환급보증서의 담보내용은 발주자가 선박건조대금으로서 분할지급할 금액 중 인도대금을 제외한 나머지 금액 전액과 이에 대한 일정한 이자의 상환이다. 선박건조계약서에는 조선소가 취득하여 교부하여야 할 선수금환급보증서 초안이 첨부되는 것이 일반적인 실무이다.

선수금환급보증서가 발생되는 이유는 발주자와 조선소 사이에 선박건조계약이 체결될 경우 선박의 건조에는 보통 2년 내지 3년의 장기간이 소요되므로 발주자는 선박 인도 전에 기성고에 따른 선수금을 지급하게 되는데, 발주자가 조선업체의 귀책사

---

* 본 논문은 제5회 선박건조·금융법 연구회(2012. 11. 2)에서 발표된 내용이다.

1) 거래의 실제에서는 refund guarantee란 용어에 국한되지 않고 advance payment guarantee, advance payment bond, letter of guarantee 등 다양한 표현이 사용되고 있다.

유로 인하여 선박건조계약에 따른 선박인도일까지 선박을 인도받지 못하게 되는 등의 보증사고가 발생하는 경우 발주자는 지급받아야 할 선수금을 반환받지 못할 위험에 처하게 될 수 있다. 이러한 위험을 제거하기 위하여 조선소의 신용을 금융기관의 신용으로 대체하기 위하여 창안된 제도가 선수금환급보증서이다. 당사자들은 통상 선박건조계약에서 일정한 신용등급 이상을 가진 금융기관 혹은 예외적으로 특정한 금융기관을 명시하여 선수금환급보증서를 발행하도록 하고 있다. 따라서 외국발주자들에게는 신용등급이 높은 국내은행이나 국책금융기관으로서 무역보험공사, 수출입은행이 선수금환급보증서를 발행하게 하고 있으나 드물게는 국내 보험회사가 직접 발주자에게 이를 발행하기도 한다. 국내은행이 상대적으로 보증사고 발생의 위험이 없는 대형조선소 위주로 선수금환급보증서를 발행하여 온 까닭에 중소조선소가 국내보험사와 금감원을 설득하여 국내보험사에 의해서도 선수금환급보증서가 발행될 수 있도록 제도가 만들어졌다. 국내보험사가 역보증(counter-security)을 국내은행에 발행하고 국내은행이 이를 근거로 발주자에게 선수금환급보증서를 발행하는 경우도 있다.

2. 법적 성질 – 단순 보증 v. 독립적 보증

선수금환급보증서의 법적 성질과 관련하여 논란이 되는 것은 발행 금융기관이 선박건조계약에 존재하는 항변(소위 '원인관계상의 항변')을 이유로 그 지급을 거절할 수 있는가 하는 문제이다. 이 쟁점은 선수금환급보증서의 준거법에 따라 해석될 것이나 대부분의 선수금환급보증서의 준거법으로 지정되는 영국법상의 해석론이나 우리나라 법상의 해석론이나 별다른 차이가 없다.

조선소의 입장에서 보았을 때 발주자와 분쟁이 발생하여 선수금지급의무 여부가 다투어지고 있는데 선수금환급보증서를 발행한 금융기관이 보증서의 문구에 따라 발주자에게 선수금을 지급해 버리면 발주자와의 분쟁이 무의미해지거나 추후 재판에서 자신의 주장이 받아들여지더라도 선수금환급에 따른 궁극적인 책임을 부담하여야 할 수가 있으므로 발급 금융기관이 원인관계상의 항변으로 지급을 거절할 수 있도록 하는 형태를 선호하게 될 것이다. 반면 발주자는 환급의 확실성을 위하여 원인관계로부터 독립된 보증을 선호할 것이다. 이렇게 원인관계상 독립된 보증을 독립적 보증이라 한다. 이론상 선수금환급보증서가 원인관계상의 항변의 대항을 수반하는 단순보증으로서의 법적 성질을 가지는 것도 있을 수 있겠지만[2] 무상 대부분의 경우 원인관계로부터 독립된 독립적 보증으로서의 법적 성질을 가지는 경우가 대부분이다.

독립적 보증으로서의 성질을 가지는 선수금환급보증서는 원인관계를 규율하는 기본계약으로부터 독립된 계약이다. 따라서 설사 조선소가 선박건조계약에 기하여 발주자에게 선수금환급의무가 없음을 다투고 있는 경우라도 금융기관은 자신이 발행한 선수금환급보증서상의 요건(대개의 경우 기본계약상 선수금환급 사유의 발생과 조선소의 환급지체사실을 기재한 진술서를 요구한다)을 충족하기만 하면 선수금을 환급할 의무를 부담하는 것이며 원인관계상 발주자가 선수금환급을 받을 권리가 있음을 입증할 필요가 없다.[3)]

우리나라에서 일반적으로 사용되는 선수금환급보증서에서는 “We hereby, as primary obligor, irrevocably and unconditionally undertake to pay to you, your successors and assigns, on your first written demand, all such sums due to you under the Contract”라는 식으로 규정하고 있다. 선수금환급보증서의 문언상 발행 금융기관이 부담하는 책임은 보증채무지만 1차적 채무자로서(as primary obligor) 선박건조계약상의 선수금을 환급할 의무를 부담하는 것이다. 유의할 것은 primary obligor로서 환급의무를 부담한다고 하여 당연히 부종성이 없는 독립적 보증이 되는 것은 아니다. primary obligor가 된다는 것은 주채무자의 선이행을 전제로 하지 않는다는 점에서 보충성(즉, 최고・검색의 항변권)이 없다는 의미에 불과하다. 따라서 primary obligor로서 채무를 부담한다는 문언은 독립적 보증이 되기 위한 충분조건은 아니다.[4)]

국제거래에서 독립적 보증의 기능을 담당하는 보증서의 명칭은 국가마다 상이하고 통일된 명칭은 없다. 영국에서는 이를 일반적으로 performance bond 또는 demand guarantee가 사용되고 있다.[5)] 이는 신용장의 독립・추상성과 일맥상통하

---

2) 단순 보증은 그 속성으로서 부종성(주채무의 무효・취소・소멸・항변권 등의 영향을 받아 보증채무의 내용이 결정되는 성질), 보충성(보증인에게 최고・검색의 항변이 인정되는 것 즉, 주채무의 이행이 없는 경우에 한하여 보증책임이 발생하는 성질)이 있다. 연대보증은 주채무자와 연대하여 보증하므로 보충성은 없으나 그 본질적 성격은 여전히 보증이므로 부종성을 갖는다. 독립적 보증에는 이러한 부종성・보충성이 모두 없다.

3) *Edward Owen Ltd v. Barclays Bank* [1978] 1 QB 159, 171; *Gold Coast Ltd v. Caja de Ahorros del Mediterraneo* [2002] 1 Lloyd's Rep. 617.

4) *Wuhan Guoyu Logistics Group Co & Anr v. Emporiki Bank of Greece SA* [2012] EWHC 1715 (Comm).

5) 독립적 보증에 관한 ICC 통일규칙(ICC URDG Publication No. 458)에는 demand guarantee라는 표현을 사용한다. UNCITRAL 독립적 보증에 관한 협약 초안에서는 independent guarantee라고 표

는 것이라 할 수 있다. 여기서 독립성이라 함은 독립적 보증거래에 있어서 비록 독립적 보증서가 어떠한 원인관계(기본거래)에 기초하여 발행되는 것이지만 보증거래는 기본거래에 영향을 받지 아니한다는 것이다. 즉, 독립적 보증거래에서 채권자인 수익자가 보증금을 지급받기 위한 조건은 보증서의 조건과 일치하는 청구를 하는 것이다. 따라서 주채무자가 실제적으로 채무를 불이행하였는가는 원칙적으로 문제가 되지 아니한다. 이러한 독립성은 국제거래에서 독립적 보증의 상업적 효용성에 크게 기여하는 것이고 영국의 Kerr 판사는 이를 '국제거래의 생명피'라고 하였다.[6] 추상성이라 함은 보증인과 수익자 간의 관계가 보증서와 수익자가 제시한 서류에 의하여 결정되고 원인거래와는 관계가 없다는 것을 의미한다. 독립성은 추상성에서 파생된 것이라는 견해도 있고,[7] 추상성을 독립성과 동일한 의미를 가지는 것으로 보는 이도 있다.[8] 대법원은 추상성과 독립성을 사실상 동일한 것으로 보고 있다.[9] 독립적 보증과 신용장의 관계에 관하여 우리나라 하급심판결 중에는 신용장통일규칙에 나타난 국제적인 은행관행(international banking standard)은 독립적 보증에도 적용되어야 한다고 판시한 판결이 있다.[10]

3. 단순 보증과 독립적 보증의 판별기준

영국법상 어떤 보증서가 독립적 보증으로서의 성질을 가진 것인지 단순 보증으로서의 성질을 가진 것인지를 기계적으로 구분하는 것은 가능하지 않고 구체적 사건별로 개별적 사정을 고려하여 결정한다. 동일한 구성요소라도 다른 사건에서는 다른 의미를 가질 수 있으므로 구성요소 하나만을 분리하여 평가하여서는 아니 된다. Wuhan Guoyu [2012] 판결에서 Clarke 판사가 제시한 판별기준은 다음과 같다.[11]

(i) 보증서에 일반적으로 단순 보증을 의미하는 'guarantee'라는 용어가 사용되었

현한다. 국제 간의 무역거래에서 사용되는 stand-by letters of credit도 동일한 기능을 한다. 반면, 원인관계에 부종되는 보증은 단순히 guarantee라고 한다.

6) *R. D. Harbottle Ltd v. National Westminster Bank* [1977] 3 W R L 752.

7) Henry Harfield, Bank Credits and Acceptances, 5th ed. (Ronald Press Company NY, 1974), pp. 71-72.

8) Marc R. Richter, Standby Letter of Credit (Zurich: Schulthese Polygraphisher Verlag, 1990) S. 143 ff.

9) 대법원 1994. 12. 9. 선고 93다43873 판결.

10) 서울고등법원 2001. 2. 27. 선고 2000나8863 판결.

11) *Wuhan Guoyu Logistics Group Co & Anr v. Emporiki Bank of Greece SA* [2012] EWHC 1715 (Comm).

다 하여도 그것이 법적 성질을 판별함에 있어 결정적인 것은 아니다.

(ii) 보증서의 문언상 금융기관이 지급요건으로 요구하는 일정한 선언과 함께 첫 번째의 서면 청구(first written demand)를 하는 경우 지급한다는 내용의 약속이라면 그것은 기본계약으로부터 독립된 보증일 가능성이 높다.

(iii) 보증서의 이행이 일정한 사실관계의 입증이 아닌 서류제시를 조건으로 하는 경우 그 보증서는 독립적 보증으로 추정되지만, 그 추정이 번복될 수 없는 것은 아니다.

(iv) 보증서에 보증서의 목적(purpose of the instrument)을 언급하여 놓았다고 해서 그것이 단순 보증을 의미하는 것은 아니다.

(v) 보증서의 문언상 어떤 증거가 지급채무가 발생하였다는 점에 관한 결정적 증거(conclusive evidence)로 규정되어 있다면 그것은 독립적 보증이고 원인관계에 관하여 더 이상 조사할 필요가 없다.

(vi) 발행주체가 금융기관이 아닌 경우 예컨대, 자회사의 채무이행을 보증한 모회사가 발행한 보증서는 원인관계상의 항변을 허용하는 단순 보증일 가능성이 높다.

(vii) 보증서에 "보증인이 아닌 1차적 채무자로서 채무를 부담한다(as primary obligor and not merely as surety)."라는 표현이 있는 것만으로 자동적으로 독립적 보증이 되는 것은 아니다.

4. 독립성의 원칙과 한계

독립적 보증이 원인관계에 대하여 갖는 독립성은 국제거래의 안전과 활력에 초석이라고 할 수 있다. 그런데 수익자가 독립성을 악용하여 보증금을 청구하는 경우에 발생하는 불합리한 점을 어떻게 해결할 것인가는 독립성을 갖는 신용장이나 독립적 보증 모두에게 크게 논란이 되었다. 수익자의 청구가 보증서의 조선과 외관상 일치하나 주채무자의 채무불이행이 없거나 또는 제시한 서류가 위조된 경우 등이 그러한 경우이다. 전자의 경우에 기망적인 청구인가를 판단하기 위하여는 원인관계인 기본거래에 의존하게 되고 후자의 경우에도 어느 정도 기본거래를 고려하지 않을 수 없다. 이것은 독립적 보증거래가 원인관계와는 분리·독립된 것이라는 독립성에 반하게 되는 것이다. 만약 독립성에 대한 예외를 광범위하게 인정하여 지급금지가 폭넓게 허용된다면 그것은 국제거래에서 독립적 보증에 대한 불신으로 이어지고 거래가 위축될 수밖에 없다.

이와 관련하여 우리 대법원은, "독립적 보증의 보증인으로서는 수익자의 청구가 있기만 하면 보증의뢰인이 수익자에 대한 관계에 있어서 채무불이행책임을 부담하게 되는지의 여부를 불문하고 그 보증서에 기재된 금액을 지급할 의무가 있다고 할 것이며, 이 점에서 독립적 보증은 수익자와 보증의뢰인과의 원인관계와는 단절된 추상성 내지 무인성을 가진다. 그러나 독립적 보증의 경우에도 신의성실의 원칙 내지 권리남용금지의 원칙의 적용까지 배제되는 것은 결코 아니라고 할 것이므로 수익자가 실제에 있어서는 보증의뢰인에게 아무런 권리를 가지고 있지 못함에도 불구하고 위와 같은 은행보증의 추상성 내지 무인성을 악용하여 보증인에게 청구를 하는 것임이 객관적으로 명백한 때에는 이는 권리남용에 해당하여 허용될 수 없는 것이고, 이와 같은 경우에는 보증인으로서도 수익자의 청구에 따른 보증금의 지급을 거절할 수 있다고 보아야 할 것이다."라고 판시한 바 있다.[12)]

그러나 권리남용이라는 광의의 개념으로 독립적 은행보증의 생명인 독립성을 깨는 것은 독립적 보증에 대한 불신으로 이어져 거래가 위축될 우려가 있다. 따라서 가능한 한 사기나 서류의 위조 등 실질적으로 범위를 좁히려는 시도가 필요하다는 주장이 있다.[13)] 영국 판례는 사기의 경우에 한하여 독립적 보증의 독립성을 부정하고 있다. 즉, 영국법원은 은행이나 수익자의 보호를 위하여 보증서에 기하여 채무를 부담하기로 약정하였을 때 이러한 계약이 제대로 이행되는 것은 매우 중요한 것이므로 설사 어느 단계에서 수익자의 일정한 사기가 개재되어 있다 하더라도 금융기관이 수익자에게 금원을 지급하기 전까지 수익자의 사기에 대하여 알게 되었다고 할 정도로 말할 수 있을 때(clear or manifest fraud) 비로소 금융기관은 수익자의 사기를 이유로 보증서에 기한 지급을 거절할 수 있다고 한다.[14)]

---

12) 대법원 1994. 12. 9. 선고 93다43873 판결.
13) 김선국, "독립적 은행보증거래에 있어서의 몇 가지 문제점"(상거래법의 이론과 실제, 석영 안동섭교수 화갑기념논문집).
14) *Edward Owen Ltd v. Barclays Bank* [1978] 1 QB 159, 171.

Ⅱ. 사례연구

1. 사례 1 - 단순 보증으로 판결된 사례

Wuhan Guoyu Logistics Group Co & Anr v. Emporiki Bank of Greece SA [2012] EWHC 1715 (Comm)

【사실관계】

이 사건은 조선소측 은행이 발행한 refund guarantee가 문제된 것이 아니라 발주자가 분할지급하기로 약속한 선수금의 지급을 발주자측 은행이 보증한 지급보증서(payment guarantee)가 문제된 사건이다. 따라서 선수금환급보증서 자체를 다룬 사건은 아니다. 그러나 단순 보증과 독립적 보증의 구별기준을 다루고 있다는 점에서 조선소측 은행이 발행하는 선수금환급보증서에도 그대로 원용될 수 있다.

중국의 Wuhan Guoyu Logistics Group Co와 Yangzhou Guoyu Shipbuilding Co는 공동으로 중국에서 조선소를 운영중인데 2006. 11. 29. Swissmarine Inc of Liberia와 사이에 57,000톤급 벌크선 2척을 건조하기로 하는 선박건조계약을 체결하였다. 계약대금은 분할로 지급하기로 되어 있었는데 2차 선수금은 조선소가 스틸커팅 증명서와 함께 조선소측 은행이 발행하는 선수금환급보증서(Refund Guarantee)를 교부하면 발주자가 지급하기로 하였다. 발주자는 이러한 2차 선수금 지급을 보장하기 위하여 발주자측 은행(피고)이 발행한 지급보증서(Payment Guarantee)를 교부하기로 약정하였다.

2007년 12월 Payment Guarantee가 피고에 의하여 발행되어 조선소에 교부되었다. 피고는 발주자측에 금융을 제공하면서 선박건조계약 및 Refund Guarantee에 관한 모든 권리를 양수한 상태였다. 2009년 4월 스틸커팅이 이루어졌고 조선소측 은행은 Refund Guarantee를 발급하였다. 그러나 발주자는 스틸커팅이 이루어진 사실 자체에 대하여 의문을 제기하며 2차 선수금을 지급하지 않았다. 조선소는 피고은행에 Payment Guarantee에 따른 지급을 요구하였다. 피고는 그 지급을 거절하였다.

【쟁점】

피고은행이 발행한 Payment Guarantee가 단순 보증인가 아니면 독립적 보증인가, 따라서 피보증인(발주자)의 조선소에 대한 2차 선수금지급채무의 부존재를 이유로 지급을 거절할 수 있는가 하는 것이 쟁점이 되었다. 피고는 본안에 관하여 별도로 중재절차가 진행 중이므로 약식재판(summary judgment)으로 해결할 수 없다고 주장하였다.[15]

위 Wuhan Guoyu 사건에서 문제된 보증서의 문언은 다음과 같다.

DETAILS OF GUARANTEE

Dear Sirs,

(1) In consideration of your entering into a Shipbuilding Contract dated 29th November 2006 ("the Shipbuilding Contract") with Tamassos Navigation Ltd as the buyer ("the BUYER") and WUHAN Guoyu Logistics Group CP LTD and Yangzhou Guoyu Shipbuilding CO., LTD as the seller ("the SELLER") for the construction of one (1) 57,000 Metric Tons Deadweight OEC known as YANGZHOU GUOYU SHIPBUILDING COMPANY LTD. HULL NO. GY404 ("the VESSEL"), we, EMPORIKI BANK OF GREECE SA, hereby IRREVOCABLY, ABSOLUTELY and UNCONDITIONALLY guarantee, as the primary obligor and not merely as the surety, the due and punctual payment by the BUYER of the 2nd installment of the Contract Price amounting to a total sum of United States Dollars 10,312,500.00 (Ten million three hundred twelve thousand five hundred only) as specified in (2) below.

(2) The Instalment guaranteed hereunder, pursuant to the terms of the Shipbuilding Contract, comprises the 2nd installment in the amount of U.S.

15) summary judgment는 영국법 특유의 제도로서 피고가 승소할 전망이 없고(the defendant has no hope of success) 피고의 항변이 판결을 지연시킬 뿐 실익이 없다고 인정되는 경우에 내려진다. 영국 대법원 규칙 제14조에 근거하여 내려진다하여 Order 14이라고도 불려 왔다. 최근 영국법의 개정으로 CPR Part 24 Summary Judgment라고 불리고 있다; *Rainy Sky SA & Others v. Kookmin Bank* [2009] EWHC 2624.

Dollars 10,312,500.00 (Ten million three hundred twelve thousand five hundred only) payable by the BUYER within five (5) New York banking days after completion cutting of the first 300 MT of steel plate in your Seller's workshop and written notice thereof along with certificate of cutting of steel plate countersigned for approval by the Buyers representative.

(3) We also IRREVOCABLY, ABSOLUTELY and UNCONDITIONALLY guarantee, as primary obligor and not merely as surety, the due and punctual payment by the BUYER of interest on the second Installment guaranteed hereunder at the rate equal to the three months US$ LIBOR quoted on page no.3750 of Telerate, 2 days before the date from which interest becomes effective, plus 1% margin, from and including the first day after the date of installment in default until the date of full payment by us of such amount guaranteed hereunder.

(4) In the event that the BUYER fails to punctually pay the second Installment guaranteed hereunder or the BUYER fails to pay any interest thereon, and any such default continues for a period of twenty (20) days, then, upon receipt by us of your first written demand stating that the Buyer has been in default of the payment obligation for twenty (20) days, we shall immediately pay to you or your assignee the unpaid 2nd Installment, together with the Interest as specified in paragraph (3) hereof, without requesting you to take any or further action, procedure or step against the BUYER or with respect to any other security which you may hold.

(5) We hereby agree that at your option this Guarantee and the undertaking hereunder shall be assignable to the Bank of China Ltd, Hubei Branch, 65 Huangshi Road, WuhanCity, Hubei 430013, the People's Republic of China…

…

IN WITNESS WHEREOF, we have caused this Letter of Guarantee to be executed and delivered by our duly authorised representative the day and year above written."

【판결】

보증서 문언상 'Guarantee'라는 용어가 반복 사용되고 있다. 그것이 결정적인 것은 아니나 방향계(pointer)는 된다. 취소불가능, 절대적, 무조건적 책임이라는 용어는 보증의 내용일 뿐 원인관계와의 독립을 의미하는 것은 아니다. 1차적 채무자로서의 책임이라는 것도 마찬가지이다. 최고·검색의 항변을 하지 않는다는 것만 의미할 뿐이다.[16] 보증서 (2)항의 발주자 측 대표의 서명이 있는 스틸커팅 증명서에서 서명은 매우 중요하다. 법원이 발주자가 악의적으로 서명을 거절할 것을 당연히 전제하여 재판할 수는 없다. (2)항은 선박건조계약서에 없는 조건을 추가한 것으로 존중되어야 한다. (3)항에서 이자의 발생도 발주자의 채무불이행을 전제로 하는 것으로 규정하고 있다. (4)항은 first written demand로써 지급채무가 발생한다는 점에서 이것만 보면 독립적 보증으로 볼 여지가 있으나 다른 조항((1)항, (2)항, (3)항)과 함께 읽으면 그렇게 볼 수 없다. 보증서에 보증금 지급채무가 발생하는 경우(즉, 무엇이 피보증인의 채무불이행을 구성하는지)가 언급되었다고 하여 그것만으로 단순 보증이 되는 것은 아니다. 수익자가 독립적 보증이기를 원한다면 단순 보증으로 오해될 수 있는 문언의 사용을 회피하여야 하고 독립적 보증에 관용적인 문구를 사용하여야 한다.

2. 사례 2 - 독립적 보증으로 판결된 사례

Meritz Fire & Marine Insurance Co Ltd v. Jan de Nul NV and 1 other [2011] EWCA 827

【사실관계】

이 사건은 조선소측 은행이 발행한 선수금환급보증서(영문으로는 'Advance Payment Guarantee'라고 표시되었다)가 독립적 보증으로 판결된 사안이다.

발주자는 벨기에의 준설선 선주와 룩셈부르크 법인인 그 자회사이고 조선소는 우리나라의 흔우철강이었다. 2006년 8월 10일에 첫 2척의 선박에 관하여, 2007년 4월

16) 같은 취지의 판례: *Carey Value Added v. Group Urvasco* [2011] 2 AER (Comm) 149[22].

4일에 세 번째 선박에 관하여 선박건조계약이 체결되었다. 메리츠화재가 흔우철강을 위하여 선수금환급보증서를 직접 발행하였는데 첫 2척에 관하여는 2006년 10월 13일에, 세 번째 선박에 관하여는 2007년 4월 27일에 발행하였다. 그런데 흔우철강은 2007년 6월 8일 젝시엔에 흡수합병되었고, 합병당일 젝시엔은 상호를 부영중공업으로 변경하였다. 메리츠는 이러한 흡수합병에 대하여 별다른 이의제기를 하지 않았다. 2008년 2월 5일에 부영중공업의 조선사업부문이 회사분할로 아시아중공업으로 독립하였다. 아시아중공업의 분할계획에 의하면 아시아중공업과 부영중공업은 분할 후 연대책임을 부담하기로 되어 있었다. 아시아중공업의 자금난으로 선박건조작업은 지연되었고 당사자 간에 인도기한을 1년 연장할지 여부에 관하여 협상이 진행되던 중 발주자는 선박건조계약을 해지하였다. 1차 선박에 관하여는 2009년 3월 9일에, 2차 선박에 관하여는 2009년 4월 2일에, 3차 선박에 관하여는 2009년 3월 10일에 각 선박건조계약이 해지되었다.

【쟁점】

가. 독립적 보증인가?

메리츠화재는 자신이 발행한 선수금환급보증서는 독립적 보증이 아니고 단순 보증이므로 발주자가 자신에게 선수금환급을 요구하기 위하여는 피보증인인 흔우철강의 채무불이행을 주장·입증하여야 한다고 주장하였다. 반면, 발주자는 메리츠화재가 발행한 선수금환급보증서는 독립적 보증이므로 발주자는 보증서 문언에 따른 요구사항만을 충족하는 것으로써 선수금환급을 요구할 수 있다고 주장하였다.

메리츠화재의 주장은 다음과 같다.

(i) 보증서의 문언상 principal로서의 책임이라고 되어 있지도 않고 surety라고 되어 있지도 않다. 보증서의 문언상 독립적 보증임이 명백하지 않으므로 발행자에 유리하게 단순 보증으로 추정되어야 한다;

(ii) 메리츠화재는 보험회사이지 은행이 아니므로 은행에 관한 판례를 적용하여서는 아니 된다;

(iii) 보증서의 문언에 취소불가능 또는 무조건적 책임을 규정하였다 하여 자동적으로 독립적 보증이 되는 것은 아니다;

(iv) 판례가 독립적 보증으로 본 사건에서 요구한 요건 즉, 은행의 증명서가 있

어야 책임이 개시된다거나 선수금의 지급거절이 채무불이행의 결정적 증거를 구성한다든가 하는 문언이 없다. 이는 메리츠의 책임이 2차적임을 시사한다;

(ⅴ) 조선소가 중재절차를 개시하면 지급이 유보되는 것이나 선박이 인도되면 보증서가 무효가 된다고 규정한 것도 메리츠화재가 발행한 보증서가 2차적이라는 의미이다.

메리츠화재가 발행한 선수금환급보증서의 문안은 다음과 같다.

Advance Payment Guarantee

"[1] We hereby issue the irrevocable Advance Payment Guarantee (Letter of Guarantee Number…) in favor of [Jan de Nul NV/Codralux SA]…(hereinafter called "the Buyer") for the account of Heun Woo Steel Co., Ltd., a shipyard organized and existing under the laws of the Republic of Kore a…(hereinafter called "the Builder") in connection with the shipbuilding contract…(hereinafter called "the Shipbuilding Contract") made by and between the Buyer and the Builder for the construction [the Vessel is then identified by description and its Builder's Hull number]…(hereinafter called "the Vessel").

[2] If, in connection with the terms of the Contract, the Buyer shall become entitled to a refund of advance payments made to the Builder prior to the delivery of the Vessel, we hereby irrevocably and unconditionally guarantee the repayment of the same to the Buyer within Thirty (30) days after demand is made not exceeding the sum [specified[1]]…together with interest…

[3] Under no circumstances shall the amount of this Advance Payment Guarantee (Letter of Guarantee) exceed [the specified sum, being an amount equal to 20% of the total Contract Price in the case of HS1005 and HS1006 and 70% of the total Contract Price in the case of HS1007] plus

interest thereon at the rate of Six percent (6%) per annum…

[4] The Buyer's demand for payment under this Advance Payment Guarantee (Letter of Guarantee) is payable upon our receipt of the Buyer's signed statement certifying that the Buyer's demand for refund is made in conformity with Clause 17 of the Contract and that the Builder has failed to make the refund.

…

[6] Notwithstanding the provisions hereinabove, in the event that within Thirty (30) days from the date of your claim to the Builder referred to above, we receive written notification from either you or the Builder stating that your claim for refund hereunder is disputed by the Builder and has been referred to arbitration in accordance with the provision of the Contract, we shall, under this Advance Payment Guarantee (Letter of Guarantee), refund to you the sum as per the award issued under such arbitration immediately upon receipt from you of a demand for the sum so adjudged together with a copy of the arbitration award, and not before.

[7] This Advance Payment Guarantee (Letter of Guarantee) [shall] become null and void upon receipt by the Buyer of the sum guaranteed hereby or upon acceptance by the Buyer of the delivery of the Vessel in accordance with the terms of the Contract…

[8] This Advance Payment Guarantee (Letter of Guarantee) is valid from the date herein stated below until such time that the Vessel is delivered by the Builder to the Buyer in accordance with the provisions of the Contract.

[9] This Advance Payment Guarantee (Letter of Guarantee) shall be governed by and construed under the substantive law of England and the undersigned hereby submits to the non-exclusive jurisdiction of the courts of England.

[10] This Advance Payment Guarantee (Letter of Guarantee) is subject to the Uniform Rules for Demand Guarantee of the International Chamber of

Commerce (ICC), ICC Publication No. 458."

나. 계약자인 조선소가 타 회사에 흡수합병된 경우 지급거절 사유가 되는가?

메리츠화재는 흔우철강이 부영중공업에 흡수합병되었고 선박건조계약상의 인도기일이 1년 연장되었으므로 자신의 책임이 가중되었다는 이유로 면책을 주장하였다.

다. 문언상 책임개시요건이 충족될 수 있는가?

메리츠화재는 흔우철강이 흡수합병되어 소멸되었으므로 선박건조계약상 채무불이행의 주체인 흔우철강은 존재하지 않고 따라서 선박건조계약서 제17조에 따른 선수금환급채무를 부담하는 주체가 존재하지 않는다고 주장하였다. 따라서 아시아중공업에 대한 이행청구를 제17조에 따른 이행청구라고 할 수 없다는 것이다. 선수금환급보증서에서 말하는 조선소도 흔우철강인데 흔우철강이 소멸되었으므로 선수금환급보증서의 요건도 충족할 수 없다는 것이다.

선박건조계약서 제17조는 다음과 같이 규정하고 있다.

"17.1 The Owner may immediately terminate the Contract by notice to the Builder if at any time before takeover of the Vessel:

(a) The Owner demonstrates that the Builder is in delay on any one of the Milestones … by more than one hundred and fifty (150) Days; or

…

(d) The Builder has a receiver, administrator or administrative receiver, trustee, liquidator or like person appointed over any substantial part of its assets under any jurisdiction or law relating to the reorganisation, arrangement or adjustment of debts or the dissolution, administration or liquidation of corporation.

17.2 In the event of such termination of the Contract the Owner shall have the option – at its discretion – either (i) to take possession of the

Vessel as it is constructed and to take over all the materials, equipments, design and services purchased by the Builder for this project and have it completed by a third party, whereby the Builders shall promptly repay the Owner all sums not used in the construction of the Vessel plus the extra costs incurred in the completion thereof up to the amount guaranteed under the [APG], [or] (ii) the Builder shall refund to the Owner the amount of all monies paid by the Owner under the Contract together with interest…

In the event the Owner opts for scenario (ii) under the previous paragraph, the Builder shall … either return to the Owner such Owner-Supplied Items as indicated by the Owner, at the Builder's cost and expense, or reimburse the purchase and delivery value thereof to the Owner. If and when any Owner-Supplied Item has not been returned under this provision to the Owner within sixty (60) Days from termination of the Contract or the Owner – as applicable – has not received repayment under this provision within ten (10) Days from termination of the contract, the Owner shall be entitled to draw on the [APG] provided by the Builder and be reimbursed all monies remaining on the escrow account without prejudice to any other remedy at law or otherwise.

17.3 The refund as provided in the foregoing paragraph 17.2 by the Builder to the Owner shall forthwith discharge all the obligations, duties and liabilities of each of the parties thereto to the other, without prejudice however to any obligations, duties and liabilities under Common Law. ….”

【1심법원 판결】

일반적으로 선수금환급보증서를 독립적 보증이라고 보는 데에는 4가지 요소가 필요하다고 설명되어 있는데 메리츠화재가 발행한 선수금환급보증서는 이 중 3가지를 충족시키고 있다. (i) 기본계약의 당사자 국적이 상이하다; (ii) 단순 보증이라면 보증인이 원용할 수 있는 항변을 제한하기 마련인데 이 사건 보증서에는 그러한 것이 없다; (iii) 문언상 수익자가 요구하면(on demand) 지급하도록 되어 있다. (iv)번째 요건은 은행이 발행할 것이라는 것인데 메리츠화재가 은행이 아니기는 하지만 보증서에 적용하기로 한 ICC 규칙에는 보험회사도 독립적 보증을 발행할 수 있다고 규정하고 있다.17) ICC 규칙을 적용하기로 한 것 자체가 독립적 보증임을 나타낸다. 메리츠화재가 발행한 보증서의 문언도 ICC 규칙에 부합한다.18) 요구 후 30일 이후 지급한다는 조건은 지급기한일 뿐 지급채무의 성질을 좌우하는 것은 아니다. 중요한 것은 특정 서류만 제시하면 지급의무가 개시되도록 되어 있다는 것이고 원인관계(기본계약)에 관한 입증을 요구하고 있지 않다는 점이다. 보증서의 문언상 기본계약을 위한 담보로서 제공한다든가 채무불이행 사유가 무엇인지를 규정하고 있다고 하여 그 보증서가 독립적 보증이 되지 않는 것은 아니라는 선례도 있다. 메리츠화재가 지적하는 다른 사항들은 결정적인 것이 아니다. 당원이 보기에 중요한 것은 (i) 특정서류만 제시하면 지급의무가 발생한다는 것; (ii) 보증은 취소불가능하며 무조건적이라는 것; (iii) ICC 규칙을 적용하기로 되어 있다는 것; (iv) 단순 보증이라면 있었을 항변 제외사유에 관한 규정이 없다는 것들이다. 중재판정에 따라 지급한다는 것 역시 중재판정만 있으면 된다는 점에서 독립적 보증이 되는 것을 방해하는 것이 아니다.

흔우철강이 부영중공업에 합병되고 아시아중공업으로 분할되었지만 메리츠화재는 그러한 합병과 분할에 대하여 별다른 이의를 제기한 사실이 없다. 한국법상 합병의 경우 피합병회사의 권리・의무가 합병회사에 그대로 승계된다. 아시아중공업의 채무불이행은 흔우철강의 채무불이행을 구성한다. 인도기한 연장에 관하여 발주자가 동의하였다는 증거가 없다.

선박건조계약서 제17조에 회사 해산시 선수금환급을 청구할 수 있다고 규정하고 있으므로 흔우철강의 소멸이 이행청구를 방해하지 않는다. 만약 메리츠화재의 말이 맞다면 선수금환급보증서는 발주자에게 가장 필요할 때 작동하지 않는다는 부당함이 있다. 발주자는 당연히 아시아중공업에게 이행청구할 수 있고 그 결과는 보증인을 구속한다.

---

17) ICC URDG Publication No 458 제2조 (a).

18) ICC URDG Publication No 458 제2조 (b)는 동 규칙 적용대상인 demand guarantee (“Guarantee”)의 성격을 다음과 같이 규정하고 있다: “Guarantees by their nature are separate transactions from the contract(s) or tender conditions on which they may be based, and Guarantors are in no way concerned with or bound by such contract(s), or tender conditions, despite the inclusion of a reference to them in the Guarantee.”

【항소심 판결】

메리츠화재는 항소심에서 (i) 이 사건 선수금환급보증서는 독립적 보증이 아니므로 발주자가 보증서를 행사하기 위하여는 조선소가 채무불이행하였다는 사실을 입증할 책임을 부담한다; (ii) 흔우철강이 부영중공업에 흡수합병되어 합병회사에 권리·의무가 승계되고 다시 아시아중공업에 승계되면서 선수금환급보증서는 실효된다(그 근거는 선수금환급보증서 문언상 메리츠화재는 흔우철강의 채무불이행을 담보하였을 뿐이라는 것이었다); (iii) 흔우철강이 소멸되었으므로 보증서 행사요건인 흔우철강에 대한 권리행사 자체가 불가능하다.

항소법원은 다음과 같이 판시하였다.

(i) 이 사건 선수금환급보증서에 적용되는 ICC 규칙 자체에 기본거래와 보증인의 책임은 상호 독립된다고 되어 있으니 메리츠화재의 주장을 받아들이기 어렵다.

(ii) 선수금환급보증서의 목적에 비추어 회사해산시 보증금청구가 허용되어야 하는 것은 분명하다. 따라서 합병으로 소멸되었다 하여 보증금청구 자체를 하지 못한다고 볼 수는 없다. 메리츠화재의 주장은 자신은 흔우철강의 채무불이행을 담보한 것이지 보증서 발행 당시 평가하지 아니한 제3의 회사(합병회사)의 채무불이행을 담보한 것이 아니라는 주장은 이해가 간다. 그러나 한국법상 합병 후 6개월 내에 합병에 대하여 이의를 제기할 수 있었는데 메리츠화재는 이를 하지 않았다. 메리츠화재가 이의를 제기하지 않은 이상 당원에 중요한 것은 발주자가 이 사건 보증서의 문언에 따라 권리행사를 하였는지 여부이다.

(iii) 이 사건 보증서의 문언상 중요한 것은 조선소가 채무가 발생하였음에도 선수금을 환급하지 않았다는 것이 아니라 환급하지 않았다는 사실 자체이다.[19] 중요한 것은 선수금이 환급되지 않았다는 선언이고 보증서상 명시된 조선소가 흔우철강인가 합병회사인가 하는 것도 중요하지 않다. 보증서 문언상 선수금이 환급되지 않았다는 사실만으로도 충분하다고 되어 있다. 메리츠화재의 주장대로 하더라도 흔우철강이 선수금을 환급하지 못한 것도 맞다.

---

19) 관련 보증서의 문언은 다음과 같다. "demand for refund is made in conformity with Clause 17 of the Contract and that the Builder has failed to make the refund."

3. 사례 3 - 관할위반을 이유로 중재판정취소를 구한 사건

Nanjing Tianshun Shipbuilding Co Ltd and Jiangsu Skyrun International Group Co Ltd v. Orchard Tankers PTE Ltd [2011] EWHC 164 (Comm)

【사실관계】

이 사건은 선박건조계약상의 분쟁해결조항이 중재절차를 이용하는 경우와 소송절차를 이용하는 경우로 나뉘어져 있는데 이 사건 분쟁이 어느 경우에 해당하는가 하는 것이 문제된 사안이다.

2006년 11월 8일에 선박건조계약이 체결되었다. 발주자인 선주는 네 번에 걸쳐 선수금을 지급하였다. 조선소는 선수금환급보증서(Refund Guarantee)를 발주자에 교부하였다. 선박건조가 허용된 지연기간을 넘어 인도가 지연됨으로써 발주자인 선주는 선박건조계약에 따라 선박건조계약을 해지하고 선수금환급을 요구하였다. 선박건조계약서에는 조선소가 선주에 의한 해지통보를 다투고자 하는 경우에는 30일 이내에 런던에서 중재절차를 개시하도록 요구하고 있었는데 조선소는 30일을 도과할 때까지 중재절차를 개시하지 않았다. 선주는 런던에서 조선소를 상대로 중재를 제기하였고, 중재인은 조선소에게 선수금을 환급할 책임이 있다고 판정하였다. 조선소는 중재인이 자신의 관할권이 없는 사항에 관하여 판정하였다고 주장하면서 영국 High Court에 중재판정취소청구소송을 제기하였다.

【관련 조항】

선박건조계약의 관련 조항은 다음과 같다.

Article X

The Seller shall have the right to dispute the Buyer's cancellation and/or rescission by instituting arbitration in accordance with Article XIII, if such arbitration is made within thirty (30) days of the Buyer's cancellation and/or rescission.

If Buyer's cancellation and/or rescission of this Contract is disputed by the Seller as aforesaid, then the Seller may not refund the Buyer until an arbitration award is handed down.

Article XIII

1. Rules, Regulations and Requirements of Classification Society Requirement

If any dispute or any difference shall arise between the parties hereto with regard to this Contract or the Specifications such dispute as to conformity of any construction or material with Classification Society requirements shall be submitted to the head office of the Classification Society surveyor.

2. Dispute Under Arbitration

In the event that any dispute other than Paragraph 1. above shall arise relating to the construction of the Vessel, such dispute shall be resolved by arbitration in London.

3. Jurisdiction or Forum

In the event that any dispute shall arise out of this Contract between the Seller and the Buyer, which dispute is not otherwise governed by Paragraphs 1 or 2 of this Article, such dispute shall be resolved in and subject to the jurisdiction of England and the courts in London, England.

선수금환급보증서의 문안 중 관련 부분은 다음과 같다.

We, China Construction Bank, Jiangsu branch, do hereby absolutely irrevocably and unconditionally guarantee as primary obligor and not merely as surety for repayment to you by the builder of an amount up to but not exceeding a total amount of USD10,500,000 plus interest thereon representing the 1st, 2nd, 3rd and 4th installments of the contract price of the vessel, as you may have paid to the builder through us under the contract prior to the delivery of the vessel, if and when the same or any part thereof becomes repayable to you from the builder in accordance with the terms of the contract and upon your first demand and without objection on our part, should the builder fail to make such repayment, we shall, and upon your first demand and without objection on our part, pay you the amount the builder is obligated to refund you in accordance with the terms of the contract together with interest … within thirty (30) days after our receipt of a written demand from you for repayment.

However, in the event of any dispute between you and the builder in relation to

1) whether the builder shall be liable to repay the said 1st, 2nd, 3rd and 4th instalments paid by you and

2) consequently, whether you shall have the right to demand payment from us, and such dispute is submitted either by the builder or by you for arbitration in accordance with article XIII of the contract.

We shall be entitled to withhold and defer payment until the arbitration award in respect of such dispute is issued, we shall not be obligated to make any payment to you unless the arbitration award orders the builder to make repayment. If the builder fails to honour the award within thirty (30) days after your demand under the arbitration award is issued in London or in case of appeal to the High Court of Justice of England and Wales (if applicable) of the arbitration award, a final court order is made in favour of yourselves, then we shall refund to you to the extent the arbitration award or the final court order (as the case may be) orders but not exceeding the aggregate amount of this guarantee plus interest thereon at the rate as described above.

…

【판결】

선박건조계약 및 선수금환급보증서상 지연인도를 이유로 선주가 선박건조계약을 해지한 경우 선수금 반환을 거절할 수 있기 위하여는 해지통보로부터 30일 이내에 중재를 개시하여야 하는데 이 사건 원고는 30일 내 중재를 개시하지 않았다. 이 경우 선수금환급보증서를 발행한 은행은 중재가 아닌 법원에서 소송을 통하여 선수금 환급을 회피할 수 있는가 하는 것이었는데 이 경우 조선소가 30일 이내에 중재를 개시하지 않음으로써 선수금 반환의무는 확정적으로 발생한 것이며 달리 소송절차를 통하여 조선소나 선수금환급보증서를 발급한 은행은 다른 주장을 할 수 없다. 선박건조계약서의 문언상 분명하고 그것은 선수금환급보증서의 문언에도 부합하며, 선수금환급으로써 모든 계약관계가 종료되도록 되어 있는데 다시 소송을 통하여 재론하는 것을 허용하는 식으로 해석하는 것은 모순이다. 또한 조선소에게 30일 이내의 중재 제기와 6년 내 소송제기의 선택권을 부여하는 것으로 해석하여야 할 아무런 상업적 이익도 없다.

조선소는 선박건조계약의 문언상 제10조의 중재와 제13.3조의 소송절차는 별도로 규정하고 있으므로 가사 제10조의 중재를 제기할 수 없는 경우라고 하더라도 제13.3조에 의한 소송절차를 원용할 수 있는 권한을 박탈당하지 아니한다고 다투었다. 그러나 영국법원은 (i) 제10조의 문언에 "제13조에 규정된 중재"라고 되어 있고 (ii) 조선소가 말하는 선박인도지연의 문제는 제13.2조의 중재가 적용되는 사안으로 볼 수 있을 뿐만 아니라[20] (iii) 제13.3조가 같은 쟁점에 대하여 중재와 소송의 이중절차를 허용하는 것으로 해석한다면 제소시한 등과 관련하여 어느 절차를 원용하여야 할지 알 수 없게 되고 (iv) 제13.3조는 중재로 해결할 수 없는 기타의 분쟁에 적용되는 것으로 보는 것이 타당하기 때문이라고 판시하였다.

---

20) 제13.2조에는 제10.1조(선급의 규칙, 규정 또는 요구와 관련된 분쟁) 이외에 선박의 건조와 관련된 분쟁은 중재로 해결된다는 취지로 규정하고 있다.

4. 사례 4 - 서명되지 아니한 SWIFT 선수금환급보증서의 효력

WS Tankship II B.V. v. The Kwangju Bank Ltd/Seoul Guarantee Insurance Company [2011] EWHC 3103 (Comm)

【사실관계】

선수금환급보증서가 종이문서가 아닌 SWIFT 메시지로 개설된 경우 그 법적 요건 및 효과를 다룬 사건이다(원래 소송 3건이 병합되었으나 이 글에서는 그 중 대표적인 1건만을 설명한다).

네덜란드 해운사인 원고는 지오해양조선에 8척의 탱커를 발주하였다. 원고는 광주은행 및 서울보증이 발행한 선수금환급보증서(Letter of Guarantee 또는 Advance Payment Guarantee)를 수취하였다. 선박건조의 지연으로 선박건조계약은 해지되었고 피고들은 원고에게 선수금의 일부를 환급하였다. 원고는 나머지 선수금의 환급을 구하는 소송을 제기하였고, 피고들은 보증서에 따른 책임의 부존재를 주장하며 지급을 거절하였고 이미 환급한 선수금이 잘못 환급되었다고 주장하며 재환급을 요구하는 반소를 제기하였다.

광주은행은 자신이 발행한 보증서는 독립적 보증이 아니고 단순 보증인데(보증인의 책임이 'If'라고 하여 피보증인의 채무의 존재를 전제로 하는 형식으로 규정되어 있고, 중재절차가 개시된 경우 중재판정을 기다리도록 되어 있으며, guarantee란 용어를 반복 사용한다는 등의 이유) 원고에 의한 선박건조계약의 해지가 시기상조의 해지로서 부적법하므로 보증책임이 발생하지 않는다고 주장하였다. 광주은행은 또한 자신이 선수금환급보증을 할 때 종이문서를 작성하지 않고 SWIFT 메시지로 네덜란드 ABN AMRO Bank에 선수금 환급을 보증한다는 내용의 메시지를 보냈는데, 자신이 발송한 것은 SWIFT 메시지일 뿐 선수금환급보증서에 광주은행의 이름이 나타나지 않으므로(본문에는 'We'라고만 되어 있었다) 이는 서명이 없는 것과 마찬가지로서 무효라고 주장하였다.[21] SWIFT 메시지 상단에 광주은행이라고 인쇄된 것과 관련하여 광주은행은 그것은 SWIFT 메시지가 출력되면서 자동으로 인쇄된 것일 뿐 광주은행

21) 이는 영국의 특별법인 Statute of Frauds 1677(An Act for prevention of Frauds and Perjuries)이란 법에 채무자의 행위에 관하여 제3자에게 책임을 지우기 위하여는 그 제3자의 약속이 서면으로 작성되어야 하고 제3자의 서명이 있어야 한다는 규정을 원용한 것이다.

이 입력한 것은 아니므로 광주은행이라는 이름을 사용한 것이 아니라고 주장하였다.

광주은행이 발행한 선수금환급보증서(letter of guarantee)는 다음과 같다.

++LETTER OF GUARANTEE++

WE HEREBY OPEN OUR IRREVOCABLE LETTER OF GUARANTEE NUMBER FG24704OU00001 IN FAVOUR OF WS TANKSHIP II. B.V (HEREINAFTER CALLED THE "BUYER") FOR ACCOUNT OF GEO MARINE ENGINEERING AND SHIPBUILDING CO., LTD., KOREA (HEREINAFTER CALLED THE "BUILDER") AS FOLLOWS IN CONNECTION WITH THE SHIPBUILDING CONTRACT DATED 13TH DEC. 2006 (HEREINAFTER CALLED THE "CONTRACT") MADE BY AND BETWEEN THE BUYER AND THE BUILDER FOR THE CONSTRUCTION OF ONE (1) 6,000 DWT ASPHALT TANKER, HAVING THE BUILDER'S HULL NO. GMS-103 (HEREINAFTER CALLED THE "VESSEL").

IF, IN CONNECTION WITH THE TERMS OF THE CONTRACT, THE BUYER SHALL BECOME ENTITLED TO A REFUND OF THE ADVANCE PAYMENTS MADE TO THE BUILDER PRIOR TO THE DELIVERY OF THE VESSEL, WE HEREBY IRREVOCABLY GUARANTEE THE REPAYMENT OF THE SAME TO THE BUYER WITHIN THIRTY (30) DAYS AFTER DEMAND NOT EXCEEDING USD1,571,000.00 (SAY U.S. DOLLARS ONE MILLION FIVE HUNDRED SEVENTY ONE THOUSAND ONLY) TOGETHER WITH INTEREST THEREON AT THE RATE OF FIVE PER CENT (5PCT) PER ANNUM FROM THE DATE FOLLOWING THE DATE OF RECEIPT BY THE BUILDER TO THE DATE OF REMITTANCE BY TELEGRAPHIC TRANSFER OF SUCH REFUND.

THE AMOUNT OF THIS GUARANTEE WILL BE AUTOMATICALLY INCREASED UPON THE BUILDER'S RECEIPT THE SECOND, THIRD, FOURTH AND FIFTH INSTALMENTS, PLUS INTEREST THEREON AS PROVIDED IN THE CONTRACT, BUT IN ANY EVENTUALITY

THE AMOUNT OF THIS GUARANTEE SHALL NOT EXCEED THE TOTAL SUM OF USD12,568.000 (SAY U.S. DOLLARS TWELVE MILLION FIVE HUNDRED SIXTY EIGHT THOUSAND ONLY) PLUS INTEREST THEREON AT THE RATE OF FIVE PER CENT (5PCT) PER ANNUM FROM THE DATE FOLLOWING THE DATE OF THE BUILDER'S RECEIPT OF EACH INSTALMENT TO THE DATE OF REMITTANCE BY TELEGRAPHIC TRANSFER OF THE REFUND.

THE PAYMENT BY THE UNDERSIGNED UNDER THIS GUARANTEE (SUBJECT TO THE SECOND AND THIRD PARAGRAPH HEREOF) SAHLL BE MADE UPON SIMPLE RECEIPT BY US OF WRITTEN DEMAND FROM YOU INCLUDING A SINGED STATEMENT CERTIFYING THAT THE BUYER'S DEMAND FOR REFUND HAS BEEN MADE IN CONFORMITY WITH ARTICLE X OF THE CONTRACT AND THE BUILDER HAS FAILED TO MAKE THE REFUND.

IF IS HEREBY UNDERSTOOD THAT PAYEMENT OF ANY INTEREST PROVIDED HEREIN IS BY WAY OF LIQUIDATED DAMAGES DUE TO CANCELLATION OF THE CONTRACT AND NOT BY WAY OF COMPENSATION FOR USE OF MONEY.

NOTWITHSTANDING THE PROVISIONS HEREINABOVE, IN THE EVENT THAT WITHIN THIRTY (30) DAYS FROM THE DATE OF YOUR CLAIM TO THE BUILDER REFERRED TO ABOVE, WE RACEIVE NOTIFICATION FROM YOU OR THE BUILDER ACCOMPANIED BY WRITTEN CONFIRMATION TO THE EFFECT THAT YOUR CLAIM TO CANCEL THE CONTRACT OR YOUR CLAIM FOR REFUNDMENT THEREUNDER HAS BEEN DISPUTED AND REFERRED TO ARBITRATION IN ACCORDANCE WITH THE PROVISIONS OF THE CONTRACT, WE SHALL UNDER THIS GUARANTEE, REFUND TO YOU THE SUM ADJUDGED TO BE DUE TO YOU BY THE BUILDER PURSUANT TO THE AWARD MADE UNDER SUCH ARBITRATION IMMEDIATELY

UPON RECEIPT FROM YOU OF A DEMAND FOR THE SUMS SO ADJUDGED AND COPY OF THE AWARD.

THIS LETTER OF GUARANTEE SHALL BECOME NULL AND VOID UPON RECEIPT BY THE BUYER OF THE SUM GUARANTEED HEREBY OR UPON ACCEPTANCE BY THE BUYER OF THE DELIVERY OF THE VESSEL IN ACCORDANCE WITH THE TERMS OF THE CONTRACT AND, IN EITHER CASE, THE BUYER SHALL RETURN THIS LETTER OF GUARANTEE TO US.

THIS LETTER OF GUARANTEE IS ASSIGNABLE AND VALID FROM THE DATE OF THIS LETTER OF GUARANTEE UNTIL SUCH TIME AS THE VESSEL IS DELIVERED BY THE BUILDER TO TH BUYER IN ACCORDANCE WITH PROVISIONS OF THE CONTRACT.

THIS GUARANTEE SHALL BE GOVERNED BY AND CONSTRUED IN ACCORDANCE WITH THE LAWS OF ENGLAND AND THE UNDERSIGNED HEREBY SUBMITS TO THE NON-EXCIUSIVE JURISDICTION OF THE COURTS OF ENGLAND.

【판결】

(1) If라고 하는 형태로서 조선소의 계약위반책임을 전제로 한 듯한 문구를 사용하였다 하여 독립적 보증이 안 되는 것은 아니다.[22] 보증인의 책임의 성격을 결정하는 것은 보증서상의 "on demand against a signed statement certifying that the buyer's demand has been made in accordance with Article X of the contract that the builder has failed to make the refund."라는 분언이다.

(2) 상식적으로 볼 때 본인의 의사로 현대적인 통신수단을 이용하여 교신을 함으로써 진정성을 확인해 주었다면 SWIFT 메시지를 발송하였다는 것은 문서에 서명하는 것과 동일시하는 것이 타당하다. 광주은행의 이름이 출력된 이유가 광주은행이 SWIFT 메시지를 발송하였기 때문이므로 이름을 입력하지 않았다는 이유로 출력결과를 부정하는 것은 옳지 않다.

22) *Meritz/Jan de Nul* [2011] 사건에서 이미 같은 취지로 판시되었다.

5. 사례 5 - 조선소의 워크아웃도 선수금환급보증서의 적용대상인가?

Rainy Sky S.A. and others v. Kookmin Bank [2011] UKSC 50

【사실관계】

이 사안은 우리나라법상 워크아웃도 도산(insolvency)으로 간주되는가, 선박건조계약이 해지되지 않은 경우에도 선수금환급보증서상의 환급채무가 발생하는가 하는 점이 쟁점이 된 사건이다.

2007년 5월 11일에 발주자(6개 회사: 원고)는 진세조선에 신조선 6척의 건조를 발주하였다. 선가는 척당 미화 33,300,000달러, 5회 균등분할 지급조건이었다. 발주자는 1회 분납금(6,660,000달러)을 지급하였고, 발주자 중 하나인 Rainy Sky S.A.는 2회 분납금까지 지급하였다. 선박건조계약서상 발주자는 조선소로부터 한국의 1급 은행이 발행한 선수금환급보증서를 제공받은 다음 1회분 건조대금을 지급하기로 되어 있었고, 이에 따라 피고 국민은행은 조선소의 요청에 따라 2007년 8월 22일에 발주자에게 선수금환급보증서(공식명칭은 'Advance Payment Bonds')를 발행하였고 발주자는 1회 분납금을 조선소에 지급하였다.

2008년에 이르러 리만 브라더스의 파산 등 금융위기로 인하여 세계 해운경기가 급락하자 조선소는 신조선 발주가 중단되는 등으로 재정적 어려움에 처하게 되었고 2009년 1월 말 워크아웃 절차에 들어가게 되었다. 상황이 이렇게 되자 발주자는 2009년 2월 25일 조선소에 대하여 선박건조계약서에 따라 기납부한 선수금 및 소정의 이자를 즉시 반환할 것을 요구하였다. 조선소는 워크아웃만으로는 선수금상환의무가 발생하지 않는다고 주장하면서 환급을 거절하였다. 발주자와 조선소의 분쟁은 선박건조계약서에 따라 중재에 회부되었다.

발주자는 또한 2009년 4월 23일 국민은행에게 선수금환급보증서에 근거하여 조선소가 환급하여야 할 금액의 지급을 요구하였다. 국민은행은 처음에는 발주자와 조선소 간의 분쟁이 중재절차가 진행 중이므로 지급할 수 없다고 맞섰다. 발주자는 이에 영국법원에 국민은행을 상대로 약식재판(summary judgment)을 신청하였다. 국민은행은 1심 재판 중 발주자의 청구(즉, 워크아웃 절차에 따른 환급요구)는 이 건 선수금환급보증서에 의하여 담보되는 청구가 아니라는 주장을 추가하였다.

1심 법원은 발주자와 조선소 간의 중재절차는 국민은행이 지급거절할 수 있는 사유가 될 수 없다고 판결하였다. 1심 법원은 또한 발주자의 청구는 이 건 선수금환급보증서에 의하여 담보되는 청구에 포함된다고 판시하였다.

국민은행은 영국 항소법원(Court of Appeals)에 항소하였다. 국민은행은 중재절차에 기한 지급거절의 당부에 관한 1심의 판시결론에 대하여는 달리 항소이유로 포함하지 않아 이 쟁점은 항소심에서는 더 이상 쟁점이 되지 않았다. 국민은행은 워크아웃으로 인한 환급청구권이 선수금환급보증서의 담보범위에 포함된다는 판시부분에 대하여만 항소의 대상으로 제한하였다. 국민은행의 항소는 항소법원에 의하여 받아들여졌다(2:1). 항소법원은 상고허가신청을 기각하였다.

영국 대법원은 발주자에 의한 상고를 허가하였다.

【쟁점】

영국 대법원에서 쟁점이 되었던 것은 약정서 문언의 자연스런 해석상 두 가지 이상의 해석이 가능한 경우에 있어 해석의 원칙과 한계였다. 그러나 하급심에서는 워크아웃이 환급사유가 되는지도 문제가 되었으므로 이 글에서는 이에 대한 것부터 살펴본다.

가. 워크아웃은 선수금 환급요구 사유인가?

선박건조계약서의 관련조항은 다음과 같다.

Article XII: Builder's Default

...

...

3. If the Builder shall apply for or consent to the appointment of a receiver, trustee or liquidator, shall be adjudicated insolvent, shall apply to the courts for protection from its creditors, file a voluntary petition in bankruptcy or take advantage of any insolvency law, or any action shall be taken by the Builder having an effect similar to any of the foregoing or the equivalent thereof in any jurisdiction, the Buyer may by notice in

writing to the Builder require the Builder to refund immediately to the Buyer the full amount of all sums paid by the Buyer to the Builder on account of the Vessel and interest thereon at seven percent (7%) per annum on the amount to be refunded to the Buyer, computed from the respective date such sums were paid by the Buyer to the date of remittance of the refundable amount to the Buyer and immediately upon receipt of such notice the Builder shall refund such amount to the Buyer. Following such refund the Builder may, but shall not be obliged to, by notice in writing to the Buyer given within ten (10) business days terminate this contract. If the Builder does not so terminate the Contract the Buyer's obligation to pay further installments prior to delivery of the Vessel under Article X 2(a),(b),(c) and (d) shall be suspended and the full Contract price shall be paid to the Builder upon delivery of the Vessel in the manner contemplated by Article X paragraph 2(e).

선박건조계약서의 문언에 의하면 조선소가 파산절차나 회생절차에 들어간 경우에는 당연히 위 조항에 규정된 사유에 해당하는 것은 명백하나 기업구조조정촉진법[23]에 따른 워크아웃 절차에 들어간 경우 위 조항에 해당하는지는 불분명하다. 그러나 영국 1심 법원은 기업구조조정촉진법에 따른 워크아웃도 위 조항에 해당하는 것으로 해석하였다.

기업구조조정촉진법('기촉법')에 의한 워크아웃(기업개선작업) 절차는 기촉법이 규정한 부실징후기업에 해당하는 경우 개시된다. 부실징후기업이란 거래기업에 대한 신용위험평가를 통하여 주채권은행 또는 채권금융기관협의회가 외부로부터 자금지원 또는 별도의 차입(정상적인 금융거래에서 발생하는 차입을 제외한다)이 없이는 금융기관으로부터의 차입금 상환이 어렵다고 인정한 기업을 말한다(제2조 제5호). 신용공여액의 합계액이 500억원 이상인 회사가 외부로부터 자금지원 또는 별도의 차입이 없

23) 기업구조조정촉진법은 원래 2010년 12월 31일에 폐지하는 조건의 한시법으로 제정되었으나 2011년 4월 재입법되어 2013년 12월 31일까지 유효하였고, 이후에도 유효기간이 2015년 12월 31일에 만료되어 동 법률의 효력은 상실되었지만 취약업종 중심의 워크아웃 구조조정에 관한 수요를 충족할 대안이 없어서 유효기간을 2018년 6월 30일까지 한시적으로 시행중이다.

이는 금융기관으로부터의 차입금의 상환이 어렵다고 인정된 기업의 경우 채권금융기관 등에 의한 관리절차를 진행하는 것이다. 신용공여액의 합계가 500억원 미만인 경우 채권은행협약에 따른 구조조정절차가 진행된다.

워크아웃 여부는 2단계의 절차를 거쳐 결정되는데 주거래은행이 1차로 잠정적으로 판정을 한 다음 채권은행협의회에서 최종적으로 의결한다. 주거래은행은 부실징후기업으로부터 사업계획서를 받아 이를 평가하여 경영정상화의 가능성이 있다고 판단하는 경우 지체없이 채권은행 공동관리절차를 개시하기 위하여 협의회를 소집하여야 한다. 신용공여액 기준으로 4분의 3 이상의 채권금융기관이 찬성할 경우 절차가 개시된다.

워크아웃 절차가 개시되면 당사자 간에 경영정상화약정이 체결된다. 경영정상화약정에는 자구계획과 재무구조개선계획(금융지원)이 포함되며, 기타 경영관리단 파견, 경영평가위원회 구성에 관하여 규정한다. 워크아웃은 채권금융기관(제2금융권 포함)에 대하여만 적용되므로 채권금융기관에 해당하지 아니한 해외금융기관, 국내금융기관의 해외법인, 상거래채권자의 권리행사에는 아무런 제약이 없다. 기촉법에 의하면 금융감독원장은 관련 금융기관에게 채권행사를 유예하도록 요청할 수 있다고 규정하고 있는데, 대법원은 이 같은 유예요청의 이행강제력에 대하여 기촉법 규정에 근거한 금융감독원장의 채권행사 유예요청은 법적 강제력을 가지지 못한다고 판시한 바 있다.[24)]

선박건조계약 XII.3조에서 조선소의 디폴트(채무불이행)가 된다고 본 것은 기존 경영자에 의한 경영권이 파산관재인이나 회생관리인에게 이전되고 기왕에 체결된 계약이나 권리가 채무자회생및파산에관한법률의 규정에 따라 변질되는 결과를 초래하기 때문이다. 그러나 워크아웃 절차는 기본적으로는 건실하지만 일시적인 유동성의 압박 때문에 위기에 처한 기업의 재건을 도모하는 절차로서 기왕에 제결된 계약이나 권리에는 본질적으로 영향을 주지 아니한다. 따라서 영국법원이 기업구조조정촉진법에 따른 워크아웃을 "어떠한 도산법을 이용하는 경우" 또는 "도산절차와 유사한 경우"라고 한 판시결론은 이론의 여지가 있었다.

---

24) 대법원 2005. 9. 15. 선고 2005다15550 판결(에스케이네트웍스 대 동양종합금융증권). 이 사안에서 동양종합금융증권은 에스케이네트웍스가 MMF 환매를 요청하자 금융감독원장의 채권행사 유예요청에도 불구하고 자신이 에스케이네트웍스에 대하여 가지고 있는 회사채 채권으로 상계조치하였다.

그러나 진세조선이 2009. 9. 11. 채무자회생및파산에관한법률에 따라 회생절차를 신청함으로써 선박건조계약서 제XII.3조에 규정한 환급사유가 발생한 것은 의문의 여지가 없게 되었고 따라서 워크아웃이 환급사유가 될는지는 더 이상 쟁점이 되지 않았다.

나. 선수금환급보증서의 담보범위

선수금환급보증서 문언 중 이 건 분쟁과 관련되는 부분은 다음과 같다.

[1] We refer to the Contract entered into between the Builder and yourselves for the construction and delivery of the 'Vessel' to be delivered before 31 July 2009. Other terms and expressions used in this Bond shall have the same meaning as in the Contract, a copy of which has been provided to us.

[2] Pursuant to the terms of the Contract, you are entitled, upon your rejection of the Vessel in accordance with the terms of the Contract, your termination, cancellation or rescission of the Contract or upon a Total Loss of the Vessel, to repayment of the pre-delivery instalments of the Contract Price paid by you prior to such termination or a Total Loss of the Vessel (as the case may be) and the value of the Buyer's Supplies delivered to the Shipyard (if any) together with interest thereon at the rate of 7% per annum (or 10% per annum in the case of a Total Loss of the Vessel) from the respective dates of payment by you of such instalments to the date of remittance by telegraphic transfer of such refund.

[3] In consideration of your agreement to make the pre-delivery instalments under the Contract and for other good and valuable consideration (the receipt and adequacy of which is hereby acknowledged), we hereby, as primary obligor, irrevocably and unconditionally undertake to pay to you, your successors and assigns, on your first written demand, all such sums due to you under the Contract (or such sums which would have been due to you

but for any irregularity, illegality, invalidity or unenforceability in whole or in part of the Contract) PROVIDED THAT the total amount recoverable by you under this Bond shall not exceed US$[26,640,000] plus interest thereon at the rate of 7% per annum (or 10% per annum in the case of a Total Loss of the Vessel) from the respective dates of payment by you of such instalments to the date of remittance by telegraphic transfer of such refund.

[4] Payment by us under this Bond shall be made without any deduction or withholding, and promptly on receipt by us of a written demand (substantially in the form attached) signed by two of your directors stating that the Builder has failed to fulfil the terms and conditions of the Contract and as a result of such failure, the amount claimed is due to you and specifying in what respects the Builder has so failed and the amount claimed. Such claim and statement shall be accepted by us as evidence for the purposes of this Bond alone that this amount claimed is due to you under this Bond.

[5] Our liability under this Bond shall not be affected by (v) any insolvency, re-organisation or dissolution of the Builder, or (vi) any other matter or thing which may operate to discharge or reduce our liability hereunder.

【양측의 주장】

쟁점은 [2]항과 [3]항의 관계를 어떻게 해석하는가이다. 즉 [3]항에서 규정하는 all such sums due to you under the Contract라는 문언에 따른 책임이 그 앞에 나오는 [2]항에서 언급된 환급사유만을 의미하는 것인가 아니면 [2]항에서 언급되지 아니한 환급사유도 포함하는가 하는 것이었다.

국민은행은 전자 즉, [2]항에서 열거된 사유만이 환급사유가 된다는 주장이었다(이 경우 워크아웃으로 인한 환급요구에 대하여는 응할 의무가 없게 된다). 국민은행은 [3]항은 선수금환급보증서 전체의 맥락에서 해석되어야 하며 그 맥락이란 바로 [2]항이라는 것이다. 선수금환급보증서에 [2]항을 삽입한 유일한 목적은 [3]항의 적용범위를 정하는 데 있는 것이고, 이렇게 해석하지 아니하면 [2]항을 삽입할 이유가 없다는 것이다.

발주자는 [2]항에 열거된 사유만으로 한정하면 선수금환급보증서를 받은 보람이 없게 된다는 것이다. [2]항은 [3]항 해석을 위한 서문 또는 발주자가 행사할 수 있는 경우의 예시적 규정으로 보면 된다는 것이었다.

1심법원은 발주자의 주장을 받아들였고 항소법원은 국민은행의 주장을 받아들였다.

【항소법원의 판결】

항소법원의 판결은 다수의견(2)과 소수의견(1)으로 나뉘었는데 다수의견을 대표하여 Patten 판사는 다음과 같이 판시하였다.

선수금환급보증서 [2]항은 선박건조계약서 X.5조, X.6조를 그대로 반영한 것이고 X.8조와도 상응하는 것이다. 따라서 선수금환급보증서 [2]항은 선박건조계약 X.8조에 따른 조선소의 의무에 상응하기 위한 것이다. 이러한 점에서 발주자의 해석은 문언의 자연스럽고 명백한 해석(the natural and obvious construction)에 반한다고 판시하였다.

선박건조계약서 X조는 다음과 같이 되어 있다.

Article X: Payment

X.5 Refund by the Builder

The payments made by the Buyer to the Builder prior to delivery of the Vessel shall constitute advances to the Builder. If the Vessel is rejected by the Buyer in accordance with the terms of this Contract, or if the Buyer terminates, cancels or rescinds this Contract pursuant to any of the provisions of this Contract specifically permitting the Buyer to do so, the Builder shall forthwith refund to the Buyer in US dollars, the full amount of total sums paid by the Buyer to the Builder in advance of delivery together with interest thereon as herein provided within thirty (30) banking days of acceptance of rejection. The interest rate of the refund shall be seven per cent (7%) per annum. If the Builder is required to refund to the Buyer the installments paid by the Buyer to the Builder as provided in this Paragraph, the Builder shall return to the Buyer all of the Buyer's Supplies as stipulated in Article XIII which were not incorporated into the Vessel and pay to the Buyer an amount equal to the cost to the Buyer of those Buyer's Supplies incorporated into the Vessel.

X.6 Total Loss

If there is a total loss or a constructive total loss of the Vessel prior to delivery thereof, the Builder shall proceed according to the mutual agreement of the parties hereto either:

(a) to build another vessel in place of the Vessel so lost … provided that the parties hereto shall have agreed in writing to a reasonable cost and time for the construction … or

(b) to refund to the Buyer the full amount of the total sums paid by the Buyer to the Builder under the provisions of Paragraph 2 of this Article and the value of Buyer's Supplies delivered to the Shipyard, if any, together with interest thereon at the rate of ten percent (10%) per annum …

If the parties hereto fail to reach such agreement within two (2) months after the Vessel is determined to be a total loss or constructive total loss, the provisions of (b) hereinabove shall be applied."

X.8 Refund Guarantee

The Builder shall as a condition precedent to payment by the Buyer of the first installment deliver to the Buyer an assignable letter of guarantee issued by a first class Korean Bank … to Buyer's Financiers for the refund of the first installment, and at the same time, together with the letter of guarantee relating to the first installment, Builder shall also deliver to the Buyer an assignable letter of guarantee issued by a first class Korean Bank for the refund of the respective installments following the way of the payment stipulated in this Article. The refund guarantees by the Builder to the Buyer shall be indicated pre-delivery installments plus interest as aforesaid to the Buyer under or pursuant to paragraph 5 above in the form annexed hereto as Exhibit ‘A’ which is yet to be agreed.

In the event that the Refund Guarantees, for all installments, have not been provided to the Buyer in a form acceptable to the Buyer's financiers and have not been issued by an entity acceptable to Buyer's financiers, by the 31st of August 2007 then the Buyer may cancel this Contract without penalty on either side.”

법원은 계약당사자의 협상내용에 관하여 알지 못할 뿐 아니라 당사자가 의사결정을 하는 과정에서 느꼈을 상거래상의 압력에 대하여도 알지 못한다는 점을 중시하고, 따라서 자연스러운 문언의 해석이 너무 극단적인 결론을 도출하여 당사자가 그런 것까지 의도한 것으로 볼 수 있는 경우가 아닌 한 법원은 계약 문언대로 효력을 부여하여야 한다. 그렇게 하지 아니하면 법원으로서는 단순히 짐작만으로 당사자가 전혀 의도하지 아니하였을 의무를 강요할 위험이 있는 것이다.

객관적으로 보아 1심 법원이 판시하듯 도산시 선수금의 환급까지도 담보하는 것이 바람직할지 모르지만 그러한 사유만으로 문언의 자연스럽고 명백한 해석으로부터 이탈하는 것을 정당화하지는 아니한다. 도산시 선수금 환급을 담보하지 않는 것으로 약정하였다면 그와 같이 약정한 데에는 조선소든 발주자든 여러 가지 이유가 있을 수 있다. 이 사건은 도산시 선수금환급을 담보하지 않는다고 해석한다고 하여 타 선례에서 말하는 부조리하거나 비합리적이 되는 그런 사건이라 할 수 없다. 보증서의 담보범위를 제한할 합리적인 이유가 없다는 것만으로 담보를 확장하는 식으로 해석하는 것은 거래당사자의 진정한 상거래상의 의도를 당사자도 아닌 판사가 자신의 주관적인 견해로 대치하는 것과 같이 위험을 초래하는 것이다.

【영국 대법원의 판결】

양측의 해석은 항소심 판사가 말하는 것보다는 훨씬 더 대등하게(much more finely balanced than suggested by Patten LJ) 나름의 설득력이 있다. 항소심의 Patten 판사가 설시하듯 이 사건의 문언은 그것을 자연스럽게 해석하였을 때 당사자가 도저히 의도하였으리라 볼 수 없는 극단적인 결과를 초래하는 그런 경우는 아니다. 그러나 당사자가 사용한 문언이 하나 이상의 해석이 가능한 경우에는 법원은 거래통념에 더 부합하는 해석을 선호할 수 있고 다른 한 해석을 배척할 수 있는 것이다(Barclays Bank Plc v HHY Luxembourg SARL [2010]).

선수금환급보증서 [2]항이 선박건조계약 X.5조, X.6조 규정을 반복 규정한 것은 맞으나 [2]항이 X.8조의 규정에 상응하는 것이라고 보기는 어렵다. X.8조는 선수금환급보증서의 담보범위를 한정하는 규정이 아니다. 그것은 단순히 두 장의 보증서가 은행 또는 보증보험사에 의하여 발행되어야 한다는 사실만 규정하고 있는 것에 불과하다. 또한 X.8조의 문언상 별지 A와 같은 내용의 보증서가 발행되어야 한다고 되어 있었는데 별지 A는 실제로 첨부되지 않았다. 보증서의 최종조건은 당사자 간에 추후 협의하기로 되어 있었던 것이다. 또한 X.8조는 보증서의 발행주체와 조건은 발주자측 금융기관에 수용가능한 것이어야 한다고 규정하고 있다. 이 점에 비추어 볼 때 X.5조나 X.8조가 선수금환급보증서를 행사할 수 있는 모든 경우를 망라하기 위한 조항이라 보기 어렵다. 심지어 X.8조에는 X.6조(전손의 경우 환급의무)가 반영되어 있지 않다. 따라서 X.8조는 선수금환급보증서의 담보범위를 한정하는 규정이라 볼 수 없다. X.8조에 X.5조, X.6조에 따른 책임만을 담보한다고 명시되어 있지는 않은 것이다.

더구나 [2]항에는 발주자가 공급한 부품의 반환에 관하여 규정하고 있는데 선수금환급보증서 [3]항에는 선수금의 합계액과 지연이자의 상환만 규정하고 있기 때문에 [2]항의 문언에도 불구하고 [3]항에 의해서는 발주자가 공급한 부품 가격에 대한 보상은 불가능하다. 따라서 [2]항의 문언과 [3]항의 문언이 상호 일치하는 것도 아니다.

항소심에서 소수의견을 제시한 Simon Tuckey 판사도 같은 의견이었다. Tuckey 판사는 X.8에서 X.5만을 언급한 것은 잘못 만들어진 계약조항으로서 X.5조의 도입부만을 지칭하는 것으로 해석함이 옳다고 하였다.

이처럼 [2]항을 보증범위를 한정하는 것으로 해석하는 경우 발생할 수 있는 해석의 난점 때문에 [3]항의 문언 자체만 한정하여 해석한다면 당원은 발주자의 해석이 더 옳다고 본다. 물론 발주자의 해석을 취하게 되면 [2]항이 삽입된 이유를 설명하기 어렵고 따라서 국민은행측의 주장도 가능하다고 본다. 그러므로 앞서 말한 대로 [3]항은 두 가지 해석이 가능한 전형적인 경우라 본다. 따라서 법원은 합리적인 사람이라면 당사자가 무엇을 의도한 것으로 이해하였을 것인가를 결정함에 있어 거래통념(commercial common sense)을 적용하여야 한다고 본다.

1심 법원은 담보가 가장 필요하다고 할 수 있는 조선소의 도산의 경우에 선수금환급보증서를 행사할 수 없다고 한다면 놀라운 일이고 대단히 불합리한 결과가 될 것이라고 판시하였다. 항소심의 Sir Simon Tuckey 판사도 다음과 같이 판시하였다.

"국민은행의 주장에 의하면 선수금환급보증서는 조선소의 도산의 경우를 제외한 나머지 경우만 선수금의 반환을 담보한다는 것인데 발주자나 그 금융기관이 이 같은 조건을 수용할 합리적인 이유가 없다. 상거래상 이해할 수 없는 일이다. 1심 법원이 판시한 대로 조선소의 도산은 보증서가 가장 필요한 상황이다. 도산시 선수금의 환급이 중요하게 취급되었다는 것은 선수금의 즉시 환급을 규정한 건조계약상의 조건상 분명하다. 도산시 다른 모든 경우는 담보가 되는데 유독 선수금의 환급만이 보증서에 의하여 담보되지 않는다고 하는 것은 거래통념에 반한다. 만약 진정 당사자에게 그러한 의도가 있었다고 한다면 보증서에 그러한 취지가 명시적으로 규정되어 있었어야 한다고 본다. 그러나 선수금환급보증서에는 그러한 규정이 없다."

The Antaios 사건(1985)에서의 판시결론을 인용하면서 호프만 판사가 설시한 대로 만약 문언에 한 가지 이상의 해석이 가능한 경우 어느 한 해석이 부조리하거나 비합리적인 결과를 초래한다는 결론을 내린 이후에만 계약의 상거래상의 목적을 고려하여야 하는 것은 아니다. 언어란 매우 유연한 도구이기 때문에 한 가지 이상의 해석이 가능한 경우 그 계약의 상거래상의 목적에 가장 적합한 결론을 취하면 되는 것이다. Longmore 판사가 설시한 대로 한 가지 이상의 해석이 가능하고 어느 해석도 거래통념을 벗어나는 것이라고 할 수 없는 경우에도 상거래상의 해석에 더 부합하는 해석을 취하는 것이 더 타당한 것이다.

발주자의 해석이 보다 상거래상의 목적에 부합하기 때문에 발주자의 주장을 받아들이는 것이 타당하다고 본다.

【영국법상의 의사표시 해석의 원칙】

영국 대법원은 영국 판례에 나타난 의사표시 해석의 원칙을 다음과 같이 설명하였다.

계약해석의 목적은 계약서 문언에 의하여 당사자가 무엇을 의도하였는가를 확인하는 일이다. 그것은 합리적인 사람이라면 당사자가 무엇을 의도한 것이라고 이해할 것인가를 확인하는 작업이다. 여기서 합리적인 사람이라 함은 계약 당시의 상황에서 당사자들에게 합리적으로 이용가능한 모든 배경지식을 가지고 있는 사람을 말한다 (Pink Floyd Music Ltd v. EMI Records Ltd [2010]).

계약의 해석을 상거래상의 거래통념에 부합하게 한다고 하여 거래통념에 맞추어 문언을 재작성하라는 의미가 아니다. 그러나 언어는 매우 유연한 도구이고 따라서 만약 그것이 하나 이상의 해석이 가능한 경우에는 계약의 상거래상의 목적에 가장 부합하는 것을 취하여야 하는 것이다(Co-operative Wholesale Society v. National Westminster Bank Plc [1995]).

종종 계약의 문언이 불분명한 경우가 있다. 한 가지 이상의 해석이 가능한 경우도 있다. 이 때 법원은 약정이 탄생한 맥락을 고려하여야 한다. 그리고 일반적으로 말하자면 상거래를 잘 이해하는 판사는 언어의 정교함보다 계약의 상거래상의 목적을 더 중요하게 생각한다. 그럼에도 의문이 있는 경우에는 당사자가 합리적으로 기대하는 바가 무엇인가 하는 것이 공정한 해석이 된다고 본다(Society of Lloyd's v. Robinson [1999]).

비즈니스 감각이 비즈니스 관련 서류에 부여되어야 한다. 비즈니스 감각이란 통상적인 거래과정에서 비즈니스맨이 서류에 부여하는 그 무엇이다(Homburg Houtimport BV v. Agrosin Private Ltd: The Starsin [2004]).

해석이란 계약서의 규정에 견주어서 서로 상충하는 해석의 나낭성을 확인하는 작업인 동시에 상거래상으로 어떠한 결과를 초래하는가를 조사하는 반복되는 과정이다 (Golden Key Ltd (In Receivership) [2009]).

책임면제의 범위를 제한적으로 해석한다고 하여 거래통념을 벗어난다고 할 수는 없다. 그러나 그러한 제한적 해석이 가능하다고 하여 그것만으로 사건이 적절히 해결되는 것은 아니다. 만약 어느 문언이 둘 이상의 해석이 가능한 경우에는 어느 해석도 거래통념을 벗어나지 않을 수 있다. 그러한 경우에는 보다 더 합리적인 결론을 취하는 것이 덜 합리적인 결론을 취하는 것보다 올바른 태도이다(Barclays Bank Plc v. HHY Luxembourg SARL [2010]).

참고로, 우리나라법상 의사표시 해석의 원칙에 관하여 대법원은 다음과 같이 판시하였다.[25)]

"법률행위의 해석이란 당사자가 그 표시행위에 부여한 객관적인 의미를 명백하게 확정하는 것으로서, 서면에 사용된 문언에 구애받을 것은 아니지만 어디까지나 당사자의 내심적 의사 여하에 관계없이 그 서면의 기재내용에 의하여 당사자가 그 표시행위에 부여한 객관적 의미를 합리적으로 해석하여야 하는 것이고, 당사자가 표시한 문언에 의하여 그 객관적인 의미가 드러나지 않는 경우에는 그 문언의 내용과 그 법률행위가 이루어진 동기 및 경위, 당사자가 그 법률행위에 의하여 달성하려는 목적과 진정한 의사, 거래의 관행 등을 종합적으로 고려하여 사회정의와 형평의 이념에 맞도록 논리와 경험의 법칙, 그리고 사회일반의 상식과 거래의 통념에 따라 합리적으로 해석하여야 하는 것이다."

일반적으로 우리나라 법원은 계약서의 문언보다 구체적 사정을 고려한 형평성을 중시하는 경향이 있다고 평가되고 있다.

25) 대법원 1994. 3. 25. 선고 93다32668 판결.

제 4 장

해양플랜트공사보험에 있어서 해사검정보증인(MWS)의 지위와 역할에 대한 연구*

이창희 법학박사, 한국해양수산연수원 해양플랜트안전교육팀장/교수(대표저자)
홍성화 법학박사, 한국해양대학교 해사수송과학부 교수(교신저자)

Ⅰ. 서론

일반적으로 해양분야에서 검정인(surveyor)은 기국, 선급검사, 일반선박들에 검정업무(검량, 검수 및 감정),[1] 특히 보험미적용화물과 관련하여 보험자를 대신한 검정업무 등을 수행하는 자를 의미한다.[2] 과거부터 해사검정인(marine surveyor)은 선박의 설계, 건조, 시운전, 선급유지 등에 대해서 보험자를 대리하여 객관적인 검사를 이행해왔다. 뿐만 아니라 '해양안전'이라는 목적을 유지하기 위해서 해당 국가별 법률에 따라 선박의 안전이 유지·관리되고 있는지 여부를 기국정부의 해사관청을 대신하여 검사하는 역할도 해 왔다.

선급은 해양플랜트의 건조 및 운영단계에 있어서 전제가 되는 안전기준이 충족하는지 여부를 국제협약 및 선급강선규칙(Class Rule and Regulation)을 통하여 검사해왔다. 그리고 최근 해양플랜트설치선박(offshore installation vessel), 액화가스 부유식생산저장하역설비(LNG Floating Production Storage and Off-loading: LNG FPSO)

* 본고의 내용은 [法과 政策] 제20집 제3호, 제주대학교 법과정책연구원(2014.12) 253-280면에 게재된 것이다.
1) 검정이란 통상적으로 산적화물에 대한 톤수 및 흘수에 대한 정량적인 측정의 경우가 검량에 해당되고, 검수는 수출입 화물이 송하인으로부터 수하인에게 인도되기까지의 선적된 화물의 정확한 개수의 계산, 상태의 확인 증명을 의미한다. 특히 화물사고에 따른 해운회사 및 하주의 권익보호를 위하여 객관적인 제3자의 관점에서 공증업무를 포함한다. 또한 감정업무는 최종적으로 화물에 대한 검량 및 검수과정에서 확인되는 적화물에 대한 물적 손해에 대해서 해당 손해의 범위를 측정하는 것이다.
2) http://en.wikipedia.org/wiki/Marine_surveyor(검색일: 2014년 9월 21일).

등과 같은 신개념 해양플랜트들이 지속적으로 개발됨에 따라 선급은 안전과 관련하여 검사해야 하는 범위가 확대되고 있다. 초창기 해양플랜트 분야에 있어서 선급은 해양플랜트공사에 대해 인증·보증업무를 수행하는 해사검정보증인(Marine Warranty Surveyor: 이하에서는 'MWS'라고 약칭한다)과 유사한 역할을 일정 부분 수행하였다. 보험자의 입장에서는 기술 중심의 선급보다는 해상보험과 관련된 전문기술 문서 및 절차에 대한 오랜 경험과 지식을 갖고 보험자의 이익을 대변할 수 있는 제3의 독립된 검사기관이 필요하게 되었다.

현재 국내 조선소에서는 다양한 종류의 해양플랜트공사가 동시에 진행됨에 따라 피보험자인 조선소는 발주자들의 빠른 납기 요구와 원가절감을 이유로 안전한 작업절차와 기준을 정확하게 준수하지 않고 해양플랜트공사를 무리하게 진행하다가 대형 인적·물적 사고가 발생하고 있다.[3] 따라서 이 논문은 해양플랜트공사 중 담보특약(warranty)과 관련하여 피보험자의 담보특약위반에 따른 문제점에 대해 우선적으로 검토하고자 한다. 그리고 MWS의 기능과 업무특성을 토대로 MWS 존재의 필요성을 확인하고, MWS가 보험목적물의 위험성을 평가하는 데 사용하는 기준 및 관련 절차를 법적인 관점에서 검토하여 실무에 도움이 되고자 한다.

Ⅱ. 해양플랜트공사보험에 있어서 피보험자의 담보특약위반에 따른 문제점

1. 해양플랜트공사보험상의 담보특약의 의의

영국해상보험법상 담보특약[4]은 확약담보, 즉 피보험자가 어떤 특정한 일을 이행하거나 이행하지 않을 것 또는 보험약관상의 조건이 충족될 것을 약속하거나 또는 특정한 사실상태의 존재를 긍정하거나 부정하는 내용의 담보를 의미한다.[5] 따라서

3) 2014년 5월 기준 코리안리(Korea Re) 내부통계자료에 따르면 조선·해양플랜트와 관련하여 삼성중공업 드릴쉽 화재(43억원), 대우조선해양 리그선 침몰(22억원), 현대미포조선 시운전 선박 충돌사고(35억원)와 같은 대형 보험사고가 발생하였다.

4) 해양플랜트공사보험뿐만 아니라 해상보험에 있어서 담보특약은 과거, 현재 또는 장래에 있어서 특정한 사실의 존부 또는 보험계약자가 현재 또는 장래에 있어서 특정한 사항을 지속시키거나 이행하기로 합의한 약속(보증)으로서 보험계약의 가장 중요한 부분 중의 하나로 인정되고 있다(Highlands Insurance Co. v. Continental Insurance Co. [1987] 1 Lloyd's Rep. 109; Pan Atlantic Insurance Co. v. Pine Top Insurance Co. [1994] 3 All E.R. 581).

5) 영국해상보험법 제33조 제1항.

해상보험과 마찬가지로 해양플랜트공사보험계약상 피보험자가 보험목적물이 조선소를 출항하여 전쟁위험이 존재하는 해역, 겨울철 북태평양을 통과하지 못하도록 하거나 또는 국제선급협회(International Association of Classification Societies: IACS)[6] 소속 선급을 유지하도록 하는 등의 약속이 대표적인 담보특약에 해당한다.[7]

CAR(Construction All Risk)보험약관 또는 WELCAR(Wellington Construction All Risk: 이하에서는 'WELCAR'라고 약칭한다) 2001 해양플랜트공사보험약관이든 관계없이 당해 보험약관에서 의미하는 담보특약은 피보험자가 보험자와 보험계약을 체결할 때 반드시 지켜야 할 약속에 관한 상세를 보험약관상에 포함하고 있다. 그리고 피보험자가 해양플랜트공사를 진행하면서 사전에 보험자와의 합의 없이 특정한 작업이 준수되거나 그렇지 않을 것이라는 묵시적·명시적 약속사항들을 담보특약의 형태로 해양플랜트공사보험약관에 포함시키고 있다.[8]

2. 피보험자의 책임범위의 확대와 보험자의 MWS의 선임

발주자와 조선소 간에 해양플랜트공사계약조건을 EPC계약으로 결정하느냐 아니면 EPCIC계약으로 결정하느냐에 따라 상당한 차이가 존재할 수 있다.[9] 과거 국내 조선소의 경우 발주자로부터 수주받은 해양플랜트에 대한 건조공사만을 담당하였으나, 최근에는 설계, 자재 조달, 공사, 시운전까지 계약범위를 확대하고 있다. 따라서 해양플랜트공사보험의 피보험자는 EPC계약조건에 따라 조선소 내에서 해양플랜트공사작업이 진행될 경우와 조선소의 방파제를 출항하여 해상이동 및 현지시운전을 할

6) 국제선급협회는 1968년 7개 선급으로 설립되었으며 선박의 해상안전과 해양오염방지를 위한 기술문제의 연구 및 관련정보 교환, 국제해사기구와 관련된 기술자문과 관련 국제단체와의 협력추진을 목적으로 하고 있다. 로이드 언더라이터(Lloyd's Underwriter)를 비롯한 세계 해상보험업계에서 국제선급협회의 정회원을 국제선급으로 인정하여 등록선에 보험혜택을 부여하고 주요 해운국들은 국제선급협회 정회원에만 정부대행검사권을 위임히고 있다(http://www.shipbuilding.or.kr/Technical/ship/classification/ 검색일: 2014년 9월 21일).

7) 김인현, "영국준거법하의 담보특약에 대한 약관규제법 적용 여부-서울 고법 2012. 10. 25. 선고 2012나7207 판결-", 「한국해법학회지」 제35권 제2호, 한국해법학회, 2013, 383면.

8) WELCAR 2001 해양플랜트공사보험약관 제1부(물적 손해약관)의 주요 용어 및 조건 제15조 담보특약(warranty)에 가장 일반적인 사항들이 명시적으로 삽입되어 있다(이창희, "해양플랜트공사보험약관에 관한 연구", 박사학위논문, 한국해양대학교 대학원, 2014, 137-138면).

9) EPC(Engineering Procurement Construction)계약은 조선소가 해양플랜트의 설계, 각종 기자재의 조달, 건조공사에 대하여 일괄 서비스를 제공하는 형태의 계약방식을 의미한다. EPCIC(Engineering, Procurement, Construction, Installation and Commissioning)계약은 기본적으로 EPC계약을 기본으로 시운전까지 수주자인 조선소가 일괄수주(turn key)방식으로 수주하는 계약을 의미한다.

경우로 구분해서 발주자는 피보험자로서 별도의 보험에 가입해야 한다. 그러나 피보험자는 EPCIC계약조건일 경우 조선소 내에서 뿐만 아니라 해양플랜트공사, 해상이동, 설치, 인도까지 조선소가 피보험자로서 전체 공사에 대한 모든 책임을 갖게 된다.

최근 개정된 WELCAR 2012 해양플랜트공사보험약관에서는 보험목적물과 관련된 담보위반에 대한 분쟁을 최소화하기 위해서 "보험자는 피보험자에게 보험기간 동안 담보를 제공함에 있어서 보험목적물의 안전과 보험자의 이익을 위하여 피보험자와 합의하여 보험목적물의 해상이동, 해상에서의 재조립, 설치, 현장시운전에 있어서 기술과 경험이 풍부한 독립적인 MWS의 선임을 진행할 수 있다."[10]라고 명시하고 있다.[11]

3. 담보특약위반의 법적 효과와 종류

보험자는 보험사고가 일어난 이후에야 비로소 사고의 원인이 피보험자의 담보특약위반과 연관되어 있는지 여부를 판단할 수 있는 불리한 위치에 있기 때문에 피보험자에게 해양플랜트공사보험계약을 체결하기에 앞서서 이를 성실히 이행할 것을 전제조건으로 다양한 사항들을 약관의 형태로 보험증권상에 명시하도록 하는 안전장치를 마련하고 있다. 따라서 해상보험뿐만 아니라 해양플랜트공사보험상의 담보특약은 양 당사자 간의 보험계약을 유지하는 데 있어서 가장 중요한 약관으로서 문자 그대로 엄격히 해석될 필요가 있으며,[12] 피보험자의 고의 여부 및 인과관계를 불문하고 이를 해태할 경우 해당 사항의 경중에 관계없이 보험자는 책임을 면하게 된다.[13] 중요한 것은 보험자의 책임과 관련하여 담보특약위반 사실만을 갖고 보험계약이 종료되는 것이 아니며, 보험자의 보험료지급의무는 여전히 존재한다는 점이다.[14] 피보험

10) Ian P Curtin, "Draft WELCAR 2011 Update: a broker's view lillehammer energy claims conference", *MARSH & McLENNAN*, 2012, p.12.

11) Harrison. Alex R, "Marine Warranty Surveying for Offshore Projects and Issues faced in the current market", *Australia & New Zealand Maritime Law Journal*, No.14, 2009, p.123.

12) 보험사고 발생 시 보험금 지급 여부를 결정할 때 보험자는 보험증권에서 명시적으로 달리 정한 경우를 제외하고는 그 위반이 손해와 전혀 관련이 없는 경우에도 그 위반이 있는 날로부터 인과관계 불필요의 원칙과 엄격이행의 원칙에 의거하여 자신의 책임을 면하게 된다(R. J. Lambeth, *Templeman on Marine Insurance: Its Principles and Practice*, 6th ed., Pitman, 1986, p.431).

13) Ocean Masters Inc. v. Allianz AGF MAT Ltd. [2007] NLC. 35 판례에 따르면 법원은 "피보험자가 보험자와 합의한 항해제한담보특약약관(일정해역 이내에서만 조업하도록 명시하였음에도 불구하고 피보험자가 이를 어기고 게잡이를 20마일이나 떨어진 외해에서 조업을 하다가 침몰한 보험사고)을 엄격하게 해석하여 피보험자의 담보특약위반을 이유로 보험자는 책임이 없다."라고 판시하였다.

14) Susan Hodges, *Cases and Material on Marine Insurance*, Cavendish Publishing Co., 1999,

자의 담보특약위반에 대한 법적 효과에 대한 대표적인 판례인 The Good Luck호[15] 사건을 통해서도 알 수 있듯이 보험증권상에 별도의 명기가 없는 상태에서 담보특약위반 이전에 발생한 손해에 대해서 보험자는 보상을 해야 한다.[16] 즉 해양플랜트공사 중 MWS가 담보특약위반으로 지적하기 이전의 손해에 대해서 보험자는 책임이 존재한다고 해석할 수 있다. 해양플랜트공사보험에서 MWS와 관련된 담보특약위반은 다음의 두 가지의 경우로 구분할 수 있다.

1) 의도하지 않는 담보특약위반

피보험자는 해양플랜트공사를 단계별로 진행하기 위해서 반드시 합의된 작업절차와 기준, 업무범위에 대해 MWS로부터 작업승인서를 발급받은 이후 해양플랜트공사 업무를 진행하여야 한다. 그러나 대형 해양플랜트공사를 진행하기 위해 피보험자인 조선소는 발주자와 합의된 품질관리 및 유지의무(Quality Assurance/Quality Control Provisions: QA/QC)조건에 따라 다양한 하도급업체들에게 공사를 블록단위(block unit)로 제조위탁[17]하고 있다. 특히 대형블록을 해상으로 이동하거나 예인할 때 하도급업체들이 기준미달로 인하여 MWS로부터 작업승인서를 발급받지 못하거나 담보특약위반 가능성을 통보받는 경우 이를 의도하지 않는 담보특약위반이라고 할 수 있다. 실무적으로 해양플랜트의 이송 및 설치작업은 해상에서 진행되기 때문에 피보험자뿐만 아니라 피보험자와 계약관계를 맺고 있는 다양한 하도급업체가 존재하며, 이들은 피보험자에 비해서 상대적으로 소규모 또는 영세한 경우가 많기 때문에 피보험자의 의도와는 관계없이 담보특약위반이 발생할 수 있다. 사견으로는 보험자는 피보험자와의 계약관계에 있는 하도급업체의 의도하지 않는 담보위반과 이에 따른 추가적인 손해방지의무를 불이행하여 발생한 손해에 대해서 우선적으로 책임져야 한다.

---

p.278.

15) The Bank of Nova Scotia v. Hellenic Mutual War Risks Association(Bermuda) Ltd.(The Good Luck) [1991] 3 All E.R. 판례에서 고프판사(Goff)는 담보특약위반이 발생할 경우 보험자는 보험증권에 별도로 명시된 경우를 제외하고 그 위반일에 소급하여 자동적으로 보험계약상의 자신의 책임을 면하게 된다(박세민, "해상보험법상 담보(warranty)의 개념과 영국협회적하보험약관 제5조 및 상법 제706조 제1호(해상보험자 면책사유)에 관한 고찰", 「한국해법학회지」 제27권 제2호, 한국해법학회, 2005, 120면).

16) 홍성화, "선박공제약관상의 감항성 담보조항의 문제점과 개선방안", 「한국해법학회지」 제30권 제1호(통권 제42호), 한국해법학회, 2008, 228-229면.

17) 국내 조선소들은 하도급업체들과 하도급거래 공정화에 관한 법률 제2조 제1항에서 의미하는 다양한 형태의 하도급거래(제조위탁 · 수리위탁 · 건설위탁 또는 용역위탁)를 통해서 해양플랜트공사를 진행하고 있다.

단, British & Foreign Insurance Co. v. Gaunt 사건[18]에서와 같이 보험자는 피보험자의 의도하지 않는 담보특약위반 행위와 적절한 조치의 불이행에 따른 손해에 대해서 별도의 손해배상청구소송을 진행하는 것이 합리적인 방법이라고 판단된다.

2) 의도한 담보특약위반

통상적으로 MWS는 해양플랜트공사가 진행 중인 현장에 상주하면서 피보험자와 합의된 절차와 기준, 규정에 적합한지 여부를 확인하고 지도·감독하는 역할을 한다. 만약 피보험자의 작위 또는 부작위에 연관되어 예상되는 결과에 관계없이 보험목적물과 관련하여 실질적인 담보특약위반 또는 잠재적으로 담보특약위반이 예견될 경우 MWS는 적극적으로 피보험자에게 해당 사실을 통보하여야 한다. 특히 독립적이고, 객관적인 입장에서 MWS는 상호간에 합의된 기준에 의거하여 피보험자의 담보특약위반이 확인되면 조속히 해당 사실을 사유와 근거를 포함하여 서면형식으로 피보험자에게 전자우편, 팩스, 우편, 텔렉스, 유·무선 전화 등의 모든 연락수단을 사용하여 통보하여 한다.

해양플랜트공사 중 MWS가 피보험자에게 담보특약위반을 통보하여 피보험자가 이를 인지하는 순간 기존에 발급되었던 해양플랜트공사 작업승인서의 법적 효력은 상실하게 된다. 그러나 보험자가 판단할 때 MWS가 제기한 담보특약위반이 적절하지 않을 경우 MWS와 피보험자 또는 피보험자와의 계약관계에 있는 하도급업체와의 추가적인 협의를 통해서 해양플랜트공사 재개에 필요한 절차, 기준 및 규정 등에 대한 별도의 합의를 진행한다. 담보특약위반과 관련된 위험이 사라질 경우 해양플랜트의 이송 및 설치와 관련된 작업승인서에 대한 법적 효력은 기존의 합의된 기간까지 유효하게 된다.

4. 담보특약위반의 입증책임과 제한적인 허용

MWS에 의해서 피보험자의 담보특약위반 사실이 보험자에게 전달되면 보험자는 해양플랜트공사보험계약을 해지할 수 있는 권한이 있다. 즉 보험사고 이후 장래의 효력이 소멸하게 되는 일방적인 행위로서 해제와는 달리 소급하여 적용되지 않는다.

---

18) British & Foreign Marine Ins. Co. v. Gaunt [1921] A.C. 41 판례에서 썸너판사(Lord Sumner)는 "피보험자의 대리인이 전 운송구간 동안 통상적인 주의와 관리를 하지 않았다는 사실만을 갖고, 확대된 보험사고의 손해에 대한 보험자의 책임은 면할 수 없다."라고 판결하였다.

따라서 보험자는 피보험자의 담보특약위반 이후의 손해에 대해서만 면책되며, 이전에 발생한 손해에 대해서는 책임이 존재한다. 더불어 피보험자의 담보특약위반 사실에 대한 입증책임은 자신의 면책을 주장하는 보험자에게 원칙적으로 있으며, 입증을 통해서 면책된다.[19)]

해양플랜트공사보험계약에 있어서 피보험자가 담보특약을 위반하였을 경우 보험자는 담보특약위반에 대한 진위여부의 파악 및 입증의 책임이 존재한다. 즉 피보험자의 담보특약위반 여부에 대한 판단은 전적으로 보험자의 의지에 있다고 판단할 수 있다. 영국해상보험법 제34조 제1항에서도 보험자와 피보험자의 사정변경으로 담보특약이 보험계약에 적합하지 않을 경우 피보험자의 담보특약위반이 허용된다. 또한 신규법령으로 인하여 피보험자가 담보특약의 내용을 준수하는 것 자체가 위법행위에 해당하는 경우가 이에 해당한다. 예컨대 MWS가 보험자에게 피보험자의 담보특약위반 사실을 서면으로 명확하게 보고하였음에도 불구하고 피보험자와의 사업적인 관계를 이유로 이를 묵인할 경우, 영국해상보험법 제34조 제3항에 따라 보험자 스스로의 권리를 포기함에 따라 피보험자에게 담보특약위반이 허용된다고 해석할 수 있다.

Ⅲ. 해양플랜트공사보험에 있어서 MWS의 필요성

1. MWS의 기능

해상에서 석유와 가스에 대한 탐사작업이 본격적으로 진행됨에 따라 조선소에서 다양한 종류의 해양플랜트공사작업이 진행되고, 해상을 통하여 이동 및 설치작업이 진행됨에 따라 보험자는 단순히 해양플랜트공사보험약관상의 담보위험만을 기초로 피보험자가 제기하는 다양한 보험사고에 대해서 적극적인 담보를 제공하지 못하게 되었다. 특히 일반 선박보험에 비해서 해양플랜트공사보험이 갖고 있는 위험의 범위가 매우 크기 때문에 보험자는 예방적 차원의 위험관리를 최우선적으로 고려하게 되었다.

보험자는 해양플랜트공사에 적용되는 장비, 시스템, 공법 등을 빠른 시일 내에 해양플랜트공사보험약관에 충분히 반영하지 못하는 시간적 · 기술적 · 절차적인 한계로

19) 정분도 · 윤봉주 · 임태성, "영국해상보험 담보특약의 변화와 개선방안에 관한 연구", 「산업경제연구」 제25권 제2호, 한국산업경제학회, 2012, 1757면.

인하여 단순히 과거의 보험사고 발생률에 따라 계산된 확률적 자료를 근거로 보험료를 산정하는 데 매우 큰 어려움을 겪을 수밖에 없다. 더불어 보험자는 보험사고 발생에 따른 손해산정뿐만 아니라 이에 따른 보험금지급 범위와 액수산정에 있어서도 많은 어려움을 겪고 있다. 따라서 보험자는 보험목적물에 대하여 자신의 이익을 보호하고, 보험사고 발생시 객관적인 입장에서 사고발생의 원인과 책임관계를 명확하게 구분할 수 있는 독립적인 제3자인 MWS가 필요하게 되었다. MWS는 보험자를 대신하여 피보험자가 해양플랜트공사 중 진행하는 각종 업무에 대한 사전검증과 작업승인서[20] 발급권을 갖게 된다. 이를 통해서 MWS는 피보험자의 담보특약위반 여부를 객관적으로 입증하고, 궁극적으로 피보험자가 안전하게 작업절차를 준수할 수 있도록 지도·감독하여 보험목적물이 완성될 수 있도록 지원하는 기능을 한다.[21]

2. MWS의 특징

1) 독립성 보유

해양플랜트공사절차에 대한 사전검증 및 작업승인서 발급과 관련하여 MWS는 보험자, 피보험자, 선급, 발주자 등으로부터 전체공정에 대한 일정 준수와 관련된 문제로 외압을 받거나, 기술적인 문제를 관행적인 공정 진행과정의 일부분으로 인식하려는 조선소의 요구에 구속받지 않고 자체적인 기준과 절차에 따라 사전검증 및 작업승인서에 대한 발급 여부를 결정해야 한다. 특히 세계적으로 MWS업무를 진행할 수 있는 개인 또는 회사가 소수이고, 대형 해양플랜트공사를 발주하는 주체 및 위험을 인수하는 보험자와 조선소 역시 소수이기 때문에 단일 MWS회사가 다양한 해양

---

20) MWS는 해양플랜트공사가 개시되기 전 피보험자와 관련 작업절차를 논의하여 위험성을 사전에 파악하고 이에 대한 기술적 조언과 함께 다음과 같은 상황에서 작업승인서를 피보험자에게 발급한다. 첫째, 해저배관매설, 채굴된 해저저질의 처리, 해저배관공사작업, 용접 및 해저연결관(riser)과의 결합 설치작업, 해상에서 철제구조물설치, 해저기초공사작업, 동적자기위치유지시스템(dynamic position system)이 없는 중량물운반선박 및 부선, 보험목적물과 타 선박 사이의 임시계선 및 묘박절차, 해양플랜트 주위에 설치되는 해저배관작업, 육상에서 제작된 해양플랜트를 해상으로 설치하기 위한 진수, 선적 그리고 고정작업과 관련된 작업승인서를 발급한다. 둘째, 육상에서 제작한 구조물의 해상이동을 위한 예인선 운항, 예인방법, 해양플랜트의 선적작업, 중량물 이동 및 설치작업, 특히 상부 구조물의 안전한 설치 및 조립작업에 대한 작업승인서를 발급한다(이창희·홍성화, "해양플랜트공사보험의 물적 손해 약관에 관한 연구-WELCAR 2001의 제1부를 중심으로-", 「해사법연구」, 제25권 제1호, 한국해사법학회, 2013, 124-125면).

21) Neagu Ionutt Dragoss, "Risk Control - Marine Warranty Survey -", *Journal of Engineering Studies and Research*, Vol.18 No.2, 2012, pp.66-67.

플랜트공사를 동시에 수행함에 있어서 동일한 계약자와의 계약과정에 영향을 받을 개연성이 존재한다. 즉 MWS는 쉽게 상업적인 계약관계에 영향을 받을 가능성이 매우 높다. 그럼에도 불구하고 MWS는 반드시 독립적인 위험평가 및 보고서를 작성하고, 피보험자의 담보특약위반 여부를 확인해야 한다.[22)]

2) 오랜 현장 실무 경험 보유

2000년 이후부터 국내 조선소는 해양플랜트에 대한 본격적인 표준화 작업을 진행하여 최근 발주되는 이동식/반잠수식 시추선 등의 경우 선형 표준화가 상당부분 진행되고 있다. 그럼에도 불구하고 해양플랜트는 특정 해저유정의 크기, 설치 해역의 자연환경, 수심, 해저지반의 상태, 해저시설의 용량 및 기술사양, 설치국가의 관련 법규 등으로 인하여 여전히 비표준화되고, 독립적인 것들이 대부분이다. 따라서 이러한 작업에 대한 사전검증 및 작업승인서 발급을 책임지는 MWS는 관련 분야에서 오랜 실무경험을 갖추고 있어야 한다.[23)]

3) 전문 기술능력 보유

해양플랜트공사보험의 위험을 인수하는 보험자는 해양플랜트공사보험약관에 대한 문리적 해석과 법적인 해석에만 치중하기 때문에 예방적 차원에서 보험사고에 따른 위험의 파급 효과에 대한 기술적인 검증과 사전 확인 능력이 부족하다. 특히 보험자는 최첨단 기술이 적용되고, 대형화되고 있는 해양플랜트공사에 대한 위험성을 판단하고 측정할 수 있는 능력을 갖춘 전문인력을 모든 분야에 고용하는 것에 상당한 유지비용을 부담해야 하는 재정적인 위험이 있다. 또한 보험자는 오랜 승선경험과 해양엔지니어링 기술을 갖고 있는 전문인력[24)]들이 소수이고, 매우 높은 임금을 제공해야 하기 때문에 채용 및 고용하는 것 자체가 매우 어려운 일이다. 이러한 이유로 보험자는 자신이 갖추지 못한 기술적인 문제를 외부 전문가의 감시, 감독, 증명, 확인 등의 기술적·문서적 지원을 통해 합리적으로 피보험자의 담보특약위반 사실을 증명

---

22) Harrison. Alex R, *op. cit.,* p.125.

23) Harrison. Alex R, *op. cit.,* pp.126-127.

24) MWS가 되기 위한 최소 자격기준에 대해서 국제적으로 별도로 정해진 것은 없으나, 통상적으로 다음과 같은 자격을 갖추도록 사내규정으로 요구하고 있다. 1급 항해사 자격을 갖고 선장으로 승선한 경력, 조선 및 해양공학과 관련된 학위 및 경력, 건설, 건축, 기계공학과 관련된 학위 및 경력, 유동체에 대한 구조해석과 관련된 학위 및 경력, 해저장비 및 시스템과 관련된 학위 및 경력, 해저 지질학과 관련된 학위 및 경력 등을 명시하고 있다(Harrison. Alex R, *op. cit.,* p.126).

하기 위해서 MWS와 일정한 기간 동안 도급계약[25])을 체결한다.

4) 현지화 및 국제 네트워크 보유

최근 아프리카 해저자원개발과 관련하여 국제석유회사(International Oil Company: IOC)들은 해저광구에 대한 독점적인 개발권[26])을 보유하고 있음에도 불구하고, 해당 해저광구를 소유한 국가의 법률에 따라 프로젝트 진행에 상당한 영향을 받고 있다.[27]) 따라서 자국 인력/부품 의무 사용 비율(local contents ratio)규정에 대한 조선소의 위험부담은 반대급부적으로 점차 확대되고 있다.[28]) 즉 과거의 경우 쉘(Shell), 비피(BP), 엑손모빌(Exxon Mobil) 등과 같은 국제석유회사들을 중심으로 하는 해양플랜트 수주방식이 국영석유회사(National Oil Company: NOC) 중심으로 변화되면서 나이지리아, 잠비아, 모잠비크 등과 같이 해저광구의 소유권을 보유하고 있는 정부의 계약요구조건을 무시할 수 없게 되었다. 따라서 국내 조선소에서 해양플랜트공사의 일정부분을 마무리한 이후 해상이동을 통해 발주자와 계약한 해역으로 이동한다. 이후에 발주자가 지정한 현지 기업과 인력을 간접적으로 고용하여 잔여작업, 예컨대 추가적인 장비 및 시설의 설치, 현장 시운전[29])을 종료한 이후에 최종적으로 발주자

---

25) 해양플랜트공사보험계약에 따라 보험자는 MWS와 해양플랜트공사기간 동안 도급 또는 위임의 형식으로 노무를 제공받는 계약을 체결한다.

26) 해양에너지자원을 보유하고 있는 많은 아프리카 국가는 자체적인 자본, 전문 인력, 기술 등이 부족하기 때문에 국제입찰방식으로 해저광구에 대한 개발, 생산, 판매에 대한 권리를 자국석유회사, 국제석유회사, 컨소시엄 형태의 석유회사들에게 매각하고 있다. 과거의 경우 국제석유회사들이 특허방식(concession agreement)으로 독점적 개발권을 보유하고 생산물에 대한 소유권도 갖고 있으나, 점차 생산물 분배방식 또는 국제석유회사가 자금, 기술, 전문인력 등만을 공급하는 장기간 서비스 계약방식으로 변화되고 있다. 대표적으로 콩고는 석유법 제80조에 따라 탄화수소의 시굴, 탐사, 개발 및 가공에 목적을 두고 있는 법인과 이러한 목적의 실현을 도모하는 것으로 여겨지는 활동에 대해서만 합의에 의해 광업권을 부여하고 있다(http://congo.mofa.go.kr/webmodule/ 검색일: 2014년 9월 21일).

27) 2010년 가봉정부는 자국 인력/부품 의무 사용 규정을 강화하기 위해 국가석유노동자연맹(National Organization of Oil Employees: ONEP)과 협정을 체결하고, 외국인 노동자의 경우는 석유부문에서 차지하는 비중이 10%까지 제한되며, 모든 실무 작업자들은 가봉 거주자로 채워져야 한다고 명시하고 있다(이성규, "에너지자원 신시장 조사 연구-아프리카(중·동부권) 국가 에너지자원 공급력 조사 연구-", 「기본연구보고서」, 에너지경제연구원, 2012, 185면).

28) 과거 해양플랜트공사는 일괄인도방식(turn key)으로 생산되었으나 아프리카 원유국들의 생산 기술 전수, 자국 내수 및 고용 진작을 이유로 현지조달비율을 확대하도록 요구하기 시작했다. 이 때문에 국내 조선업계는 30~40%의 현지조달을 해야 하는 부담을 갖게 되었다. 그리고 결과적으로 현지 협력업체들의 기술 및 인력 부족으로 예상보다 많은 추가비용이 발생하여 국내 조선업계에 금전적인 피해를 주고 있다(http://parcelherald.com/게시판-Oil & Gas 해양플랜트 "물류에 사활을 걸다" 검색일: 2014년 9월 21일).

29) 현장 시운전(Hook-Up and Commissioning: HUC)은 해양플랜트가 설치되어야 할 해역에서 해양플랜트 하부구조물(substructure)과 상부구조물(topside) 설치를 완료하고 본격 시운전을 진행하기 위해 의장품 및 배관, 시스템 작동용 기름, 물, 기타 액체 등을 공급하여 연결하는 것을 포함한다. 특히 하부

에게 인도하게 된다. 피보험자인 조선소는 전 세계에 분포되어 있는 해양플랜트 관련 기자재회사들로부터 부품을 납품받아서 현장 시운전 및 마무리 조립작업을 진행해야 하기 때문에 보험사고가 발생할 경우 매우 복잡한 손해배상문제가 발생할 수 있다. 따라서 보험자는 다국적 네트워크와 대리점을 보유하고 있는 MWS회사[30]를 선정하여 이러한 문제들을 적극적이고 유연하게 대응하는 것이 매우 중요하다. 다양한 종류의 인적·물적 네트워크와 대리점을 보유하고 있는 MWS회사는 해당 해양플랜트가 설치되는 국가의 내·외부적인 작업환경, 법률관계, 제반 지원시설과 장비, 기술인력 등에 대한 매우 우수한 능력을 갖고 있어야 한다. 따라서 MWS는 해양플랜트 설치 및 운영해역의 지역적인 특성과 해양환경에 친숙한 현지 대리점을 이용하여 해당 해역에서 해양플랜트공사작업을 진행하는 중 발생할 수 있는 잠재위험들을 사전에 관리하여 보험자뿐만 아니라 피보험자의 이익을 보호할 수 있도록 노력해야 한다.[31]

5) 위험관리능력 보유

보험자가 MWS를 선임하는 목적은 보험목적물과 관련된 물적 손해와 배상책임을 최소화하여, 궁극적으로 피보험자의 담보특약위반 없이 보험목적물을 안전하게 완성하여 발주자에게 인도하는 데 있다. 그리고 피보험자는 자신의 고의 여부와는 관계없이 해상에서 진행되는 다양한 해양플랜트공사작업 중 발생하는 위험을 MWS가 사전에 검증 및 평가하고, 최종적으로 작업승인서를 발급하기 때문에 MWS를 통해서 높은 수준의 안전을 2차적으로 보증받을 수 있다. 결과적으로 이러한 예방적 차원의 안전관리는 결국 피보험자의 보험금지급청구 건수와 보험금 지급액의 감소가 발생하여 보험자에게 이익이 발생하게 된다. 또한 해양플랜트공사가 MWS에 의해서 공사단계별로 안전하게 관리되어 발주자와 계약한 인도 일자에 정확하게 인도된다면,

구조물(substructure)과 상부구조물(topside)을 연결하는 배관, 전선, 통신 등을 확인하고, 심해저 설치구조물들과의 유기적인 연결을 확인하는 일련의 작업을 현장 시운전이라고 한다.

30) 국제적으로는 London Offshore Consultant, Global Maritime, DNV-GL Noble Denton Associates, London Salvage Association 등이 대표적 MWS회사이다. 국내의 경우 선박 및 해양에너지 부문에 대한 해양엔지니어링 기술자문의 세계적인 선두 기업인 London Offshore Consultants(LOC Group)의 코리아 법인이 설립되어 운영 중이다. 통상적으로 대부분의 MWS회사들은 선박 및 에너지 회사에게 전문화된 해양엔지니어링 기술자문 및 해사보증검정(Marine Warranty Survey) 서비스를 제공함과 동시에 주요 해양사고와 관련해서 높은 수준의 기술자문과 사후관리를 제공하고 있다.

31) Harrison. Alex R, *op. cit.,* pp.126-127.

MWS는 보험자뿐만 아니라 피보험자에게 있어서도 반드시 필요한 존재라고 할 수 있다.[32)]

3. 해사검정인과 MWS의 업무 비교

1) 해사검정인의 업무

해사검정인을 영어로 표현하면 'marine surveyor'이며, 독일어로는 'Besichtiger'로 표현된다. 특히 화물의 선적작업 과정에서 화물의 물적 손해에 대한 기술적인 검수(tallying), 검량(measuring), 감정(surveying)작업을 책임지고 있는 사람으로서 목적에 따라 해사감정인, 보험자검사인(손해사정인), 선급검사인, 정부검사인으로 구분할 수 있다. 일반적으로 해상분야에서 지칭하는 해사검정인(marine surveyor)은 해상보험에 담보된 화물이 선적, 운송, 적・양하 작업 중 물적 손해가 발생함에 따른 보험금 청구소송이 발생하였을 때 보험금 지급 여부와 관련하여 제3자의 입장에서 객관적인 검사를 진행하고 사실관계에 대한 증명서를 발급하는 전문가를 의미한다.[33)] 일반상선의 경우 검수・검량・감정사[34)]가 발행하는 '증명서'의 역할은 본선에 실제로 적재(수령)된 화물과 관련된 사실을 확인해주고, 선박소유자가 선하증권을 발행할 수 있는 근거가 된다. 해사검정인에 의해서 발행되는 '증명서'는 해양사고 또는 적하사고에 대해 보험금액 또는 손해액 산정에 있어서 권위 있는 기초자료가 되며 관련 당사자의 유고시 책임의 한계와 각종 심의・심판의 근거자료가 된다.[35)]

2) MWS의 업무

국내 조선소는 과거의 EPC계약에서 벗어나 자체적인 역량강화를 통하여 EPCIC 계약의 형태로 대부분의 해양플랜트건조공사를 계약하고 있다. 따라서 설계, 기자재

---

32) Harrison. Alex R, *op. cit.,* p.127.
33) http://www.kfco.org 용어 설명집 자료 참조(검색일: 2014년 9월 21일).
34) 국내의 경우 「항만운송사업법」에 따라 검수사는 선적화물의 갯수 계산, 인도・인수 증명 관련업무를, 검량사는 선적화물의 용적 또는 중량의 계산 증명 관련업무를, 감정사는 선적화물 및 선박에 관련된 증명 조사 및 감정 관련 업무를 각각 담당하는 직종으로 항만에서 수출입 화물의 선사 및 하주 인도・인수 등 원활한 물류흐름에 필수적인 역할을 담당하고 있다.
35) 보험사고 발생에 따라 보험자는 검정회사를 선임하여 손해의 정도에 대한 보고서를 제공받는다. 그리고 이를 통해 피보험자의 담보위반 여부를 파악하여 보험금 지급여부 및 지급할 보험금의 정도를 결정한다. 즉 검정회사는 보험자의 보상책임을 결정하는 중요한 역할을 하고 있다(이천수, 「국제운송과 해상보험」, 대진, 2014, 307면).

조달, 시공 및 제작, 해상이동, 해상설치, 현장 시운전의 과정 속에서 MWS는 일시적 또는 영구적으로 해양플랜트의 해상이동뿐만 아니라 해상을 통해서 진행되는 모든 작업에 있어서 존재하는 위험을 정량적으로 평가하기 위해서 사전에 제출된 도면, 문서, 증거자료 등을 기초로 이를 평가하고, 실제 작업현장에서 공정을 확인하여 작업승인서를 발급하고 이를 지도·감독하는 역할을 하고 있다.

MWS의 업무는 조선소의 건선거(dry dock)에서 보험목적물을 건조한 이후 수문을 열고 안벽으로 진수하는 작업에서부터 시작한다. 그리고 MWS는 안벽 상호간의 이동, 해상시운전, 조선소에서 최종 마무리 공정을 종료한 이후에 발주자가 지정한 해역으로 해상이동, 추가 설치작업 등에 있어서 안전한 작업 및 공법적용에 대한 적절한 기준이 적용되고, 절차가 마련되어 있는지 여부를 확인한다. 그리고 MWS는 기본적으로 안전을 가장 중요한 결정기준(criteria of decision)으로 고려하고 있으며, 특히 해양플랜트공사에 참여하는 개별 주체들의 오랜 관습과 전체 작업공정을 합리적인 범위 내에서 고려하여 작업승인서를 최종 발급하고 있다.

MWS는 조선소의 건선거에서부터 진수되어 안벽으로 이동하는 과정을 포함하여 발주자가 지정한 해역에 최종 설치되는 단계까지 보험목적물의 해상이동과 관련된 일련의 과정에서 보험목적물의 안전을 담보하는 역할을 하고 있다. 특히 MWS는 선적화물에 대한 기술적인 안전성 평가 및 보험목적물이 부선 또는 자항선 등에 적화형태로 선적될 경우 화물적부(cargo securing, loading stability assessment) 상태를 조사하고 보험목적물에 대한 통합 안전검사와 더불어 운송하는 선박의 선체, 기관, 속구 등에 대한 전체적인 감항성 유지 여부 검사업무를 수행한다.[36] 일반적으로 보험자는 보험사고가 발생할 경우 지리적, 시간적인 이유로 보험사고가 담보특약위반에 해당되는지 여부를 명확하게 판단할 수 없는 경우가 많기 때문에 피보험자와 체결한 해양플랜트공사보험계약에 따라 보험금 지급을 진행할 수밖에 없다. 이러한 현실을 감안하여 MWS는 보험목적물의 물적 손해에 따른 인과관계,[37] 특히 담보특약위반

36) 해양플랜트공사보험의 경우 주보험목적물 이외의 기타보험목적물의 해상운송 및 예인작업에 해양플랜트 지원선박을 주로 사용한다. 이때 해양플랜트지원선박은 기간보험 대신 주로 항해보험에 가입한다. 항해보험에 있어서 감항능력담보특약은 영국해상보험법 제39조에 따라 묵시담보특약으로 인정되고 있다. 피보험자는 통상적인 노력과 주의를 통해서도 감항성 위반 여부를 사전에 파악하지 못했거나, 이러한 사실의 존재 여부를 인지하지 못했다고 하더라도 담보특약위반의 행위에 해당된다. 대표적인 판례로는 Dixson v. Sadler(1839) 5 M. & W. 405; Manifest Shipping Co. Ltd. v. Uni-Polaris Insurance Co. Ltd.(The Star Sea) [1995] 1 Lloyd's Rep. 651 등이 있다.

여부에 대한 보험사고 조사와 작업승인서를 발급하여 안전한 작업의 신행 및 결과 증명에 대한 기초자료를 보험자에게 제공하여 보험금 지급 산정을 지원해야 한다. 특히 MWS는 해상이동 중 충돌[38] 또는 내부적 원인으로 다양한 해양유류오염사고 등이 발생할 경우 보험자에게 해당 사실관계를 조사, 평가하거나 조언과 문서로 사태수습과 관련된 전반적인 내용을 전체적으로 조율하는 업무를 하고 있다.[39]

4. MWS의 책임과 위험관리

1) MWS 선임 계약방식

MWS를 선임하는 계약방식은 해양플랜트공사 범위에 따라 크게 두 가지로 구분할 수 있다. 첫째, 해양플랜트공사보험계약의 담보약관에 따라 피보험자가 직접적으로 해양플랜트공사에 참여하는 부분에 대해서만 국한하여 MWS를 계약하는 방식이 있다. 둘째, 해양플랜트공사는 주피보험자 이외의 다양한 하도급업체들이 기타피보험자의 형식으로 보험계약에 참여하는데 이때 하도급업체들이 해양플랜트공사를 수행하는 영역까지 확대하여, 즉 피보험자의 직접공사부분이 아닌 하도급 방식으로 분리된 간접공사부분으로 확장하여 계약을 체결할 수 있다.[40]

2) 해양플랜트공사 중 발생할 수 있는 내·외부적 위험요인

국제석유회사들이 전 세계 조선소를 대상으로 해양플랜트공사를 신규로 발주하는

---

37) 사견으로 해양플랜트공사보험에 있어서 보험사고의 원인과 결과는 상당인과 관계설에 따라 해석하는 것이 적절하다고 판단된다. 왜냐하면 해양플랜트공사보험기간 중 발생한 손해의 원인 사고가 연속된 두 가지 원인 중 동일한 성질을 갖거나 또는 서로 다른 성질을 갖고 있음에도 불구하고 그 원인이 어떤 손해를 발생시키는 효과적이고 지배적인 조건이 되는 경우 통상적으로 같은 결과를 일으킬 가능성이 있다고 인정되기 때문에 원인과 결과 사이에 인과관계가 있다고 할 수 있다.

38) 해양플랜트가 해상이동 중 발생할 수 있는 충돌은 크게 선박과의 충돌, 비선박과의 충돌로 구분할 수 있다. 특히 예인 중 충돌사고가 발생할 경우 예인선과 피예인선이 한 쌍의 선박으로 간주되고, 특히 어망에 걸릴 경우 충돌배상책임약관상의 충돌로 인정되지 않는다. 또한 섬이 많은 인도네시아, 말레이시아 등지에서 많이 사용되고 있는 수면비행선박의 경우 국내(선박법)뿐만 아니라 국제법상에서도 선박으로 인정되고 있으나, 수상비행기의 경우 국내에서는 항공법에 적용된다. 특히 Polpen Shipping Co. v. Commercial Union Association Co. [1943] 1 K.B. 161 판례에 따르면 수상비행기는 해상에 떠있거나 정박해 있을 경우로 한정하여 '선박으로 간주'되지만, 충돌배상책임약관의 문언에서 말하는 '선박'으로 간주할 수 없다고 판시하고 있다(홍성화, "국문충돌손해배상책임특별약관의 법적 문제에 관한 고찰", 「법과정책」 제20집 제1호, 제주대학교 법과 정책연구소, 2014, 580면).

39) Harrison. Alex R, *op. cit.,* p.123.

40) Gabor Bohner, "Marine Warranty Survey for Offshore Windfarms", GL Noble Denton, 2010, p.5.

데 최우선적으로 고려하는 것은 입찰 대상 조선소의 무재해 사업장 유지, 신뢰성 있는 품질 확보, 납기일 준수 등을 지킬 수 있는지에 대한 여부이다. 이중에서 안전은 그 무엇과도 바꿀 수 없는 최우선 고려 대상이다. 따라서 보험자는 보험목적물의 안전을 담보하기 위해서 국제석유회사, 국영석유회사, 보험자, 피보험자, 선급 등으로부터 기술력, 독립성에 대한 신뢰를 인정받은 MWS들을 사전에 검토하고 자격사항을 평가한다. MWS는 해양플랜트공사 현장에 상주하면서 보험목적물과 관련된 위험의 평가·감독 및 작업승인서 등에 대한 발급업무를 수행한다. 동시에 안전한 작업이 진행될 수 있도록 작업절차의 재검토를 통하여 필요시 해양플랜트공사 총괄책임자에게 작업공법, 시간, 인원 등의 변경을 요구할 수 있다. 예컨대, 피보험자가 발주자와 합의한 해양플랜트공사기간이 부족함에 따라 MWS로부터 작업승인서(Permit to Work: PTW)를 사전에 발급받지 않은 상태에서 임의로 해양플랜트공사를 강행하여 손해가 발생할 수 있다. 이때 보험자는 피보험자가 작업승인서와 관련된 절차 미준수로 인하여 발생한 담보특약위반과 관련된 손해에 대해서 보상책임을 지지 않는다.[41)]

3) MWS의 책임범위와 위험의 수준

MWS는 특정 해양플랜트공사에 수반되는 해상작업, 예컨대 이송, 해상설치 등을 진행하는 데 있어서 국제협약[42)] 및 해당 국가의 법률 그리고 국제표준과 기준[43)]에 따라 보험자와 피보험자의 공동의 이익인 보험목적물의 안전에 위험을 주지 않는 위험수준(acceptable risk levels)을 고려하여 작업이 진행되도록 지원하는 역할과 책임을 동시에 갖고 있다. 즉 피보험자가 MWS의 책임범위를 벗어난 작업을 임의적으로

---

41) David Sharp, *Upstream and Offshore Energy Insurance*, Witherby & Co. Ltd., 2008, p.279.

42) 고정식 해양플랜트를 제외하고 모든 이동식·부유식 해양플랜트는 SOLAS IX/1, MODU(Mobile Offshore Drilling Unit) Code 2009 para. 1.3.40에 적용을 받게 된다. 그리고 대부분의 국가나 소선소 등에서 건조되는 이동식·부유식 해양플랜트는 선박으로 간주되고 최소한 MODU Code에 적합하게 건조되어야 한다. 따라서 선박에 적용되는 국제해사협약이 모두 이동식·부유식 해양플랜트에도 적용된다.

43) 해양플랜트에서 사용되는 국제표준과 기준은 발주자들이 선호하고 신뢰하는 미국석유협회(American Petroleum Institute: API), 미국기계학회(American Society of Mechanical Engineers: ASME) 등이 주로 사용된다. 따라서 국내 조선소 및 관련 기자재업체들은 해양플랜트산업 표준에 따라 장비선정 및 설계를 해야 한다. 또한 북해유전에서 운영되는 대부분의 해양플랜트들은 영국 해양안전보건 규정(UK HSE regulation)과 노르웨이 해양산업표준규정(norsok)에 따라 설계, 건조, 시운전 등의 작업단계에서부터 엄격하게 적용된다. 미국의 경우에는 미국 해양에너지 관리, 규정 및 정책국(Bureau of Ocean Energy Management, Regulations and Enforcement: BOEMRE)의 안전환경관리시스템(Safety and Environment Management System: SEMS)은 심해 석유·가스 관련 작업을 하는 모든 운영자에게 적용되고 있다.

진행하여 발생한 손해에 대해서 보험자는 면책을 주장할 수 있는 반면에 MWS가 작업승인서를 발행한 이후에 발생한 보험사고에 따른 손해는 피보험자의 부주의, 고의여부, 불가항력 등의 상황에 따라 다르게 적용된다. 이때 적절한 위험수준은 보험자와 피보험자가 합의한 작업표준절차상의 위험성 평가기준을 의미한다. 즉 해양플랜트산업이 발전하면서부터 적용되거나, 개선되어 온 다양한 국제협약, 개별 국가의 국내법, 육상·해상 작업표준 등을 종합적으로 고려하여 용인할 수 있는 수준의 위험을 의미한다.[44]

Ⅳ. 해양플랜트공사보험에 있어서 MWS의 위험성 평가기준 및 관련 절차

1. 위험성 평가기준

1) 위험수준에 대한 평가

해양플랜트공사 중 발생할 수 있는 위험에 대한 정량적인 평가, 즉 보험료 산정기준은 보험사고가 발생할 수 있는 위험의 빈도와 가능성에 따라 달라진다. 해상에서 진행되는 해양플랜트공사 중 MWS가 집중적으로 위험의 수준을 평가하는 분야는 크게 세 가지가 있다. 첫째, 보험목적물에 대한 물적 손해의 범위이다. 둘째, MWS가 보험목적물과 관련하여 작업승인서의 미발급, 발급의 지연으로 인하여 해양플랜트공사의 완성이 지연되는 것이다. 셋째, 해양플랜트공사에 참여하고 있는 작업자들의 인적 손해이다.[45] 해상보험과 유사하게 해양플랜트공사보험 역시 보험목적물, 예컨대 영구적으로 고정된 장비, 선박, 그 밖의 기타 장비 또는 시설물들에 대한 실질적인 피해를 최소화하여 피보험자로부터 보험금청구 소송을 줄이는 데 초점을 맞추고 있다. 일반상선에서 사용되는 보험약관과는 달리 해양플랜트는 표준화된 선형 또는 장비 및 시설기준이 없고, 설치되는 해역의 자연환경, 수심, 작업 기간에 따라 성능조건이 각각 다르게 적용되기 때문에 보험자와 피보험자는 해양플랜트공사보험 계약을 체결할 때 개별 보험약관들을 상세하게 검토해야 한다. 따라서 초기에 보험

44) Harrison. Alex R, *op. cit.*, p.124.
45) Harrison. Alex R, *op. cit.*, p.127.

자는 피보험자로부터 보험목적물과 관련된 상세한 정보를 제공받아 위험성을 평가하여 담보특약으로 명시하는 것이 바람직하다.

해양플랜트공사라는 특수성으로 인해 보험목적물과 관련하여 초기에 아무리 위험성 평가를 완벽하게 실시한다고 하더라도 다양한 외부 변수에 노출될 수밖에 없다. 따라서 피보험자와 보험자는 해양플랜트공사보험계약을 체결할 때 가능하다면 '허용가능 위험(tolerable risk)'[46] 범위 내에서 피보험자의 작업이 담보특약에 포함될 수 있도록 사전검토가 필요하다. 즉 피보험자와 보험자는 보험기간 동안 보험목적물이 안전하게 완성되는 공동의 목표를 갖고 있기 때문에 과도하게 설정된 담보특약으로 인하여 해양플랜트공사의 진행이 의도적으로 지연되는 것을 원하지 않는다. 따라서 피보험자는 주요 공정진행 단계별 절차와 기준에 대해서 MWS와 함께 합리적인 합의 및 감독을 통하여 보험목적물에 적절한 조치가 취해질 수 있도록 노력해야 한다. 더불어 정확한 보험료 산정을 위해서 보험자는 담보특약을 초기에 면밀히 검토하여 위험성 평가 및 해양플랜트공사 전반에 대한 위험관리가 진행될 수 있도록 ALARP[47]에 기초하여 위험성 평가를 진행해야 한다.

2) 위험수준에 대한 평가 도구

해양플랜트공사 중 발생할 수 있는 위험을 담보하기 위해서 MWS는 다음과 같은 위험성 평가 도구와 기준을 보험목적물에 대한 담보 개시 이전부터 적용해야 한다. 첫째, MWS는 피보험자로부터 제공받은 보험목적물에 대한 운용 목적 및 설계 당시의 주변 해역에 대한 허용가능 위험의 한계와 관련하여 객관적 평가가 적용되어야 한다. 둘째, MWS는 보험목적물에 대한 건조공사를 진행하는 중 필요한 각종 도면, 설계 계산 방법 및 적용, 각종 작동 지침서 등에 대한 독립된 제3자의 기술・문서적 검증 및 확인이 선행되어야 한다. 셋째, MWS는 보험자가 위험을 인수하는 계약

---

46) 해양플랜트공사의 위험을 인수하고자 하는 보험자는 보험목적물에 대한 위험을 무시할 수 있는 위험(negligible risk), 허용가능한 위험(tolerable risk), 허용불가능한 위험(intolerable risk)으로 구분해서 위험을 정성적으로 평가하고 있다(http://www.hse.gov.uk/risk/theory/r2p2.pdf 검색일: 2014년 9월 21일).

47) 1988년 북해(North Sea)에 설치된 고정식 해양플랜트(Piper Alpha호)의 화재 및 폭발 사고로 영국정부는 유사한 사고의 재발을 방지하기 위하여 해양플랜트의 안전에 관한 규정 및 기준을 제정하고 강화하였다. 영국 환경안전보건당국은 1992년 Safety Case Regulation을 제정하면서 해양플랜트에 대한 총체적인 위험도 평가(risk evaluation)를 도입하였다. 이후로 해양플랜트에 대한 정량적 위험도 평가의 근거가 되며, 위험도의 정성적 기준인 ALARP(as low as reasonably practicable)이라는 개념이 정립되었다.

을 체결하는 초기 협상단계에서부터 참여하여 HAZID(hazard identification), HAZOP (hazardous operation), FMEA(fail mode and effect analysis)방법을 통해서 보험목적물의 위험을 정량적으로 평가해야 한다.[48] 넷째, MWS는 보험목적물뿐만 아니라 부가적으로 설치되는 또는 설치될 장비들의 시운전에 대한 현장검사 및 작업승인서 교부 등에 대해서도 위험성을 평가해야 한다. 다섯째, 해양플랜트공사가 완료된 보험목적물이 해상을 통하여 이동할 때 사용되는 선박 및 각종 장비들의 성능, 즉 감항성에 대한 검증과 더불어 해양플랜트공사작업 시작 전 피보험자가 진행하는 각종 문서 및 기술적인 준비사항들에 대한 현장검증(site witnesses)을 보험자와 함께 실시하는 것이 필요하다.

MWS는 최종적으로 작업승인서를 피보험자에게 발급한 이후에도 피보험자가 MWS와 사전에 합의된 기준과 절차에 따라 진행하는지 여부를 지속적으로 지도·감독해야 한다. 물론 해양플랜트공사에 단계별로 적용되는 위험성 판단기준과 절차는 보험목적물에 대한 보험자의 요구수준에 따라 차이가 발생한다. 이때 MWS는 피보험자의 행동이 담보특약을 위반했는지 여부를 판단하는 것이 가장 중요한 업무이다.[49]

2. 작업승인서 발급 절차

MWS는 보험목적물에 적용되는 최신 설계기술의 적합성과 유효성에 대해서 우선적으로 자체적인 기준과 절차에 따라 검사를 진행한다.[50] 즉 MWS는 보험목적물과 관련하여 피보험자에게 사전에 배포한 질문지를 통해서 확인한 결과를 토대로 보

---

48) 정량적 위험도 평가방법에는 다음의 세 가지가 있다. 첫째, HAZID(hazard identification)는 공정, 장비 및 시스템의 잠재위험을 파악하는 단계로 사고가 유발할 수 있는 잠재적인 위험요소 및 우발적 사고 가능성을 확인하는 방법이다. 둘째, HAZOP(hazardous operation)는 주로 공정변수(온도, 압력 등)를 중심으로, 시스템이 원래 설계된 운전목적으로부터 벗어나는 원인을 찾고 위험 가능성을 분석하는 것으로 여러 전문가들이 참여하여 다양한 설계자료를 기초로 분석하는 방법이다. 셋째, FMEA(fail mode and effect analysis)는 시스템, 설계 및 공정에서 발생 가능한 잠재적 고장형태와 그 영향을 평가하는 방법이다.

49) Harrison. Alex R, *op. cit.,* p.132.

50) 시추선연합회(Joint Rig Committee: JRC)에서 개발한 MWS 실무지침서와 업무요령(Marine Warranty Surveyors Code of Practice: CoP and Generic Scope of Work: GSoW)이 가장 기초적으로 사용된다. 추가적으로 각 MWS회사별로 예컨대 DNV-GL Noble Denton Guidelines for Marine Warranty Survey, DNV-GL Offshore Rules Marine Operations, DNV-GL Guidelines for Ocean Towage, Rules and Guidelines of other recognised societies 등과 같은 자체 기준과 절차를 사용하기도 한다.

험목적물의 이동항로, 설치 작업 시 예상되는 외부환경(수심, 기후 등)의 제약조건, 사용되는 주요 기자재 및 부속품의 세부상세 등에 대하여 담보특약위반 여부를 확인한다. 예컨대 하부구조물에 적용되는 강재가 적합한 산업기준과 표준에 따라 설치되었는지 또는 보험목적물을 예인하는 예인선 및 자항선 등이 감항성[51]을 갖추고 있는지 여부를 확인해야 한다. 특히 MWS는 국부하중, 전력분배, 적하중량계산 등이 필요한 도면검증 또는 보험목적물에 대한 이송계획에 대하여 정확한 계산값을 기준으로 피보험자에게 담보특약위반 여부를 확인시켜주어야 한다.

선박에 비해서 해양플랜트는 각각의 프로젝트 자체가 표준화되어 있지 않은 관계로 MWS가 '위험성 평가기준(criteria of risk)'을 보험자와 피보험자 상호간의 합의 없이 독단적으로 한정하거나 구분하게 되면 분쟁의 원인이 된다. 따라서 보험자와 피보험자 간에 사전 합의가 되지 않은 작업절차가 기존의 담보특약에 해당될 우려가 있을 경우 경험이 풍부한 MWS가 제안하는 기준을 위험성 평가기준으로 선택하여 대체하기도 한다. 또한 MWS는 해양플랜트공사에 필요한 도면에 대한 검증뿐만 아니라 관련 문서에 대해서도 피보험자로부터 사전에 자료를 넘겨받아 검토할 필요가 있다.[52] MWS는 이러한 절차가 진행되고 나면 비로소 해양플랜트공사에 대한 해사검정보증서(Marine Warranty Review Letter)[53]를 피보험자에게 발급하게 된다.

V. 결론

최근 국내 대형 조선소들은 발주자와 합의한 인도일자에 해양플랜트를 건조하지

---

51) 대법원 1996. 10. 11. 선고 94다60332 판결에 따르면 법원은 "영국해상보험법 제33조상에 명시적 담보와 관련된 규정이 존재함에 따라 피보험자는 부보선박이 특정 항해에 있어서 그 감항성을 갖추고 있음을 인정하는 감항능력증명서를 매 항해시마다 발급받아야 비로소 그 담보조건이 충족된다."라고 판시하였다.

52) 선장/기관장 경력자, 조선공학 전공자, 구조해석전문가, 해저배관 및 장비 전공자, 해저질학 전공자 등과 같은 자격과 경험을 갖춘 전문인력들에 의해서 실제로 도면 또는 작업절차서상의 이상 여부를 확인해야 한다. 그리고 이러한 전문 인력들은 보험계약상의 담보약관, 피보험자가 제공하는 보험목적물 건조공사 상세(specification), 설계기준 및 한계조건, 산업기준과 표준, 국제해사협약 등을 기준으로 적합성 여부를 확인해야 한다.

53) 해양플랜트공사에 대한 해사검정보증서는 MWS가 직접 작업승인(conformance or approved), 작업불가(non-conformance or non-approved), 기술적 불충분 조건으로 작업불가(technical query or not approved until technical issue addressed), 기술적 권고(advice or advice provided but reply not required, approved) 등을 통해서 피보험자에게 문서상의 승인 또는 제한적 승인 여부를 표시하는 문서이다.

못하여 인도지연이 발생되거나 또는 건조공사 중 위험관리가 되지 않아 MWS로부터 작업승인서를 발급받지 못하는 사례가 증가하고 있다. 따라서 국내 조선소들은 해양플랜트에 대한 기술적인 역량확보 및 전문인력 양성에 대한 노력뿐만 아니라 해양플랜트공사의 위험관리에 필요한 다양한 제도와 관련 법령에 대한 이해가 필요하다. 그러므로 이 논문은 해양플랜트공사에 있어서 피보험자의 담보특약위반에 따른 법적 문제를 최소화하기 위해서 고용된 MWS의 기능, 특성, 업무범위 등을 검토하였고, MWS의 위험관리기준과 관련 절차들에 대해 법적으로 검토해 보았다. 이를 토대로 이 논문에서 제기한 몇 가지 문제점과 개선사항들을 정리하면 다음과 같다.

첫째, 해양플랜트공사와 관련된 프로젝트 관리자(project manager)는 보험자의 이익을 대변하기 위해서 조선소 또는 현장 시운전 해역에 파견된 MWS와 의견 조율을 통해 작업승인서 발급이 지연되지 않도록 관리해야 한다. 더불어 담보특약위반이 예상되거나 발생할 경우 적극적으로 해명할 수 있는 자료와 근거를 제출하여 피보험자인 조선소가 일정 지연으로 인한 경제적 피해를 입지 않도록 관리해야 한다.

둘째, 현재 국내 조선소는 일정준수, 인건비 절감 및 기타 여러 사유로 다양한 형태의 하도급업체와 보험목적물의 일부 공사를 도급계약을 통하여 진행하고 있다. 이때 피보험자의 관리력 부재로 인하여 하도급업체들이 보험목적물과 관련된 안전과 품질 등을 담보하지 못할 경우 쉽게 담보특약위반의 사례가 발생할 수 있다. 따라서 피보험자인 조선소는 발주자와 합의된 품질관리 및 유지의무를 성실히 이행하여 하도급업체의 문제로 인하여 담보특약위반이 발생되는 일이 없도록 관리해야 한다.

셋째, 해양플랜트공사보험은 해상보험과 마찬가지로 최대선의에 기초한 계약이며, 피보험자인 조선소는 해양플랜트공사보험계약에 따른 고지의무에 의거하여 보험목적물의 공사와 관련된 중요한 사항을 고지하여야 하지만 검토단계에서 이를 모두 확인하거나 실제로 보험사고가 발생할 경우 보험자가 피보험자의 담보특약위반 또는 부실고지를 증명하는 것이 매우 힘들다. 따라서 피보험자는 보험자와의 해양플랜트공사보험계약을 체결하기에 앞서 담보특약을 검토할 때 동일한 프로젝트에 경험과 우수한 기술능력을 보유한 MWS도 함께 참여시켜서 구체적인 사항들을 피보험자의 상황(건조 및 자금능력)에 맞게 협의하여 담보특약을 삽입하는 것이 소모적인 분쟁을 줄이는데 도움이 될 것으로 판단된다.

넷째, 궁극적으로 국내 검정회사들은 기존의 해사검정부분에만 안주하지 말고, 해외 유수의 MWS회사들과 협력을 통하여 기술력을 인정받아 부가가치가 높은 분야로 업무영역을 확대할 필요가 있다. 또한 향후 국내 검정회사들이 해사검정보증업무를 진행하기 위해서는 기존의 검수사, 검량사, 감정사 등과 같이 자격기본법에 따른 국가자격시험제도를 마련하여 아직 국제적으로 공인된 자격증을 보유하고 있지 않는 외국계 MWS회사들과 비교해서 상대적으로 우수한 독립성, 전문성, 객관성을 확보할 수 있도록 제도적인 지원이 필요하다.

다섯째, 우리나라가 해양플랜트산업을 지속적으로 발전시키기 위해서 해양플랜트공사에 필요한 설계 및 기술인력에 대한 양성과 더불어 외국계 회사에 의존하고 있는 해양플랜트공사와 관련된 보험중개인, MWS 등과 같은 전문인력을 국내 인력으로 대체하는 것이 필요하다. 이를 위해 일과 학업을 병행할 수 있는(work to school) 특수대학원 과정의 개설 및 국내보험회사 내부의 전담부서 확충 등과 같은 지속적인 관심과 교육투자가 선행될 필요가 있다.

제 5 장

해양플랜트공사계약과 관련된 법적 쟁점사항에 대한 연구*

이창희 법학박사, 한국해양수산연수원 해양플랜트안전교육팀장/교수(대표저자)
홍성화 법학박사, 한국해양대학교 해사수송과학부 교수(교신저자)

Ⅰ. 서론

2007년부터 시작된 시티그룹, 메릴린치 등과 같은 대형 투자은행에서 비롯된 미국발 글로벌 금융위기는 7~8년이 지난 지금까지도 전 세계 경제에 많은 악영향을 주고 있다. 특히 국내의 경우 해운 물동량 감소에 따른 조선경기의 장기침체로 인하여 대형 조선소(현대중공업, 삼성중공업, 대우조선해양 등)들은 원유 및 가스로 대표되는 해양에너지자원과 관련된 해양플랜트시장으로 수주전략을 변경하였다. 즉 국내 조선소들은 컨테이너선과 산적화물선 등과 같은 일반상선에 대한 수주급감에 따른 일감확보와 동시에 중국 조선소들의 저가수주 공세를 피하기 위하여 해양플랜트분야로 사업을 다변화하게 되었다.1)

그동안 국내 조선소들은 일반상선에 비해서 해양플랜트가 갖고 있는 고유의 기술 및 관리적인 위험요소에 대한 정확한 평가 없이 매출액 확대와 일감확보를 위한 무

* 본고의 내용은 海事法硏究 제27권 제2호(2015.7) 137-176면에 게재된 것으로, 제15회 선박건조·금융법 연구회(2015. 9. 24)에서 발표되었다.

1) 국내 대표 조선소들의 해양플랜트/일반상선 건조비중은 아래의 표와 같다.

구분	현대중공업	삼성중공업	대우조선해양
해양	59%	62%	55%
상선	41%	38%	45%

* 2014년 기준으로 각사 공시자료를 기반으로 한국신용평가 자료를 인용하였다.

리한 영업수주를 진행한 결과 초기에 발주자와 계약한 금액 이상으로 많은 비용이 투입되거나 또는 인도지연에 대한 지체상금[2]을 지급해야 하는 문제가 법적 분쟁으로 확대되고 있다.[3] 법적 분쟁의 주요 원인은 표준화된 선박건조계약서만을 사용하던 일반상선의 건조계약과는 달리 EPC(Engineering Procurement, Construction: 이하에서는 'EPC'계약이라 약칭한다)계약[4]으로 대표되는 해양플랜트공사계약으로 인하여 해양플랜트공사의 진행에 필요한 각종 비용과 위험을 사전에 정확하게 산출하여 원가산정에 반영하는 것이 힘들기 때문이다. 특히 국내 조선소들은 발주자들에 비해서 상대적인 정보의 불균형으로 인하여 독소조항을 법적으로 충분히 검토하지 못함으로써 이러한 문제는 점차 확대되고 있다.

따라서 이 논문에서는 해양플랜트공사계약의 법적 의의 및 법적 요건에 대해서 검토해 보고, 해양플랜트공사계약의 성립 및 법적 효력 발생과 관련한 제반 문제점과 더불어 해양플랜트공사계약상의 독소조항에 대한 효과적인 식별 및 법적 분쟁사항들에 대해서 법이론과 국내외 판례 등을 토대로 분석하여 향후 국문 해양플랜트공사계약서 제정 및 실무자들에게 도움이 되고자 한다.

Ⅱ. 해양플랜트공사계약의 법적 의의와 종류

1. 해양플랜트공사계약의 법적 의의

1) 해양플랜트공사계약의 정의

광의적인 관점에서 계약은 둘 이상의 당사자가 각자가 원하는 재화, 용역, 다양한 서비스의 거래를 안정적으로 유지하는 데 필요한 법률관계를 결정하는 수단이 되기

---

2) 지체상금이란 이행지체로 인하여 발생하는 여러 가지 효과 중에서 이행가능을 전제로 하는 지연배상을 미리 규정하는 것으로 민법 제398조 제1항의 손해배상액의 예정에 따른 금액을 의미한다. 지체상금은 채무자로 하여금 적기에 계약의 이행을 강제하기 위한 목적과 함께 미리 손해배상액이나 손해배상률을 정함으로써 실제의 이행지체가 문제되는 경우에 책임소재 및 배상액에 대한 입증책임을 명확히 하려는 목적을 가지고 있다고 할 수 있다(김형배 외 2명, 「민법학강의 - 이론 · 판례 · 사례 -」(서울: 신조사, 2013), 974-976면).

3) Ricard J.Long, P.E., *Typical Problems Leading to Delays, Cost Overruns, and Claims on Process Plant and Offshore Oil & Gas Projects*(Colorado: Long International, Inc., 2015), pp.2-3.

4) 국내 조선소에서 사용하고 있는 해양플랜트공사계약은 국제컨설팅 엔지니어 연맹(FédérationInternationale Des Ingénieurs-Conseils: FIDIC)에서 개발된 EPC 일괄계약조건(silver book)을 기초로 해사분야의 고유한 특성조항을 삽입해서 사용하고 있다.

때문에 실제 계약이 성립되어 효력이 발생되기 위해서는 반드시 당사자 간의 합의가 존재해야 한다.[5] 이러한 계약은 거래의 법률적인 안정을 위한 정형화된 또는 비정형화된 수단이기 때문에 국내 조선소에서 해양플랜트와 관련한 무역거래는 해양플랜트공사계약이라고 하는 법률적인 수단 또는 형식에 의해서 이루어진다.

해양플랜트공사계약은 조선소가 발주자와 합의된 금전적인 대가를 받는 조건으로 프로젝트[6]를 완성하여 발주자에게 소유권 및 관련 채권[7]의 일체를 양도하는 계약을 의미한다. 주로 국내에서 진행되고 있는 해양플랜트공사계약은 프로젝트의 성격을 갖고 있으며 조선소[8]가 자신의 노동, 자본, 기술, 자재 등을 이용하여 합의된 기일 내에 발주자에게 해양플랜트를 인도하고 그 대가로서 선수금, 중도금, 잔금의 순서로 공사대금을 계약조건에 따라 지급받을 것을 약속함으로써 성립된다. 또한 해양플랜트공사계약은 미래적 가치를 목적으로 발주자와 조선소 간의 합의에 의해서 성립되며, 계약서상에 명기된 각종 조건에 부합되는지 여부를 시운전을 통해서 검증한 이후 소유권 이전과 함께 최종적으로 완성된다.

2) 계약서의 구조

해양플랜트공사계약은 일반적인 국제무역계약의 구조[9]와 거의 유사하며, 통상적

---

5) 이은섭, 「국제거래법」(부산: 부산대학교출판부, 1998), 45-46면.

6) 프로젝트는 일시적이고 유일한(unique) 의미를 갖고 있는 반면 범용은 계속적, 반복적이라는 점에서 기본적으로 서로 다르다. 따라서 프로젝트란 유일한 상품 또는 서비스를 만들기 위해 수행되는 일시적인 노력이 포함된다. '일시적'이라는 것은 모든 프로젝트가 분명한 시작과 끝을 갖는다는 것을 의미하며, '유일한'이라는 것은 상품이나 서비스가 그와 비슷한 상품이나 서비스라도 부분적인 측면에서 차이가 존재함을 의미한다(Project Management Institute, *A Guide to the Project Management Body of Knowledge(Pmbok Guide)*, 5th ed.(Pennsylvania: PMI Inc., 2013), p.3).

7) 해양플랜트공사계약상의 채권은 발주자가 조선소에게 해양플랜트공사의 완성에 필요한 특정의 행위를 하게 할 수 있는 권리이다. 채권은 채무자인 조선소의 행위를 매개로 함으로써만 비로소 해양플랜트공사가 완성되는 권리 내용의 실현을 목적으로 하고 있다(김형배 외 2명, 전게서, 1206면 참조).

8) 일반적인 EPC계약은 발주자와 수주자 또는 시공자 간에 이루어지는 제조 및 용역 세공서비스계약이다. 그러나 본 논문에서는 해양플랜트공사계약에 국한하여 기술하고 있기 때문에 수주자 또는 시공자 대신 '조선소'라는 용어를 당사자로 일원화하고자 한다.

9) 해양플랜트공사계약은 일반적인 국제계약의 전체 구조와 동일하나, 개별 프로젝트의 특성에 따라 본문상의 일반조건의 내용만이 수정되어 사용되고 있다.
1) 표제(title of contract)
2) 두서(headings)
3) 전문(premises)
4) 본문(body)
5) 말미문언(testimonium clause)
6) 당사자의 서명 · 날인(signature; seal; attest)
7) 첨부문서(annex; appendix; addendum; attachment; exhibit)

으로 발주자와 조선소 간의 작업범위 및 내용, 공사 수행에 필요한 기술요구사항, 명확한 인도조건, 개별계약 주체들 간의 공사대금 지급방식 및 시기, 위험분배, 시공자의 계약불이행에 따른 대응 방안 및 조기인도에 따른 성과보수(incentive) 등이 본문의 일반조건에 포함되어 있다. 실무적으로 해양플랜트공사와 같은 대형 EPC계약에서 사용되고 있는 본문상의 일반조건들을 열거하면 다음과 같다.

① 용어의 정의 및 해석(definitions and interpretation)
② 계약 당사자 간의 관계 및 상호 합의(relationship and acknowledge)
③ 계약 당사자 간의 의무(obligation of contractor)
④ 설계도면, 기술이전, 도면공급(feed documents, design and technology)
⑤ 발주자의 의무(obligations of owner)
⑥ 개별 당사자의 대표(representations of the parties)
⑦ 세금(taxes)
⑧ 해양플랜트공사 작업 물량의 확정(measurement)
⑨ 해양플랜트공사계약 금액(contract price)
⑩ 해양플랜트공사계약 금액 지급(payments to contractor)
⑪ 해양플랜트공사 계획 및 일정(commencement of work)
⑫ 해양플랜트공사 변경(change orders)
⑬ 해양플랜트공사 중 발생하는 위험 항목(title and risk of loss)
⑭ 해양플랜트공사보험(insurance)
⑮ 해양플랜트공사와 관련된 관리/기술 문서(documentation)
⑯ 해양플랜트공사의 완성(completion)
⑰ 해양플랜트공사의 검사와 담보(inspection and warranty)
⑱ 계약 주체자들 간의 책임과 보증(assignment and guarantee)
⑲ 하도급계약(subcontracting)
⑳ 해양플랜트공사 완성일자의 보증(guarantee of timely completion)
㉑ 계약불이행, 종료, 중지(default, termination, suspension)
㉒ 손해배상책임의 제한(limitation of liability)
㉓ 불가항력(force majeure)
㉔ 분쟁해결(dispute resolution)

㉕ 기타 부수 조건(miscellaneous provisions)

3) 법적 성질

해양플랜트공사계약은 기존의 선박건조계약이 갖고 있는 법적 특성과 더불어 건설공사계약이 갖고 있는 법적 특성을 동시에 갖고 있다. 따라서 이러한 법적 특성을 정리하면 다음과 같다.

첫째, 해양플랜트공사계약은 국제계약의 일종이다. 여기서 의미하는 국제계약은 개별 국가의 동일한 법역 내에서 상품을 매매하는 것이 아니라 시간적 공간적으로 다른 원격지에서 상호간의 의사합치에 따라 금전적인 대가를 기초로 물품을 매매하는 계약을 의미한다.[10)]

둘째, 해양플랜트공사계약은 미래적 가치를 지닌 대상의 완성을 목적으로 발주자와 조선소 간의 합의에 의해 성립된다. 따라서 발주자는 조선소에게 대가를 지급하는 조건으로 해양플랜트 건조사양서(offshore plant specification)에 명기된 조항에 충족되는 해양플랜트를 조선소로부터 인도받는 쌍무계약의 일종이다. 광의적인 관점에서 해양플랜트공사는 수출화물로 특정될 수 있으며, 완성된 '프로젝트'와 같은 하드웨어의 수출뿐만 아니라 이에 부수되는 설계, 운영기술, 관리능력이 포함된 소프트웨어의 종합적인 매매계약까지 포함된다. 그러므로 해양플랜트공사계약에 따른 기자재 공급에 대해서는 매매계약상의 법적 원리[11)]가 적용되고, 뒤에서 언급하는 공사도급에 대해서는 도급계약상의 법적 원리[12)]가 적용된다.

셋째, 해양플랜트공사계약은 대체적으로 건설공사계약 및 선박건조계약과 유사한

---

10) 이태희, 「국제계약법」(서울: 법문사, 2001), 5-7면.

11) 매매계약상의 원리 중 소유권이전의 경우 계약은 일정한 채권관계의 형성을 목적으로 하는 복수당사자의 서로 상반되는 의사표시의 합치에 의하여 성립되는 법률행위이다. 따라서 선박건조계약과 유사한 법적 성격을 갖고 있는 해양플랜트공사계약은 발주자의 청약에 대한 조선소의 승낙이라는 의사합치에 의해서 성립된다(Malcome A. Clarke, *Shipbuilding Contracts*, 2nd ed.(London: LLP, 1992), pp.1-2).

12) 대판 1987. 7. 21. 선고 86다카2446 판결에 따르면 "매매계약은 재산권이전 및 재산권 하자와 관련된 것이 핵심이며, 도급계약은 일의 완성을 위한 계약으로서 완성된 물건의 하자에 관한 규정이 핵심이다. 매매계약은 지시성을 가진 계속적 계약으로서 당사자간에 일정한 결합관계가 형성되나, 도급계약은 결합관계가 형성될 여지가 없는 일시적인 관계의 차이가 존재한다"라고 판시하고 있다. 사견으로는 해양플랜트공사계약은 제작물 공급계약으로서 공사단계까지는 발주자의 지시와 일의 완성(공사완료)이라는 도급의 내용이며, 공사가 완성된 해양플랜트를 발주자에게 제공하는 단계는 재산권(해양플랜트공사의 완성품)의 이전이라는 매매계약의 원리와 도급계약의 원리를 동시에 갖고 있다고 판단된다(최문기, 「채권법 각론」(부산: 세종출판사, 2014), 394-396면).

도급계약의 성질을 갖고 있다.[13] 통상적으로 국제도급계약은 국제제작물공급계약(international production agreement), 국제공사도급계약(international civil engineering agreement), 국제건설공사계약(international construction contract), 국제위탁가공계약(international processing agreement or tolling agreement), 국제경영위탁계약(international management agreement)으로 구분될 수 있다. 물론 조선소와 발주자 간의 오랜 신뢰관계와 특수지분관계를 이유로 계약 주체 간에 수의계약을 체결하는 경우도 있으나, 대부분의 해양플랜트공사계약은 국제경쟁 입찰의 형태로 계약당사자를 확정하고 도급계약을 체결하는 것이 일반적이다. 해양플랜트공사계약에 있어서 도급계약은 수급인인 조선소가 합의된 특정공사를 완성할 것을 약정하고, 도급인인 발주자가 특정 공사의 결과에 대하여 금전적인 보수 또는 유상의 대가를 지급할 것을 약정함으로서 성립하는 계약을 의미한다.

2. 해양플랜트공사계약의 종류와 결재방식

해양플랜트공사는 일반상선의 건조와 달리 개별공사가 상대적으로 비정형화, 비표준화된 프로젝트의 성격을 갖고 있다. 따라서 미국 및 유럽계 국제석유회사들은 오래전부터 다양한 형태의 계약을 체결해 왔다. 물론 국내 조선소들 중 일부는 일반선박과 유사한 외형과 특성을 갖고 있는 이동식 시추선(drill-ship)의 경우 SAJ표준선박건조계약서[14]를 기반으로 시추장비, 즉 상부구조물(topside structure)에 대해서만 별도의 특별조항을 삽입하여 전체 계약서를 작성하는 경우도 있다. 그러나 전형적인 선박의 형태를 띠지 않는 여타의 해양플랜트, 예컨대 부유식생산저장하역설비(floating

13) 도급계약은 목적물에 대한 완성이 목적이고 매매계약의 목적인 재산권의 이전과는 차이가 있다. 그러나 선박건조계약과 유사하게 해양플랜트공사계약의 주체인 조선소는 주로 자기의 재료로 부대체물을 건조하여 '선박' 또는 '해양플랜트'라고 하는 목적물의 인도의무와 더불어 소유권 이전의무도 부담한다고 볼 수 있다(김인유, "건조중인 선박에 관한 법률관계", 「한국해법학회지」 제32권 제1호, 한국해법학회(2010. 4), 21면 참조).

14) 일본조선협회에 의해서 1974년에 개발된 SAJ(The Shipbuilders Association of Japan)표준선박건조계약서는 현재 한국, 중국, 일본, 싱가포르 등의 대형 조선소에서 가장 보편적으로 사용되고 있다. SAJ표준선박건조계약서는 발주자보다 조선소에 상대적으로 유리한 계약이며, 특히 하청계약, 불가항력, 선박소유자의 채무불이행에 따른 조선소의 면책약관 등과 관련해서 발주자에 비해서 유리한 조항을 포함하고 있다. SAJ표준선박건조계약서 이외에도 1972년에 작성된 서유럽 표준선박건조계약서인 AWES(Association of West European Shipbuilding), 1980년 미국 해사위원회에서 작성된 MARAD 표준선박건조양식(Shipbuilding Contract of the Maritime Subside Board of the United States Department)이 있다. 그리고 1981년 노르웨이 선주 및 조선협회에서 작성된 양식(Norwegian Shipowners' Association and Norwegian Shipbuilders' Association)이 있다(이창희, "선박건조계약상의 계약위반과 구제방법에 대한 연구", 한국해양대학교 법학석사학위논문(2012), 23-25면 참조).

production, storage and offloading: FPSO), 고정식해양플랜트(fixed platform), 원통형 부유식 해양플랜트(SPAR) 등의 경우 EPC계약을 많이 사용하고 있다.[15] EPC계약은 발주자가 조선소에게 해양플랜트공사의 전체를 위임하고 완성됨과 동시에 단지 열쇠만을 돌려서 상업생산을 할 수 있을 정도의 전체 시스템과 장비가 정상적으로 작동되도록 관련 분야의 책임과 관리를 일임하는 계약이다. 특히 EPC계약의 경우 해양플랜트의 종류 및 발주자의 내・외부적인 상황에 따라 다음과 같이 구분할 수 있다.

1) 계약체결방식에 따른 구분

발주자가 해양플랜트공사를 수행할 수 있는 조선소를 선정함에 있어서 다수의 입찰자를 대상으로 가장 경쟁력 있는 금액과 조건을 제시하는 대상자와 계약을 체결하는 것을 경쟁입찰계약이라고 한다. 반면에 임의의 특정한 조선소를 대상으로 발주자가 직접계약을 체결하는 방식을 수의계약이라고 한다. 이동식시추선과 같이 범용성이 강한 해양플랜트공사는 국제경쟁 입찰계약을 통해서 비교적 낮은 가격으로 계약이 체결되는 경우가 많으나, 특수 목적의 고도의 설계, 관리, 기술적인 능력이 필요할 경우는 상호간의 신뢰관계가 형성된 계약당사자가 수의계약을 체결하는 경우도 존재한다.

2) 인도시기에 따른 구분

해양플랜트공사계약은 인도시기에 따라 본선인도조건(Free On Board: FOB)계약과 일괄인도(turn key)계약으로 구분된다. 본선인도조건계약은 조선소에서 해양플랜트공사가 완료되어 방파제를 통과하면서 조선소의 모든 의무가 완료되는 계약이다. 주로 고정식 해양플랜트에 적용되던 본선인도조건계약은 국내 조선소의 이송, 설치, 시운전 및 현지 노무인력관리에 대한 능력이 부족했을 때 주로 사용하던 계약형식이나, 최근에는 조선소가 발주자에게 완성된 해양플랜트를 인도하는 업무 이외에 이송, 설치, 시운전까지지도 함께 포함하는 일괄인도계약을 주로 사용하고 있다.

---

15) Joseph A Huse, *Understanding and negotiating Turnkey and EPC contract,* 2nd ed.(London: MPG Book Ltd., 2000), p.5).

3) 계약금액의 변동여부에 따른 구분

해양플랜트공사계약을 체결할 때 확정된 계약총액은 설계, 기자재 조달, 건조공사, 이송, 설치, 시운전까지를 모두 포함하며, 내·외부적인 상황변동에 의하여 공사비가 증가할 경우에도 계약총액에서 이를 변경할 수 없는 고정가격형계약(lump-sum)이 있다. 고정가격형계약은 법적으로 도급계약의 성질을 갖고 있으며, 해양플랜트공사는 대부분 장기간 진행되기 때문에 환율, 금리변동, 국내외의 정치적인 상황 변화 등에 따른 문제를 해결하기 위해서 금액변동조항(escalation/descalation clause)을 삽입하거나 또는 단위공사에 대한 고정가격형 계약(lump-sum plus unit price)을 체결하기도 한다. 반면 해양플랜트공사계약 체결시 계약금액을 고정시키지 않고 공사 진행 중 실제비용에 수수료를 가산하여 조선소가 추후 발주자에게 지급받는 것으로 약정하는 계약을 실비정산보수가산형계약(cost plus fee)이라고 한다.

4) 책임관계에 따른 계약의 구분

해양플랜트공사는 통상적으로 육상 건조장(dry dock)에서 전체적인 의장공사가 마무리된 이후 조선소의 방파제를 통과한 이후 현장으로 이동되면서 추가적인 의장 및 시운전 그리고 현장에서 최종적으로 훅업(hook up) 시운전이 진행된다. 따라서 발주자는 우선적으로 장소적 측면에서의 책임을 크게 육상과 해상 EPC계약(onshore, offshore EPC contract)으로 구분하여 계약한다. 또한 발주자는 단일 프로젝트에 대해서 하나의 EPC계약업체인 조선소와 계약을 체결하여 해양플랜트공사와 관련된 품질, 납기일자, 성능 등을 책임지도록 하는 단일책임방식의 EPC계약(single point EPC contract), 두 개 이상의 회사들과 양분책임방식의 EPC계약(split EPC contract)을 체결하기도 한다.[16]

5) 업무범위에 따른 계약의 구분

첫째, EPC계약은 발주자가 해양플랜트공사의 완성, 공사비 초과위험 등을 회피하기 위해서 조선소와 일괄도급계약을 체결하게 되는데 이때 설계, 자재구매 및 조달, 건조공사를 일괄적으로 추진하는 것을 의미한다. 발주자는 해양플랜트공사금액을

---

16) Tim Burbury, *Splitting EPC Contracts in Energy Projects*(Atlanta: King & Spalding Law, 2012), pp.1-2.

총액으로 계약함에 따라 반드시 공사를 담당하는 조선소의 재정, 기술, 노무관리, 공사실적 등을 포함하는 복합적인 수행역량에 대한 사전검증이 필요하다.

둘째, EPCM(Engineering, Procurement, Construction and Management: 이하에서는 'EPCM'계약이라 약칭한다)계약은 발주자가 별도의 EPCM회사와 기술, 인력, 서비스 등을 포함하는 용역계약을 체결하고, 전체 해양플랜트공사에 필요한 설계, 자재구매 및 조달, 건조공사 등을 관리하는 위임계약[17]을 의미한다. 통상적으로 EPCM회사들은 사업관리업무에 있어서 가격변동계약방식으로 계약을 체결하기 때문에 업무진행에 따라 추가되는 비용을 발주자로부터 지급받게 되며 실제 해양플랜트공사 수행은 세부 공정별로 전문 조선소 또는 기자재제작 공장에서 단품으로 계약을 하거나 또는 대형 조선소에서 일괄적으로 공사를 진행하는 단일책임방식으로 계약하기도 한다. 따라서 조선소는 발주자와 EPCM계약방식으로 해양플랜트공사계약을 체결할 경우 EPC계약에 비해서 상대적으로 책임범위가 적기 때문에 법적 분쟁이 발생할 위험이 줄어드는 장점이 있으나, 그만큼 계약금액이 적기 때문에 매출액이 줄어드는 단점도 동시에 존재한다.

셋째, EPCI(Engineering, Procurement, Construction and Installation)계약은 설계, 자재구매 및 조달, 건조공사, 설치까지 조선소가 일괄적으로 발주자로부터 책임을 맡아서 진행하는 계약을 의미한다.

넷째, EPCH(Engineering, Procurement, Construction and Hook-up)계약은 특히 고정식 해양플랜트공사계약에서 주로 사용되며, 설계, 자재구매 및 조달, 건조공사, 상부구조물과 하부구조물의 상호 연결 및 시운전까지를 포함하는 계약을 의미한다.

다섯째, EPCIC(Engineering, Procurement, Construction, Installation and Commissing) 계약은 설계, 자재구매 및 조달, 건조공사, 안벽시운전, 해상시운전, 생산시운전 등을 포함하는 모든 시운전과 설치까지를 일괄적으로 도급받아 진행하는 계약을 의미한다. 실무적으로 EPCIC계약은 EPCA(Engineering, Procurement and Construction Assistant) 계약과 조립 및 설치계약(Construction and Installation Contract)으로 구분되어 개별 전문기업과 단독으로 계약되는 경우가 대부분이다.[18]

---

17) 위임계약은 설계, 자재의 구매 및 조달, 건조공사와 같은 업무처리를 일방이 타방에게 위탁하는 것을 의미한다. 특히 타인을 위해서 할당받은 업무를 진행하는 것은 도급계약과 유사하나, 용역의 구체적인 완성이 아니라는 점이 도급계약과의 가장 큰 차이가 있다.

18) Terje Salvesen, "Contractual Incentives in EPC Contracts", *Master Thesis*, Universitieteti

3. 해양플랜트공사에 있어서 EPC계약의 필요성 및 최근 동향

1) EPC계약 체결의 일반성

해양플랜트공사가 원활하게 완성되어 발주자에게 인도될 수 있는 가장 효율적인 계약방식은 EPC계약이다. 그리고 현재 주요 국제석유회사 및 국영석유회사들이 중국 및 동남아시아 조선소가 아닌 국내 조선소들과 EPC계약을 주로 체결하는 이유는 국내 조선소들이 계약서에 따라 합의된 인도일자 내에 우수한 품질의 해양플랜트공사를 완성하여 인도하기 때문이다.[19]

발주자들이 해양플랜트공사와 관련하여 EPC계약을 선호하는 이유는 다음과 같다. 첫째, 조선소가 해양플랜트의 인도와 관련된 모든 책임을 부담하고 있다. 둘째, 발주자가 가장 크게 고민하는 설계, 자재구매 및 조달, 건조공사 등을 조선소를 통해서 동시에 효율적으로 관리할 수 있다. 셋째, 발주자측에서는 소수의 관리인원만을 신규 해양플랜트공사에 투입해도 충분히 우수한 품질의 해양플랜트가 완성되는 장점이 있다. 넷째, 발주자는 조선소라고 하는 제3자에게 해양플랜트공사와 관련된 위험을 전적으로 이전하고, 해양에너지자원의 개발과 관련된 핵심이라고 할 수 있는 생산, 판매, 영업에만 집중할 수 있기 때문이다.[20]

2) 해양플랜트공사계약의 변화 동향

해양플랜트공사계약은 최근 수주되는 프로젝트의 대형화, 고사양화, 다기능화와 더불어 발주자의 재정부족으로 인하여 기존의 전통적인 설계, 자재구매 및 조달, 건조공사를 분리하여 발주하던 방식에서 벗어나 조선소가 전체 해양플랜트산업에 있어서 운영주체로 참여하여 운영비용(Operational Expenditure: OPEX)[21]의 일부를 부담하는 지분투자관계의 형태로 변화되고 있다.

과거부터 국내 조선소들은 해양플랜트공사와 관련하여 EPC계약을 많이 사용하여 왔으나, 금액과 시간을 고정시킨 EPC(including Lump-Sum)계약만으로는 입찰단계

Stavanger(2011), p.14.

19) Cullen David, Higgins, Andrew, "The ABC of EPC and EPCM Contract", *Construction Alert*, Blake Dawson(2011), p.1.

20) Terje Salvesen, *op. cit.,* pp.12-13.

21) Operational. Expenditure의 약자로서 운영비를 의미한다. 그러나 실제 해양플랜트산업에 있어서 OPEX는 대주단의 금융비용 확대가 아닌 운영주체의 지분투자비율의 확대를 의미한다.

부터 전체공사금액을 산정하는 데 많은 위험부담을 안고 있다. 따라서 발주자는 해양플랜트공사의 위험을 회피하고자 하는 조선소와 상호간의 위험요소가 바뀐 EPCM 계약으로 해양플랜트공사계약을 체결하고자 노력하고 있다. 조선소의 입장에서 EPCM 계약은 설계, 구매지원, 건조감리만을 수행하면 되기 때문에 계약규정이 엄격하거나 까다롭지도 않고, 계약금액도 EPC계약에 비해서 약 20% 정도에 불과하기 때문에 책임과 위험도 상대적으로 작다. 그리고 조선소는 단지 전문가적인 기술, 운영상의 자문만을 제공하며, 대신에 발주자가 직접 기자재 및 여타의 협력업체와 협상하여 계약을 체결하게 된다. 따라서 EPCM계약상에서 장비, 시스템, 프로세스에 대한 보증과 현장의 안전문제, 배상책임 등은 직접 계약을 체결한 발주자에게 책임이 있다.[22)]

반면에 발주자의 입장에서 EPCM계약은 잠재적으로 해양플랜트공사와 관련된 추가비용이 발생할 수 있는 위험이 있다. 발주자는 능력과 경험이 부족한 회사와 EPCM계약을 하게 되면 공정 파악을 제대로 못하거나, 회사의 과실로 인한 설계 오류, 기준미달, 재작업 등으로 인한 비용을 발주자의 비용으로 전가할 수 있다. 또한 발주자는 EPCM회사[23)]의 원인으로 인하여 발생되는 성능부족, 하자 등에 대해서 제한된 범위의 책임만을 부담할 수 있다.

전통적으로 국내 조선소들은 매출을 높이기 위하여 설계, 자재구매 및 조달, 건조공사, 시운전까지 전체 부문에 대한 위험을 감내하고 계약을 체결하기 때문에, 이러한 법적 분쟁과 관련된 위험이 제외된 EPCM계약을 체결하는 데 익숙하지 않다. 따라서 국내 조선소들은 EPC계약을 통한 매출액 확대에만 몰두할 것이 아니라 위험분산을 통한 안정적인 사업운영을 위해서는 EPCM계약으로 계약방식을 다변화할 필요도 있다.

22) Ustinovichius L., Andriuškevichius A, Kutut V., Migilinskas D., Barvidas A, "Verbal analysis of engineering and construction contracts", *Engenharia Civil · UM* No.28, Departamento de Engenharia Civil(2008), pp.11-12.

23) EPCM계약은 Aker Solutions(노르웨이), Technip(프랑스), AMEC(영국), Mustang(미국), Saipem(이탈리아) 등과 같은 전통적인 해양플랜트 설계 및 장비 엔지니어링회사들이 선호하는 계약방식이다.

Ⅲ. 해양플랜트공사계약의 성립과 법적 효력

1. 해양플랜트공사계약의 성립요건 및 절차

1) 성립요건

해양플랜트공사계약의 성립요건을 만족시키기 위해서는 복수의 계약 주체 또는 개별 당사자의 의사표시를 통해서 계약 체결에 대한 명확한 의사가 전달되어야 한다. 진정한 계약의 성립은 계약조건에 대한 의사표시를 통해 상호간의 합의가 내용적으로 일치되면, 합의 존재여부를 외부적으로 나타내기 위한 표시상의 효과의사가 서로 객관적으로 합치되어 법적 효력이 발생한다.[24)]

영미법상 계약의 성립은 본질적으로 약속(promise)에 기초하고 있다. 약속은 양 당사자 간의 단순한 의사표시와 더불어 약속에 대한 의무를 부담하겠다는 의사도 포함되어 있다. 따라서 사견에 따르면 조선소가 발주자에게 계약협상단계에서 제출하는 거래청약서는 조건부 약속이 성립하는 데 불과하며, 이에 대한 대응으로서 상대방과의 본 계약 체결에 필요한 승낙이 확인되어야 완전한 약속이 된다. 결국 유효한 해양플랜트공사계약이 성립되기 위해서 그 계약에 대한 상호간의 날인증서와 더불어 반드시 약속에 대한 대가로서 계약서상의 합의된 약인(consideration)[25)]이 존재해야 한다. 따라서 위에서 언급한 것과 같은 각각의 요건들이 완비된 상태로 계약이 체결될 경우 일응의 추정(prima facie)[26)]이 없다면 해양플랜트공사계약은 계약해제 사유가 발생하지 않는다는 전제하에 지속적으로 유지된다.

2) 성립절차

해양플랜트공사계약은 국제계약의 성립절차와 매우 유사하며 다음과 같은 순서로

---

24) 이호정, 「영국계약법」(서울: 경문사, 2003), 83-84면.

25) M.A. Mortenson Co. v. Timberline Software Corp., 998 P.2d 305, 313 n.10 Wash. [2000] 사건에서 Charles W. Johnson 판사는 "법적으로 구속력을 가지려면 의사의 합치 외에 약인(consideration)의 교환이 존재해야 한다는 것이 오늘날의 영미법계에 있어서 확고한 법리이다."라고 판시하고 있다.

26) 해양플랜트공사계약의 체결 이후 발생할 수 있는 계약의 반증을 막기 위해서는 당사자 간의 유효한 계약체결능력, 의사표시 중의 착오, 사기, 부실표시, 강박(duress), 부당외압(undue influence) 등이 없어야 하며, 무엇보다도 계약의 목적과 절차가 적법하게 진행되어야 한다(Baris Soyer, Andrew Tettenborn, *Offshore Contracts and Liabilities*(Oxon: Informa Law from Routledge, 2015), pp.70-71).

진행된다.

첫째, 입찰공고 및 사전자격심사가 진행된다. 해양플랜트공사의 부실을 방지하기 위한 수단으로 정식 입찰전에 미리 공사수행능력을 심사하여 일정수준 이상의 능력을 갖춘 자에게만 입찰에 참가할 자격을 부여하는 사전자격심사 절차를 거친 후 해당 기업을 대상으로 입찰공고를 진행한다.

둘째, 입찰참가자 결정 및 초청이 진행된다. 해양플랜트공사계약의 입찰 및 정식 계약 체결을 위해서 조선소는 발주자의 청약의사를 확인하고 방문영업활동을 한다. 또한 발주자로부터 수의계약을 요청받기도 하며, 해양플랜트공사계약 전문중개인으로부터 별도의 입찰문의를 받기도 한다.[27] Blackpool and Fylde Aero Club Ltd. v. Blackpool Borough Council사건[28]에서 Bingham 판사는 "입찰제안서는 계약금액, 날짜, 기술 상세, 당사자의 이름과 주소 등과 관련하여 법적 사항뿐만 아니라 기술적·상업적인 상세사항 등을 포함하여 향후 법적 분쟁이 최소화될 수 있도록 자세하게 작성되어야 한다"라고 판시하고 있다. 따라서 조선소는 발주자로부터 발주하고자 하는 해양플랜트의 목적, 국내외적인 각종 법규, 운항해역의 환경적인 특성 등이 반영된 건조사양서를 상세하게 검토한 후 입찰제안서를 준비해야 한다.

셋째, 입찰권유 및 입찰업무가 진행된다. 해양플랜트공사계약의 체결에 있어서 계약당사자들은 확정청약을 하기 이전에 당사자 상호간에 계약체결을 위한 사전의 예비교섭단계를 거치게 된다. 즉 계약당사자들은 거래청약서를 통하여 상대방의 청약을 유인하거나 또는 확정청약과 유사한 형태의 준비계약의 단계를 가지게 된다.[29] 이를 기초로 발주자는 개별 조선소가 제시한 입찰금액을 상호 비교함으로써 입찰제안서의 수락 여부를 사내 법률 및 기술자문단을 통해서 결정한다.

넷째, 낙찰 및 대상자 선정이 진행된다. 입찰제안서를 기초로 예비계약(Preliminary Agreement: PA)을 진행하고,[30] 계약당사자와 계약금액, 시기, 각종 소건 등을 중심

27) 일반적인 선박건조 및 용선을 전문으로 하는 중개인과는 별도로 해양플랜트 운영 및 관리전문회사들이 관련 업무를 병행하는 경우가 많으며, DE MAAS SMC, RS Platou Clarkson, Simpson Spence & Young(SSY) 등이 대표적이다.

28) Blackpool and Fylde Aero Club Ltd. v. Blackpool Borough Council [1990] 3 All E.R. 25.

29) G.H. Treitel, *The law of Contract,* 9th ed.(London: Sweet & Maxwell, 1995), p.10.

30) 영미법에서 예비계약은 공식적인 본 계약에 귀속되지 않으나, 예비계약상의 배타적인 또는 중요한 조항의 삽입 여부에 따라 실질적으로 발주자는 공식적인 본 계약의 서명여부와 관계없이 법적으로 구속될 수 있다. 따라서 예비계약이 중요한 조항을 포함하고 있을 경우 조선소는 발주자에게 해양플랜트공사계약의 공식적인 이행을 위한 계약 서명을 요구할 권리가 있다. Reprosystem, B.V. v. SCM Corp.,

으로 본격적인 협상을 진행한다. 이후 발주자는 최종낙찰대상 조선소와 총공사비용, 기술 사양, 척수, 인도일자 등의 중요사항에 대해서 합의한 후 발주의향서(Letter of Intent: LOI)[31]를 작성하고 상호간에 서명한다.

다섯째, 본 계약서 작성이 진행된다. 발주자가 조선소에게 해양플랜트공사계약 체결을 승낙하지 않겠다고 적극적으로 의사표시를 한 때에는 청약을 거절한 것으로 간주되며 이때 조선소가 행한 청약의 의사표시는 효력을 상실한다. 반대청약은 기존의 청약조건을 변경한 것이기 때문에 이것 자체가 새로운 청약자에게 청약의 거절에 대한 의사표시가 도달하여야만 효력이 생기는 도달주의를 취하고 있다. 따라서 조선소는 발주자에게 해양플랜트 발주에 대한 승낙기간을 명시하여 청약의 효력발생 시기를 표시한다. 한국, 일본, 미국 등의 대부분 국가들은 승낙의 경우 발신주의원칙에 근거하여 피청약자가 승낙의 의사표시를 발송할 때 격지 간의 계약이 유효[32]하게 성립된다.[33]

2. 해양플랜트공사계약의 금융

1) 금융구조

해양플랜트공사와 같은 대형 프로젝트는 장기적으로 막대한 자본이 투입되는 구조를 갖고 있다. 따라서 발주자의 자본력만으로는 대형 프로젝트를 장기적으로 안정성 있게 운영할 수 없는 현실적인 한계를 갖고 있다. 따라서 항만, 교량 등과 같은 사회간접자본 건설과 유사하게 이동식 시추선에서부터 대형 부유식생산저장하역설비에 이르는 해양플랜트공사는 주로 프로젝트 자금조달(project financing)[34]의 형태로

---

727 F.2d 257, 264[1984] 사건에서 미국법원은 "신의성실에 따라 협상할 의무(duty to negotiate in good faith) 원칙과 관련하여 협상하기로 하는 합의 또는 계약이 존재할 경우 신의성실에 따라 협상할 의무가 존재한다. 그리고 이와 관련한 묵시적인 예비적 합의 또는 계약이 함께 존재할 수 있다."라고 인정하고 있다. 따라서 신의성실에 따라 교섭할 의무를 위반한 경우 신뢰이익에 대한 배상을 인정하고 있다.

31) 해양플랜트공사와 같은 대형 국제거래에서 발주의향서는 예비계약의 현실적인 실행 문서로서의 역할을 한다. 따라서 법적 구속력에 대한 강제력 보다는 사실적인 내용, 예컨대 해양플랜트공사의 기술사양서, 계약금액, 지불방법 및 조건 등에 대해서 명시하고 있다.

32) Byrme & C. v. Leon van Tienhoven [1880] 5 C.P.D.344. 사건과 같이 청약자가 별도로 승낙기간을 유효기간으로 명시한 경우 지정한 특정기간 이후 피청약자의 승낙의 법적 효력은 상실된다.

33) Marin Motor Oil, Inc. Montello Oil Corporation Cities Service Company v. Marin Motor Oil, Inc. 740 F.2d 220 3d Cir. [1984] 사건에서 Becker 판사는 "발신주의 원칙에 따라 승낙의 의사표시를 하게 되면 피청약자가 적절한 시점, 즉 계약상에 합의된 일정 내에 승낙의 의사표시를 발신하였는지에 대한 분쟁이 감소할 것이다."라고 판시하였다. 즉 승낙에 대한 발신일자는 우편물의 소인일자, 텔렉스, 전자우편(e-mail)이 발신된 날짜 등을 통해서 발주자와 조선소가 쉽게 확인할 수 있다.

공사계약에 필요한 금융을 제공받고 있다. 통상적인 금융제공은 차주의 신용위험, 제반 금융위험에 따른 담보조건을 고려하여 진행된다.[35]

그러나 해양플랜트공사의 경우 미래적 담보만이 존재하고, 현재의 담보가 존재하지 않기 때문에 전통적인 방식으로 금융을 제공받을 수 없는 한계가 있다. 따라서 예상 가능한 미래적인 현금 창출 가능성이 존재하는 프로젝트에 필요한 중・장기 금융 및 각종 재원 조달에 필요한 수단으로 프로젝트 자금조달방식이 주로 많이 사용되고 있다. 즉 해양플랜트공사계약에서 사용되는 프로젝트 자금조달은 해양플랜트공사가 완성되어 실질적으로 생산함에 따른 성과의 일환으로 발생되는 현금으로 대출원금과 이자에 대한 상환재원으로 상계하고, 차주는 해양플랜트 자체를 담보로 대주로부터 자금공급을 받는 금융기법을 의미한다.[36]

2) 결제방식

해양플랜트공사는 선박건조계약에서 사용하는 대금결제방식과 유사하게 크게 표준(standard), 톱헤비(top heavy), 헤비테일(heavy tail), 공정비율정산방식(milestone)으로 구분된다. 발주자의 재정상황 및 해양플랜트의 종류별로 대금결제방식의 선호도는 조금씩 차이가 있다.[37] 예컨대 선박과 유사한 외형을 갖고 있는 이동식 시추선의 경우 일반상선의 대금결제방식과 유사하게 표준방식을 사용하고 있으며, 그 이외의 해양플랜트공사의 경우는 공정비율정산방식을 주로 사용하고 있다. 그러나 금융위기 이후의 저금리, 프로젝트 자금조달 시장의 경색 및 발주자 중심(buyer's market)의 헤비테일방식의 계약형태가 확대됨에 따라 인도지연으로 인한 발주자와의 법적 분쟁이

34) 1930년 미국 대공황시대에 텍사스 및 멕시코만을 중심으로 중소규모의 유전을 보유하고 있던 석유회사뿐만 아니라 대형 석유회사들은 급격한 재정 위축으로 인하여 자금조달에 매우 큰 어려움을 겪게 되었다. 이때 새로운 자금조달의 방법으로서 생산물 지급방식 금융수단(production payment financing)이 등장하였다. 이후 매장 원유에 대한 잠재석인 가치를 담보로 하는 장기유전금융(oil filed financing)까지 확대되면서 프로젝트 자금조달은 전통적인 원유 및 가스의 생산설비금융기법으로 발전되었다(반기로, 「프로젝트 파이낸스」(서울: 한국금융연수원, 2013), 414-417면).

35) 정우영 외 2명, 「해양금융의 이해와 실무」(서울: 한국금융연수원, 2012), 442-444면.

36) Peter K. Nevitt & Frantk Fabozzi, *Project Finance,* 6th ed.(London: Euromoney books, 1995), p.3.

37) 표준방식은 해양플랜트공사기간을 균등하게 5회(계약, 강재절단, 탑재, 진수, 인도)로 구분하여 평균값을 대금으로 결제하는 방식을 의미하고, 톱헤비방식과 헤비테일방식의 경우 공사대금을 50% 이상을 강재절단 전후 언제 수령하는지 여부에 따라 달라진다. 특히 공정비율정산방식의 경우 공정진행률에 따라 비례적으로 대금을 지급하는 것을 의미한다(윤덕룡 외 2명, "금융시장을 통한 효율적 환헤지 방안과 정책적 시사점", 「연구보고서」 12-10, 대외경제정책연구원(2012), 50면).

발생할 경우 조선소는 잔금을 제때 납입받지 못하는 위험을 갖고 있다.[38] 따라서 국내 조선소의 경우 안정적인 사업관리와 환율, 물가변동에 따른 위험부담을 최소화하기 위해서는 표준방식으로 대금이 결제될 수 있도록 계약단계에서부터 관리할 필요가 있다.

3. 해양플랜트공사계약의 유효성과 법적 효력

1) 유효성 충족의 조건

영미법상 양 당사자 간의 계약이 성립되기 위해서는 반드시 계약 주체들 상호간의 의사합치와 법적으로 유효한 약인이 존재해야 한다.[39] 특히 국제계약에 있어서 모든 계약조항은 국제적인 강행법규, 일반적인 공서양속, 해당 국가의 국내법규에 저촉되지 않아야만 유효한 계약으로서 인정받게 된다.[40] 따라서 만약 청약 당시에는 계약조항이 적법하였으나, 청약과 승낙이 완성된 이후에 이와 관련하여 위법사항이 발생될 경우 그 계약은 이행불능의 원칙에 따라 계약이 해제되게 된다.[41]

2) 법적 효력

해양플랜트공사계약이 유효하게 성립하였을 때 양 당사자 간의 어떠한 권리의무와 책임관계가 발생하는지 여부가 계약의 법적 효력과 관계가 있다. 해양플랜트공사와 관련된 본 계약이 체결된 시점부터 공식적인 법적 효력이 발생한다고 보는 것이 일반적이다. 물론 후술하는 선표예약계약 또는 발주의향서 단계에서부터 당사자를 구속할 수 있는 법적 효력이 존재한다고 할 수 있다. 그러나 이것은 어디까지나 계약

---

38) Won Duck Hee, “A study of Korea Shipbuilding’s strategy for Sustainable Growth” *Master Thesis*, Massachusetts Institute of Technology(2012), p.48.

39) 영국계약법은 약인법리와 직접당사자관계 법리(privity of contract)를 토대로 구성되어 있다. 그리고 계약에 의한 권리와 의무는 계약의 직접당사자에게만 발생하며 약인을 주었던 자만이 계약이행을 주장할 수 있다(장재현, 「계약법의 현대적 과제」(대구: 경북대학교, 2009), 232면).

40) 해양플랜트공사계약은 위에서 언급한 것과 동일하게 양 당사자 간의 합의에 따라 계약이 성립하게 되며, 실무적으로 계약의 유효성이 확정되기 위해서는 다음의 조건들이 모두 충족되어야 한다. 첫째, 해양플랜트공사계약은 국가 간의 수출계약이기 때문에 설치 또는 운영과 관련된 국가기관으로부터 수입허가 및 건조공사가 진행되는 국가로부터 수출허가가 필요하다. 둘째, 해양플랜트는 발주자의 자체 자금력만으로 해양플랜트공사에 필요한 대금을 전적으로 조달할 수 없기 때문에 정책금융, 채권조달, 지분투자 등이 필요하다. 따라서 해당 금융기관들로부터 금융공여에 대한 승인이 합의된 기간 내에 완성되어야 비로서 계약이 유효하게 발효된다. 결국 이러한 조건들이 양 당사자들 간의 별도의 합의가 없거나 기간과 조건측면에서 충족되지 않을 경우 상호간의 법적인 권리와 의무관계도 유효하지 않게 된다.

41) 한국수출입은행(법무팀), 「영문국제계약 해설」(서울: 한국수출입은행, 2006), 27면.

서에 해당 계약의 조항 내용의 정도와 관련한 차이가 존재하기 때문에 이것은 이 논문에서는 논외로 하고자 한다. 그리고 해양플랜트공사계약의 종료는 본 계약상의 합의된 완성일자로 취급하는 것이 일반적이나, 완성의 개념과 관련하여 조선소와 발주자는 다음과 같이 다양하게 해석하고 있다. J. Jarvis and Sons v. Westminster Corporation사건[42]에서 Salmon 판사는 "실무적인 완성(practical completion)은 계약상의 완성 및 합의된 완성이 아닌 목적물의 최소한의 운영에 필요한 완성이다."라고 판시하고 있다. 또한 실질적 완성(substantial completion)의 개념과 관련하여 H.W. Neville (Sunblest) Ltd. v. William Press and Son Ltd.사건[43]에서 Dilhorne 판사는 "완성의 성공을 위해서는 부분적이고, 사소한 하자에 대한 추가적인 완성과 완성의 성취에 대한 객관적인 증서가 필요하다."라고 판시하였다. 따라서 해양플랜트공사계약에서 의미하는 완성(completion)의 개념은 발주자에게 인도되기 위한 목적으로 공사된 해양플랜트의 완성으로서 계약상에 명시된 조항에 의거하여 모든 성능에 대한 기술적인 검증과 시운전이 통과된 상태를 의미하고 있기 때문에 실무적인 완성과 실질적인 완성이 결합되어야 진정한 완성이라고 해석될 수 있다.

또한 계약이 유효하게 성립되면 양 당사사간에는 계약이행을 위한 성실의무가 존재한다. 해양플랜트공사계약과 같이 복잡하고, 특수한 거래에서 발주자와 조선소 간의 계약이 유효하게 체결되었으나, 협상과정에서 조선소가 지식이나 정보부족으로 계약의 내용에 대해서 충분히 숙지하지 못한 상태로 계약을 체결한 경우 계약은 유효하지만 당해 계약으로는 합의된 목적의 완성 또는 기대의 급부가 만족되지 못하는 문제가 발생한다. 발주자의 입장에서 조선소에 의해 완성된 해양플랜트를 인수하는 것은 실질적인 계약의 종료를 의미한다. 이때 조선소가 부분적인 계약조건을 위반하였다고 하더라도 발주자는 해양플랜트공사계약 자체를 해제할 수 없으며, 단지 계약위반에 대한 손해배상만을 청구할 수 있다.[44]

42) J. Jarvis and Sons v. Westminster Corporation [1978] 7 BLR 64 HL.
43) H.W. Neville (Sunblest) Ltd. v. William Press and Son Ltd. [1981] 20 BLR 78.
44) Jo-Bar Mfg.Corp., ASBCA 17774, 78-2 BCA10, 311(USA Case)에 따르면 미국 법원은 "계약조건에 따라 발주자가 제기한 계약위반 사실에 대해서 당사자가 수용하지 않음에 따라 하자보수 및 장비교체가 되지 않을 경우는 계약을 해제할 수 있다."라고 판시하고 있다.

Ⅳ. 해양플랜트공사계약상의 법적 쟁점

1. 법적 분쟁의 원인과 유형

1) 발생 원인

해양플랜트공사계약과 관련한 법적 분쟁의 대부분은 해양플랜트공사에 기인한 위험의 정도를 일방의 당사자에게 전가함에 따라서 발생된다. 높은 자본력, 많은 경험, 우수한 기술력을 갖춘 국제석유회사, 국영석유회사들은 상대적으로 열위에 있는 조선소를 상대로 불평등한 계약을 체결하여 매우 낮은 계약금액으로 해양플랜트공사를 강행하도록 유도하고 있다. 따라서 결국 계약이행 중 계약금액 대비 계약당사자들이 생각하는 완성도의 차이가 발생함에 따라 이에 대한 공식적인 불만제기가 법적 분쟁과 소송으로 확대되고 있다.45)

법적 분쟁이 발생하는 내부적인 요인은 낮은 건조이익(low rate construction margin)과 인도지연에 따른 막대한 지체상금의 지급과 연계되어 있다. 그리고 외부적인 요인에는 셰일 가스(shale gas) 개발에 따른 국제유가 하락으로 신규 프로젝트에 대한 발주자의 의도적인 방해로 인한 인수거부, 신규 프로젝트에 대한 자본투자 중단 등이 있다.

2) 유형

법적 분쟁의 가능성은 해양플랜트 수주단계에서부터 설계, 자재구매 및 조달, 건조공사, 시운전 단계까지 전 과정에 포함되어 있다. 특히 해양플랜트와 같이 프로젝트 성격을 갖고 있는 경우 개념이 명확하게 완성되지 않은 상태에서 무리하게 잠재된 위험요소들에 대한 평가 없이 경쟁적으로 저가수주를 진행하는 조선업계의 관행, 계약문서에 대한 충분하지 못한 기술적·관리적·법률적인 검토, 독소조항에 관한 실무자 및 최고경영자의 인식부족, 애매한 계약문건에 대한 해석상의 이견에 따른 문제점 등이 있다.

국내 조선소는 완벽한 근거제시가 바탕이 되지 않는 문제제기, 계약상의 상호책

---

45) Martin McCann, Mark Berry, Matthew Hardwick, *A guide to EPCM contracts*(London: LLP, 2013), p.19.

임의 미이행, 부적절한 계약관리, 계약인도일자 지연에 따른 지체상금, 각종 도면의 누락 및 오류 등을 제대로 관리하지 못해서 법적 분쟁에서 발주자에 비해 상대적으로 불리한 위치에 직면하는 경우가 많다. 특히 법적 분쟁은 해양플랜트공사가 거의 완성된 시점에서 발생하기 때문에 조선소는 이에 대비한 관련 자료 및 근거서류를 확보하지 못하거나 문제 제기의 시효를 넘기는 경우가 많다. 따라서 발주자가 제기하는 다양한 법적 쟁점사항들에 대해서 충분한 반대급부적인 보상을 받기 어려운 것이 현실이다.

2. 법적 쟁점사항에 대한 검토 및 해석

1) 선표예약계약

자매선(sister ship) 형태의 해양플랜트공사계약을 체결할 때 첫 호선(hull number)만 계약한 상태에서 후속 호선의 경우 선표예약계약(slot reservation agreement)[46]을 선택권(option) 형태로 계약하는 경우가 많다. 이때 선표예약계약은 예약계약과 준비단계의 계약의 법적 성격을 동시에 갖고 있다. 따라서 실제 계약서 내에 어떠한 법적 성격을 가진 중요조항들이 집중적으로 삽입되어 있느냐에 따라서 법적 구속력의 적용여부가 달라진다.

선표예약계약은 발주자와 조선소 간의 해양플랜트공사와 관련하여 본 계약을 체결하기 위한 준비단계의 계약으로서 국제거래에서는 발주의향서와 유사한 절차상의 역할을 하고 있다. 그러나 준비단계의 계약과 예약계약은 법적으로 차이가 존재한다. 준비단계의 계약은 경우에 따라 중요한 합의사항들이 포함될 수 있으나, 통상적으로 본 계약 체결에 관하여 준비여부를 상호 합의하는 정도의 수준이다. 일부 발주자들은 법적 분쟁을 최소화하기 위해서 선표예약계약서 내부에 일정기간을 정하고 합의된 일자가 해당 기간을 초과할 경우 구속력이 없음을 명시하는 불구속조항(non-binding clause)을 삽입하기도 한다.[47] 반면 예약계약은 본 계약을 체결할 목적을 갖고 있으나, 법적 또는 실질적인 장애가 존재함에 따라 이를 회피하고 장래의 계약체

---

46) 선표예약계약은 선박 및 해양플랜트 건조를 전제로 조선소와 발주자 간의 합의에 따라 건선거의 일부 또는 전부를 계약기간 동안 사전 예약을 진행하는 계약을 의미한다.

47) Rainer Heidorn, *Legal Guideline for Offshore Project Contracts*(Swiss: KPMG, 2013), pp.11-12; 김동훈, “편무 · 쌍무계약의 법적 쟁점”, 「인권과 정의」 통권 435호, 대한변호사협회(2013. 8), 25면.

결을 강제화하는 법적 구속력을 발생시키기 위한 수단으로 사용된다.

발주의향서는 본 계약 체결 전에 당사자 간에 계약 체결을 위해 예비적으로 양해한 사항을 기재한 서면을 말하고, 발주의향서만이 전달되고 있는 단계에서 조선소의 건조 가능 여부를 파악한다. Hong Kong and Shanhai Building Corporation Ltd. v. Jurong Engineering Ltd.사건[48]에서 싱가포르 최고법원의 Tay Young Kwang 판사는 "발주의향서는 법적 효력보다는 도덕적인 의무부담의 정도로 의미를 부여할 수 있으나, 계약본문상에 조건과 의무에 대해서 상세하게 명기함으로써 법적 구속력(give rise to legally binding obligations) 성격을 갖도록 할 수 있다."라고 판시하고 있다. 조선소 우위의 시장상황에서 기술력이 뛰어난 조선소는 발주자가 다수의 조선소와 계약협상의 유리한 지위를 갖지 못하도록 '락 아웃 계약(lock-out agreement)[49]'을 추가로 삽입함으로써 배타적인 법적 구속력을 갖도록 명시하기도 한다.

해양플랜트공사계약서의 서명은 조선소의 대표권자 또는 대표권을 위임받은 자가 서명하고 통상 본 계약 체결과 함께 추가건조계약(option agreement)을 체결하여 발주자의 권리를 보장받게 된다. 따라서 선표예약계약서상에 발주자가 조선소에 예약된 해양플랜트공사를 하겠다고 구체적인 의사표시, 예컨대 용골거취, 시운전 완료 일자 등과 같은 필수 중요사항에 대한 합의가 상호간에 완료되거나 또는 이와 더불어 가계약금이 선납된 경우는 계약으로 간주될 수 있다. 따라서 발주자가 선표예약계약을 조선소와 체결한 이후 발주자의 귀책사유로 계약을 해제하고자 할 경우 조선소는 발주자를 상대로 손해배상을 계약가액에 한정하여[50] 청구할 수 있으며 더불어 가계약금이 납입된 경우 이를 발주자들에게 반납할 필요가 없다.

48) High Court of Singapore Decision in Hong Kong and Shanhai Building Corporation Ltd. v. Jurong Engineering Ltd. [2000] 2 S.L.R 54.

49) Martin Walford v. Charles Miles [1992] ADR.L.R 사건에서 Bingham 판사는 "특정한 물품에 대한 매매계약과 관련한 협상에 있어서 A는 특정 당사자 B와 협상 중 B의 허가 없이 B 이외의 타인과 협상을 하지 못하도록 하는 것을 '락 아웃 계약(lock-out agreement)'이라고 지칭한다."라고 판시하였다.

50) 부당이득을 막기 위해서 미국법에 따르면 대다수의 법원은 준계약에 기한 손해배상액을 계약가격에 한정하고 있으나, 일부법원에서는 원고가 계약을 위반하지 않는 경우에 한하여 계약가격을 초과하는 손해에 대해서도 준계약(quasi-contract)에 기한 배상을 허용하고 있다(명순구, 「미국계약법입문 제2판」(서울: 법문사, 2008), 196-197면).

2) 동시지연

해양플랜트공사계약에 있어서 인도지연[51]은 계약서상에 합의된 일정에서 조선소의 공정일정에 영향을 받는 만큼 합리적인 기간을 연장해 주는 것을 의미한다. 이때 동시지연(concurrent delay)은 발주자의 의도여부와는 관계없이 조선소가 해양플랜트공사를 진행하는 데 있어서 방해행위[52]와 조선소의 기술력, 관리력, 기타의 사유로 해양플랜트공사가 계약된 일자에 완성되지 못하는 이행지체가 중첩적으로 발생함에 따라 결과적으로 발생된다.[53]

동시지연에 따른 법적 분쟁은 다음과 같은 세 가지의 경우로 구분하여 정리할 수 있다. 첫째, 조선소가 발주자로부터 동시지연 발생에 따른 공사기간 연장허가를 얻을 수는 없는 경우이다. 예컨대 조선소 내부의 원인, 즉 건조공법에 대한 이해부족, 최근 개정 법률에 대한 미적용 등으로 인한 지연과 발주자가 제출한 도면승인 및 검토기간이 중첩될 경우 또는 파업기간이 동 기간을 훨씬 초과할 경우 조선소는 발주자에게 동시지연을 이유로 공사기간을 연장받을 수 없다. Adyard Abu Dhabi v. SD Marine Service사건[54]에서 Hablen 판사는 "전쟁, 내란 등과 같은 불가항력 상황이 아닌 이유는 허용가능한 인도지연의 사유에 포함되지 않는다."라고 판시하고 있다. 따라서 조선소는 불가항력으로 인한 사유로 인도지연이 발생할 경우에는 발주자로부터 면책이 가능하다.

둘째, 위에서 언급한 첫째 경우와 반대되는 개념으로서 조선소는 발주자로부터 동시지연 발생에 따른 공사기간의 연장허가를 받을 수 있는 경우이다. 즉 연속적으

51) 인도지연은 허용가능지연(excusable delay), 허용불가능지연(non-excusable delay), 보상가능지연(compensable delay), 동시지연(concurrent delay)으로 구분된다(정홍식, "해외건설프로젝트에서 동시발생 공기지연(concurrent delay)", 「비교사법」 제21권 제2호(통권65호), 한국비교사법학회(2014. 5), 832-834면).

52) 비록 사소한 이유임에도 불구하고 발주사가 자신의 방해행위로 인해 완공을 지연시켰을 때, 시공자는 원래 완공기한까지의 공사완료 의무를 면하게 된다. 발주자의 귀책사유나 방해행위 발생시, 계약상 시공자에게 공기연장(extension of time)을 부여하는 경우와 그렇지 않은 경우의 결과는 확연히 다르게 나타난다. 방해이론은 발주자가 자신의 귀책사유 및 방해행위로 말미암아 조선소의 이행, 즉 완공기한 내 공사의 완료를 방해했을 때, 계약상 지체상금의 약정에 따른 손해배상청구권을 행사하지 못하도록 하는 것이다(Atkin Chambers, *Hudson's Building and Engineering Contracts*, 12th ed.(London: Sweet & Maxwell Ltd., 2010), para. 6-026).

53) James G. Zack, Jr., CCM, CFCC, FAACEI, FRICS, PMP2, Emily R. Federico, PSP, "Concurrent Delay - The Owner's Newest Defense", *Construction Forum*, Navigant Consulting Inc.(2011), pp.2-3.

54) Adyard Abu Dhabi v. SDS Marine Services [2011] BLR 384, 136 Con LR 190.

로 발생된 지연의 원인 속에서 상호간의 중첩이 발생되지 않은 상태에서 발주자의 원인으로 공사가 지연될 경우 조선소는 발주자를 대상으로 해당 기간을 전체 공사기간에서 제외할 수 있다. De Beers UK Ltd. v. Atos Origin IT Ltd.사건[55]에서 Edwards-Stuart 판사는 "발주자의 귀책사유로 인하여 공사기간의 지연이 발생할 경우 기간의 연장은 가능하지만 인도지연에 따른 개별사안에 대한 손해배상책임은 제기할 수 없다."라고 판시하고 있다.

셋째, 계약당사자 간의 원인제공(귀책)비율에 따른 공사기간 비례보상이다. 즉 조선소와 발주자 양자의 귀책사유로 인하여 발생한 공사지연에 대해서 진정 동시발생 공사지연 또는 연속적 동시발생 공사지연이 발생할 경우 계약상에 명기된 별도의 독립된 제3자의 평가 및 검증을 통해서 각자의 책임비율에 따라 공사기간을 산정하여 최종적으로 공사기간 연장 또는 단축에 따른 기간을 조정할 수 있다. City Inn Ltd. v. Shepherd Construction Ltd.사건[56]에서 Osborne's 판사는 "계약당사자 간의 귀책사유가 경합될 경우 책임비율에 따른 공사기간 연장을 인정받기 위해서는 동시지연의 원인이 당사자의 귀책사유라는 것이 명확해야 하고, 해당 귀책사유에 대한 합리성은 일반적인 상식을 갖고 있는 사람이라면 누구라도 인정하는 수준이어야 한다. 더불어 합리적인 책임비율의 산정을 위해서는 당사자 이외에 관련 문제를 공정하고 합리적으로 결정할 수 있는 의사결정 방식이 외부에 공개되어야 한다."라고 판시하고 있다.

3) 손해배상액의 예정

계약위반에 따른 구제는 금전적 손해배상이 원칙이다. 손해배상은 계약위반으로 인하여 피해를 입은 당사자에게 채권의 원래 내용이 아니라 이를 대신할 수 있는 금전적 보상을 통해서 손해를 전보시키는 데 목적이 있다. 이러한 관점에서 조선소의 이행지체와 채무불이행, 즉 계약위반으로 인하여 발주자에게 손해가 발생하는 문제가 생겼을 때 발생할 손해액을 미리 확정하고 이에 상응하여 지급할 대금을 총액에서 공제하고 추후에 청구할 수 있는 권리를 규정하는 것이며 이를 손해배상액의 예정(liquidated damage)이라고 한다.[57]

---

55) De Beers UK Ltd. v. Atos Origin IT Ltd. [2010] EWCH 3276.

56) City Inn Ltd. v. Shepherd Construction Ltd. [2010] BLR 473.

57) 서영화, "선박건조 계약과 관련된 몇 가지 법률문제들", 「한국해법학회지」 제32권 제1호, 한국해법학회

해양플랜트공사계약에 따른 계약위반은 법률관계의 당사자, 즉 발주자와 조선소로 제한되는 반면에 불법행위는 불특정 다수자로 범위가 확대된다. 그리고 계약위반은 당사자 간의 사전 예측가능성을 중요시하는 반면에 불법행위는 불특정 다수자를 대상으로 하기 때문에 예측가능성을 중요하게 고려하지 않는다. 계약위반에 따른 금전적인 손해배상과 관련된 위약금은 채무불이행에 따른 구제의 측면에서 손해배상액의 예정과 위약벌로 구분되는데, 이에 대한 해석은 차이가 있다. 손해배상액의 예정의 경우 당사자가 계약위반이 발생할 경우 해당되는 손해액을 사전에 예측하여 당사자가 합의한 것으로서 법원에 의해서 효력이 인정된다. 그러나 위약벌은 계약위반에 따른 예상되는 손해에 대한 금전적 배상이 아닌 제재의 성격이 강하기 때문에 그 효력은 인정되지 않는다. 따라서 발주자는 자신의 손해액을 정량적으로 입증하는 것이 매우 어렵고 복잡하기 때문에 해양플랜트공사계약서상에 상대방이 계약을 위반한 경우 일정금액의 지체상금을 지급하도록 미리 약정하게 된다.[58]

해양플랜트공사계약의 준거법으로 주로 사용되는 영미법에서는 대륙법에 비해서 손해배상액의 예정과 위약벌을 엄격하게 구분하고 있다. 영미법에서는 위약벌을 무효로 인정하고 있고,[59] 대륙법에서는 대체적으로 위약벌의 유효성과 감액을 인정하고 있다.[60] 해양플랜트공사에서 과도한 지체상금[61]이 발생하는 원인은 인도지연과 성능

(2010. 4), 57면.

58) 김재형, "손해배상액의 예정에서 위약금 예정으로 - 특히 위약벌의 감액을 인정할 수 있는지 여부를 중심으로 -", 「비교사법」 제21권 제2호(통권65호), 한국비교사법학회(2014. 5), 666-667면.

59) Intermoutain Eye and Laser Centers, P.L.L.C. v. Miller, [2005] 142 Idaho 218, 127 P.3d 121 사건에서 Jones 판사는 "계약위반에 대한 구제의 목적은 채무자에게 이행의 강제화 및 위반의 억제화에 있는 것이 아니라 채무자가 채권자에게 손해를 금전적으로 배상함으로써 위반을 보상하는 것이 원칙이다."라고 판시하였다. 미국의 경우 제2차 계약법 제356조에 따라 손해배상액의 예정은 유효하나 위약벌의 효력은 인정하지 않고 있다. 미국 계약법은 손해배상액의 예정이 벌금 또는 처벌(penalty)의 성격을 지니지 않은 상태에만 유효성을 인정하고 있다. 특히 제2차 계약법 제356조 제(1)항, (2)항에 따르면 "계약위반의 구제는 당사자를 벌하는 것과 차이가 존재한다. 또한 이와 연관된 어떠한 합의도 인정할 수 없다."라고 규정하고 있다. 또한 영국의 경우 채무불이행에 대한 약정지급조항은 손해배상액의 예정(liquidated damages clause)과 위약벌(penalty clause)로 구분하고 있다. 계약위반으로 인한 것이라고 증명할 수 있는 손실의 최대치와 비교해서 과다하고 비양심적인 것이라면 위약벌조항으로 인정하고 있다. 그러나 여러 사정으로 인하여 손해의 정확하고 정밀한 사전평가가 불가능하고 약정지급액이 손실을 사전평가하기 위한 진정한 시도라고 볼만한 사정이 있는 경우에는 그 약정은 손해배상액의 예정조항으로 인정된다.

60) 독일 민법 제339조(§339 Verwirkung der Vertragsstrafe: 계약벌) 이하에 따르면 채무불이행과 불완전채무이행이 채무자에게 존재한다는 조건하에서 채권자는 채무자에게 일정한 금전의 지급을 '벌(罰)'로서 약정할 수 있다. BGH(Bürgerliches Gesetzbuch), Urteil v. 30.6.1976, NJW 1976, 1886, 1887 사건에서 독일법원은 우리나라 법원의 입장과 유사하게 약정된 금액에 대해서 감액보다는 적당한 금액만을 인정하고 있다. 최근 국내 대법원 2002. 1. 25. 선고 99다57126 판결에서 법원은 "손해배상액

미달에 기인한다. 즉 해양플랜트공사가 합의된 기간 내에 완성되지 못함에 따라 받게 되는 손해와 성능, 품질, 신뢰성 문제에 따른 손해배상을 의미한다. 따라서 인도지연과 성능미달에 따른 손해를 금전적으로 배상받기 위해서 발주자는 조선소와 해양플랜트공사계약을 체결할 때 실제 추정치를 사전에 결정하고, 계약서상에 조항으로 삽입하는 것이 통례이다.

발주자의 피해를 구제하기 위한 조항이 손해배상액의 예정이라면, 발주자의 과도한 지체상금요구에 대한 조선소의 피해를 구제하기 위한 것은 손해배상한도제한조항(capping clause)[62]이다. Royal Coast Maritime S.A v. Malta Drydock Ltd.사건[63]에서 수리조선소인 Malta Drydock Ltd.는 선박의 인도지연에 따른 지체상금을 지급하여야 하나 손해배상한도제한조항에 의거하여 전체 계약금액의 7.5% 이내에서 지체상금을 선박소유자에게 지불하였다. 따라서 손해배상한도제한조항은 조선소가 의도하지 않는 계약위반에 따른 손해배상의 금액과 범위를 제한하는 데 목적이 있기 때문에 해양플랜트공사계약에 반드시 삽입해야 한다.

의 예정은 손해액에 관한 입증의 곤란을 예방하기 위하여 미리 그 내용을 정하는 것으로서 그 액수가 부당하게 과다한 경우에는 민법 제398조 제2항에 따라 법원이 재량에 따라 이를 감액할 수 있다. 그리고 예정한 금액 이외의 손해가 발생한 경우에도 예정액을 초과하는 부분에 관하여는 이를 청구할 수 없다. 반면에 위약벌은 채무불이행이 있는 경우에 위약금을 교부한 자의 상대방이 이를 몰수할 수 있는데, 이와는 별도로 채무불이행으로 인한 손해배상을 따로 청구할 수 있고, 위약벌의 약정이 무효가 되지 않는 한 민법 제398조 제2항이 적용되지 않으므로 법원에서 원칙적으로 이를 감액할 수 없다."라고 판시하고 있다.

61) 해양플랜트공사계약과 선박건조계약과 관련된 지체상금 대비표는 다음과 같다.

구분	해양플랜트공사계약	선박건조계약	비고
30일 이내	공사 총액의 0.03%	보상 없음	
30~90일 지연	공사 총액의 0.06%	1일당 85,000$	
91~150일 지연	공사 총액의 0.12%	1일당 160,000$	
151~210일 지연	공사 총액의 0.18%	1일당 255,000$	
210일 이상 지연	공사 총액의 0.24% *손해배상한도 적용	계약 해제 가능	

62) Article 7(e) of the AWES의 경우 손해배상한도제한을 전체의 10% 내외로 규정하고 있으며, 이와 유사하게 해양플랜트공사계약에서도 손해배상한도제한조항은 통상적으로 계약금액의 10% 내외이다(Mark Lubbock, Patricia Wade, *Liquidated Damages*(London: LLP, 2014), pp.3-4).

63) Royal Coast Maritime S.A v. Malta Drydock Ltd., [1993] unreported.; Simon Curtis, *The law of shipbuilding contracts,* 4th ed.(London: LLP, 2012), p.65.

4) 하자담보책임

하자는 해양플랜트공사계약의 부속서류인 설계도면, 작업절차서 등에 의거하여 건조공사, 검사, 시운전 등이 제대로 완성되지 않은 것이 원인이 되어 완성품인 해양플랜트에 결함이 존재할 때 발생한다. 예컨대 설계오류의 원인으로 해양플랜트에 결함이 발생한 것을 조선소가 간과하고 공사를 진행함에 따라 발생하는 손해에 대한 책임은 조선소가 부담해야 한다. 그러나 발주자 공급물품(Owner Furnished Equipment: OFE) 또는 발주자가 지정한 기술을 사용함에 따라 발생하는 손해에 대해서 발주자는 하자담보책임을 조선소에게 부과할 수 없다.[64] 하자담보책임이 성립되기 위해서는 완성된 해양플랜트에 '은닉되거나 또는 잠재된 하자'의 존재가 필요하며, 만약 발주자가 1년 이내에 하자에 따른 손해를 조선소에게 통지[65]하지 않을 경우 소멸되는 특성이 존재한다. 발주자의 입장에서 하자담보는 해양플랜트공사계약에 따라 합의기간 동안 완성물과 관련된 하자에 대한 수리 또는 교환을 의미하는 소극적인 차원의 구제방법이며, 제조물책임은 해양플랜트 자체에 발생한 손해가 아닌 결함[66]으로 인하여 발주자 또는 제3자에게 손해가 발생하였을 경우 적용되는 적극적 차원의 구제방법이다.

해양플랜트공사계약상의 잠재하자(latent defect)는 유능한 기술과 통상적인 주의를 가진 사람이 발견할 수 없는 하자를 의미한다. 즉 조선소, 발주자, 선급검사관 등이 통상적인 검사업무를 수행하는 중에 발견하지 못하는 상태의 하자를 지칭한다. 기본적으로 조선소는 건조공사가 완료된 해양플랜트에 대해서 발주자의 목적을 만족시킬 수 있는 기술적인 안정성을 가지고 있음을 보증해야 한다. 따라서 조선소는 해

---

64) Gulf Coast Masonry, Inc. v. Owens-Illinois, Inc., 739 S.W.2d 239 [Tex.1987] 사건에서 텍사스 법원은 "Gulf Coast Masonry, Inc.의 면책을 인정하면서 상호간에 합의되지 않은, 통보되지 않은 사유와 더불어 Owens-Illinois로부터 세공된 장비로 인한 어떠한 손해에 대해서 Gulf Coast Masonry, Inc.은 면책된다."라고 판시하였다. 또한 국내의 경우에도 민법 제669조에서 언급된 바와 같이 조선소가 발주자가 공급한 장비, 물품, 기술 등에 결함이 존재함을 인식하고 있음에도 불구하고 발주자에게 고지하지 않을 경우 조선소에 책임이 존재한다.

65) 발주자는 조선소의 하자담보위반에 따른 손해배상책임을 주장하기 위해서 합의된 기한 내에 통지하고, 조선소의 잘못에 기인한 하자의 사실과 책임이 조선소에 있음을 입증해야 한다. Instruments for industry, Inc. v. United States, [1974] 496 F.2d 1157 2d Cir. 사건에서 Davis 판사는 "특정한 상황에서 합리적이고 신속한 방법으로 하자에 대한 손해의 사실을 통보해야 한다."라고 판시하고 있다.

66) '하자'는 사회통념에 따른 완성품의 성능 부족, 상품성 결여를 의미하고, '결함'은 하자가 근원이 되어 파생되는 손해 또는 위험으로 발전하는 상태를 의미한다. 국내에는 하자와 결함을 다르게 보는 견해가 다수이다(이은영, 「채권각론」 제4판(서울: 박영사, 2004), 908면).

양플랜트공사 중 부주의(fault or negligence)[67] 및 기술력 부족으로 인하여 발생하는 손해에 대해서 배상책임이 존재하며, 특히 이로 인하여 제3자에게 손해가 확대될 경우[68] 관련 피해자들에게도 배상금을 지급해야 한다.[69]

만약 발견된 하자에 대해서 발주자가 조선소의 책임을 입증하지 못할 경우 조선소를 대상으로 손해배상청구권을 제기하더라도 효력을 갖지 못한다. 발주자는 해양플랜트공사계약서의 개별조항이 매우 복잡하고, 기술적인 내용이 포함되어 있기 때문에 사전에 하자 내용을 발견하여 인도 전에 수정조치를 요구하기가 현실적으로 매우 어렵다. 특히 해양플랜트의 경우 선박과 유사하게 인도 이후에 바로 하자가 발생되지 않고, 일정한 기간을 두고 나중에 잠재하자의 형태로 발생된다. 예컨데, 조선소가 해양플랜트공사의 완성을 위해 의장품을 설치하는 중 작업 표준에 의거하여 이행하지 않을 경우 과실책임만을 부담한다.[70] Aktiebolaget Gotaverken v. Westminster Corporation of Monrovia사건[71]에서 Donaldson 판사는 "수리조선소는 선박소유자에게 제공한 갑판덮개(hatch cover)의 성능 문제와 관련하여 작업자의 기술역량 부족과 더불어 장비 자체의 설계 결함으로 인한 시운전 이후에 발생한 하자에 대해서 책임이 있다."라고 판시하고 있다. 최종 시운전을 종료한 이후에 발생한 하자와 관련하여 발주자는 해양플랜트 인수를 거절할 만큼 심각하지 않다면 완성된 해양플랜트를 정상적으로 인수하고, 하자 부분에 대해서만 조선소에게 추가적인 보증문서 및 보증기간의 연장을 요구하는 것이 통례이다.

---

67) Red Sea Tankers Ltd. v. Papachristidis, 'The Hellespont Ardent' [1997] 2 Lloyd's Rep. 547. 사건에서 영국법원의 Mance 판사는 부주의와 관련하여 "작업자가 작업표준 및 절차에 따라 통상적인 기술과 주의를 기울이지 않고 업무를 진행함으로 인하여 사고가 발생한 경우 이것은 작업자의 부주의에 기인한 결과로 취급할 수 있다."라고 판시하였다.

68) 이창희 · 홍성화, "해양플랜트공사보험의 배상책임약관에 관한 연구 - WELCAR 2001의 제2부를 중심으로 -", 「해사법연구」 제25권 제2호, 한국해사법학회(2013. 7), 169-170면.

69) EPC계약의 일반조건 제17조(검사 및 담보)에 따르면, "해양플랜트가 인도된 이후 12개월 이내에 발생한 잠재하자에 대해서 조선소는 책임이 있으며, 해당 부분에 대한 교체 또는 수리를 위해 필요한 기술인력, 장비, 기자재 등과 관련된 제반비용은 모두 조선소에게 있다. 더불어 해당 부품에 대한 교체 또는 수리가 완성된 날짜로부터 다시 12개월간 확장담보가 제공되나, 최대 24개월을 초과할 수 없다."라고 명시하고 있다.

70) Aleka Mandarake-Sheppard, *Modern Admiralty Law*(London: Cavendish Publishing Limited, 2001), pp.452-453.

71) AB Gotaverken v. Westminster Corp. [1971] 2 Lloyd's Rep. 505.

3. 독소조항의 사전 검증 및 대안

1) 독소조항의 정의 및 검증의 필요성

근대 민사법은 사유재산권 존중의 원칙, 사적 자치의 원칙, 과실책임의 원칙 등 3가지 원칙을 기초로 발전되었으며, 이를 기초로 개인 간의 평등을 전제로 계약이 완성된다. 따라서 계약당사자 간의 합법적인 합의가 존재한다면 계약내용의 불공정에 대한 여부를 확인하지 않고 계약내용을 그대로 인정하는 당사자의 의사존중을 기본으로 하고 있다. 그러나 해양플랜트공사는 상호평등의 원칙보다는 상대적으로 우월적 지위에 있는 발주자 위주의 계약관행이 존재하고 있다. 따라서 조선소는 계약체결 시 정보의 불균형으로 인하여 독소조항이 존재함에도 불구하고 최종 서명을 하게 된다. 조선소의 입장에서 독소조항이란 해양플랜트공사계약서상의 개별조항들이 비합리적이며 책임전가식의 불평등한 내용을 포함하고 있는 경우를 의미한다. 물론 애매한 문구가 포함된 조항의 경우는 계약서상의 해석규정을 통해서 작성자 불이익의 원칙이 적용될 수 있다.[72)]

해양플랜트공사 중 발생할 수 있는 복잡한 잠재위험에 대한 충분한 대비가 없는 상태에서 계약이 성립될 경우 조선소는 인도지연 및 하자 발생으로 상당한 손해배상책임을 부담해야 한다. 따라서 발주자에 비해서 상대적으로 약자의 위치에 있는 조선소는 발주자의 손해배상제기에 따른 손실을 만회하기 위해 무리하게 공사일정을 단축하게 되며, 이로 인하여 부실시공과 품질저하 등의 결과가 발생할 수 있기 때문에 계약체결 단계에서 신중한 법률검토가 필요하다.

2) 독소조항의 확인 및 대응 방안

첫째, 현지조달비율(local contents) 확대의 문제점이다. 중・남미, 중동, 아프리카 등과 같은 국가들은 자원개발의 조건으로 자국민의 의무고용, 현지 생산품의 의무사용비율을 법적으로 강제화하고 있는 추세이다.[73)] 과거 국내 조선소는 일괄인도(turn

72) 장재현, 전게서, 153-155면.

73) 브라질은 석유청 규정인 'Regulation ANP No.6'에 의거하여 단계별로 약 20-80%까지 자국 제품, 용역 및 서비스를 사용하도록 의무화하고 있다. 특히 제품별로 각각 다른 비율의 현지조달비율 준수의무를 부여하고 있다. 또한 나이지리아는 '나이지리아 석유가스 산업 콘텐트 개발법률(The Nigerian Oil & Gas Industry Content Development Act 2010)'을 제정하여 시행하고 있으며, 동법 제3조 제10-11항에 따르면 자국 광구권을 포함한 모든 프로젝트계약에서 나이지리아 기업과 우선적으로 협력하

key)계약방식으로 해양플랜트공사를 완성하였으나, 점차 자원보유국들의 생산기술 전수, 각국 내수 및 고용 진작을 이유로 현지조달비율을 요구하기 시작했다. 이와 관련하여 프로젝트를 수주한 국내 조선소는 전체공사의 30~40%를 현지조달을 통해서 완성해야 하는 부담을 갖고 있다. 기술, 경험, 품질 등이 국제기준에 미달하기 때문에 해양플랜트공사 진행에 막대한 지장을 주고 있다. 현지조달비율에 따른 문제로 인한 인도지연은 발주자의 귀책사유로 보기가 힘들기 때문에 동시지연을 이유로 허용가능한 인도기간 연장을 발주자에게 요구할 수 없다. 따라서 해양플랜트공사계약 체결시 현지조달비율 확대를 피하기 위해서는 해외공사(offshore)계약과 국내공사(onshore)계약을 분리하여 계약하는 것이 필요하다. 조선소 입장에서 해외공사시 적용되는 현지조달비율에 대한 문제를 최소화하기 위해서는 발주자로부터 하도급기업을 추천을 받아 계약서에 삽입하는 것이 필요하다.

둘째, 인도지연에 따른 과도한 지체상금 약정에 관한 문제이다. 즉 실제손해보다 터무니없는 손해배상금액의 경우 위약벌로 해석될 수 있으며, 이와 관련하여 영미법에서는 실제손해를 벗어난 경우 손해배상의 강제성을 박탈하고 있다. 또한 영미법에서 '손해배상액의 예정'과 '위약벌'의 구별기준은 매매당사자의 계약체결시 계약위반에 따라 발생할 것으로 추정되는 손해비용과 비교하여 크게 균형을 상실하지 않으면 '손해배상액의 예정'으로 보고, 부당하게 과다하면 '위약벌'로 보아 무효로 간주한다. 따라서 당사자 간에 비록 합의를 했다고 하더라도 합의한 금액이 채무불이행으로부터 생긴 손해나 다른 상황과의 관계에서 '지나치게 과도할 경우'에는 합리적인 금액으로 감액하여 조정할 수 있다. 손해배상액의 예정조항이 적용될 경우 채무불이행 당사자가 계약책임을 부담해야 하는 경우이며 불가항력적 상황에 따른 채무불이행의 경우에 적용된다고 볼 수 없다. 합의된 금액이 지나치게 과도할 경우 감액과 조정이 불가피하고 특히 현저한 불공정이 발생할 경우, 즉 계약해지조건에 해당된다면 비록 합의된 지체상금이 존재한다고 하더라도 무효가 되며 이때 실제로 발생된 손해비용만이 구제받을 수 있게 된다.[74)]

도록 규정하고 있다(김민수, "오프쇼어(offshore) 산업 로컬 콘텐츠 정책의 현대적 의의: GATT/WTO 협정 및 국가 정책 자율성을 중심으로", 「해양정책연구」 제27권 제2호, 한국해양수산개발원(2012.12), 5-6면).

74) 최근 발주되고 있는 해양플랜트와 관련된 계약내용을 검토해 보면 손해배상에 대한 책임범위가 한계를 넘어서서 해양플랜트산업 전 생애주기 동안에 대한 결과적 손해까지 요구하는 독소조항들이 삽입되는 경향도 있다. Hardley v. Baxedndale [1854] EWHC J70 판례에 기초한 영미법계의 손해배상법리는

조선소는 과도한 지체상금으로 문제가 발생할 경우 계약위반사항이 강요적 성격이 강한 조항임을 입증하여 손해배상책임을 회피할 필요가 있다. 그리고 지체상금의 적용비율을 정확하게 삽입하라고 발주자에게 요구해야 한다. 반면에 발주자는 지체상금이 갖고 있는 법적 유효성을 확보하기 위해서 조선소와의 협상 중에 반드시 해당 금액이 계약당시의 예측한 금액임과 동시에 공정하고 합리적으로 산출되었음을 근거로 표시하고, 반드시 위약벌의 성격이 아님을 계약서상에 명확하게 삽입해야 한다.[75] 이때 조선소는 손해배상액의 예정조항에 따른 지체상금이 과도할 경우 발주자에게 지체상금 사정에 필요한 규정, 방식, 금액 등을 요구할 수 있으며, 작성자 불이익의 원칙에 의거하여 지체상금의 축소를 계약단계에서부터 요구할 수 있다.

셋째, 물가상승 및 위험에 따른 금액변동조항을 해양플랜트공사계약에 삽입하여 고정비의 위험을 회피해야 한다. 해양플랜트공사에 대한 계약금액은 사전확정주의[76]를 원칙으로 하고 있지만, 해양플랜트공사의 특성상 장기간에 걸쳐서 공사가 진행됨에 따라 계속적인 채권, 채무관계가 성립하게 된다. 따라서 계약이행 기간 중 환경적·경제적 여건 등의 변화에 대해서 어느 일방에게 위험을 전가해서는 안된다. 해양플랜트공사계약 체결 이후 일정기간이 경과된 시점에서 계약금액을 구성하는 장비, 철강재, 인건비 등의 개별 품목 및 비목의 가격이 급상승 또는 급락된 경우 합의된 범위 내에서 계약금액을 조정함으로써 계약당사자 일방의 예상치 못한 부담을 경감시켜 원활한 계약이행을 가능하도록 계약서상에 조항을 삽입해야 한다. 특히 환율변동, 물가변동으로 인한 계약금액조정은 형평의 원칙에 의거하여 상승(escalation clause) 및 하강(de-escalation clause)이 포함된 금액변동조항을 조건별로 삽입하여 어느 일방에게 불리하지 않도록 배려해야 한다. 특히 계약자유의 원칙, 신의성실의 원칙, 사

"계약위반은 공평, 합리, 본질에 기인한 손해만으로 한정하고 있다."라는 기본적인 인식에서 시작되기 때문에 손해배상의 책임범위가 제한될 수 있다.

75) Dunlop Pneumatic Tyre Co. Ltd. v. New Garage and Motor Company Ltd. [1914] UKHL 1 사건에서 Dunedin 판사는 "손해배상액의 예정과 위약벌을 구별하는 기준을 다음과 같이 제시하였다. 손해배상액의 예정과 위약벌의 명칭에 관계없이 가장 중요한 것은 계약상의 실질 내용이다. 특히 계약위반 당사자에게 위협을 가하기 위해 합의된 금액의 지급은 성질상 위약벌이며, 손해배상액의 예정은 진정한 손해배상액의 사전예측을 의미한다. 그리고 진정한 사전예측은 계약위반 시점이 아니라 계약체결시를 기준으로 판단해야 하며, 계약위반으로부터 발생할 수 있다고 예상되는 가장 큰 손실과 비교하여 금액이 과도하거나, 비양심적이면 이는 위약벌로 인정된다."라고 판시하였다.

76) 영국 울버햄튼(Wolverhampton) 대학의 Ezekiel Chinyio 교수는 'The Cost of Tendering'이라는 논문에서 "계약금액에 대한 사전확정주의 원칙에 의거하여 위험예비비(risk allowance)라는 명목으로 별도의 계약조항을 삽입하고, 이와 관련된 변동성의 위험을 분산해야 한다."고 주장하고 있다. 실무에서는 이를 'mark-ups', 즉 고려할 수 있는 범위의 한계로 사용되고 있다.

정변경의 원칙, 권리남용금지의 원칙에 의거하여 해양플랜트공사계약상의 조선에 부합하는 경우에 한정하여 계약금액을 변경할 수 있도록 계약조항을 삽입하여 부당한 변경 및 도덕적 해이(moral hazard)를 사전에 차단할 필요가 있다.

넷째, 계약용어에 대한 조화로운 해석이다. 주변의 사실과 여건, 계약당사자들이 선택한 법률, 관습, 관례 등을 기초로 해양플랜트공사계약서상에 특정용어를 사용하였을 때 계약서류 그 자체만을 이용해서 계약용어의 정확한 의미를 결정할 수 없을 경우를 대비해서 1차적으로 용어해석조항이 삽입되어야 한다. 그리고 용어해석에 필요한 주변 사실과 여건 등에 대해서 사전고지가 필요하다. 만약 기존의 계약해석기준을 통해서도 문제가 발생할 개연성이 존재할 경우 용어에 대해서 열거방식, 제한적인 예시, 작성자 불이익의 원칙에 의거하여 해석될 수 있도록 계약서를 작성하고, 용어해석원칙을 삽입할 필요가 있다.[77)]

특히 계약서상의 주요 용어 및 문례에 대한 범위 한정이 필요하다. 당사자들은 계약위반에 따른 용어 해석을 두고 일반적인 법적 해석과 계약특성에 따른 협의적인 해석을 두고 많은 차이를 보이고 있다. 따라서 용어의 해석에 특정한 문례를 삽입하여 포괄적인 해석보다는 열거적인 해석을 통해서 독소조항이 갖고 있는 위험성을 사전에 회피해야 한다. 불가항력에 대한 해석과 관련하여 Shea-S&M Ball v. Massman-Kiewit-Early사건에서[78)] Van Dusen 판사는 "이상 기후는 당해 연도의 특정한 계절 동안 특정한 지역에서의 표준적, 평균적, 합리적으로 예상되는 날씨와 비교해서 특이한 경우를 의미한다. 또한 특히 해저시추작업 시에 현장의 지반조건이 예측되었던 상황과 현저하게 차이가 발생할 경우 불가항력의 범위에 포함될 수 있다."라고 판시하였다.

다섯째, 제조물책임과 관련된 손해배상이다. 발주자는 해양플랜트공사가 완성된 이후 결함의 발생으로 제조물의 완성체를 사용함에 따라 발생하는 신체, 생명, 해당

---

77) Hancock and Ors v. DW Brazier(Anerley) Ltd. [1966] 1 WLR 1317 사건에서 Denning 판사는 "계약서상의 명확한 용어의 삽입은 당사자 간의 법적 분쟁 최소화의 시작이다."라고 판시하였다. 따라서 해양플랜트공사계약서에 사용되는 계약용어는 대부분 특정 의미를 부가하여 해석과정에서 문제가 발생할 여지가 매우 높다. 특히 조선소는 발주자와 법적 분쟁이 발생할 경우 관련 조항은 작성자 불이익방식으로 해석한다고 해서 과도한 손해배상액의 예정이 상당하게 약화되거나 계약자체가 무효화되지는 않는다는 점을 항상 상기해야 한다(Damian McNair, "Position Paper on Liability", *DLA Piper*(2011), p.3).

78) Shea-S&M Ball v. Massman-Kiewit-Early, 606 F.2d 1245 D.C. Cir. [1979].

결함제조물 이외의 재산에 손해가 발생한 경우 전통적인 불법행위책임론에 근거하여 조선소의 과실, 즉 주의의무위반에 따른 손해배상의 책임을 전가하는 것을 의미한다. BP Deepwater Horizon호 사건[79]을 통해서도 알 수 있듯이 제조사인 국내 조선소는 피해자와 직접적인 계약관계가 성립하지 않기 때문에 계약책임에 근거한 손해배상을 할 수 없고, 불법행위가 입증될 경우에 한정하여 불법행위책임론에 근거하여 피해자 구제가 성립될 수 있다. 따라서 해양플랜트공사계약서 작성시 적극적으로 담보한계를 특정하는 거래조건을 설정할 필요가 있다.[80] 우리나라와 일본의 경우 개별 국가의 제조물책임법에서 규정하고 있는 손해배상청구권행사의 제한과 관련하여 손해 및 배상의무자가 관련 사실을 인지한 시기로부터 3년 그리고 제조물이 인도된 시점에서 10년을 경과하면 소멸되기 때문에 이러한 약정은 계약당사자 이외의 피해자에게는 충분히 대응되지 않는 한계를 갖고 있다.[81] 국내 조선소들은 미국, 유럽 등으로 수출되는 해양플랜트의 결함이 존재할 경우 이에 수반되는 손해가 매우 크다. 특히 미국의 경우 확대관할권법(long arm statute)에 따라 최소한의 관련성만이 존재하더라도 재판관할권을 인정함에 따라 개별 주에서는 직간접 손해뿐만 아니라 징벌배상으로 상당한 벌금을 부과하고 있다.[82] 따라서 조선소는 해양플랜트공사보험 및 제조물책임보험 등에 가입하여 제조물책임에 대한 손해방지의 최후의 수단으로써 관련된 손해의 위험을 보험자에 전가시키는 위험관리기법도 고려할 필요가 있다.[83]

---

79) BP Deepwater Horizon호 폭발사고와 관련하여 미국 내 개별 주들은 Restatement (Second) of Torts §402A(1965)에 의거하여 BOP(blow off preventer)세삭사인 CAMERON과 반잠수식 시추선의 설계, 사재구매 및 조달, 건조공사, 시운전을 담당한 국내 조선소를 대상으로 제조물책임소송(in the multi-district litigation in the Eastern District of Louisiana)을 제기하고 있다(Thomas H. Koenig, Michael L. Rustad, "Re-conceptualizing the BP Oil Spill as Parens Patriae Products Liability", *Houston Law Review*, Vol.49(2012), pp.384-386).

80) Michael A. Golemi Liskow & Lewis, L. Etienne Balart Jones Walker, "Indemnity in Deep Water: Indemnity Agreements Offshore and the Deepwater Horizon", *Liskow & Lewis* (2015), p.4.

81) 우리나라는 제조물책임법 제7조(소멸시효 등), 일본의 제조물책임법 제5조 제1항.

82) 뉴욕주에서는 확대관할권법(Long Arm Statute)과 뉴욕주 민사소송규칙 제302조(Civil Practice Law and Rules Article 302)에 의거하여 피고가 법정지에서 행한 사업상의 거래, 뉴욕주에 물품이나 용역을 공급하는 계약, 불법행위를 한 경우, 불법행위의 결과가 뉴욕주에서 발생한 경우 등에 관할권을 인정하고 있다. 결국 수출국의 제조업자에게도 미국의 재판관할이 포함되기 때문에 미국의 제조업자와 동일한 위험을 부담한다고 할 수 있다(김상만, "국제거래에서 법정지 선택 조항의 효력에 관한 고찰 - 미국과 한국의 판례비교를 중심으로 -", 「법학연구」 제14권 제1호, 인하대학교 법학연구소(2011. 4), 305-306면).

83) 이은섭, 전게서, 468-476면.

3) 분쟁해결

해양플랜트공사와 관련된 다양한 분쟁을 해결하기 위해서 법정소송은 관련 제도 및 법규의 개선을 위한 순기능의 역할을 한다. 그러나 무분별한 법정소송의 확대는 재판관할의 경합, 국제사법에 따른 준거법 결정, 외국판례에 대한 승인 및 집행 등과 관련된 시간적, 사회적 낭비요소가 존재한다. 결국 심각한 문제가 아닌 경우 가능하면 법관이나 조정위원회의 결정을 통한 조정이나 제3자의 판정에 의한 중재는 법정소송에 비해 분쟁해결에 따른 비용을 절감할 수 있는 장점이 있다. 해양플랜트공사계약과 관련된 법적 분쟁 예컨대, 계약위반, 의무이행, 계약해지, 법적 강제성의 적용 여부 등에 대한 해결의 수단으로 EPC계약서상의 제24조 분쟁해결(dispute resolution) 조항에 의거하여 다음과 같은 순서로 해결하도록 명시하고 있다. 해양플랜트공사계약의 경우 당사자들은 가능하면 법적 분쟁의 상세한 사항을 공개하길 원하지 않기 때문에 협상, 조정 및 중재 등의 대체적 분쟁해결수단을 이용하여 분쟁을 해결하고자 노력하고 있다.

상대적으로 중·장기우선적으로 전문적인 기술과 법적 쟁점사항이 아닌 일반적인 분쟁사항에 대해서는 협상을 통해서 해결한다. 조선소와 발주자 간의 분쟁 사실이 전달되면 당사자 간의 합의된 기간 내에 구두협상이 아닌 문서에 기초하여 공식 회의체를 통해서 각자는 성실한 자세로 협상에 임해야 한다. 또한 중재를 통한 분쟁해결 방법도 존재한다. 중재의 경우 분쟁해결까지 소요되는 시간 및 제반 비용이 법정소송에 비해 상대적으로 작다. 따라서 분쟁 사실이 전달된 이후 합의된 기간(통상 60일)이 지나도록 협상을 통해서 해결되지 않는 분쟁에 대해서는 국제상업회의소(International Chamber of Commerce, 이하에서는 'ICC'라고 약칭한다) 중재규칙에 의거하여 3인의 조정위원으로 구성된 중재판정부(arbitral tribunal)를 통해 최종 결정을 하도록 정하고 있다.

객관적인 판단과 전문적인 사안이 포함된 분쟁이 발생할 경우 조선소와 발주자가 합의한 전문가[84]를 지정하여 분쟁을 해결하도록 정하고 있다. 특히 두 가지 이상의 분쟁사항이 상호 연관되어 있음에도 불구하고 개별사안으로 분쟁해결이 제기되었을

---

84) 전문가의 자격에 대해서는 양 당사자가 합의하여 계약서상에 삽입할 수 있다. 전문가는 중립성을 갖추고, 관련 분야에 정통한 지식과 경험이 요구된다. 그리고 전문가는 분쟁 당사자와 과거에 어떠한 종류의 업무도 함께한 경험이 없으며, 이해관계가 존재하지 않아야 한다.

경우 당사자 간의 합의를 통해서 단일사안으로 병합하여 다자간의 중재판정부를 통한 분쟁해결을 진행하도록 요구하고 있다. 다자간의 중재절차의 병합은 당사자 간의 동의, 중재신청에 대한 중재지의 동일성, 분쟁발생 원인의 동일성, 중재합의에 대한 이익이 상호간에 상충되지 않을 경우 가능하다.

사견으로는 조선소와 발주자는 중재규칙과 중재판정부가 다를 경우 중재합의에 대한 유효성을 확보하기 위해서 ICC 중재규칙에 따라 합의된 중재지뿐만 아니라 제3국의 합의된 중재지의 중재판정부에서도 합의를 할 수 있도록 하는 명시적 계약조항을 삽입하는 것이 필요하다.85) 이를 통해서 법원 또는 중재판정부의 구성을 위한 시간이 부족한 임시적 처분과 관련된 사항은 ICC 제29조의 긴급중재인제도를 활용하여 적극적으로 분쟁을 해결하는 것이 효과적이라고 판단된다.

Ⅴ. 결론

과거에는 해양플랜트공사가 EPC계약방식으로 체결되었다고 하더라도 발주자와 조선소간의 공동 프로젝트를 완성한 신뢰관계를 바탕으로 조선소에게 손해가 발생할 경우 계약금액의 변경, 납기단축에 따른 인센티브제공 등을 통해서 조선소의 손실을 일정부분 축소해 주었다. 그러나 갑작스러운 국제유가의 하락과 세계 경기의 둔화 그리고 CAPEX(Capital expenditures) 비중이 높은 최근 해양플랜트공사의 특성으로 인하여 발주자는 조선소와의 원만한 분쟁 해결 대신 극단적인 법적 분쟁으로 입장이 변화되고 있다.

최근 국내 조선 3사는 내・외부적인 역량 부족으로 인하여 해양플랜트공사에 있어서 상당한 손실충당금이 발생하여 많은 적자를 기록하고 있다. 지금부터라도 국내 조선소들은 추가적인 손실 발생의 최소화와 더불어 발주자들과의 법적 분쟁의 해결 및 향후 대응방안을 마련하여야 한다. 그러므로 이 논문은 해양플랜트공사계약의 법적 의의 및 법적 요건에 대해서 검토하였고, 해양플랜트공사계약의 성립 및 법적 효력 발생과 관련한 제반 문제점과 더불어 해양플랜트공사계약상의 독소조항에 대한

85) Insigma Technology Co. Ltd., v. Alstom Technology Ltd., SGCA 24 [2004] 사건에서 싱가포르 법원은 ICC 중재규칙에 따라 싱가포르 중재센터(Singapore International Arbitration Centre: SIAC)가 중재를 할 경우 결과로서 합의된 중재합의에 대해서 유효성을 인정하고 있다.

효과적인 식별 및 법적 분쟁사항들에 대해서 국내외 판례와 법이론 등을 중심으로 검토하였다. 이를 토대로 이 논문에서 제기한 몇 가지 문제점과 개선사항들을 정리하면 다음과 같다.

첫째, 해양플랜트공사계약방식의 다변화이다. 전통적으로 국내 조선소들은 매출액을 높이기 위하여 설계, 자재구매 및 조달, 건조공사, 시운전까지의 전체 부분에 대한 위험을 감내하고 계약을 체결하고 있기 때문에, 법적 분쟁과 관련된 위험이 제외된 EPCM계약 또는 양분책임방식의 EPC계약을 체결하는 데 익숙하지 않다. 따라서 국내 조선소들은 과거의 EPC계약을 통한 매출액 확대에만 몰두할 것이 아니라 위험분산을 통한 안정적인 사업운영을 위해서 EPCM계약 또는 양분책임방식의 EPC계약으로 계약방식을 다변화할 필요가 있다.

둘째, 독소조항에 대한 확인 및 대응방안의 마련이다. 국내 조선소는 해양플랜트 발주자들의 까다로운 계약조항의 해석 및 높은 수준의 기술요구, 생산 환경에 적합한 고객맞춤형 선형변경에 대한 기술력과 대형 프로젝트공사에 대한 관리력 등이 부족하기 때문에 사전에 해양플랜트공사계약의 개별조항들에 대한 기술적·법적 분석이 선행되어야 한다. 특히 발주자의 귀책사유로 인한 동시지연의 발생, 조선소의 면책사유 등과 관련된 법적 분쟁이 예상되는 개별조항들에 대해서 지속적으로 관련 근거를 확보해야 한다. 그리고 이러한 법적 분쟁은 대부분 외국계 로펌(law firm)이 수임하고 있는 실정이기 때문에 많은 국부가 해외로 유출되고 있다. 따라서 이와 관련된 전문 법률 교육서비스를 제공하여 관련 법조인들을 양성할 필요가 있으며, 조선소 내부 인력들에 대해서도 프로젝트 관리에 필요한 국제계약법 및 협상전략 등에 대한 교육도 병행되어야 한다.

셋째, 국문 해양플랜트공사계약서의 제정이 필요하다. 국내 조선소는 해양플랜트와 같은 비정형화되고, 거래금액이 큰 대형 프로젝트계약에 있어서 거래의 신속 및 편의를 위해서 발주자가 작성한 기존의 EPC계약서를 사용하는 데 한계가 있다. 따라서 이 논문에서 검토한 개별조항들의 법적 문제점들이 개선되어 SAJ표준선박건조계약서와 같이 조선소의 입장이 상당부분 반영된 국문표준해양플랜트공사계약서 제정이 필요하다.

지금의 국내 조선소들은 1990년도 후반 국적 LNG선박을 건조한 이후 2015년 지금까지 전 세계 LNG선 신조시장의 80% 이상을 장악하고 있다. 이를 반추해 보면, 국내 조선소들은 최근 심각한 해양플랜트분야의 적자에 빠져있음에도 불구하고 다양한 EPC 프로젝트를 수행함에 따른 경험과 기술력을 쌓아 경쟁력을 확보해야 한다. 그리고 향후 유가 상승기가 도래할 때 다시 한 번 국내 조선소의 경쟁력을 바탕으로 새로운 현금 창출 분야로서(cash cow) 해양플랜트 시장이 발전하기를 기대한다. 그리고 이러한 발전에 필요한 각종 제도적 개선 및 정책적인 대안을 마련하기 위하여 향후 지속적으로 해양플랜트 운영보험과 다양한 운송 및 용선 계약분야에 대해서도 연구를 확대하고자 한다.

제 6 장

SAJ 선박건조표준계약에 대한 영국판례 검토*
-한국법 준거법 및 한국중재의 대안 가능성의 고려-

이철원 김앤장 법률사무소 변호사

Ⅰ. 서설

계약을 체결하면서 그 계약이 어느 나라의 법률을 준거법으로 하더라도 동일한 법적 효력이 있도록 만들 수 있는 것인가? 이에 대하여 그렇다고 이야기할 수 있는 법률가는 별로 없을 것이다. 계약서를 작성함에 있어서는 그 준거법상 기본 권리, 의무관계를 기초로 하여 계약 조건들을 만들게 된다. 서명된 계약서의 내용 중 불분명한 내용이 있다면 준거법에 기초하여 이를 해석하게 된다. 또한 서명된 계약서의 내용 중 명시적으로 다루지 않는 사항이 있거나 흠결이 있다면 준거법 내용을 직접 적용하거나 준거법에 기초하여 묵시적 계약 조건을 인정하게 될 것이다. 이러한 이유로 동일한 계약조건이라고 하더라도 준거법을 다르게 정하게 되면 그 계약의 해석 및 효력은 전혀 달라진다. 더구나 같은 계약조건에 대하여 영미법계 국가의 법이 준거법이 되는 경우와 대륙법계 국가의 법이 준거법이 되는 경우는 특히나 같은 계약조건이 가져오는 의미해석과 그 효력 자체가 크게 다를 수 있다.

이러한 준거법에 대한 고려가 없이 특정한 분야에 있어서 국제적으로 절대적인 위상을 가지고 있는 표준 계약서 양식이 있다. 바로 전 세계 선박건조계약에서 가장

---

* 본고의 내용은 제4회 선박건조·금융법 연구회(2012. 9. 7)에서 발표한 것으로 한국해법학회지 제35권 제1호(2013.4), 111면 이하에 같은 제목으로 게재된 것이다.

널리 사용되고 있는 일본조선공업회(SAJ) 계약서 양식[1]이다. 위 SAJ 양식의 제20조 제1항의 준거법 조항은 다음과 같다. "The parties hereto agree that the validity and interpretation of this Contract and of each Article and part thereof shall be governed by the laws of the country where the VESSEL is built." 당사자들이 SAJ 양식을 변경, 수정함이 없이 사용한다면 선박이 한국에서 건조되는 경우에는 준거법이 한국법이 되는 것이고, 선박이 영국에서 건조되는 경우에는 준거법이 영국법이 되는 것이다.

국제 상거래에 있어서는 다른 어떠한 계약들보다도 당사자들 사이에 법적 안정성이 중시되며 당사자들이 계약으로 인하여 예측하지 못한 손해를 방지할 필요성이 높다. 당사자들이 업계에서 널리 사용되는 표준계약을 사용하여 계약을 하는 이유는 바로 표준계약조건들은 장기간 반복 사용되면서 그 해석과 효과에 대하여 어느 정도 업계에서 공통의 이해를 가지고 있으므로 불측의 결과를 받지 않는다는 인식이 기초가 된 것이라고 할 것이다. 이러한 표준계약서 양식을 사용함에 각 건마다 준거법이 달라지면서 그 해석과 효력이 달라진다고 하면 이는 표준계약서로서의 의미가 반감되는 것이다.

실제로 SAJ 양식을 사용함에 많은 수의 계약에 있어서 당사자들은 준거법을 영국법으로 지정하고 있다. 그러나 SAJ 양식은 그 작성자가 일본조선업공업회이고, 그 준거법 규정 형식과 일본해운집회소가 중재기관으로 지정되어 있는 점에 비추어 대륙법계인 일본법을 준거법으로 함을 원칙으로 하는 계약조건이라고 할 것이다.[2] 대륙법계인 일본법을 기초로 작성된 SAJ 양식의 계약이 영미법계인 영국법에 따라 영국의 법률가들에 의하여 해석되고 적용되는 현 상황이 선박건조계약 관련 분쟁에 있어서 여러 가지 어려움을 발생시키는 한 원인이라고 할 것이다.

본 논문에서는 먼저 SAJ 양식의 계약 조건의 영국법상 해석과 관련하여 발생된 분쟁의 실제 사례 검토를 통하여 SAJ 양식의 계약조건을 영국 법으로 해석하는 것이 많은 난점이 있다는 점을 설명하고자 한다. 이를 기초로 선박건조 관련 분쟁의 경우 영국법에 의하여 영국에서 사건이 처리가 되는 것이 어떠한 장점과 단점이 있

1) SAJ 양식에 대한 전반적인 검토와 관련하여 김인현, "선박건조 표준계약서(SAJ)에 대한 연구", 한국해법학회지 제34권 제2호, 한국해법학회(2012.11.) 참조.
2) Simon Curtis, The Law of Shipbuilding Contracts (3rd Edition), Informa Law, 2002, p.244.

는지를 일반 해상사건, 국제무역 거래 사건과 비교하여 설명하고, 마지막으로 우리나라가 선박건조계약과 관련된 분쟁의 중재지가 될 수 있을지 여부에 대하여 검토하도록 하겠다.

Ⅱ. SAJ 양식상 인도 이후 조선소의 책임 범위

1. SAJ 양식 제9조의 구조

SAJ 양식의 제9조에서는 선박이 인도된 이후의 하자담보 책임(WARRANTY OF QUALITY)에 대하여 다음과 같이 정하고 있다.

우선 제9조 제1항(보증)에서는 인도일 이후 12개월 이내에 발견된 선박의 하자에 대하여 조선소가 자신의 비용으로 이를 보수하기로 정하여져 있다.[3)]

제9조 제2항(하자의 통지)에서는 발주자가 선박의 하자를 발견하는 경우 가능한 신속하게 이를 조선소에게 통지하여야 하고, 그 통지 시기는 늦어도 하자담보기간(인도일로부터 12개월)의 만기일로부터 30일 이내에 이루어져야 한다고 되어 있다.[4)]

제9조 제3항(하자의 보수) 규정에서는 원칙적으로 조선소가 자신의 비용으로 하자의 치유 행위를 하되, 선박을 건조한 조선소에서 하자의 치유 행위를 하는 것이 적절하지 않는 경우에는 발주자가 제3자에게 하자의 보수를 의뢰하고 그 비용을 조선소에게 구상할 수 있도록 정하고 있다.[5)]

---

3) … the BUILDER undertakes to remedy, free of charge to the BUYER, any defects in the VESSEL which are due to defective material and/or bad workmanship on the part of the BUILDER and/or its subcontractors, provided that the defects are discovered within a period of twelve (12) months after the date of delivery of the VESSEL and a notice thereof is duly given to the BUILDER as hereinabove provided.

4) The BUYER shall notify the BUILDER in writing, or by cable confirmed in writing, of any defects for which claim is made under this guarantee as promptly as possible after discovery thereof. The BUYER's written notice shall describe the nature and extent of the defects, The BUILDER shall have no obligation for any defects discovered prior to the expiry date of the said twelve (12) months period, unless notice of such defects is received by the BUILDER not later than thirty (30) days after such expiry date.

5) (a) The BUILDER shall remedy, at its expense, any defects, against which the VESSEL is guaranteed under this Article, by making all necessary repairs or replacements at the SHIPYARD. (b) However, if it is impractical to bring the VESSEL to the SHIPYARD, the BUYER may cause the necessary repairs or replacements to be made elsewhere which is deemed suitable for the purpose …… Upon the BUILDER's acceptance of the defects as justifying remedy under this Article, or upon award of the arbitration so determining, the BUILDER shall immediately pay to the BUYER for such repairs or replacements a sum

제9조 제4항(조선소의 책임의 범위) 규정은 실질적으로 조선소에 대한 면책규정에 해당한다. 제a호에서는 하자담보기간이나 통지 요건이 흠결된 하자에 대하여 면책되고, 나아가 조선소는 하자로 인한 결과적 손해나 특별손해(any consequential or special losses, damages or expenses including, but not limited to, loss of time, loss of profit or earning or demurrage directly or indirectly occasioned to the BUYER)에 대하여 면책된다는 점을 밝혔다.[6] 제c호에서는 제9조에 의한 하자담보 책임 이외에는 다른 일체의 법정 책임에서 면책됨을 밝히고 있다.[7]

2. 가정적 사실관계와 쟁점

위 SAJ 양식의 선박건조계약서의 준거법이 영국법임을 전제로 하여 다음과 같은 사실관계를 가정하도록 하겠다.

(1) 발주자는 선박을 인도받은 후 이를 제3자에게 정기용선을 주기로 예정하고 있었다. 발주자는 선박을 인도받아 제3자에게 정기용선을 주었는데, 정기용선 운영기간 중 하자가 발견되었고, 이를 조선소에서 수리함에 6개월이 소요되었다. 발주자는 조선소를 상대로 하여 위 6개월 기간 동안 이를 자신이 사용, 수익하지 못함으로써 loss of hire, 즉 일실수익에 대한 손해를 입었음을 이유로 손해를 배상하여 달라는 청구를 하였다.

(2) 이러한 발주자의 청구에 대하여 조선소가 책임을 지는 것인지 여부는 SAJ 양식 제9조 제4항 제a호의 해석방법에 따라 달라질 것이다.

(3) 조선소의 입장에서는 이러한 발주자의 일실수익 손해배상 청구는 제9조 제4항 제a호의 면책 조항에서 명백히 규정한 "하자로 인하여 발주자가 입은 시간의 손

---

equal to the reasonable cost of making the same repairs or replacements in the SHIPYARD.

6) (a) The builder shall have no responsibility or liability for any other defects whatsoever in the VESSEL than the defects specified in Paragraph 1 of this Article. Nor the BUILDER shall in any circumstances be responsible or liable for any consequential or special losses, damages or expenses including, but not limited to, loss of time, loss of profit or earning or demurrage directly or indirectly occasioned to the BUYER by reason of the defects specified in Paragraph 1 of this Article or due to repairs or other works done to the VESSEL to remedy such defects.

7) (c) The guarantee contained as hereinabove in this Article replaces and excludes any other liability, guarantee, warranty and/or condition imposed or implied by the law, customary, statutory or otherwise, by reason of the construction and sale of the VESSEL for and to the BUYER.

실, 이익 또는 수입의 손실 등을 포함한 결과적 손해나 특별손해”에 해당한다고 볼 것이다.

(4) 반면 발주자의 입장에서는 영국법상 일실 수익 손해는 통상손해(direct and natural loss)와 특별손해(special loss)로 나눌 수 있는데, 제9조 제4항 제a호는 결과적 손해나 특별손해에 해당하는 일실수익 손해 부분만을 면책하는 것이고, 통상적인 일실수익 손해에 대하여는 여전히 조선소가 책임을 진다고 볼 것이다.

3. 영국법상 손해배상 청구권의 구분

영국법상 SAJ 양식 제9조의 해석을 위해서는 먼저 특별손해(special loss)나 결과손해(consequential damage)와 같은 문구의 정의가 무엇인지를 확인할 필요가 있다.

1) 일반손해(General Damage), 특별손해(Special Damage)

영국법상 손해배상의 청구권의 구분과 관련된 가장 중요한 사건은 Hadley v. Baxendale 사건[8]이다. 위 사건에서는 제분소를 경영하는 Hadley가 물레방아의 축(crankshaft)에 문제가 발생함에 따라 그 수리를 위하여 그 축을 수리업자에게 운송하여 줄 것을 운송업자인 Baxendale에게 의뢰하면서 운송기한을 정하였다. 그런데 Baxendale이 위 기간 내에 운송 업무를 이행하지 못하자, Hadley가 이행지연의 책임으로서 그 지연기간 동안의 제분소의 일실수익을 구하였다.

영국법원은 계약상 채무불이행 손해배상의 범위와 관련하여 다음과 같은 두 가지 범위의 손해가 인정될 수 있다고 하였다. 첫째로, 채무불이행으로 인하여 공정하고 합리적으로 고려될 수 있는 범위의 손해(general damage)이고, 둘째로, 계약이 체결될 당시에 당사자들이 그 계약상 채무의 불이행으로 인하여 상대방이 입게 될 손해로 개연성이 있다고 생각하였다고 봄이 합리적인 판단에 의하여 추정될 수 있는 특별한 손해(special damage)이다.[9] 이러한 손해의 범위는 우리 민법 제393조에서 이야기하는 통상손해와 특별손해의 개념과 크게 다르지 아니하며, 실제 민법 제393조의 모델인 일본법이 Hadley v. Baxendale 판결의 결론을 입법화한 것이라고 한다.[10]

8) [1854] EWHC J70.
9) Harvey McGregor, McGregor on Damages(18th Edition), Sweet & Maxwell, 2009, pp.1-30.
10) 이은영, 채권총론, 박영사(1993), 212면 이하.

2) 통상손해(Normal Loss), 결과손해(Consequential Loss)

영국법상 통상손해(Normal Loss)는 유사한 상황에서 청구인이 입게 되는 일반적인 손해를 말하는 것이고, 결과손해(Consequential Loss)는 특정한 청구인이 처하게 된 특별한 상황에 기초하여 입게 되는 손해를 말하는 것이다. 특히 계약 관련 채무불이행 손해에 있어서 통상손해(Normal loss)는 일반적으로 채권자가 계약이 제대로 이행되었을 때 향유할 수 있었던 급부의 시장 가치에서 계약이 제대로 이행되지 않은 상태에서 수령한 급부의 시장가치와의 차액을 말하고, 결과손해(Consequential loss)는 이러한 통상손해를 제외한 다른 손해를 말하는 것으로 영업수익의 상실 또는 계약위반으로 인하여 소요된 비용 등을 말하는 것이다. 이는 Hadley v. Baxendale 사건에서의 구분과는 별개의 차원인 것인바, 경우에 따라 결과손해(Consequential Loss)는 Hadley v. Baxendale 사건에서 말하는 일반손해(General Damage)도 될 수 있는 것이다.[11)]

4. 영국법상 결과손해(Consequential Loss)의 면책조항(exclusion clause)

앞서 보았듯이 영국법상 채무불이행에 의한 일실 수익은 통상적으로 결과손해(consequential loss)에 해당하는 것인바, 이를 고려하면 SAJ 양식 제9조에서 인도 이후에 조선소는 일체의 결과손해(consequential loss)에서 면책된다는 의미는 어떠한 종류의 일실 수익에 대한 책임에서 벗어난다는 의미로 판단될 것이다.

그런데 영국법원은 다수의 판례에서 면책 조항에 기재된 결과손해(consequential loss)라는 문구를 해석함에 있어서는 예외적으로 그 의미를 Hadley v. Bexendale 사건의 special damage의 경우와 연관하여 해석을 하여 왔다. 이하에서는 영국법상 계약들에서 "결과손해(consequential loss)"를 면책한다고 되어 있는 조항들의 해석에 관한 주요 판례들을 살펴본다.

1) Croudace Construction Ltd. v. Cawoods Concrete Products Ltd.[12)]

매수인이 학교 건물 공사와 관련하여 매도인으로부터 벽돌 블록을 매입하였는데 그 인도 시기가 늦어짐에 따라 그 지연 기간 동안 매도인의 직원들과 설비가 활용되

---

11) Harvey McGregor, *op. cit.*, pp.1-36.
12) [1978] 2 Lloyd's Rep. 55.

지 못함으로 인한 손해를 청구한 사건이다. 위 매매계약에서는 매수인에 대한 면책조항으로 "Not under any circumstances to be liable for any consequential loss or damage caused or arising by reason of late supply"라고 되어 있었다. 영국 법원은 벽돌 블록의 인도 지연으로 인하여 그 즉시 입게 되는 손해, 즉 인력과 설비를 사용하지 못한 손해는 직접적(direct)인 손해로서 결과손해(consequential loss)에 해당하지 않는다고 판단하였다.

2) Deepak Fertilisers and Petrochemicals Corporation v. ICI Chemicals & Polymers Ltd. and Others[13)]

원고는 현대적인 메탄올 생산 공장을 인도에 건설하면서 피고와 사이에 기술 및 know-how 제공에 관한 계약을 체결하였다. 위 계약에서는 "Davy does not assume any liability except as expressly set out in the Contract and in no event shall Davy by reason of its performance or obligation under this Contract be liable in tort or for loss of anticipated profits, catalyst, raw materials and products or for indirect or consequential damage."라고 기재되어 있었다. 공장 건설이 완료된 후 8개월이 경과된 시점에서 피고가 제공한 기술과 know-how가 반영된 메탄올 컨버터가 폭발하면서 공장 전체가 큰 피해를 보았고 모든 생산이 중단되었다. 원고는 피고를 상대로 하여 폭발 사고로 생산이 중단된 때부터 복구 작업이 마무리되어 재생산이 이루어진 때까지의 기간 동안 원고가 위 공장과 관련하여 지출한 고정비용과 간접비용, 그리고 복구 후에는 폭발 사고 전보다 더 많은 촉매가 사용되었는바, 이로 인하여 증대된 촉매 비용 등을 손해배상으로 구하였다.

제1심에서는 공장에 대한 복구 작업에 대한 비용을 제외하고 원고가 지출한 비용은 모두 결과손해(consequential damage)에 해당한다고 보아 피고에게 책임이 없다고 판단하였다. 그러나 항소심에서는 원고가 구하는 고정비용, 간접비용, 그리고 증대된 촉매비용은 직접적이고 필연적인 손해(direct and natural result of the destruction of the plant)로서 분류되어야 할 것인바, 이는 결과손해(consequential damage)에 해당하지 않으므로 원고가 손해배상을 구할 수 있다고 판단하였다.

---

13) [1999] 1 Lloyd's Rep. 387.

3) BHP Petroleum Ltd. And others v. British Steel PLC and Dalmine SpA[14)]

매수인은 해상 가스 광구와 가스들을 보관하는 플랫폼 사이를 해저로 연결하기 위한 12인치 철강 파이프를 매수인으로부터 구입하였다. 위 매매계약에는 "Neither the Supplier nor the Purchaser shall bear any liability to the other … for loss of production, loss of profits, loss of business or any other indirect losses or consequential damages arising during and/or as a result of the performance or non-performance of this Contract regardless of the cause thereof but not limited to the negligence of the party seeking to rely on this provision"이라는 면책조항이 포함되어 있었다. 공급받은 파이프가 설치되어 가스 수송에 사용 되던 중 파이프에서 누수가 발견되었고, 검사 결과 파이프의 품질 자체가 매수인이 요구하는 계약사양(Specification)에 미달하기 때문이라는 점이 뒤늦게 밝혀졌다. 이에 매수인은 해저 파이프를 전체적으로 다시 매설한 비용을 지출하였고 이로 인하여 그 기간 동안 가스 생산이 중단됨에 따른 영업이익 손실을 입게 되었음을 이유로 매도인을 상대로 손해배상 청구를 제기하였다.

영국 법원은 "loss of production, loss of profits, loss of business or any other indirect losses or consequential damages"라는 문구에서 앞부분의 "loss of production, loss of profits, loss of business"는 Hadley v. Baxendale 사건의 특별손해로서의 청구뿐 아니라 통상손해로서의 청구도 면책시키는 것으로 해석함이 타당하다는 입장을 취하였다. 그 이유는 만일 "loss of production, loss of profits, loss of business"라는 문구가 Hadley v. Baxendale 사건의 특별손해로서의 청구만 의미한다면 뒤따라오는 "indirect losses or consequential damages"의 의미에 포섭되게 되어 독립적인 존재의 의미를 가지지 않기 때문에 불합리한 해석이라고 판단하였기 때문이다. 이 사건은 영국의 실무가와 학자들에 의하여 상당히 예외적인 판례로 거론되고 있다.

---

14) [1999] 2 Lloyd's Rep. 583.

4) Ease Faith Ltd v. Leonis Marine Management Ltd.[15)]

영국의 표준적인 예인선 계약인 Towcon 계약서에 나오는 면책 문구로 "neither the Tugowner nor the Hirer shall be liable to the other party for loss of profit, loss of use, loss of production or any other indirect or consequential damage for any reason whatsoever"의 해석과 관련된 사건이다. 영국법원은 위 문구의 해석에 있어서 "other"의 의미에 주목하고 "loss of profit, loss of use, loss of production"은 "indirect or consequential damage"의 예시로서 사용된 것이라고 판단하였다. 따라서 채권자는 채무자를 상대로 위 면책조항에도 불구하고 통상손해(general damage)로서의 일실수익 청구가 가능하다고 하였다.

5) China Shipping Corp. v. Nippon Yusen Kabukish Kaisha[16)]

영국법원이 선박건조계약과 관련하여 하자 보증 조항상 면책규정의 범위에 대하여 다룬 사건이다. 위 사건에서는 문제된 선박건조계약서 제9조의 문구가 SAJ 양식과는 일부 다른 점들이 있지만, 특히 결과손해(consequential loss)에 대한 책임 면제 부분의 문구는 거의 동일하므로, SAJ 양식 제9조의 해석과 관련하여 시사점을 준다고 할 것이다.

위 사건에서는 선박건조계약상 하자담보기간인 인도일로부터 12개월이 경과된 후에 외판의 용접 부위에 하자가 있는 것이 발견되자 발주자가 위 하자담보기간 문제를 회피하기 위하여 조선소가 선박건조계약 제1조(계약 및 계약사양, 선급 규정에 따라 건조가 이루어져야 한다는 일반규정)를 위반하였음을 이유로 선박수리비용과 선박가치의 감소부분을 손해배상으로 구하였다. 이 사건에서 선박의 운영을 하지 못함으로 인한 일실 영업이익 부분을 청구하였는지 여부는 판례 문구상으로는 분명하지 않다.

이 사건 선박건조계약에서는 제9조 제1항에서 조선소가 인도일로부터 12개월 동안 하자담보책임을 부담하되 조선소의 의무는 하자에 대한 스스로의 비용을 통한 수리와 교체에 한정된다고 정하였다.[17)] 한편 제9조 제3항 제a호에서는 하자와 관련하

---

15) [2006] Int.Com.L.R. 02/23.

16) [2000] 1 Lloyd's Rep. 367.

17) 1. Guarantee of Material and Workmanship
The Builder, for a period of twelve months following acceptance by the Buyer of the vessel, guarantees the vessel, her hull and machinery and all parts and equipments thereof

여 조선소가 간접적 손해, 결과적 손해나 특별손해에 대하여 책임을 지지 않으며[18] 제9조 제3항 제d호에서는 하자와 관련하여 조선소가 법에 따라 묵시적으로 인정되는 계약조건 위반에 따른 책임을 지지 않는다고 되어 있었다.[19]

영국법원은 우선 제9조 제3항 제d호에서 책임 면제되는 것은 건조계약상 명시적인 계약 조건 이외의 계약위반 사항들(묵시적인 계약 조건)에 대한 것인 반면에, 제9조 제3항 제a호를 통하여 명시적인 계약 조건 위반 사항들에 대한 책임이 면제되는 것이라고 판단하고 제9조에 따른 책임 이외에는 선박 인도 이후 조선소는 선박계약상 다른 계약조건(명시적이든 묵시적이든) 위반에 따른 책임을 지지 않는다고 판단하였다.

한편 영국법원은 제9조 제3항 제a호상 면책조항과 관련하여 이는 제9조 제1항의 하자나 그러한 하자를 치유하기 위한 보수업무에서 비롯된 결과손해(consequential loss)를 배제하기 위한 것으로 한정적으로 해석되어야 한다고 판시하였다. 그러나 위 영국법원의 판단 자체가 과연 통상손해로서의 일실수익 손해의 경우 위 면책조항의 범위 밖에 있는 것으로 여전히 조선소가 책임을 지는 것인지 여부를 명확히 판단하였다고 보기는 어렵다. 반면 영국법원은 제9조 제1항에서 조선소의 책임이 하자의 보수 및 교환으로 한정되어 있으므로 하자로 인한 선박의 가치 감소 부분은 조선소에게 책임이 없다고 판단하였다.

6) 소결

영국법원은 예외도 있으나 다수의 사건에서 결과손해(consequential loss)에 대한 면책 조항을 해석함에 있어서는 이를 가능한 좁게 해석하고 Hadley v. Baxendale

---

which are manufactured, furnished or supplied by the Builder … against all defects in materials and/or workmanship on the part of the Builder …; provided, … the Builder's obligation under this Article are limited to the repair and replacement at its costs of all defects against which the Builder's guarantees are given under this Article.

18) (a) … Nor shall the Builder in any circumstances be liable for any indirect, consequential or special losses, damages, or expenses including, but not limited to, loss of time, loss of profit or earning … or demurrage or towing or pilot charges or dockage, directly or indirectly incurred or occasioned to the Buyer by reason of the defects specified in Section 1 of this Article ….

19) (d) The guarantee contained as hereinabove in this Article replaces and excludes any other liability, guarantee, warranty and/or condition imposed or implied by the law, customary, statutory or otherwise, by reason of the construction and sale of the VESSEL for and to the BUYER.

사건에서 이야기되는 특별손해(special loss)의 경우로 한정하여 면책되는 것으로 엄격한 해석을 하고 있다. 이는 면책조항의 경우 일방 당사자에게만 혜택을 주게 되므로 가능한 그 혜택을 받는 당사자들에게 불리한 해석을 하여야 한다고 하는 작성자에게 불리하게 해석한다는 원칙(contra preferendum rule)에서 비롯된 것으로 보인다.

5. SAJ 양식 제9조 제4항 제a호의 해석

다만 SAJ 양식의 제9조 제4항 제a호의 해석과 관련하여 이러한 영국법원의 선례들이 어떠한 의미를 가질 것인지는 분명하지 않다.[20] 앞서 본 China Shipping Corp. v. Nippon Yusen Kabukish Kaisha 사건에서 영국법원의 결론이 선박건조계약의 하자담보 조항상 면책규정을 엄격하게 해석하여야 한다는 견해를 표명한 것이라고 본다면, SAJ 양식의 제9조 제4항 제a호에 불구하고 조선소는 하자로 인하여 발주자가 입은 통상손해로서의 일실수익에 대하여는 여전히 책임을 지는 것이라고 볼 여지가 있다.

반면 SAJ 양식의 제9조 제4항 제a호에 따라 통상손해로서의 일실 영업 수익 상실도 제9조 제4항 제a호에 따라 면책된다고 보는 견해도 있다. 이 견해에서는 time, profit, earning or demurrage는 consequential or special losses의 계약상 정의 조항에 명백히 포함되므로 그와 관련된 책임은 면제되나, time, profit, earning or demurrage를 제외한 다른 직접적 손해(direct loss)의 경우에는 그 면책조항의 범위 밖이라고 해석한다.[21]

영국법상 SAJ 양식 제9조 제4항 제a호의 면책조항의 범위를 판단함에 너욱 어려움을 주는 것은 "directly or indirectly"라는 문구의 사용이다. 위 문구가 단순히 체선료(demurrage)만을 수식한다고 보기는 어려울 것이다. 앞부분에서는 consequential or special loss에 대한 책임을 면책하는 것으로 기재하고서, 그 구체적인 예를 거시하는 뒷부분에는 direct or indirect한 loss of time, loss of profit or earning을 면책한다는 문구는 그 자체로 모순적으로 읽히게 된다. 이를 근거로 당사자들이 SAJ 양식의 제9조 제4항 제a호에서 결과손해(consequential damage)의 의미를 통상

20) 이러한 이유로 실제 무엇이 consequential한 loss이며, 무엇이 special한 loss인지를 구분하는 것은 직접적인 당사자들 사이에서 분쟁조정의 절차에 들어가기 전에는 상대를 설득하기에 매우 힘든 일이다. 김연신, 영문선박건조계약서 작성실무, 박영사(2008), 149면.

21) Simon Curtis, *op. cit.*, p.166.

적인 영국법의 Hadley v. Baxendale에서 말하는 특별 손해와는 다른 의미를 부여한 것이라고 보는 것이 타당하다고 주장할 수도 있을 것이다.

Ⅲ. SAJ 양식상 인도지연으로 인한 해지시 조선소의 책임범위

1. 인도지연 관련 규정체계

SAJ 양식에서는 인도 지연의 경우의 법률관계를 두 가지 경우로 나누어 규정하고 있다.

우선 제3조 제1항 제b호에 따라 인도 예정일로부터 30일 이상 210일 이하의 기간 동안 선박 인도가 지연되는 경우 대금에서 기간에 따라 약정된 지체상금(손해배상의 예정액)이 감액되도록 되어 있다.[22] 그러나 제3조 제1항 제c호에서는 조선소가 인도예정일로부터 210일 이내에 선박을 인도하지 못한 경우 발주자에게 약정 해지권을 부여하고 있다.[23] 이 경우 제3조 제5항에 의하여 앞서 본 지체상금 청구는 인정되지 않도록 되어 있다.[24]

한편 제3조 제1항 제c호에 따라 이루어지는 계약의 약정해지와 관련하여서 제10조에서 그 절차 및 효과를 정하고 있다. 즉, 제10조 제2항에서는 약정 해지가 되는 경우 조선소는 발주자에게 선 지급된 분할대금들[25] 및 이에 대한 이자를 반환하도록 정하였다.[26] 한편 제10조 제3항에서는 이러한 선대금의 반환이 있는 경우 당사자들

22) The Contract Price shall be subject to adjustment, as hereinafter set forth, in the event of the following contingencies(it being understood by both parties that any reduction of the Contract Price is by way of liquidated damages and not by way of penalty):
1. Delivery
(b) If the delivery of the VESSEL is delayed more than thirty (30) days after the Delivery Date, then, in such event, beginning at twelve o'clock midnight of the thirtieth (30th) day after the Delivery Date, the Contract Price shall be reduced by deducting therefrom as follows : 31st~60th days Korean Won (US $) … 181st~210th days Korean Won (US $))

23) But, if the delay in delivery of the VESSEL should continue for a period of hundred and eighty (180) days from the thirty-first (31st) day after the Delivery Date, then in such event, and after such period has expired, the BUYER may at its option rescind this Contact in accordance with the provisions of Article X hereof.

24) It is expressly understood and agreed by the parties hereto that in any case, if the BUYER rescinds this Contract under this Article, the BUYER shall not be entitled to any liquidated damages.

25) SAJ 양식은 제3조에서 5회에 걸쳐 분할대금을 선지급하도록 되어 있다.

26) … the BUILDER shall promptly refund to the BUYER the full amount of all sums paid by the BUYER to the BUILDER on account of the VESSEL … In such event, the BUILDER

이 부담하는 계약상 책임은 모두 면책된다고 정하여져 있다.[27)]

2. 가정적 사실관계와 쟁점

위 SAJ 양식의 선박건조 계약서의 준거법이 영국법임을 전제로 하여 다음과 같은 사실관계를 가정하도록 하겠다.

(1) 조선소는 선박건조계약 체결 직후 선수금반환보증서(Refund Guarantee)를 제공하고 발주자로부터 제1차 선급금을 지급받고, 강재절단(Steel Cutting)을 진행하여 제2차 선급금까지 지불 받았다.

(2) 조선소는 제2차 선급금을 지불받은 후 심각한 경영난에 봉착하여 더 이상 공사를 진행할 수 없었다.

(3) 주문된 사양의 선박에 관하여 계약 당시를 기준으로 시장 가격이 계속적으로 상승하고 있었다.

(4) 발주자는 조선소에 대하여 계속 공사의 기한 내 완공을 요구하였으나 조선소가 이에 응하지 않았고, 결국 인도예정일로부터 210일이 경과한 후 계약을 제10조에 따라 해지하였다.

(5) 발주자는 선수금반환보증서(Refund Guarantee) 발행 금융기관으로부터 기지급한 선급금들과 이에 대한 이자를 반환받은 후 조선소를 상대로 보통법(common law)상 이행거부(repudiatory breach)를 이유로 당초 인도예정일에서의 주문된 사양의 선박의 시장가액과 약정된 선박건조 대금의 차액을 손해배상으로 구하였다.

이러한 사실관계하에서 조선소는 SAJ 양식의 제3조와 제10조의 체계상 i) 조선소가 제10조에 따른 약정해지권을 행사하는 경우 사후적으로 일반법인 보통법(common law)상 이행거부(repudiatory breach)에 따른 계약해지 및 손해배상 청구권을 행사할 수 없고, ii) 가사 조선소가 이행거부(repudiatory breach)에 따른 손해배상 채무를 부담한다고 하더라도 이는 제10조 제3항에 따라 면책된 것이라고 주장할 수 있을 것이다.

---

shall pay the BUYER interest at the rate of percent(%) per annum on the amount required herein to be refunded to the BUYER.

27) Upon such refund by the BUILDER to the BUYER, all obligations, duties and liabilities of each of the parties hereto to the other under this Contract shall be forthwith completely discharged.

3. 영국법상 계약조건 위반의 효과

영국법에서는 계약조건을 그 중요성에 따라 warranty, intermediate terms, condition으로 구분한다. Warranty에 해당하는 계약조건 위반의 경우에는 손해배상 청구만이 가능하고 계약 해지는 불가능하다. 반면 condition에 해당하는 계약조건 위반의 경우에는 손해배상 청구뿐 아니라 상대방의 채무불이행을 인수(accept)하고 계약을 해지할 수 있다. 마지막으로 대부분의 계약조건들이 해당한다고 할 수 있는 intermediate terms의 경우에는 손해배상 청구뿐 아니라 그 위반의 정도가 심각한 경우(계약상 예정된 이익이 모두 상실될 정도로 심각한 경우)에는 condition 위반과 같이 채무불이행에 대한 인수(accept)에 이은 계약해지도 가능하나, 그 위반의 정도가 덜 심각한 경우에는 손해배상 청구만이 가능하게 된다.

Condition에 해당하는 계약조건의 위반이나 intermediate terms에 해당하는 계약조건에 대하여 그 위반의 정도가 심각한 경우에는 이를 해지권 행사가 가능한 채무불이행에 해당한다고 하여 이행거부(repudiatory breach)라고 이야기한다. 한국법상 계약상 의무 위반이 있을 때 민법 제3편 채권, 제2장 제1절의 계약 총칙에 따라 당사자에게 법정 해지권이 부여되어 있고 손해배상 청구권을 가지는 것과 유사하다고 할 것이다.

4. 약정해지권과 법정해지권의 경합

SAJ 양식이 문제된 것은 아니나 선박건조계약의 해지와 관련하여 위 가정적 사례와 유사하게 약정해지권의 행사와 보통법(common law)상 이행거부(repudiatory breach)에 따른 법정해지권 및 손해배상청구권의 행사의 경합 문제가 다루어진 영국 법원의 선례가 있다.

Stocznia Gdynia SA v. Gearbulk Holdings Ltd. 사건[28]에서는 문제된 선박건조계약서 제10조에서 SAJ 양식의 제3조에서 규정한 선박인도의 지연에 따른 손해배상액 예정 및 약정해지권 부여와 제10조에서 규정한 약정해지권의 행사와 효과를 묶어서 규정하였다.

---

28) [2009] 1 Lloyd's Rep. 461; 이 사건에 대한 자세한 평석은 서영화, "선박 건조계약과 관련한 몇 가지 법률문제들", 한국해법학회지 제32권 제1호, 한국해법학회(2010 4.), 69면 이하 참조.

제10조의 도입 부분에서는 인도 지연의 경우에는 대금의 감액이 이루어지되 발주자는 본 조항에서 정해진 손해배상의 예정 이외에는 다른 손해배상 청구를 할 수 없음을 확인하였다.29) 제10조 제1항에서는 인도 예정일로부터 150일이 경과하게 되면 발주자에게 약정 계약 해지권을 부여하고,30) 제10조 제7항에서는 해지권 행사시 기지급된 선급금 및 그 이자는 반환되고 발주자는 제10조에서 정해진 손해배상예정금은 청구할 수 없다고 정하였다.31)

이 사건에서 조선소는, 사정은 나와 있지 않으나, 제1차 선급금을 지급받은 후 선박 건조를 더 이상 진행하지 않았다. 이에 발주자는 예정인도일로부터 150일이 경과된 후 제10조 제1항 제b호에 기하여 인도지연을 이유로 계약을 해지하고 선수금 반환보증서(Refund Guarantee) 발행자로부터 제1차 선급금 및 그 이자를 반환받았다. 나아가 발주자는 조선소의 건조 중단 행위는 보통법(common law)상 이행거부(repudiatory breach)에 해당함을 이유로 손해배상 청구를 제기하였다.

이 사건에서도 쟁점은 i) 발주자는 계약서 제10조에 따른 약정 해지권을 행사한 경우 보통법(common law)에 따른 법정 해지권 행사 및 손해배상 청구는 배제되는 것인지 여부, ii) 가사 보통법(common law)상 법정 해지권이 인정된다고 하여도 그 손해배상의 범위는 계약서 제10조의 도입부분의 문구에 따라 (기지급된 선수대금 및 그 이자의 반환을 제외하고) 손해배상 청구권이 배제되는 것인지 여부였다.

영국법원은 문제된 선박건조계약 제10조의 규정체계는 당사자들이 인도일 준수라

---

29) The Contract Price of the Vessel shall be adjusted by way of reduction in the event of any of the contingencies set out in this Article. The Purchaser shall not be entitled to claim any other compensation and the Seller shall not be liable for any other compensation for damages sustained by reason of events set out in this Article and/or direct consequences of such events other than liquidated damages specified in this Article.

30) (b) If the delay in delivery of the Vessel shall comprise a period of more than one hundred and fifty (150) days beyond the Delivery Date then the Purchaser may, at its option, terminate this Contract.

31) Upon termination of this Contract by the Purchaser in accordance with the provisions of Article 10 or any other provision of this Contract expressly entitling the Purchaser to terminate this Contract, the Seller shall forthwith repay to the Purchaser all sums previously paid to the Seller under this Contract, together with interest accrued thereon calculated at the rate of 1 month LIBOR per annum from the respective date(s) of payment of such sums until date of refund ... It is however further expressly understood and agreed upon by the Parties hereto that, if the Purchaser terminates this Contract under this Article, the Purchaser shall not be entitled to any liquidated damages under Articles 10.1, 10.2, 10.3 or 10.4 hereof.

는 intermediate terms에 해당하는 계약조건과 관련하여 어느 정도의 인도 지연이 심각한 위반으로서 이행거부(repudiatory breach)에 해당하는지 여부를 약정하고 이를 조문화한 것으로 보았다. 즉, 제10조를 해석함에 있어서 인도 지연이 어느 정도의 선을 넘어서 매우 심각한 정도에 이르면 그러한 위반은 계약의 핵심적인 부분에 영향을 미치는 것인바, 그러한 상황에서 약정해지권을 부여한다는 의미는 일반 보통법(common law)상 이행거부(repudiatory breach)에 따른 법정 해지권을 재확인한 것에 불과하다는 것이다. 그렇기 때문에 발주자에게는 제10조에 따른 약정해지권과 이행거부(repudiatory breach)에 따른 법정 해지권이 병존하는 것이며, 발주자가 제10조에 따른 약정해지권을 행사하였다는 것은 보통법(common law)상 이행거부(repudiatory breach)에 따른 법정 해지권을 행사한 것으로도 볼 수 있다고 판단하였다.

다음으로 영국법원은 제10조 도입부에서 손해배상의 예정을 제외하고는 발주자는 다른 손해배상청구권을 가지지 못한다는 문구에도 불구하고 발주자는 보통법(common law)상 이행거부(repudiatory breach)에 따른 일반적인 손해배상청구 특히 시장가격의 변동에 따른 손해(loss of bargain)를 청구할 수 있다고 판단하였다. 영국법원은 제10조 도입부에서 손해배상의 예정을 제외한 다른 손해의 면책을 정한 것은 상대적으로 경미한 인도지연으로 인하여 손해배상의 예정액 청구가 가능하도록 정하여진 경우를 한정하여 이야기한 것이고, 계약해지가 가능한 심각한 의무불이행에 해당하는 경우에까지 적용되는 것은 아니라고 판단하였다. 그 주된 이유는 발주자가 제10조에 따라 청구할 수 있는 손해배상의 예정액은 대금의 지급시 공제하는 방법으로만 이루어지므로 대금지급의무 자체가 소멸되어 버리는 계약해지의 경우에는 적용될 여지가 아예 없기 때문이다.

5. SAJ 양식상 법정해지권의 행사 및 조선소의 면책 범위

Stocznia Gdynia SA v. Gearbulk Holdings Ltd. 사건의 예에 비추어 영국법원은 인도 예정일로부터 210일을 초과하는 경우 약정해지권을 부여한 SAJ 양식의 제3조 및 제10조를 보통법(common law)상 이행거부(repudiatory breach)에 따른 법정해지권을 확인한 것이라고 볼 가능성이 높다. 따라서 210일 이상의 인도지연이 문제되는 경우 발주자에게 보통법(common law)에 따른 일반적인 이행거부(repudiatory breach)에 기한 손해배상 청구가 가능할 것이며, 그 손해배상의 범위도 넓어지게 될 것이다.

사실 Stocznia Gdynia SA v. Gearbulk Holdings Ltd. 사건 이전에는 SAJ 양식계약에 있어서 인도지연을 이유로 하여 발주자가 보통법(common law)에 따라 이행거부(repudiatory breach)를 주장하고 계약 해지 및 손해배상청구를 할 수 있는지 여부에 대하여는 이를 현실적으로 인정할 수 있는 경우는 매우 예외적이라고 보는 것이 일반적인 견해였다.[32] 그 근거 중 하나는 선박인도일 조항은 조선소가 이를 지키지 못하였을 때 발주자에게 계약 해지권한을 부여하는 condition에 해당한다고 할 수 없다고 판단한 선례인 Lindvig v. Forth Shipbuilding & Engineering Co. Ltd. 사건[33]이다.

나아가 가사 SAJ 양식상 인도지연을 이유로 이행거부(repudiatory breach)에 기한 계약해지 및 손해배상청구권이 인정될 수 있다고 하더라도 제10조 제3항에 따라 조선소는 면책되는 것인지 여부는 여전히 불분명하다. Stocznia Gdynia SA v. Gearbulk Holdings Ltd. 사건에서 사용된 면책조항의 문구와 SAJ 양식의 제10조 제3항에서의 면책조항 문구는 내용이 다르기 때문이다. 그러나 상업적인 계약에 있어서는 어느 당사자도 상대방의 채무불이행에 대하여 법률로 정하여진 권리를 포기하려는 의사가 없다고 추정되는 것이기 때문에 그러한 추정을 깨기 위해서는 면책조항에 이러한 법률로 정하여진 권리를 포기하겠다는 의사가 명시적/확정적으로 있어야만 한다는 영국법원의 전통적 입장[34]을 고려할 때, 제10조 제3항의 적용범위도 엄격하게 제한적으로 해석될 여지가 높다고 할 것이다. SAJ 양식 제10조 제3항이 이행거부(repudiatory breach)에 기한 손해배상 청구에 대하여는 적용이 없다는 견해도 있다.[35]

Ⅳ. 선박건조계약 관련 한국법 준거법과 한국 중재의 대안 가능성

1. 선박건조계약과 영국 중재

앞서 우리나라 조선업계에서 통상적으로 많이 사용하는 SAJ 양식의 몇 개 중요조항에 대하여 영국법을 준거법으로 하는 분쟁이 발생할 경우에 영국법원/중재인들

32) Simon Curtis, *op. cit.,* p.182.
33) [1921] Vol. 7 Ll.L. Rep. 253.
34) Gilbert-Ash (Northern Ltd. V. Modern Engineering (Bristol) Ltd. [1974] AC 689.
35) Simon Curtis, *op. cit.,* p.182.

이 판단할 것으로 예측되는 결론을 살펴보았다. 이들 결론은 모두 조선소들에게 불리한 것이었으며, 계약서의 문면상으로는 조선소들에게 유리하게 마련된 조항들이 해석론을 통하여 또는 보충적인 영국법 일반 법리의 적용을 통하여 무력화된 것인바, 당사자들이 예측하지 못하였던 방향으로 결론이 나는 것으로 볼 여지가 높다. 이러한 사정은 선박건조계약과 관련된 분쟁의 경우 영국법과 영국의 중재 등 분쟁해결 절차가 당사자들에게 아직 만족할 만한 수준의 예측가능성(certainty)을 주지 못하고 있음을 보여 준다. 사실 선박건조계약과 같은 상업적인 계약에 있어서 당사자들에게 가장 중요한 것은 각 계약조항의 해석과 관련하여 다툼의 발생여지가 없어야 하고, 분쟁의 발생가능성이 있더라도 확립된 선례들을 통하여 당사자들이 특별한 경우가 아닌 한 이를 시간과 비용이 많이 소요되는 분쟁에까지 가지 않을 것이 요구됨에 비추어 이러한 예측가능성의 부재는 큰 문제라고 할 것이다.

상업적인 당사자들은 특정한 나라의 법과 그 나라의 분쟁해결 절차가 이러한 예측 가능성을 충분히 담보할 때에는 큰 고민 없이 그 나라 법을 준거법으로 하여 그 나라에서 분쟁해결을 하기로 계약을 체결하게 된다. 영국법을 준거법으로 하고 영국의 중재를 분쟁해결수단으로 하는 표준계약이 널리 쓰이는 해상계약(선하증권 계약, 용선계약 등)과 국제무역계약(곡물 무역거래계약, 유류 거래계약 등)의 경우가 대표적인 예이다.

이들 분야의 표준계약들은 국제적으로 해당 산업에 가장 영향력을 가지고 있고 역사적으로 영국에 뿌리를 두면서 전 세계 관련 기업들이 참여하는 모임인 산업협회에서 제정이 되어 운영이 이루어지고 있다. 해운분야에서는 BIMCO(Baltic International Maritime Council)를 중심으로 하여 표준계약들이 만들어지고 개정되고 있다. BIMCO가 관여하는 대표적인 표준계약들로 항해용선계약의 표준인 GENCON, Dry Cargo와 Dry Bulk에 대한 정기용선계약인 NYPE 1993, Crude Oil Tankers에 대한 정기용선계약인 SHELLTIME 등이 있다. 한편, 국제 매매거래에 있어서는 대표적으로 전 세계 곡물분야 업체들의 모임인 GAFTA(Grain and Feed Trade Association)와 전 세계 유류분야 업체들의 모임인 FOSFA(Federation of Oils, Seeds and Fats Association)에서 각 제정하고 개정하는 표준적인 매매계약인 GAFTA form과 FOSFA form이 유명하다. 이들 무역거래관련 협회들도 역사적으로 영국에서 뿌리를 두고 있다. 이러한 표준계약들은 영국에 위치한 협회 본부에서 영국기업들과 영국의 전문

변호사들이 표준계약서를 작성하고 영국 중재와 법원의 선례들을 끊임없이 검토하고 이를 반영한 개정작업을 하여 나가므로 기본적으로 영국법과 영국 중재를 계약 내용에 편입시켜 왔다.

영국법상 독특한 중재제도 역시 이러한 표준계약들이 그 계약조항의 해석과 관련하여 수십 년간 발생한 다양한 사건들을 통하여 업계의 참여자들에게 예측가능성을 부여하는 데 많은 도움을 주었다. 영국 중재는 법적인 쟁점에 한정하여 중재인들의 판단에 대하여 영국법원에 대한 항소가 가능하다.[36] 이러한 이유로 법적인 쟁점인 특정 계약조항의 해석과 관련하여서는 많은 수의 사건이 영국 법원에 항소되고 판단이 이루어지게 되었다. 그 과정에서 표준계약의 특정 조항들이 중재인과 법원의 일종의 유권판단을 받고 공간된 판례집들(예컨대 Lloyd's Law Report 등)로 공개됨으로써 그 업계 참여자들은 해당 조항에 대하여 통일적인 해석론을 공유하게 되었다. 나아가 이들 표준계약들에 대하여는 학자들과 실무가들이 그 조문들에 대한 상세한 주석서들을 발간하여 업계의 공통적인 이해를 공고히 하고 있다. 그 예가 해상 분야에서는 Wilford의 Time Charters,[37] Cooke의 Voyage Charters[38]와 같은 책들이다. 이렇듯 표준계약서 문구 자체에 대하여 어느 정도 업계에서 공통된 이해를 하고 있으므로 당사자들은 표준 계약서 문구를 직접 수정하기 보다는 특별조항(rider)을 사용하는 방법을 통하여 분쟁의 여지를 최대한 줄여 나가게 된다.

이에 반하여 선박건조계약은 영국에 뿌리를 둔 강력한 국제적인 산업체 협회가 제정한 표준계약이 존재하는 상황이 아니다. 전 세계적으로 가장 많이 쓰인다고 할 수 있는 SAJ 양식은 일본의 선박건조업체들의 모임인 일본조선공업회에서 만든 양식으로서 1960년대에 만들어진 후에 새로 나온 각국의 판례들이나 해석론들을 반영한 update가 이루어지지 않고 있다. 당사자들도 SAJ 양식을 그대로 사용하기 보다는 각 회사들마다 SAJ 양식을 일부 변경한 house form들을 사용하고 있는바, 이러한 이유로 분쟁이 발생할 경우 관련 판례가 있다고 하더라도 그 조항이 조금씩 다르

---

36) 영국 1996년 중재법 제69조에서는 당사자들의 합의 또는 법원의 허가를 받아 법적인 쟁점에 한정하여 중재판정에 대한 법원으로의 항소(Appeal on point of law)가 가능하도록 되어 있다.

37) 위 책자는 현재 제6판까지 나와 있다. Terence Coghlin, Andrew W. Baker, Julian Kenny, John D. Kimball, Time Charters (6th Edition), Informa, 2008.

38) 위 책자는 현재 제3판까지 나와 있다. Julian Cooke, Andrew Taylor, John D. Kimball, David Martowski, LeRoy Lambert, Voyage Charters (3rd Edition), Informa, 2007.

므로 판단결과의 예측가능성을 담보하기 어렵다.

한편 해운계약과 국제무역 계약은 또한 그 산업의 성격상 다음과 같은 특징이 있다. 우선 비교적 거래의 성격이 간단한 편이다. 해운에 있어서는 물품의 운송이나 선박의 사용관계가 중심적인 권리 의무 관계이고, 국제 무역 계약에 있어서는 목적물의 소유권 이전과 대금의 지불이 그 중심이 된다. 거래의 성격 자체가 비교적 단순하다 보니 분쟁의 발생 유형도 비교적 그 가짓수가 많지 않다. 계약기간이 장기간에 이르는 정기 용선계약도 있지만, 대개는 단시간 내에 1회성으로 이루어지는 계약이 많은바, 그러다 보니 계약의 수정(기간의 연장, 대금의 증액 등)이 이루어질 가능성도 많지 않다. 한편 해운 계약과 국제무역 계약은 다양한 당사자들이 계약에 관여하게 된다. 예컨대 정기용선계약의 경우 여러 단계의 체인으로 수많은 당사자들이 관여하게 되고 국제무역 계약의 경우 특히 CIF 계약의 경우 다단계의 매매관계가 체인 형태로 얽히게 된다. 또한 보험자들이 관여하게 되므로 주로 영국에 뿌리를 둔 보험자들이 더더욱 영국법에 의한 해석을 선호하게 되는 경향이 있다. 마지막으로 해운계약이나 국제무역 계약은 100년 전이나 지금이나 별반 과학기술의 발전으로 인하여 거래 방법이 바뀌거나 하는 영향을 받지 않았다.

반면 선박건조계약은 거래의 규모가 크고 내용이 복잡한 특징이 있다. 장기간 동안 다양한 공정 단계를 거쳐서 선박건조가 이루어지기 때문이다. 이러한 이유로 분쟁의 발생 유형도 매우 다양하다. 또한 과학기술의 발달에 따라 선박건조 공법도 계속 변화하고 있기 때문에 선박건조 계약 자체에 있어서 그러한 특징들을 반영하여야 할 필요성도 있다. 한편 해운 계약이나 국제무역계약에 비하여는 관여하는 당사자들의 수가 적은바, 발주자－건조자 이외에는 상업적인 이해관계를 가지는 당사자들이 거의 없다고 할 것이기 때문이다.[39)]

2. 한국을 중재지로 하는 선박건조 분쟁의 국제중재의 가능성

한국에 대형 조선소들이 많은 상황으로서 한국을 중재 장소로 하는 것이 영국보다 유리한 측면으로는 실제 한국에서 공사가 이루어지는 것이 많으므로 증거 수집이 용이하다는 점이 가장 크다고 할 것이다.[40)] 즉, 선박이 인도되기 이전 단계라면 건

39) 다만 선박금융(Ship financing)이나 선수금반환보증서(Refund Guarantee) 등의 경우에 금융회사들이 관여하게 된다.

조 중인 선박 자체가 한국 내에 존재하므로 공정상 문제, 하자 등에 대하여 현장 검증이 가장 쉽게 이루어질 수 있다. 나아가 조선소 임직원들은 물론이고 발주자가 파견한 선주 감독관들, 선급 검사관 등 중요 증인들도 한국인이 많고 한국에 거주하는 경우가 많으므로 증인신문이 용이하다. 이러한 면에서 비용과 시간이 절감되고 중재의 큰 문제 중 하나인 국가 강제력을 통한 증거조사란 부수적인 절차도 비교적 용이하게 활용될 수 있다.

다만 상업적인 분쟁에서 당사자들이 가장 중요한 것이 예측 가능성이라고 할 때, 한국법을 준거법으로 하는 것이 당사자들에게 신뢰를 줄 것인지의 문제가 큰 문제 중 하나이다. 특히 한국법의 경우 손해배상의 법리나 사전적인 면책 조항의 법리가 영국법에 비하여 판례도 많지 않고 학설도 발전되지 못하고 있는 상황인데, 실제 선박건조계약 중 많은 수의 분쟁이 이들 이슈를 포함하고 있으므로 이러한 쟁점들에 대하여 빠른 시간 내에 한국법상 이론 검토가 이루어지고 일관되고 타당한 결론이 도출될 수 있는 검토가 필요한 실정이다. 반면 영국법을 준거법으로 하는 것은 대륙법계인 한국법과 영미법계인 영국법이 그 법계를 전혀 달리하고 있으므로 당사자들이 한국을 중재지로 하여 진행하는 것이 여러 가지 측면(중재인 선임 등)에서 불편할 뿐더러 신뢰를 준다고 하기 어려울 것이다.

이러한 문제를 해결하는 방안이 바로 한국의 유수한 선박건조자들이 한국조선협회와 같은 조직을 통하여 한국법을 준거법으로 하는 표준선박건조계약을 체결하고 이를 널리 사용하는 방법이 될 것이다. 위 표준선박건조계약을 작성함에 있어서는 상세한 계약조건들을 명시하여 가능한 한 준거법인 한국법상 일반적인 계약법 법리가 반영될 여지를 줄여서 당사자들이 의도하지 못한 결과를 받게 되는 것을 최대한 방지할 필요가 있다.[41] 이를 위하여 현재 쓰이고 있는 SAJ 양식에 대한 충분한 검토 및 관련 영국판례들의 결과도 과감하게 검토, 수용할 필요가 있을 것이다.

무엇보다 중재절차에서 가장 중요한 것은 우수한 중재인들의 확보이다. 현실적으로 영국에서 선박 건조 중재가 이루어지는 중요한 이유가 이러한 선박 관련 분쟁에

---

40) 선박건조계약 관련 분쟁을 포함하여 해운/조선 산업 전반에 걸쳐 한국을 법정지/중재지로 활성화하기 위한 논의와 관련하여 김인현, "한국 해사법정 및 한국 준거법 활용 현황과 그 활성화 방안", 한국해법학회지 제34권 제1호, 한국해법학회(2012.4.) 참조.

41) 대한상사중재원에서 2000년대 초반 SAJ 양식과 유사한 내용으로 한국법을 준거법으로 하는 표준선박건조계약서를 작성하여 배포한 바 있으나, 실제 거래에 많이 쓰이지는 않은 것으로 보인다.

대하여 경험이 많은 영국 중재인들(변호사들)의 숫자가 많다는 점이다. 나수의 유능한 선박건조계약 분쟁 중재인들을 다수 확보하느냐가 결국 매우 중요한 이슈가 될 것이다. 이를 위하여 우선 국내에 영국법을 공부한 실무가와 학자들, 업계 종사자들의 수가 많아야 할 것이다. 그리고 국내 선사와 조선소 사이의 분쟁부터라도 이러한 표준계약서 사용을 통하여 분쟁의 수가 증가한다면 장기적으로는 많은 수의 변호사들이 이러한 분쟁에 참여하게 될 것이고, 저변을 넓힐 수 있을 것으로 기대된다.

V. 결어

우리나라는 지난 몇 십 년간 세계 제1의 조선대국의 지위를 유지하고 있고, 향후에도 그러한 지위를 유지할 것으로 기대된다. 우리나라뿐 아니라 일본, 중국 등 동아시아 지역이 전 세계 조선공업 분야에서 차지하는 비중은 절대적이다. 이에 반하여 조선에 관한 법률 산업은 여전히 영국을 중심지로 하고 있어, 산업 중심지와 법률 중심지의 괴리가 심각한 편이다. 향후 SAJ 양식을 비롯하여 조선업 관련 분쟁에 대하여 좀 더 많은 연구와 판례, 중재사례가 집적되기를 기대한다.

선박건조·금융법 연구회 발표목록

1. 제1회 2012. 1. 12.
   - 발표자: 김지선 부장(삼성화재)
   - 제　목: 선박건조보험

2. 제2회 2012. 3. 30.
   - 발표자: 권성원 변호사(법률사무소 여산)
   - 제　목: 선박건조관련 담보제도

3. 제3회 2012. 5. 31.
   - 발표자: 김인현 교수(고려대학교)
   - 제　목: 선박건조표준계약서(SAJ)에 대한 설명

4. 제4회 2012. 9. 7.
   - 발표자: 이철원 변호사(김&장 법률사무소)
   - 제　목: 선박건조계약과 해사중재

5. 제5회 2012. 11. 2.
   - 발표자: 김창준 변호사(법무법인 세경)
   - 제　목: 선수금반환환급보증의 법적 성질과 판례소개

6. 제6회 2013. 2. 2.
   - 발표자: 김찬영 차장(고려해운)
   - 제　목: 실무자가 경험한 선박건조계약 작성과 주의점

7. 제7회 2013. 3. 4.
   - 발표자: Jonathan Kemp 변호사(영국 Keates Ferris)
   - 제　목: SAJ 서식과 BIMCO NEWBUILCON의 비교

8. 제8회 2013. 5. 3.
   - 발표자: Wang Xin 교수(중국 대련 해사대학)
   - 제　목: 중국 상해선박건조계약서식

9. 제9회 2013. 6. 21.
   - 발표자: 현용석 선박금융팀장(한국산업은행)
   - 제 목: 해운기업의 자금조달방법의 한계와 새로운 법제도

10. 제10회 2013. 8. 29.
   - 발표자: 김형태 부장(삼성중공업 경영지원팀)
   - 제 목: 다양한 해양구조물의 용도, 제작, 설치 및 운용에 대한 소개

11. 제11회 2013. 11. 20.
   - 발표자: 정우영 변호사(법무법인 광장)
   - 제 목: 선박인도전 금융에서 선주 조선소의 계약상 위험관리

12. 제12회 2014. 10. 17.
   - 발표자: 정우영 변호사(법무법인 광장)
   - 제 목: 해운보증기구의 법적 쟁점

13. 제13회 2015. 6. 25.
   - 발표자: Mark Davis 변호사(영국 Davis & Co)
   - 제 목: 선수금환급보증(RG)

14. 제14회 2015. 8. 26.
   - 발표자: 윤희선 변호사(김&장 법률사무소)
   - 제 목: 조선사, 해운사의 workout, 도산이 선박건조금융에 미치는 영향

15. 제15회 2015. 9. 24.
   - 발표자: 이창희 교수(한국해양수산연수원)
   - 제 목: 해양플랜트계약의 쟁점

16. 제16회 2016. 3. 18.
   - 발표자: 김인현 교수(고려대)
   - 주 제: 선수금환급보증서(RG)의 독립성과 권리남용의 법리적용
     (대법원 2015. 7. 9. 선고 2014다6442 판결)

17. 제17회 2016. 4. 29.
   - 발표자: 양경석 변호사(김&장 법률사무소)
   - 주 제: BBCHP(국취부 나용선) 선박금융 및 PE 투자구조

18. 제18회 2016. 6. 17.
  - 발표자: 서성진 변호사(김&장 법률사무소)
  - 주 제: 선박건조계약 분쟁의 주요 쟁점(특히 Offshore Project에 관하여)

찾아보기

ㅍ

ㅎ

기타

집필진 약력

▎편집대표

■ 김 인 현

한국해양대학교 항해학과, 고려대학교 법학사/법학석사/법학박사
전, 일본 산코라인 항해사 및 선장
김&장 법률사무소 선장(해사자문역)
현, 고려대학교 법학전문대학원 교수
한국해법학회 회장

〈저서 / 논문〉

해상법 제4판(법문사, 2015), Transport Law in South Korea(Kluwer, 2014)
THE SEWOL ACCIDENT AND ITS LEGAL IMPLICATION, Hong Kong Law Journal Vol. 45(2015) 외 70여 편

▎집 필 진

■ 권 성 원

서울대학교 사회학과 졸업
사법연수원 수료
전, 한국해법학회 연구이사
현, 법률사무소 여산 대표변호사
대한상사중재원 중재인

〈저서 / 논문〉

해상보험 상의 권리양도와 관련된 일부 쟁점에 대한 고찰, 해상보험법 연구 제9권 1호(2015) 외 다수

■ 김 지 선

이화여자대학교 영어영문학과 졸업
전, 대한화재해상보험(주)(현 롯데손해보험) 해상보험부 근무
삼성화재 해상업무팀 근무
현, 삼성화재 일반보험U/W기획파트 부장

■ 김 찬 영

고려대학교 영어영문학과 졸업, 고려대학교 법학박사
현, 고려해운 주식회사 기획팀 차장
부산신항컨테이너터미널(BNCT) 이사

〈저서 / 논문〉

하우스 선하증권을 발행하지 않은 해상운송주선인의 법적 지위에 관한 연구, 한국해법학회지 제38권 제1호, 한국해법학회(2016. 4) 외 다수

■ 김 창 준

서울대학교 법과대학 졸업, 경희대학교 법과대학원 법학박사
현, 법무법인 세경 대표변호사
한국보험법학회 회장/한국해법학회 부회장

〈저서 / 논문〉

복합운송주선업자의 법적 지위에 관한 연구(2004)
상법 제748조(선주유한책임의 배제)에 관한 고찰(1999)

■ 이 창 희

한국해양대학교 해사대학 졸업, 한국해양대학교 법학박사
전, 한진해운 항해사/대우조선해양 시운전부서 근무
현, 한국해양수산연수원 교수/해양플랜트 안전교육팀장
한국해사법학회 총무이사

〈저서 / 논문〉

해양플랜트공사계약과 관련된 법적 쟁점사항에 대한 연구(2015) 외 다수

■ 이 철 원

서울대학교 법과대학 공법학과 졸업/서울대학교 법학석사
University College London LLM(해상법 전공)
전 서울중앙지방법원, 서울남부지방법원 판사
현, 김앤장 법률사무소 변호사

〈저서 / 논문〉

EU법상 국제소송 경합의 처리와 우리 법에 대한 시사점 - 브뤼셀 규정과 최근 ECJ 판결들에 대한 검토를 중심으로, 한국해법학회지 34권 2호(한국해법학회, 2012.11.)
우리 기업을 위한 국제중재가이드(공저, 법무부, 2014) 외 다수

■ 현 용 석

서강대학교 경영학과 졸업, 서강대학교 경영학석사
전, 한국산업은행 국제금융실 선박금융팀장
현, 한국산업은행 서초지점 부지점장

〈저서 / 논문〉

해양금융의 이해와 실무, 제3판(한국금융연수원 공저, 2016)

■ 홍 성 화

한국해양대학교 법학사/법학박사
현, 한국해양대학교 해사대학 교수
중앙해양안전심판원 재결평석위원

〈저서 / 논문〉

프로젝트화물보험약관에 대한 일고찰, 한국해사법학회(2016) 외 다수

선박건조·금융법 연구 I

2016년 9월 5일 초판 인쇄
2016년 9월 10일 초판 발행

편집대표 김 인 현
발행인 배 효 선
발행처 도서출판 法 文 社

주 소 10881 경기도 파주시 회동길 37-29
등 록 1957년 12월 12일 / 제2-76호 (윤)
전 화 (031)955-6500~6 FAX (031)955-6525
E-mail (영업) bms@bobmunsa.co.kr
(편집) edit66@bobmunsa.co.kr
홈페이지 http://www.bobmunsa.co.kr
조 판 법 문 사 전 산 실

정가 25,000원 ISBN 978-89-18-09048-1